# 지체장애 학생 교육

Teaching Students with Physical disabilities

김영한 · 박경옥 · 박순길 · 김경화 · 김성범 · 김하경 · 이현희 · 최용재 공저

학지사

# 머리말

교실의 수업이나 생활의 장면에서 학생들이 무엇인가에 열중하고 힘차게 뛰며 장난치고 공부하는 모습을 보는 것은 교사로서 매우 행복한 일이며, 교직을 선택하기를 정말로 잘했다는 생각이 드는 순간입니다. 그런 광경을 보는 것만으로 교사의 사명감과 책임감을 느끼는 것이 비단 필자만은 아닐 겁니다. 특수한 교육적 요구가 있는 학생들의 교실 풍경도 마찬가지입니다. 단지 그 학생들에게 특수한 교육적 요구가 있을 뿐, 그들이 배우고 익히며 교사와 함께 성장해 나가는 모습은 모두 같습니다. 그래서 본질적으로 특수교육의 현장은 일반교육의 현장과 같다고 생각합니다. 적어도 저자 일동은 그런 학교 혹은 수업의 모습을 생각하며 공부했습니다.

이제 우리의 특수교육은 철저한 인간주의, 교육을 통한 사회통합의 실현, 질적인 성장을 표방하면서 특수교육의 기회 확대를 넘어 질적인 성장기에 들어섰다고 할 수 있습니다. 그러므로 장애 유형과 장애 정도에 관계없이 학습자 모두의 교육권을 충족시키면서 사회통합을 위한 적극적인 교육을 실천하고 있습니다. 또한 특수교육의 방법 면에서도 다양한 교육방법이 확대되고 있습니다. 이것은 지체장애학생 교육 분야의 양적 성장과 질적 향상 모두를 의미한다고 볼 수 있습니다.

지체장애학생의 독특한 교육적 요구를 면밀히 관찰하고 발견하여 이들이 장차 사회로 나아가 구성원으로 살아갈 수 있게 하는 것은 우리에게 주어진 사명입니다. 이러한 사명을 감당하기 위하여 저자 일동은 대학과 학교 현장에서 지체장애학생 교육의 발전을 도모해 왔습니다만, 아직도 많이 부족하다고 생각합니다. 이 책은 그러한 부족함을 상쇄해 보려는 저자 일동의 노력입니다.

지체장애학생 교육에 관해서 대학과 학교현장의 폭넓은 의견을 수렴하고자 많은 집필진이 이 책을 준비하였습니다. 그 과정 속에 다양한 의견과 시점을 모음으로써 창의성과 수월성을 확보하고자 노력하였고, 비교적 오랜 기다림 끝에 출간하게 되었습니다. 그렇지만 막상 출간된다고 하니 부족하고 잘못된 부분만이 더 두드러져 보입니다. 이러한 점들은 지속적으로 개정판에 반영해 나가겠습니다. 출간 기한에 맞추다 보니 벌써부터 보완에 대한 걱정이 앞서기만 합니다. 그러나 기꺼이 집필에 참여해 주신 저자들의 우수한 역량을 믿기 때문에 개정판에 대한 염려는 잊기로 합니다.

제1~3장과 제5장은 김영한 교수가, 제4장과 제8장은 박순길 교수가, 제6장은 이현희 선생이, 제7장은 김하경 선생이, 제9장은 김경화 교수가, 제10~11장은 박경옥 교수가, 제12장은 김성범 교수가, 제13장은 최용재 선생이 집필을 담당하였습니다.

끝으로, 바쁜 일정과 연구 중에도 귀한 원고를 집필해 주신 여러 저자분께 감사를 드리며, 원고 정리와 자료 수집을 위해 애써 준 김경민 선생과 서아람 선생에게 이 자리를 빌려 고마움의 뜻을 전합니다. 아울러, 책이 나오기까지 많은 지원을 해 주시고 격려해 주신 학지사의 김진환 사장님과 진형한 선생님을 비롯한 직원들께도 고마움을 표합니다. 그분들의 채근이 없었다면 이 책은 나오지 못했을 겁니다.

감사합니다.

2022년 9월

저자 일동

# 차례

제1장

# 지체장애의 정의

## 1. 지체의 개념

지체장애를 정의하고 개념화하기 위해서는 지체(肢體)에 대한 정확한 이해가 선행되어야 한다. 여기서는 지체에 대한 개념와 그것이 가지는 운동기능적 의미 및 배경에 대해 기술하고자 한다.

### 1) 지체의 개념 및 운동기능적 의미

지체는 사지(四肢)와 체간(體幹)을 줄여서 일컫는 단어이다. 지체는 두 팔과 두 다리를 지칭하는 사지와 우리 몸에서 사지를 제외한 나머지 부분인 몸통, 목, 머리를 가리키는 체간에 대한 개념이지만, 여기에는 가슴과 복부 속의 장기는 포함되지 않는다.

먼저, 사지는 2개의 팔(上肢)와 2개의 다리(下肢)로 구분된다. 다리는 서기, 걷기 등과 같이 주로 이동(locomotion)기능과 관련되고, 골반과 대퇴골을 잇는 고관절(coxa, 엉덩관절), 넙다리와 정강이를 잇는 슬관절, 발목관절의 족관절 및 발로 이뤄진다. 이에 비해 팔은 주로 일상생활과 작업기능 등의 조작(operation)기능에 관련되고, 어깨관절, 팔꿈치 관절(elbow), 손을 포함한 손가락 관절의 중요 세 부분으로 구성되어 있다. 즉, 다리는 주로 한 곳에서 다른 곳으로 이동할 때 체중을 지탱하고 균형을 유지하는 기능을 가지며, 손을 작용할 수 있는 위치로 이동시키기 위한 마디와 지렛대의 역할을 하고 팔은 여러 관절을 통해 손을 적절한 위치로 이동시킬 수 있어 정밀한 운동을 할 수 있게 한다.

이를 운동기능적 측면에서 자세히 기술하면, 다리는 주로 큰 운동(gross motor, 대근육운동)과 관계가 깊다. 큰 운동은 신체에서 목이나 팔, 다리 등 사지와 관계된 행동을 가리키는데, 운동기능(locomotion skill)과 비운동기능(nonlocomotion skill)으로 나뉜다. 운동기능에는 기기, 걷기, 달리기, 뛰기(jump), 구르기, 나르기, 오르내리기 등이 속하고, 비운동기능에는 들기, 밀기, 끌어당기기, 던지기, 받기, 차기 등이 포함된다. 이러한 큰 운동은 상대적으로 큰 근육들의 협응능력을 꾀하여 주로 이동기능을 발달시키고, 신체의 균형적 발달, 공간에서의 이동, 균형 있는 바른 자세 유지를 그 목표로 하고 있다. 또 신체 전체를 사용하는 운동을 시키는 것은 아동의 정상발달에 필요한 신체의식 능력과 감각운동 기능의 토대를 정확히 획득할 수 있도록 도와준다.

이에 비해, 팔은 손 중심의 눈과 손 협응(eye-hand coordination) 혹은 수지기능(手指機能)을 통한 미세운동(fine motor, 소근육운동)과 밀접한 관계가 있다고 할 수 있다. 따라서 몸의 전체를 움직이는 큰 운동과는 달리 손과 손가락을 사용하는 미세운동은 눈과 손의 협응, 양손 사용의 협응, 사물의 조작력 그리고 손가락의 민첩성과 힘의 주요 요소들로 구성되어 있고, 이들이 조화를 이룰 때 아동은 환경과의 관계에서 적절한 운동 계획(motor plan)을 세울 수 있다. 또 미세운동은 아동의 지각능력, 모방 기능과 관련이 깊으며 일상생활 기술과 쓰기 학습 등 같은 조작기능의 필수 요소이므로 잡기, 쥐기, 놓기, 협응, 조작하기, 집어 올리기, 종이 접기, 말뚝판 꽂기, 용기 속에 물건 담기, 쓰기, 형태판 끼우기, 블록 쌓기, 크기 순서대로 끼워 넣기, 구슬 끼우기, 색칠하기, 그리기, 자르기 등의 행동이 모두 포함된다.

한편, 체간은 머리의 정중선에서 시작하여 가슴의 중심부를 지나 생식기까지 이어지는 선에 있는 인체의 중심 부위를 총칭하는 것이다. 그러므로 위에서부터 머리(頭部), 목(頸部), 몸통(胸部 및 腹部)이 이에 포함된다. 이러한 체간은 주로 척추의 발달을 중심으로 한 지지 및 지탱(sustainment)의 기능을 하는데, 체간의 중요성은 앞서 설명한 팔과 다리의 운동기능 발달에 기초가 된다는 점이다. 즉, 운동 발달에서도 체계적인 발달 방향성이 존재하는데, 자신의 머리와 목을지탱하는 능력이 우선 발달하고 팔을 이용해 자신의 몸통을 통제하는 것, 다리를 이용해 걷는 능력이 순서대로 발달하고 몸의 중심부에서 바깥쪽으로 진행된다는 것을 고려한다면 체간을 통한 지탱기능을 통해서 체간의 전체 부분을 견고하게 지지할 수 있는 능력은 이동기능이나 조작기능의 발달에 필수적인 선행조건이 되는 것을 의미한다.

## 2) 지체의 인지 발달적 의미

인간의 지적(인지) 기능은 [그림 1-1]과 같이 감각-운동, 지각, 언어의 과정을 거쳐 발달한다고 할 수 있다. 이러한 인지과정은 지각(知覺), 상상과 추리 및 판단 등 모든 형태의 지각활동을 포괄하는 일반적인 개념을 인지라고 하며, 이러한 인지작용(지각과 사고작용)이 이루어지는 과정을 가리킨다. 그러므로 인지는 지각하는 현상을 믿음, 태도 및 기대의 통합적이며 단계적 형태로 조직된, 유의미한 지식의 조직체를 말하는데, 여기서는 학습을 시행착오적 반복을 통하여 경험하는 것으로 발달하게 된다고 할 수 있다. 즉, 피아제(Jean Piaget)의 지적처럼, "인지는 유기체가 외부 환경과의 끊임없는 상호작용을 통해 형성되는 것"을 의미한다.

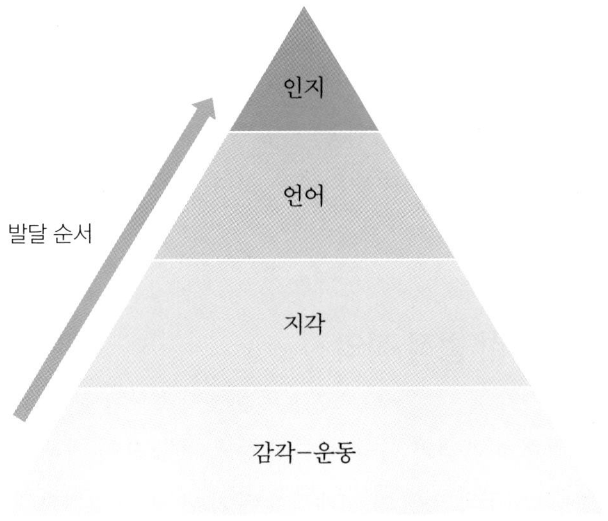


[그림 1-1] 인지 발달의 과정

그렇게 인간이 외부 환경과 상호작용을 하기 위해서는 감각-운동기능의 완성이 기본적인 조건이다. 그러므로 외부 감각 자극에 협응하여 복잡한 운동 패턴을 확실하고 신속히 수행하는 능력으로서의 운동기능 습득은 대부분 감각-운동의 협응관계의 성립이 전제가 되며, 그 습득을 위한 학습을 감각-운동학습 또는 지각-운동학습이라고 한다. 그리므로 감각수용기(눈, 코, 귀, 피부 등)를 통한 시각, 청각, 촉각 등의 감각 발달과 사지와 체간의 운동기능(큰 운동, 미세운동)의 발달은 지각 발달의 원천이 되고, 이는 언어 발달의 과정으로 폭발적으로 개념이 발달하게 되며 인지 발달의 과정으로 나타난다. 그리고 이러한 감각수용기와 지체의 발달로 아동은 스스로의 의지로 외부 환경과의 상호작용을 지속하게 되며, 그러한 순환 반복되는 경험을 통해 지각이 형성된다고 할 수 있다. 그러므로 지체의 기능에 문제를 보이는 아동은 그 행동기능이 제한되어 경험의 영역도 한정되는 등 후천적인 영향으로 인지구조나 발달이 지체되어서 인지영역에 열등한 경향을 나타내고 있다. 또한 학습의 준비성을 이루는 경험적인 배경에서도 직접 경험은 물론이고 간접 경험마저 제한되어 있어 각종 인물, 사물이나 사상(事象)에 관한 개념형성이 어렵고 왜곡되는 일이 많이 일어난다.

종합하면, 지체의 기능은 단순히 운동기능뿐 아니라 운동기능을 기초로 한 지각, 언어, 인지의 다양한 영역 발달에 근간이 되므로 이러한 지체의 기능이 제대로 확립되지 않는다면 자신의 신체를 움직이는 활동과 일상생활 동작의 발달만이 아니고 외부 환경과의 상호작용에 어려움을 겪게 되며 그 상호작용에 관한 경험의 질과 폭도 열악하게 되는데, 이는 아동의 지각적 · 언어적 · 인지적 문제를 함께 가져오게 된다. 그러므로 지체의 기능은 단순히 큰 운동이나 미세운동 기능만의 문제가 아니라 전반적인 아동 발달에 지대한 영향을 주는 의미를 가진다고 할 수 있다.

## 2. 지체장애에 대한 법적 정의

앞에서 살펴본 지체의 개념과 다양한 의미 등을 종합하여 지체장애의 법적 정의를 살펴보고자 한다. 미국과 일본의 지체장애에 대한 법적 정의와 우리나라의 지체장애에 대한 다양한 법적 정의로 구분하여 검토해 본다.

### 1) 미국의 법적 정의

미국에서의 지체장애에 대한 법적 정의는 주로 미국 연방정부의 범주와 정의로 자주 인용되는데, 그중에서 대표하는 것이 미국「장애인교육진흥법(Individuals with Disabilities Education Improvement Acts: IDEA)」(2004)이라고 할 수 있으므로 IDEA의 정의를 중심으로 기술한다. 미국「장애인교육진흥법」의 전신(前身)인 PL 94-142(1975)에서는 장애의 범주를 열한 가지로 규정하였고, PL 101-476(1990)에는 외상성 뇌 손상과 자폐성 장애가 추가되었다.

미국의 지체장애에 대한 IDEA 정의는 정형외과적 손상, 기타 건강장애, 중복장애, 외상성 뇌 손상의 네 가지 범주로 나뉘어 있는 것이 주된 특징이라고 할 수 있다. 이를 간략하게 살펴보면 다음과 같다.

- 정형외과적 손상은 선천적 원인에 의해 발생하는 손상과 질병에 의해 일어나는 손상 및 기타 원인에 의한 손상이다.
- 기타 건강장애는 건강상의 문제로 환경 자극에 대한 주의력, 지구력 등이 부족하여 교육환경에 적응에 문제가 있는 것을 의미한다.
- 중복장애는 하나의 특수교육 프로그램만으로 적합지 않아서 심각한 교육적 요구를 가지는 장애를 가리키는데, 농-맹의 중복장애는 제외한다.
- 외상성 뇌 손상은 외부의 물리적 힘에 의해 발생하는 대뇌의 상해가 아동의 교육 수행에 부정적 영향을 미치는 전반적 혹은 부분적 기능장애 및 심리사회적 손상이다.

### 2) 일본의 법적 정의

일본의「학교교육법」(2019) 72조에서 "특별지원학교는 시각장애자, 청각장애자, 지적장애자, 지체부자유자(肢體不自由) 또는 병약자(신체허약자 포함)에 대해서 유치원, 초등학교, 중학교, 고등학교에 준하는 교육을 실시하는 것과 동시에 장해(障害)에 의한 학습상 또는 생활상의 곤란을 극복해 자립을 도모하고자 필요한 지식 기능을 주는 것을 목적으로 한다"고 규정되어 있으며, 75조에는 "72조에서 규정하는 시각장애자, 청각장애자, 지적장애자, 지체부자유자 또는 병약자의 장애 정도는 정령(政令, 정부명령)으로 정한다"고 되어 있다. 그래서 일본의 「학교교육법 시행령(政令)」(2019)을 보면 지체부자유 및 그 장애 정도에 대한 정의가 기재되어 있는데, 다음과 같다.

> 지체부자유란 신체의 움직임에 관한 기관이, 병이나 부상으로 손상되어 보행이나 필기 등의 일상생활 동작이 곤란한 상태를 말한다. 그리고 지체부자유의 장애 정도는 ① 지체부자유 상태가 보장구 사용에도 불구하고 보행 및 필기 등 일상생활에서의 기본적인 동작이 불가능하거나 곤란한 정도, ② 지체부자유 상태가 전술한 것 정도에 이르지 않는 자 중 상시적으로 의학적 관찰지도를 필요로 하는 정도

이와 같이 일본은 지체장애를 지체부자유로 법적으로 정의하고 있으며, 그 장애의 정도를 정부명령에 의해 구체적으로 규정하고 있다.

## 3) 우리나라의 법적 정의

### (1) 「장애인복지법」 정의

우리나라의 「장애인복지법」(2021)은 장애인의 인간다운 삶과 권리를 보장하기 위해 우리나라의 장애인의 복지대책에 관해서 종합적으로 적시한 법이다. 그러므로 교육 영역보다는 우리나라의 전반적인 복지 영역에서 적용되는 법이라고 할 수 있다. 여기에는 다양한 내용이 포함되어 있는데, 지체장애에 대한 관련된 정의는 「장애인복지법 시행령」(2021)에서 장애의 종류 및 기준에 다른 장애인에 대한 설명을 통해 확인할 수 있다. 이 법에서는 지체장애를 지체장애인과 뇌병장애인으로 나눠서 정의하는 것이 특징이라고 할 수 있다. 그 주된 내용은 다음과 같다.

#### ① 지체장애인

- 한 팔, 한 다리 또는 몸통의 기능에 영속적인 장애가 있는 사람
- 한 손의 엄지손가락을 지골(指骨, 손가락 뼈) 관절 이상의 부위에서 잃은 사람 또는 한 손의 둘째 손가락을 포함한 2개 이상의 손가락을 모두 제1지골 관절 이

상의 부위에서 잃은 사람
- 한 다리를 가로 발목 뼈관절(lisfranc joint) 이상의 부위에서 잃은 사람
- 두 발의 발가락을 모두 잃은 사람
- 한 손의 엄지손가락 기능을 잃은 사람 또는 한 손의 둘째손가락을 포함한 손가락 2개 이상의 기능을 잃은 사람
- 왜소증으로 키가 심하게 작거나 척추에 현저한 변형 또는 기형이 있는 사람
- 지체(肢體)에 앞의 항목 중 어느 하나에 해당하는 장애 정도 이상의 장애가 있다고 인정되는 사람

② 뇌병변장애인

뇌성마비, 외상성 뇌 손상, 뇌졸중(腦卒中) 등 뇌의 기질적 병변으로 인하여 발생한 신체적 장애로 보행이나 일상생활의 동작 등에 상당한 제약을 받는 사람을 말한다.

(2) 「특수교육진흥법」 정의

「장애인 등에 대한 특수교육법」의 제정(2007) 이후로, 이제는 적용되지 않는 「특수교육진흥법」의 지체장애에 대한 정의는 다음과 같다. 비록 현재 교육현장에서 적용되지는 않지만 우리나라의 지체장애에 대한 교육에서 법적인 정의에 대한 흐름을 이해하기 위해 간략히 기술한다.

> 원인에는 관계없이 지체(체간 및 사지)의 기능에 부자유로 인하여 그대로 두면 장차 자활이 곤란한 아동(자)을 지체부자유아(자)라 한다.

일본과 마찬가지로 우리나라도 예전에는 지체장애를 지체부자유로 통칭하였다는 것을 「특수교육진흥법」을 통해 알 수 있다. 이러한 지체부자유라는 표현은 주로 운동 및 일상생활의 기능에 관한 부자유함을 강조한 표현이라고 할 수 있다. 즉, 정적인 지지능력에서의 부자유와 동적인 운동기능에서의 부자유 및 형태 이상에 의한 부자유 등에 대한 언급이었고, 여기서 '그대로 두면'의 의미는 운동 장애를 극복하고 개선하려고 노력하지 않는 경우이고, '자활이 곤란'이란 자립, 재활이 어렵다는 의미인데 자활곤란은 일상생활에서 자신의 힘만으로는 동작을 취하기에 어려움

이 있거나 단순히 운동적인 동작뿐 아니라, 사회적 존재로 필수적 의사소통 행위(말하기)에서도 어려움을 겪을 수 있다는 점에 대한 기술이라고 할 수 있다.

### (3) 「장애인 등에 대한 특수교육법」 정의

「장애인 등에 대한 특수교육법」(2021)은 현재 우리나라 특수교육 현장에서 주로 적용되는 법이다. 그러므로 앞서 설명한 제 외국이나 우리나라의 다른 법적 정의와는 다르게 특수교육 교사에게 주는 의미가 매우 크다고 할 수 있다. 결국 이 장에서 전술한 다양한 내용은 현재 「장애인 등에 대한 특수교육법」 정의를 설명하기 위함이라고 할 수 있는데, 이 법에서 지체장애의 정의[「장애인 등에 대한 특수교육법 시행령」(2021)]는 다음과 같다.

> 기능 · 형태상 장애를 가지고 있거나 몸통을 지탱하거나 팔다리의 움직임 등에 어려움을 겪는 신체적 조건이나 상태로 인해 교육적 성취에 어려움이 있는 사람

이제까지 살펴본 다른 법적 정의에 비해 「장애인 등에 대한 특수교육법」 정의는 비교적 단순하게 진술되어 있지만, 그 의미는 매우 중요하다. 「장애인 등에 대한 특수교육법」 정의를 상세히 고찰하면, 지체의 다각적 의미를 잘 담아내고 있음을 알 수 있다. 앞에서 밝힌 바와 같이, 지체는 팔, 다리 및 체간으로 이뤄지고 있는데 체간의 운동기능은 지탱할 수 있는 기능이며 팔은 조작기능, 다리는 이동기능(지탱을 포함한)인데, 「장애인 등에 대한 특수교육법」 정의에서는 몸통을 지탱하거나 팔다리의 움직임 등에 어려움을 겪는 신체적 조건이나 상태로 기술되어서 그러한 의미를 잘 포함하고 있다.

또 하나 중요한 점은 「장애인복지법」, 「특수교육진흥법」에서는 그동안 찾아볼 수 없었던 "교육적 성취에 어려움이 있는 사람"을 삽입하여 특수교육 분야에서 지체장애의 교육적 대상을 명확하게 했다는 점이다. 즉, 특수교육에 관한 법에서 다른 법적 정의와는 다르게 교육적 성취라는 단어가 들어간 것이 의의 있는 점이라고 볼 수 있고, 이 문구로 인해 우리나라의 다른 법과는 구별되게 「장애인 등에 대한 특수교육법」만이 가지는 지체장애에 대한 정의의 특징을 부각시켰다고 하겠다.

한편, 국립특수교육원(2009)에서는 「장애인 등에 대한 특수교육법」의 지체장애에

대한 정의를 보다 구체화하여 그 내용을 기술하였는데, "지체장애를 지닌 특수교육 대상자는 선천적 또는 후천적 원인(질병이나 사고, 수술) 등에 의해 팔, 다리, 몸통, 그리고 머리 부위의 형태에 이상이 있거나 그 기능에 장애를 가진 교육 대상으로 일상생활이나 학습을 위해 보조기기나 다른 사람의 도움 또는 물리적 환경의 조절이 필요한 사람"으로 개념화하였다.

그렇지만 이러한 의의에도 불구하고「장애인 등에 대한 특수교육법」의 지체장애에 관한 정의에서 다소 아쉬운 부분도 찾을 수 있는데, 바로 머리와 목에 관한 부분에 대한 언급이 없다는 점이다. 체간은 몸통을 통칭하는 말이기도 하지만 원래의 의미는 머리의 정중선에서 시작하여 가슴의 중심부를 지나 생식기까지 이어지는 선으로 인체의 중심 부위를 총칭하는 것이므로 머리와 목은 포함되어야 한다. 그리고 몸 전체의 지탱이나 지지는 척추 발달에 의한 것인데, 이는 몸통뿐 아니라 머리와 목 부분에 대한 신경계 및 골격의 발달도 함께 의미한다. 그리고 체간의 지탱기능이 없이는 원활한 이동과 조작 기능이 이뤄지기 힘들며 이는 대부분 학습에서의 문제점을 가지게 되므로 교육적 성취에 어려움을 겪을 수 있는 개연성이 매우 크다고 할 수 있다. 따라서 이에 대한 언급이 없다는 것은 아쉬움을 느끼게 한다.

제2장

# 지체장애학생의 생리적 접근

특수교육 교사의 입장에서 보면 지체장애학생은 질병을 가지는 환자가 아니고 일반학생과 같은 교육 대상자로 보는데, 특히 지체기능의 장애를 가진 교육 대상자로 본다. 이러한 학생들은 그 형태가 매우 다양하게 나타나는데, 크게 신경성 장애와 운동성 장애로 나눌 수 있다. 그중 신경성 장애는 마비성 장애라고도 하는데, 뇌성마비(Cerebral Palsy: CP), 진행성 근위축증(Progressive Muscular Dystrophy: PMD), 척수성 소아마비(polio) 등이 이에 포함된다. 그리고 운동성 장애는 주로 골결핵 및 관절결핵 등의 결핵성 장애, 골형성 부전증, 골수염 등의 골격계 장애, 류머티스, 관절염, 관절구축 등의 관절성 장애, 사고로 인한 절단 등의 외상성 장애 및 척추측만 및 척추파열 등의 형태 이상 등이 속한다고 할 수 있다.

이 중에서 현재 지체장애학생의 대부분을 차지하고 있는 장애는 뇌성마비 및 뇌수종 등의 뇌병변의 장애라고 할 수 있다. 그러므로 이 장에서는 주로 뇌성마비를 중심으로 그 학생들의 생리적 특성에 대한 설명을 한다.

# 1. 뇌성마비

## 1) 뇌성마비의 정의 및 원시반사

### (1) 뇌성마비의 정의

뇌성마비는 생후 4주까지의 신생아기에서 발달상의 대뇌를 포함한 중추신경계에 비진행성(nonprogressive)의 병변이 발생하고 그 결과로 인하여 영구적인(permanent) 중추신경계통의 장애가 나타나서 운동장애, 즉 자세 및 운동의 이상을 초래한 것을 총칭한 것이다. 그리고 지적장애, 뇌전증, 근육의 경련과 발작, 의사소통의 문제 및 각종 감각장애 등을 수반할 때가 있다. 그러므로 뇌성마비는 선천적 또는 후천적인 대뇌를 포함한 중추신경계의 질환으로 인해 신경계통의 이상, 근육 조절의 이상이 오는 장애를 말한다. 이들은 외형상 운동기능의 장애로 일상생활에서 움직이거나 이동에 어려움이 따른다. 또한 대뇌의 운동신경 손상으로 자신의 의도대로 움직일 수 있는 수의운동(voluntary movement)이 작동하지 못해서 자세 유지 및 이동과 조작 등이 불편하다. 따라서 교육적 측면에서 바라보면, 뇌성마비는 하나의 질병이 아니라 비슷한 임상적 특징을 가진 학생들을 집합적으로 일컫는 용어로 미성숙한 중추신경계와 대뇌의 비진행성 병변으로 운동기능과 협응에서 장애를 보이는 상태를 말한다.

### (2) 원시반사

앞서 설명한 중추신경계의 장애로 근 긴장 이상(과긴장과 저긴장), 원시반사를 포함한 운동 발달 이상이 있고, 또 불수의 운동형, 운동실조형 등이 있다. 이들 후자의 증상은 유아기에는 분명치 않으나 학령기에 도달하면 분명하게 나타나고 특이한 증상을 보인다. 바로 원시반사이다. 원시반사(primitive reflex)는 대뇌의 발달이 미숙한 시기에 보이고, 이후 성숙과 함께 소멸하는 것으로 중추신경계 기능에 의해 억제되는 것이다.

반사(reflex)는 출생 시부터 나타나는 반응으로서 신경계의 태생 부위, 척수, 내이의 미로(labyrinth of inner ear), 뇌간에 조절되는 신경계의 자동적인 반응이다. 그러므로 수의운동과는 다르게 본인의 의지 없이 나타나는 반응이라고 할 수 있으며, 특히 원시반사는 근육의 긴장도와 움직임을 변화시키며, 대뇌의 중심부가 고도로 발달함에 따라 점차 수의운동으로 조절되게 된다. 즉, 운동의 정상적인 발달에 의해 원시반사는 사라지게 된다. 이는 신생아가 태어났을 때에 아직 중추신경계가 충분히 발달하지 못하게 되어 말초신경계로 인해 나타나는 현상이다. 즉, 출생한 지 6~7개월 이내의 유아의 특징으로 대뇌피질(중추신경계)의 발달이 미숙하므로 유의적 통제가 없는 반사운동을 보이는데, 이것을 원시반사라고 한다.

이를 좀 더 설명하면, 원시반사는 계획되지 않은 자동적인 움직임으로 영아기에 아동이 외부에 대해 반응하는 것을 돕게 된다. 이 반사는 점차 통합되어 의식적이고 자발적인 움직임으로 발달하게 되는데, 이것이 통합되지 않고 계속 남아 있는 경우에 자발적인 움직임을 방해할 뿐 아니라 발달을 저해하는 요인이 된다. 그러므로 원시반사란 정상아에게도 일정 기간 존재하는 반사로서 대뇌피질(중추신경계)의 발달에 따라 반사가 억제되어 통합되는 반사를 의미한다. 따라서 일정 기간 원시반사가 나타날 시기에 나타나지 않거나 통합해야 할 시기에 통합되지 않으면 대뇌의 발달에 문제가 있다고 보는 것이다. 이러한 자세와 움직임에 영향을 미치는 세 가지의 주요한 원시반사에는 다음과 같은 것들이 있다.

① 비대칭적 긴장성 경반사

비대칭적 긴장성 경반사(Asymmetrical Tonic Neck Reflex: ATNR)는 머리를 수동적으로 회전시키거나 능동적으로 회전시킬 때 일어나는 것으로, 이는 머리를 회전시키면 턱이 돌아간 쪽의 팔과 다리에서 신전(extension)이 일어나고 반대쪽의 팔다리는 굴곡(flexion)이 발생하여 머리를 제자리로 돌리거나 반사가 줄어들 때까지 반사 자세를 유지하게 된다. 이 반사는 근육의 장력(tension, 긴장도)이 증가되어 일어나며 자세의 변화에 영향을 미친다. 주로 출생 시에 나타나 생후 1~2개월에 가장 분명하게 나타나며, 생후 4~6개월 정도면 점차 조절되어 사라진다.

한편, 이 반사가 계속 나타나는 경우에는 아동이 자신의 손을 중앙으로 모으고 입으로 가지고 가고 손가락을 빠는 것이 모두 어려우며, 자신의 몸을 만지고 관찰하는 데도 방해가 될 것이다. 그리고 눈동자를 여러 방향으로 움직여 책을 읽거나 글자를 쓰는 데도 방해가 될 것이다. 또한 눈과 손의 협응력이 떨어져 물건을 잡거나 쥐는

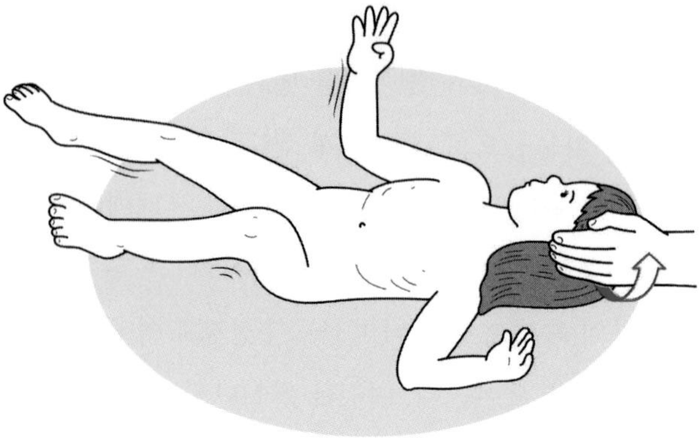

[그림 2-1] 비대칭적 긴장성 경반사

것이 어렵고, 정상적으로 뒤집고, 보조 없이 앉고, 서고 걷기에 충분한 균형을 유지하는 데 방해가 된다.

② 대칭적 긴장성 경반사

대칭적 긴장성 경반사(Symmetrical Tonic Neck Reflex: STNR)는 목의 굴곡이나 신전에 의해 유발되는 고유수용성 반응으로, 머리를 숙일 때 팔이 굽혀지고 몸통이 앞으로 구부려지며 다리는 펴지며 머리를 뒤로 젖힐 때 팔이 펴지고 다리는 굽혀지는 것을 말한다. 주로 생후 4~6개월에 나타나서 생후 8~12개월에 점차 조절되어 팔과 다리의 교대 움직임과 함께 아동이 기기 시작할 때 없어진다.

이 반사가 계속 나타나면 토끼가 뛰듯 두 손과 두 다리를 같이 움직여 기어갈 것이고, 그네를 탈 때 양발이나 양손을 굽히고 펴기 어려우며, 팔과 다리의 움직임을 조절해야 할 때 머리를 많이 움직인다.

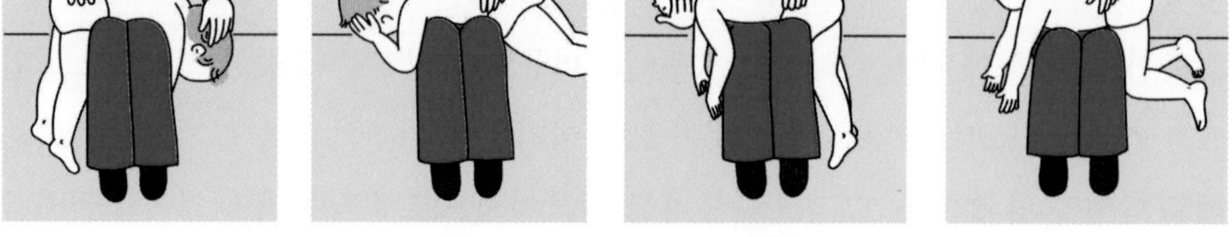

[그림 2-2] 대칭적 긴장성 경반사

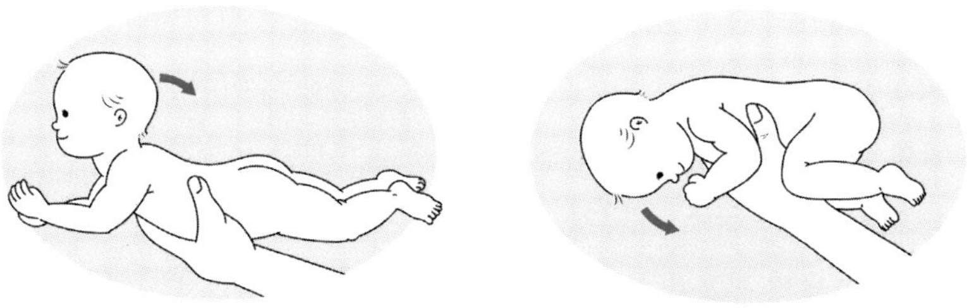

[그림 2-3] 긴장형 미로반사

③ 긴장성 미로반사

긴장성 미로반사(Tonic Labyrinthine Reflex: TLR)는 내이의 미로에 자극이 주어지기 때문에 일어나는 것으로, 이는 목을 신전시키거나 누웠을 때 미로가 경사를 이루며 반사가 일어나 다리를 신전시키고 어깨를 젖히게 되는 현상으로서 목을 굽히거나 엎드리게 하면 무릎과 대퇴부의 관절이 굽어지고 어깨를 움츠리게 된다. 이 반사가 강하게 일어나지 않을 때는 자세의 변화를 수반하지 않고 근육의 장력만 변한다. 출생 시부터 나타나며 생후 4~6개월에 점차 조절된다.

이 반사가 계속 나타나면 엎드린 자세에서 머리를 들 수 없고, 팔꿈치나 손바닥으로 지지하기에 어렵다. 또한 혼자 도움 없이 일어서는 것이 어렵고, 몸통을 일으키는 것이 어렵다.

## 2) 뇌성마비의 임상적 분류

뇌성마비는 생리적 분류, 장애 부위별 분류, 질병의 원인적 분류, 2차적 장애 또는 수반장애에 따른 분류, 신경생리학적 기능의 분류 등의 여러 가지 유형으로 나누어진다. 미국 뇌성마비학회에서는 뇌성마비의 특성을 1차적으로 운동장애의 특성으로 보고 이를 근육의 과긴장 및 저긴장으로 설명하였는데, 그 내용은 다음과 같다.

첫째, 근육의 과긴장이다. 뇌성마비 증상의 약 60% 이상은 근육의 과긴장으로 발전해 간다. 이것은 때로 발작과 혼동하기 쉬운데, 운동신경과 척추가 서로 영향을 받기 때문이다. 이러한 과긴장은 행동의 범위에 있어서 점차 후천적 제약을 나타나게 되는데, 근육과 인대가 짧아짐에 따라 야기되는 연속 동작이 어렵다. 그리고 척추기형은 장애의 정도에 따라 척추만곡, 좌우로 곡선(S자 만곡), 척추 후만증, 후부의 돌출, 엉덩이 탈구, 팔목 · 손 · 무릎 · 발의 수축 등으로 진전된다. 근육의 과긴장을 가진 뇌성마비는 발작을 일으키거나 근육이 균형을 잃어서 이를 교정하기 위해서 손과 발의 근육에 보조장치를 장착하여 장애의 개선을 유지한다.

둘째, 근육의 저긴장이다. 대부분 뇌성마비는 처음에 근육의 저긴장 증세를 나타낸다. 특히 목과 몸통 부분이 허약하다. 그리고 이러한 약한 정도가 위급한 발작이나 추체외로(extrapyramidal) 장애로 인한 무의식적 운동 발달 없이 1년 동안 지속되면 근육의 저긴장으로 진단된다. 일부 연구자들은 이러한 증상이 선천적 장애와 관련이 있는 것으로 생각한다. 특히, 다운증후군 등 지적장애 수반의 뇌성마비는 전형적으로 근육의 저긴장 증세를 보인다. 근육의 저긴장이 나타나는 자세나 운동은 4~8개월 영아에게서 주로 나타난다. 개구리 다리 모양의 자세, 앉았을 때 등 아랫부분이나 배가 돌출하는 것, 중심을 잡기 위해 다리를 넓게 벌리고 서는 것 등의 자세를 보이며, 또한 많은 아동은 기어서 움직이기보다는 앉은 채로 몸을 잡아당겨서 이동한다. 이들은 대개는 걸음을 늦게 배우고, 어떤 아기는 30개월이 될 때까지도 걷지 못한다. 균형 감각도 늦고 전체적으로 운동능력에서 그 수준이 낮다. 그리고 발의 기형은 서는 자세의 안정성과 지속성을 방해할 수 있다. 넘어지지 않으려고 애쓰는 것은 기형을 더 악화시킬 수 있으며, 신체를 안정시키고 움직이기 위해 몸의 자세를 유지하려면 손과 발이 더 굳을 수 있다. 따라서 발의 기형은 몸통, 어깨근육, 팔목, 엉덩이, 무릎, 발목, 발가락 등이 굳을 수도 있다. 근육의 저긴장 증세가 심한 학생들은 서 있기 위해서는 외부의 힘에 의존해야 한다. 비록 처음에는 관절 부분이 느슨하다 하더라도 관절 기형이나 근육 수축이 심해지면 고질적인 비정상적 자세가 야기된다.

한편, 뇌성마비에 대한 신경 운동 분포에 의한 분류(neuromotor classification)는 다음과 같다.

### (1) 경직형

경직형(spastic type)은 간헐성 경련(clonus)이 일어나기 때문에 경련형이라고도 부른다. 경직형인 사람은 근육의 긴장력 혹은 근 긴장도의 항진(exacerbation, 亢進)이 나타난다. 이것은 추체로, 즉 수의운동을 담당하고 있는 대뇌의 피질에서 내려가는 운동 신경의 통로에 대한 장애에 의한 것으로 뇌성마비의 50~60% 이상이 이에 속한다. 이러한 근 긴장도의 항진은 병변 부위와 추체 외로의 손상 정도에 따라 가벼운 경직형에서부터 장애가 심한 유형까지 다양하게 나타난다. 또한 하위 영역의 통합 수준으로 역행함과 동시에 수의운동이 상실되면 원시적 공동운동 패턴(synergic patterns of movement)을 동반한다. 다시 말하면, 경직형은 정상적인 운동 유형이 굴곡형 또는 신전형의 집단 운동으로 바뀐다. 예를 들면, 몸의 일부를 구부리거나 펴려고 하면 몸 전체가 펴지거나 구부려야 된다.

이와 같은 원시적인 집단 반사 운동은 경직형의 전형적인 특징으로서, 경직형이 심할수록 자세와 운동 형태는 더욱 원시적인 것으로 나타난다. 그리고 경직성 뇌성마비는 성장에 따라 관절의 구축이나 변형을 일으킬 때가 있는데, 이것이 기능적인 저하의 원인이 되기도 한다. 가령, 하지에 구축이 일어나면 일어서기 어렵게 된다. 2차적 장애로서는 경직성에는 지능 저하, 뇌전증 및 경련 발작이 많고, 시각장애나 지적장애 등도 문제가 된다. 따라서 운동장애뿐만 아니라 중복되는 장애(수반장애)를 정확히 파악해야 한다.

### (2) 불수의 운동형

불수의 운동형(athetoid type)은 경직형과 같이 뇌성마비의 대표적인 유형으로 불수의 운동이 특징적으로 나타나므로 무정위 운동형이라고도 한다. 불수의 운동형은 중추신경계의 추체외로인 기저핵의 손상에 의해 발생한다. 이들은 운동의 중복성을 나타내며, 불필요한 과잉 운동이 불수의적으로 일어나 동작의 선택이 어렵다. 그러나 수면 중에는 나타나지 않으며, 바로 누운 자세에서는 집단적 반사(mass reflex)의 유형이 신전되는 근육에 강하게 나타나고, 엎드려 누운 자세에서는 굴곡 근육에 강하게 나타난다. 또한 불수의 운동은 비틀어지는 동작을 동반한 벌레와 같이 천천히 진행되는 일련의 운동으로서, 신체의 정중선에 가장 가까운 곳으로부터 발생해서 먼 부분으로 이행한다. 그러므로 불수의 운동형의 운동 양상을 헤엄칠 수 없는 사람이 물속에서 허우적대고 있는 것과 비슷하다고 볼 수 있다. 이들의 경우는 근 긴장도가 과긴장에서 저긴장까지, 즉 극도의 긴장 항진으로부터 극도의 긴장 저하에 이르기까지 다양하게 변동한다. 뇌성마비 중에서 이들 유형이 차지하는 비율은 약 30~40%가 되는 것으로 밝혀지고 있다.

### (3) 강직형

강직형(rigidity type)은 관절을 굴곡하거나 신전하면 미묘한 저항이 있으며 그 저항감도 강철을 굽히는 것의 느낌과 비슷하다. 이 유형에는 사지마비가 많고 지적장애도 있는데, 발생 빈도는 다소 적은 편이다. 또한 강직형은 근육의 신축성 부족으로 운동 저항이 강하게 나타날 수 있으며, 언어나 동작이 둔하여 사회적 적응이 곤란한 경우가 많다. 이 유형은 경직형과 비슷하나 과긴장의 동작이나 불수의적 동작은 볼 수 없다. 뇌성마비의 약 5~10%가 이에 속한다.

### (4) 운동실조형

운동실조형(ataxic type)은 소뇌의 병변으로 인해 발생되며, 균형과 협응 운동이 결여되어서 평형 감각의 장애가 주된 증상이다. 그러므로 일어섰을 때 균형 잡기가 어려워서 양쪽 발을 벌리고 서 있으며, 보행이 불안정하고 후방으로 넘어지기 쉽다. 또한 운동실조형은 손가락-코 검사(finger-nose test), 손가락-손가락 검사(finger-finger test) 등이 잘 되지 않는다. 처음에는 눈을 뜨게 하고 다음은 눈을 감게 하며, 손가락 끝이 코 위에 닿는지 안 닿는지를 확인한다. 근육의 긴장은 비교적 낮으며, 시각장애나 지적장애 등이 나타난다. 그러나 순수한 운동실조형의 근 긴장도는 항상 정상보다 저하되어 있으며, 그 때문에 운동 조절이 상당히 어렵게 된다. 즉, 운동실조형은 운동피질을 조절하고 운동근육을 통제하는 소뇌의 손상으로 야기된다. 운동실조의 학생은 공간에서 균형과 자세를 조절하는 동작에서 자주 실패한다. 팔과 다리에 영향을 주어 걸음걸이가 불완전하게 떨리기도 한다. 자주 네 개의 손발 중 팔보다 다리에서 이러한 증상이 더 많이 나타난다. 때로는 안구 진탕이나 눈의 떨림 현상도 나타난다. 또한 소뇌의 손상으로 방향과 평형 감각에 이상이 생겨서 균형을 잡지 못하고 잘 넘어지며, 서 있을 때나 걸을 때에도 비틀거리고 마치 술에 만취한 사람처럼 보이기도 한다. 잡으려고 하는 물건을 지나치기 쉽고 균형을 잡으려는 보상동작은 더 심하게 나타난다.

그러므로 운동실조형은 유아가 걷기 시작해야 발견할 수 있고, 서는 것은 가능하나 보행은 곤란한 경우가 많다. 그리고 손과 손의 협응이 불가능하여 균형 유지하기, 미세한 손놀림이 어려우며, 자세나 균형이 잡히지 않아서 무작정 움직인다. 균형감각 상실, 공간에서의 위치감각 장애, 그리로 심한 경우에 공간 개념이 떨어진다. 또한 무게중심의 위치나 몸의 자세 유지, 공간 내의 물체 사이를 걸을 때, 울퉁불퉁한 길이나 내리막길을 갈 때 균형 유지가 어렵다. 뇌성마비 중에서 운동실조형은 약 5~10%를 차지한다.

(5) 진전형

진전형(tremor type)은 대체로 뇌막염과 같은 출생 후의 질환에 의해 발생하고, 대소변을 가리지 못하거나 심한 말더듬 등의 소아적인 증상이 나타난다. 이 유형은 안정을 취하고 있을 때는 진전이 나타나지 않지만 수의적인 운동 때는 진전이 주로 나타나는 것이 특징이다. 대뇌와 소뇌의 연결 장애가 있을 때 나타나는 증상이며, 뇌의 기저핵이 광범위하게 손상되었을 경우에도 발생한다. 또한 진전형은 운동할 때 근육의 수축이 균형과 적절한 시간의 조화가 일어나지 않아 비협조적인 운동이 나타난다. 예를 들면, 사지나 손가락의 운동이 자신이 생각하는 대로 움직이지 못하는 경우로서 만약 손가락으로 어떤 물체를 만지려 하면 목적물에 닿지 못하고 목적물의 앞으로나 옆으로 빗나가게 된다. 또한 보행 시에는 술에 취한 것처럼 비틀거리면서 걷게 되는 보행상의 문제나 실조 현상도 나타난다. 그리고 손 또는 팔의 회내(回內)작동와 회외(回外)작동 같은 길항운동(antagonism: 팔의 앞과 뒤 회전을 급속하게 반복하거나 손가락을 신속하게 서로 엇갈리는 것과 같이 방향이 상반되는 운동)을 재빨리 반복하지 못하는 길항운동 반복 불능증이 나타난다. 뇌성마비의 약 2~5%가 이에 속한다.

그 밖에도 무긴장형(atonia type), 혼합형(mixed type), 기타 유형(unclassified type)으로 분류되고 있다.

### 3) 뇌성마비의 부위별 분류

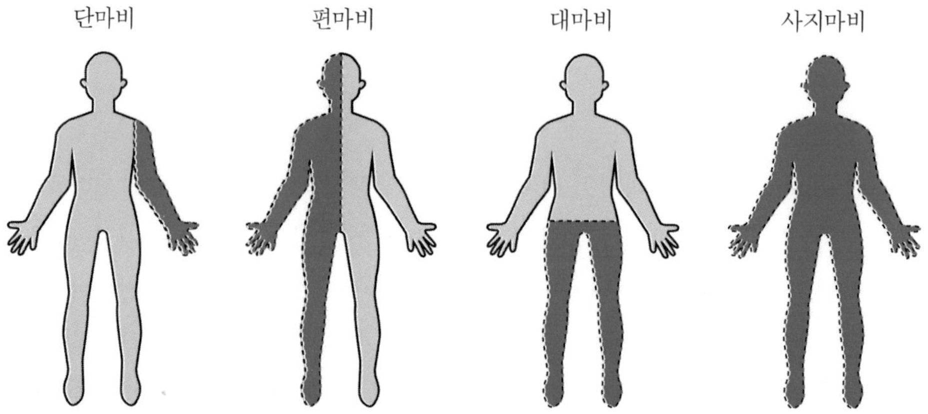


[그림 2-4] 뇌성마비의 부위별 분류

다음의 분류는 사지(四肢)의 운동 장애 부위에 의한 것이다.

- 단마비(monoplegia): 사지 중 어느 한쪽의 마비를 말한다. 순수한 단마비는 적고 대부분 대마비 또는 편마비의 불완전형이다.
- 대마비(paraplegia): 양 하지만의 마비로서 경직형이나 강직형에 많이 나타난다.
- 편마비(hemiplegia): 신체 중 반신의 마비를 말하며, 대개 경직형이며 간혹 불수의 운동형에도 있다.
- 삼지마비(triplegia): 보통 한쪽의 상지와 양 하지의 마비를 말한다. 경직형에 많다.
- 사지마비(quadriplegia): 사지 전체의 마비를 말하며, 하지 마비가 심한 경우에는 대개 경직형이고 상지인 경우에는 불수의 운동형이다.
- 양마비(diplegia): 상지에 경도 장애를 가지며 하지의 마비를 말한다. 최근에는 이 용어를 거의 사용하지 않는다.
- 중복마비(double hemiplegia): 사지마비와 부위는 같으나 상지가 심하게 마비되어 있는 경직형이다.

## 4) 뇌성마비의 원인

뇌성마비의 원인은 다양하다. 대부분 하나 혹은 그 이상의 원인, 또는 정확하게 그 원인을 알 수 없는 사례가 많다. 앞서 기술한 것처럼, 뇌성마비는 미성숙한 중추신경계에 의하여 영구적이고 비진행적인 장애로 인한 운동과 자세에서 나타나는 장애이다. 그리고 뇌성마비의 운동은 시각장애, 청각의 문제, 의사소통장애 및 지적장애를 수반한다. 이들의 대부분은 혀나 입술의 조절이 잘 되지 않으며, 시지각장애, 촉각 및 판별 능력 손실, 척추장애, 발작 같은 비정상적인 행동을 보인다. 이러한 시점은 출생 이전이나, 출생 직후 또는 출생 후에 나타나거나 여러 요인에 의해 복합적으로 나타난다.

### (1) 출생 전의 원인

출생 전 요인은 유전적 요인이나 임신 중 산모의 부적절한 태내 환경이나 약물중독 등을 들 수 있다. 출산 전 원인 중에 가장 많은 것은 자궁 내 태아의 무산소증이다. 그리고 산모의 감염, 약물복용, 독극물에 의한 노출, 대사성 질환 등이다. 그러나 유전인자의 결함은 거의 없는 편이다. 이외에도 생화학적 결함, 모체(母體)의 감염, 출혈, 태반 이상, 모체의 산소 결핍에 기인한 임신 중의 저산소증, 모체와 태아의 혈액형 불일치로 인한 핵 황달 및 태아의 미성숙 등을 그 원인으로 들 수 있다.

이 밖에도 임신 중에 부적절한 의학적 처치, 약물중독, 산모의 영양실조, 임신 중 질병, 임신중독, 복부 X선 촬영, 성병, 심한 신체적 충격 등이 뇌성마비 발생의 60%를 차지하고 있다. 특히 미숙아는 분만 시에 외상을 받기 쉽고 두개골 내 출혈과 산소결핍을 일으키기 쉬우므로 발생률이 더 높다. 특히 미숙아는 정상아에 비해 3배나 높은 뇌성마비의 발생 빈도를 보인다. 그리고 황달과 고열은 초산의 경우에 뇌성마비 출현의 원인으로 많이 보이는 증상인데, 조산(早産)인 경우에는 산모의 영양실조가 많다. 이러한 영양실조성 조산은 임신 중 지나친 편식과 심한 입덧으로 음식물을 섭취하지 못한 임신부에게서 많이 나타난다. 이 밖에도 모자간 혈액이 맞지 않아 부적합으로 발생하거나 정자와 난자의 수정 시나 임신 3개월 이내에 홍진(rubella)을 앓았거나 식중독, 기타 독성에 음식물 중독 등이 지적되고 있다. 또한 선천성 발육부진, 모체의 임신 중 진정제 과다복용, 알코올 중독, 흡연 등의 원인도 꼽을 수 있다.

### (2) 출산 및 출산 후의 원인

출산 중에는 외상이나 산소 결핍이 크게 영향을 미친다. 분만 지연, 난산 등의 기계적 요인과 기도의 폐색, 호흡마비, 양수 흡입 등으로 기인한 신생아의 의식불명을 들 수 있다. 뇌성마비 중 30%가 출산 중 원인이다. 특히 태아가 분만을 준비하지 않은 위치에 있는 상태에서 위치 변화를 시도하는 것은 신체 손상을 주기 쉽다. 그리고 태아의 과다 체중으로 인한 겸자 분만은 태아에게 산소 공급이 중단되어 장애를 일으킬 수 있다.

한편, 출산 후에 발생하는 기간은 길게 3년 이내에 발생하는데, 9개월 이전에 발생한 아동이 85%에 이른다. 출생 후에는 미생물에 의한 뇌막염, 대뇌의 감염으로 인한 열병이나 산소 부족으로도 뇌성마비는 발생한다. 이들은 뇌염, 뇌수막염으로 인한 합병증으로 외상, 뇌혈관 장애, 종양 등이 원인이 되기도 한다. 또한 심한 황달, 납중독, 사고로 인한 외상, 원인불명의 고열, 뇌종양 등도 출산 이후의 뇌성마비 발생 원인으로 꼽힌다.

여기서 중요한 것은 뇌성마비의 발생을 예방하는 일이다. 보통 아기가 태어날 때 약 1.11~1.8kg의 신생아는 더 신중하게 처치하고 양육하여서 뇌성마비의 발생을 감소시킬 수 있다. 체중 미달의 신생아는 위험이 있을 것을 예상하고 확인해서 뇌성마비의 발생을 줄일 수 있다. 뇌성마비는 대부분 유전이 아니며, 전염도 되지 않는다.

## 5) 뇌성마비와 관련된 수반장애

뇌성마비는 중추신경계의 손상 이외에도 시각 · 청각 · 언어 · 감각의 이상이 있을 수 있다. 정신적인 문제나 발작도 나타날 수 있다. 비록 대뇌의 손상이 점차 진행되지 않더라도 신체를 적게 사용하거나 한 부분을 사용하여 수반장애를 가지기 쉬워 아동이 성장함에 따라 척추와 팔다리에 진전된다. 뇌성마비는 대뇌를 포함한 중추신경계의 손상으로 운동신경의 조절에 장애를 가지고 있다. 그러므로 대뇌의 기능 손상 정도와 범위에 따라 다른 기능까지도 장애를 갖게 되는데, 대뇌의 기능장애는 행동뿐만 아니라 감각 기능 및 관련 장애를 동반한다. 따라서 뇌성마비는 운동장애 외에도 지각, 의사소통, 청각, 시각 등의 장애와 발달 지체를 동반할 수 있다. 따라서 뇌성마비에게 수반되는 장애는 의사소통장애, 지적장애, 시각장애, 경련 및 뇌전증, 발작, 청각장애, 정서·행동장애 및 기초학습 능력의 부족 등이 나타날 수 있다. 이외에 소화기 및 배뇨 계통의 문제도 동반될 수 있다.

### (1) 지적장애

뇌성마비의 60% 이상은 지적장애를 나타낸다. 이들을 지능이 매우 낮거나 심한 발달 지체를 보인다. 그리고 7세 이상의 뇌성마비 중 대부분은 읽기능력이 낮으며, 수개념 능력도 부족하다. 그렇지만 뇌성마비 중에서도 지능적 문제가 가볍거나 없는 경우도 있으며, 반드시 뇌성마비의 장애 정도와 지적장애의 정도가 일치한다고는 볼 수 없다. 일반적으로 뇌성마비 중 불수의 운동형은 경직형 학생보다 지적장애가 덜 하다. 또한 경직성 뇌성마비는 대부분 지적장애를 수반하며, 불수의 운동형도 약 절반 정도는 지적장애를 갖고 있다. 이러한 지적장애를 수반하는 뇌성마비는 전경과 배경의 변별, 점과 점 사이의 변별, 공간지각, 통각 및 온도의 감각 등에서 문제를 보인다.

### (2) 의사소통장애

뇌성마비 가운데 약 70~80%는 의사소통장애를 수반하고 있다. 그 유형으로는 다양한 원인이 있으나, 뇌성마비를 수반하는 의사소통장애는 주로 뇌성마비에 따른 언어적인 이상에 해당하며, 증상으로서는 주로 조음장애가 나타나지만, 소리의 이상 또는 언어의 리듬 이상을 보이는 경우도 있다. 뇌성마비에게서 자주 볼 수 있는 의사소통장애는 신경적인 문제(마비)에 의한 것이고, 이는 일반적으로 사지 운동의 기능장애와 병행되는 것이다. 이 유형의 장애일 경우 마비성 조음장애로 이 경우에는 입술, 혀, 후두, 횡경막, 흉곽 등으로 말을 하는데, 이렇게 사용되는 여러 근육에 대한 중추성 조절에 문제를 야기한다. 이 밖에 빈도가 높은 것으로는 언어의 발달 지체이다. 뇌성마비는 지적장애를 수반하는 경우가 많은 것을 보아도 지적장애에 의한 언어의 지체나 의사소통장애를 갖는 사례가 많다. 또한 정서적 요인이나 청각장애에 의한 의사소통장애도 발견되고 있으며, 대뇌의 언어 중추가 손상된 결과로 나타나는 언어 이상, 실어증도 있다.

### (3) 시각장애 및 청각장애

감각장애의 대표적인 것으로 시각장애와 청각장애가 있다. 우선, 시각장애에 대해서는 다음과 같은 다양한 정도와 유형이 뇌성마비에게서 나타난다.

- 굴절 이상: 대뇌 손상에 의한 지체장애학생의 굴절 이상(근시나 원시 등)으로 안경을 필요로 하는 학생이 약 25% 정도라는 보고도 있다.
- 사시: 삼대의 외안근의 평형이 무너지면 강한 측에 안구가 끌려 사시를 일으키는 것으로, 뇌성마비의 적어도 반 이상이 안근(眼根)의 불균형으로 내적 사시가 있을 수 있다.
- 안구 운동 장애: 안구 운동 장애에 관한 대뇌피질 중추는 분산되어 있어 이들 중 어느 하나에 장애가 있어도 안구 운동 장애가 발생한다. 뇌성마비의 50% 정도는 안구 운동 장애가 인정된다.

한편, 뇌성마비에게 청각장애가 있는 경우도 있다. 그 빈도는 장애 정도에 따라 다양하지만, 대개 25% 정도로 알려져 있다. 불수의 운동형에 많은 비율의 청각장애가 발견된다. 청각장애는 언어의 발달에 영향을 미쳐 의사소통의 장애 요인이 되기도 하므로 그 유무에 대해 파악해 두는 것이 필요하다.

### (4) 뇌전증과 발작

발작의 형태는 일반적 발작과 부분적 발작으로 나눠 볼 수 있다. 일반적 발작은 대발작, 소발작, 근 간대 경련, 무정위 운동발작 등 예고없이 일어나며, 심하면 의식까지 잃게 된다. 부분 발작은 운동기능과 행동에 영향을 주고 잠시 목적 없이 행동이 나타난다.

대발작은 편마비에게서 자주 일어나고 소발작은 사지마비와 경직형에게서 자주 나타난다. 뇌성마비의 30~50%에서 뇌전증이 나타나는데, 불수의 운동의 학생은 12%가 뇌전증(간질)을 보이며, 불수의 운동형의 편마비 중에서 55%의 학생이 뇌전증이 나타난다.

이러한 뇌전증의 예방이나 치료는 위험한 환경과 뇌 손상을 줄 수 있는 환경을 개선하여 방지할 수 있다. 뇌전증의 치료는 보통 약물치료를 하는데, 약물치료는 학업을 계속하는 데 도움이 된다. 뇌신경 세포의 불수의한 돌발적 활동에 따르는 신체적 또는 정신적 현상을 뇌전증 발작이라고 한다. 중도 뇌성마비 경우, 뇌전증 발작은 31% 정도이다. 일반적으로 뇌성마비의 35% 정도가 뇌전증 발작증상이 있으며 뇌전증 발작을 수반하는 경우가 전체의 22~50% 정도인 것으로 보고 있다. 출현율은 경직형이 가장 많고, 불수의 운동형은 비교적 적다. 이러한 경우에는 항경련제의 투약으로 발작을 예방하는 것이 필요하다.

## 2. 뇌수종, 이분척추 및 척추기형

### 1) 뇌수종

뇌수종은 대뇌 영역에서 뇌수막 밑 공간에 수액이 지나치게 많이 고여서 그 부분이 확대된 상태이다. 이런 경우 머리의 둘레가 커지고 지능이나 운동 발달이 늦어지며, 호흡곤란, 전신경련, 의식장애가 일어나기도 한다. 뇌수종은 이분척추와 연결되어 일어난다. 그리고 대뇌의 중추신경계의 유체 뇌실과 많은 것 등이 있다. 뇌가 확대하고 유체는 활발해지는데, 이때 대뇌의 조직은 영구적으로 손상될 수 있다. 작은 아기의 뼈는 머리에서부터 함께 결합되어 있지 않고 초과된 유체들은 그 부분을 억누르면서 머리가 커지게 된다. 이것이 계속되어 뇌수종이 된다. 아기가 커 가면서 또는 성인이 되었을 때 CAT 정밀검사를 통해 뇌수종과 다른 문제의 연관성을 쉽게 발견할 수 있다. 뇌수종으로 오는 장애는 정상적인 순환으로 중추신경계의 유기체가 원인이다. 뇌수종으로 인해 대뇌는 비정상적인 발달을 가지므로 뇌수종은 대뇌에 심한 악영향을 준다. 즉, 뇌수종은 중추신경계의 신경경로에 나쁜 영향을 주고 뇌출혈을 유발하여 신생아기나 그 후에 계속해서 출혈이 있을 수 있으며, 대뇌에 혹이나 포상 등이 발생하는데, 이런 상태는 이후에 신경장애의 원인이 될 수 있다.

### 2) 이분척추

이분척추(spina bifida)는 나누어진 척추를 의미한다. 이러한 상태의 지체장애학생은 척추의 일부에서 하나 이상의 척추가 완전히 형성되지 않은 선천적인 결함을 가진다. 정상적인 척추에서는 중앙에 뇌와 신체의 여러 부분을 연결하는 신경을 감싸고 있는 척수를 포함하는 관이 있다. 척추가 파괴되거나 깨져 있을 때 이 중앙 통로는 완전하지 않으므로 척수와 피복이 깨진 부분을 통해 돌출되어 학생의 등에 혹이 생기는 원인이 될 가능성이 있다. 이 부분에서 신경의 분열과 손상은 마비의 원인이 되는 대뇌와 대동맥, 수족 간의 신호가 전달하는 것을 방해한다. 그러므로 촉감, 통증, 위치의 감각을 나타내는 신체에서 대뇌의 신호 또한 차단된다. 척추의 손상은 어느 곳에서도 발생할 수 있으며, 대개 아랫부분에서 발생한다. 이분척추 학생이 출생한 후에는 연이은 임신에서 재발할 위험이 높다. 정상인보다 이분척추를 가진 학생의 가족에서 무뇌증(anencephaly)의 발생 위험이 크지만, 임신 초기에 이분척추에 대한 검사가 가능하다.

### 3) 척추기형

척추기형은 선천성 신경근육에 대한 장애의 원인이 된다. 다른 원인은 종양, 감염과 신진대사 질병과 같은 것이 있으며, 척추측만증, 척추전만증, 척추후만증 등으로 대비된다.

우선, 척추측만증은 등뼈가 옆으로 휘는 장애로, 한쪽 쇄골이 다른 쪽보다 현저히

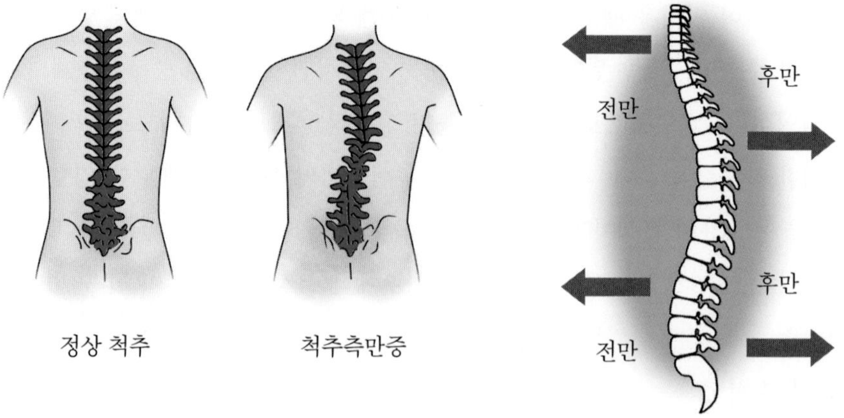


[그림 2-5] 척추기형의 유형

발달하게 되어 한쪽 어깨나 엉덩이가 다른 쪽보다 높다. 이러한 변화 때문에 대동맥의 정렬이 변형되기도 하므로 골반, 가슴과 머리가 서로 정확히 위치를 유지하기 어려운데, 대개의 경우 몸통에 점점 심한 변형을 일으킨다. 이것은 심장, 폐 기능 장애를 유발하는 흉곽을 변형시킬 수 있다. 또한 심한 등 부위의 통증과 이동의 제한을 증가시키는 허리 부위의 척추관절을 변형시킬 수 있다.

척추전만증은 옆에서 보면 등뼈가 앞으로 휘는 장애로, 허리 부위 척추의 정상 전면 곡선의 과대된 상태이다. 신경근의 장애 상태에서는 심하게 변형되어서 앉고 눕고 걷는 것이 불가능하거나 매우 힘들다. 이에 비해 척추후만증은 측면에서 등뼈가 뒤쪽으로 휘는 장애로, 흉부에서 척추의 뒤쪽으로 곡선이 심해진 상태이다. 심한 경우에는 폐활량을 감소시킬 수 있으며, 또한 신장이 짧아지는 기형의 원인이 된다. 이와 같은 척추기형의 처방은 힘의 정도, 위치, 학생의 나이에 따라 시행한다. 따라서 척추기형의 조기 발견은 매우 중요하다. 특히 부목(epithesis)의 설계와 사용, 부목 설치의 시기, 수술 범위가 중요하므로 세심한 관찰이 필요하다.

## 3. 진행성 근육위축증

진행성 근육위축증은 근육 약화가 진전되는 선천적 질병이다. 이 병은 근이양증(muscular dystrophy)이라고도 하는데, 여러 가지 형태가 있다. 그중 가장 흔한 것은 뒤센형 근육위축증이다. 뒤센형 근육위축증은 남성 3,500명 중 1명에게 감염된다. 여성은 대략 남자 학생의 50%에게 이 증상을 전달하지만 자신들은 걸리지 않는다. 특별한 치료방법이 없으므로 서서히 병세가 악화되어 심장이나 폐 근육에까지 진행하여 사망한다. 진단에는 감염된 남자 학생의 모계 어머니와 남매에 CPK 검사가 사용된다. CPK 효소는 진행성 근육위축에 걸린 학생의 혈액과 그 어머니들의 70~80%의 혈액 속에서 상승한다. 이 병의 1/3가량이 이 병에 걸린 적 없는 가족의 유전변이에 의해 발생한다.

뒤센형 근육위축증은 2~6세 무렵의 유아기에 시작되는데, 이때 유아는 계단을 오르거나 달리는 데 어려움을 느낀다. 경한 증세를 보이는 유아가 나타나는 증상은 골반근육에서 시작되거나 어깨근육에서부터 시작된다. 골반근육이 상당히 약해질 때 나타나는데, 바닥에서 일어나기 위해 유아는 손을 이용하여 넓적다리를 들어 올리거나 똑바로 선 자세를 하기 위해 넓적다리로 걷는다. 호흡기능이 점차로 약해지는 것은 복부와 가슴근육 약화의 부차적인 증상이다. 이것은 분비물 배설을 저해하고, 폐렴을 일으킬 수도 있다. 특히 진행성 근육위축증 유아는 이동하는 데 어려움을 겪게 되어 보조기구가 필요하게 되고, 식탁 옆에 서 있는 것도 어려운 시기가 올 것이다. 10~14세 무렵이 되면 걷기를 중지해야 하고 휠체어가 필요해진다.

전동휠체어는 많은 의지를 할 수 있기 때문에 유용하다. 근육위축 환자가 휠체어를 사용하게 될 경우 대개 심각한 척추만곡이 진전되는데, 단지 척추 용해(fusion)에 의해서 막을 수 있다. 장기간 앉아 있기만 하고 근육의 힘을 불균형하게 하는 것은 엉덩이의 굴근, 무릎, 발목, 발의 수축을 진전시킬 수 있다. 3개월 이상 의자 생활을 하게 되면 다시 걸어 다닐 수 있는 가능성이 상당히 감소된다. 침대에 누워 있으면서 치료받는 기간 또한 아동의 기능적 수준을 저하시킨다.

환자를 관리하는 부모나 교사들은 활동적이고, 직립 활동, 직립자세 유지 등을 위해 노력하여 이러한 증상이 급격한 진전에 대처해야 한다. 물리치료는 퇴행을 저지하는 데 도움이 되지만 수축을 감소시키지는 못한다. 식탁 옆에 서 있는 것은 무릎이나 발목 수축을 막고 척추만곡을 저지하는 데 도움이 된다. 수축증상의 완화 및 이동 기능의 연장을 위해, 또는 척추만곡을 교정하기 위해 정형외과적 수술이 필요한데 일찍 할수록 성공률이 높다. 근육위축 환자는 보통 사춘기나 청년기까지밖에 살지 못한다. 생명이 다할 무렵에는 호흡기 질환에 감염되기 쉽다. 사망 원인은 보통 심장근육 약화에 따른 심장마비나 가슴근육 약화에 의한 호흡마비이다. 척추 수술과 폐 치료 분야의 발전에 따라 예상 수명이 증가하고 있다. 아직 특별한 치료법은 발견되지 않았지만, 최근에는 유전자 결함에 관한 중요한 발견이 이루어졌고 활발한 연구가 진행 중이다.

근육위축증의 학생들은 치명적 질병에 대한 사회심리적 문제를 경험한다. 그들은 약화된 신체적 상황과 절망적인 예측과 맞서 있다. 치명적인 질병을 가진 학생과 생활하는 것은 많은 사람이 편치 않은 어려운 상황이다. 불치병을 가진 학생이 심리적 문제에는 더 대처하기 힘들다. 병에 걸린 학생, 그의 친구, 가족, 교사들은 모두 죽음에서 소생할 수 있다는 소망을 요구한다. 이들은 병이 진전될수록 학교 활동과 일상생활에서 더욱 많은 신체적 도움을 필요로 하게 된다. 컴퓨터는 여러 면에서 유용한 기구이다. 대뇌나 몸의 통제능력을 상실한 학생들도 컴퓨터를 사용할 수 있고, 말(言)을 통해 학교 과제를 수행할 수 있다. 이들에게 컴퓨터는 또한 여가, 직업, 환경 조절에도 이용될 수 있다.

제3장

# 지체장애학생 교육의 역사

지체장애학생 교육은 1741년 Andry가 『정형외과학(L'orthopedie)』을 저술한 이후 정형외과학의 진보와 함께 발전해 왔다. 그 후 1779년 스위스에서 정형외과학을 임상에 응용하여 정형외과 병원을 개설할 때 이미 치료의 효과를 높이는 목적으로 장기 입원 환자에게 학교 교육을 실시하였고, 이는 병원 내 학교 교육의 기원이 되었다. 이처럼 초기 지체장애학생 교육은 의학적 관점에 의해 시작되었으며, 교육 내용도 주로 진로 · 직업교육이 중심이었다. 그리고 19세기 말 미국에서 공립(公立) 일반학교 내 지체장애학생을 위한 통학제 특수학급이 맨 먼저 설치되고, 영국에서도 비슷한 시기에 공립 지체장애학교가 최초로 설립되었다. 이러한 움직임은 지체장애학생 교육의 의무화 움직임과 맞물려 지체장애학생 교육의 확대에 긍정적인 영향을 미치게 되었다.

제1차 세계대전 전까지 미국과 유럽을 중심으로 지체장애학생 교육 형태를 보면, 첫째, 통학제 학교 및 일반학교 내 특수학급, 둘째, 병원 내 학급, 셋째, 기숙제 특수학교의 3대 교육 형태로 교육이 이루어져 있었다는 점, 나아가 이러한 교육 형태의 성립 과정에서 보면 통학제 학교는 교육 면에, 병원 내 학급은 의료 면에, 기숙제 학교는 진로 · 직업교육 면에 중점을 주고 있다는 점이 특징이다. 이러한 교육 형태 가운데 기숙제 특수학교 체제는 이후 지체장애학생의 교육 의무화의 진행에 따라 통학하기 어려운 지역에 사는 지체장애학생과 운동장애의 특성상 통학하기 힘든 지체장애학생을 주 대상으로 하는 교육기관으로 분리 · 발전하게 된다.

20세기에 들어서면서 지체장애학생 교육은 국가의 책임으로 발전하게 되어 형식적 교육의 단계에 이르게 되었고, 제2차 세계대전 이후 교육선진국은 지체장애학생을 포함한 특수교육 대상자를 위한 의무교육을 실현하여 각종 특수학교를 설립하는 등 장애의 중도화 및 중복화에 대응하여 다양한 교육 계획을 마련함과 동시에 경도의 지체장애학생에게는 통합교육을 추진하고 있다.

## 1. 사회적 배경과 사회보호적 교육

지체장애학생 교육의 역사는 고대부터 현재까지 지체장애학생에 대한 사회적 처우 관점의 4단계로 구분할 수 있다. 첫째, 지체장애학생은 사회에 있어서 불필요한 사람으로 보았던 시대이다. 이 시대는 생존을 위한 투쟁이 극심하였는데, 농경사회 중심의 노동력 제공이 어렵고 손발이 부자유로운 지체장애학생은 사회에서 보호의 대상이 되지 못하였다. 둘째, 지체장애학생을 구경거리나 조롱의 대상으로 본 조롱의 시대이다. 고대 그리스 · 로마 시대에는 지체장애학생이 구경거리나 조롱거리가 되는 것을 용인하였다. 그러므로 지체장애학생 자신도 자력으로 살아가려면 직업적으로 광대 등의 구경거리로 존재할 수밖에 없었다. 셋째, 지체장애학생의 신체적 보호에만 관심을 가졌던 신체적인 보호의 시대이다. 특히 18세기 중엽에서 시작하여 20세기 초반에 정형외과학이 현저한 발달을 하게 되었다. 정형외과학의 발달로 인하여 지체장애학생의 장애를 과학적으로 보게 되었고, 신체적 보호에도 관심을 가지게 되었다. 넷째, 20세기에 들어와서 지체장애학생을 교육의 대상으로 본 시기이다. 이 시기에는 지체장애학생의 교육도 개인의 책임이라는 관점에서 사회적 의무로 생각하게 되었다.

이러한 4단계설과는 달리 지체장애학생 교육을 포함한 특수교육 전반의 역사적 발전을 기독교가 지배한 중세(500~1500년경)를 기준으로 하여 그 이전의 원시 시대 및 고대와 그 이후의 근대라고 하는 3단계로 시기를 구분하여 원시 시대와 고대는 지체장애학생을 포함해서 장애인이 일반적으로 학대를 받은 시대, 중세는 기독교를 배경으로 장애인에 대한 자선적 태도가 생기게 된 시대, 근대는 장애인에 대한 보호 정책과 교육 조치가 실현된 시대로서 각 시대를 설명하기도 한다.

한편, 산업혁명 시기 전후로 장애의 종류나 나이 등에 근거하여 점차 일반학교 및 사회에서 분리하는 과정 중 장애에 관한 다양한 사회적 문제가 발생하게 되었다. 지체장애학생 교육의 경우도 예외는 아니다. 이에 따라 지체장애학생을 포함한 사회적 약자의 진로 · 직업교육을 시행하고 이를 뒷받침하고자 그들에 대한 특수교육도 발전하게 된다. 이를 통해 지체장애학생을 포함한 교육의 주요한 기반이 되었지만, 이러한 특수교육이 성립 · 발전하기까지는 일반교육이 어느 정도 그 기반이 확립될 때까지 기다리지 않으면 안 되었다. 이처럼 지체장애학생에 대한 근대적 장애인관에 입각한 교육의 가능성을 모색하게 한 근대사상의 형성은 지체장애학생 교육의 역사에 있어서 중요한 의미가 있다. 이른바 르네상스 이후 인본주의 사상 및 종교개혁을 통해 형성된 인간에 대한 사상적 진보와 더불어 의학의 발전은 지체장애학생 교육의 문제를 과학적인 근거 위에서 신체적 보호와 직업교육 및 특수교육의 가능성 모색 등 새로운 계기를 마련하게 되었다. 그렇지만 특수교육 대상자의 문제가 일반교육 대상자의 문제와 동등하게 사회적 관심사로 취급되지는 않았다.

## 2. 지체장애학생 교육 발전의 지연

초기의 특수교육은 시각장애 및 청각장애 학생의 교육에 한정되어, 동일한 특수교육 대상임에도 불구하고 지체장애학생을 위한 특수교육은 시도되지 않았다. 18세기 말엽까지는 시각장애 및 청각장애 교육의 학교가 최초로 설립되지만, 지체장애 교육을 포함한 그 외의 특수교육은 시도되지 못하였다. 그 이유는 다음과 같다.

첫째, 지체장애학생의 생존자 수가 매우 적었다는 점을 들 수 있다. 18세기가 되기까지 런던에서 출생한 지체장애학생 가운데 70% 이상이 5세 이전에 사망하였는데, 실제로 의학의 발전은 18세기의 현저한 특징이었지만 의료적 혜택이나 병원 서비스는 아직 미비하여서 생존 가능한 장애학생의 대부분이 사망했다. 그러므로 그 당시 교육이 가능한 경도의 지체장애학생도 그 생존 수는 극히 소수였을 것으로 추측된다.

둘째, 시각장애 및 청각장애에 대한 사회적 편견에 비해 지체장애학생에 대한 부정적 편견이 매우 강했다. 시각장애 및 청각장애 교육의 학교는 18세기 말에 설립되었지만, 지체장애나 지적장애에 관한 학교가 그 시대에는 설립되지 않았다. 이는 지체장애나 지적장애와 같은 장애를 죄에 대한 신의 벌이나 노여움이라고 보는 시각이 그때까지도 팽배하였다고 볼 수 있다. 이는 그들을 위한 교육의 시작을 방해하는 요인으로 작용하였다.

셋째, 의학의 발달을 들 수 있다. 비교적 장애의 유형이나 정도가 고정적인 시각장애 및 청각장애의 교육과는 다르게 지체장애학생의 교육은 의학의 발전과 결합이 필수적이지만 의학, 특히 정형외과학이 그 당시에는 미개척 분야였다. 이러한 정형외과학의 성립과 발전의 지체는 지체장애학생에 대한 적절하고 확실한 의료적 보호책이나 사망률의 저하, 나아가 지체장애학생과 같은 장애를 신의 형벌로 직결시켜서 설명하는 잘못된 인식으로 남게 되어 결국은 지체장애학생 교육의 성립을 저해하게 되었다. 이러한 의미에서 앞서 언급한 세 가지의 이유는 서로 유기적으로 깊은 관련이 있다.

넷째, 교육방법상의 문제이다. 시각장애 및 청각장애 교육에서는 일반교육과의 교육적 방법의 차이가 명백하므로 일반학생과 분리하여 점자를 사용하거나 수화나 구화법 등에 의한 독자적인 방법으로 교육한다는 것을 당연하게 생각하는 경향이 있었지만, 지체장애학생 교육에 있어서는 독자적인 교육방법이 제시되지 못하였다.

이와 같은 이유로 시각장애 및 청각장애 학생의 교육에 비해 지체장애학생의 교육은 그 발전 속도나 과정이 지체되었고, 19세기 이후에 본격적으로 유럽의 각 지역에서 점차적으로 발생하기 시작하여 20세기에 들어서면서 조직적 발전을 위한 기초를 형성하게 되었다. 이러한 지체장애학생 교육의 기반 성립에 영향을 미치게 된 최대의 요인은 일반교육의 의미 있는 발달이었다는 점에 주목할 필요가 있다.

## 3. 현대사회와 지체장애학생 교육

두 차례의 세계대전은 세계 각국에 지대한 변화를 가져오게 되었는데, 특히 지체장애학생 교육은 세계대전을 통해서 오늘날과 같이 공교육의 하나로 그 지위를 확립하게 된다. 그러한 영향에 미치는 요인으로는, 첫째, 공교육과 의무교육의 신장, 둘째, 관련 학문의 발달, 셋째, 민간 운동의 발전 등을 들 수 있다. 이를 보다 세분화하고 현재에도 주목받고 있는 흐름을 정리하면 다음과 같다.

### 1) 지체장애학생 교육의 공교육 및 의무교육의 발전

제1차 세계대전은 900만 명에 가까운 전사자와 2,000만 명이 넘는 부상자를 발생하게 하였다. 이때의 전쟁에서 주역을 한 미국, 영국과 독일에서는 다수의 사상자가 발생하였기 때문에 이러한 나라에서는 장애인에 대한 재활 정책이 추진되었다. 그리고 이러한 정책의 이념은 이윽고 지체장애학생까지 확대되어 공교육화의 실현에 이르게 되었다. 제1차 세계대전 후 약 20~30년을 경과하여 촉발한 제2차 세계대전에서는 전사자만으로 약 1,500만 명에 이르렀다. 이러한 전후의 선진국에서는 이미 각 개인의 자선가적 노력으로는 이 모두를 구제할 수 없게 되었다. 그래서 국가에 의한 구제가 필요하게 되었다. 이러한 구제의 필요성은 제2차 세계대전 후 민주주의의 승리와 관련되어 전후 참전국은 물론 세계 각국에 있어서 사회복지의 정책을 추진하게 되었다. 이것은 각국의 지체장애학생 교육도 국가 책임의 공교육과 의무교육 등으로 크게 발전하게 된다.

### 2) 관련 학문의 발달

엄격히 말하면 두 차례의 세계대전의 영향이 직접적으로 지체장애학생 교육의 발달로 이어졌다고는 볼 수 없지만, 이러한 교육 발전은 의학 · 심리학 · 공학 등 관련 학문의 발전, 민간 운동의 고양 등의 영향으로 발전하게 되었다. 특히 X선을 통한 정형외과학의 의학적 진단, 지능이나 인성 검사, 버스나 휠체어 혹은 보행기 등 이동 수단의 발전, 각종 보조 장구, 측정 장치 등의 고안 등의 관련 학문의 발전을 통해 지체장애학생의 의학적 · 심리학적 진단, 수술과 치료, 교육적 조치 등을 바르게 할 수 있도록 도와주었다.

### 3) 민간 운동의 발전

현대사회에 들어와서 각종 민간단체가 각각의 관점에서 활동하게 되었다. 이러한 단체의 활동 또한 오늘날의 지체장애학생 교육을 발달하게 하는 중요한 요인으로 볼 수 있다. 이러한 민간단체에 의한 여러 활동이 결국은 관계 당국을 움직이게 하여 지체장애학생 교육에 관한 법안의 성립과 재정적 부담의 문제를 원활하게 추진하는 하나의 중요한 원동력이 된다. 이러한 현상은 각국의 사회복지 정책이 대폭 전진한 현대사회에서 현저하게 나타나게 되었다.

### 4) 현재 지체장애학생 교육의 발전

#### (1) 뇌성마비 학생 교육의 진흥

오늘날 유럽 각국에 있어서 뇌성마비 학생 교육의 진흥에는 백신의 개발로 인하여 척수성 소아마비가 줄어들고 결핵 대책의 추진으로 골관절 결핵균의 감소 등의 사정이 배경이 되어 있다. 종래의 교육적 조치의 어려움으로 곤란을 느끼고 있었던 뇌성마비에 대한 교육의 기회가 현저하게 확충되어 온 것은 지체장애학생 교육의 발전을 나타내고 있다. 이러한 교육의 경향은 지체장애학생 교육에 있어서 문제와 과제의 많은 부분이 뇌성마비를 주축으로 해서 검토되고 있다. 그리고 지체장애학생에 대한 교육 대상자 대부분이 뇌성마비이므로 각종 지체장애학생에 대한 교육적 조치들이 뇌성마비를 중심으로 발전하고 있다고 할 수 있다.

#### (2) 능력별 교육 계획의 실시

오늘날의 지체장애학생 교육의 전진의 요인의 하나는 능력별 교육 계획의 실시에 있다. 이것은 지체장애학생 교육 대상의 확충이 대상자의 지적 능력의 한계성을 을 확대하게 되었다. 단적으로 말하면, 지체장애학생 교육의 교육 계획을 통학제, 기숙제, 병원 내(시설 내), 순회교육이라고 하는 형태에 추가하여 경도 및 중등도, 중도중복장애라고 하는 각 집단에 초점을 둔 형태에서 실시하게 되었으며, 개별화교육계획(IEP)이 더 중요하게 평가받는 계기가 되었다.

### (3) 관련서비스의 통합

최근 들어 지체장애학생의 완전통합(inclusion)교육에 대한 논의도 활발하다. 이는 지체장애학생도 학교와 교사 및 국가가 얼마만큼의 교육적 · 생활적 책임을 져야 하는가에 대한 논의로 이어진다. 이에 대한 논의를 통해 국가와 사회는 지체장애학생이 필요로 하는 관련서비스를 충분히 제공해 주어야 한다는 결론에 도달하게 되었다. 그리고 그들이 필요로 하는 관련서비스는 가능한 한 많은 요구를 충족시킬 수 있도록 계속 개선되어야 하고, 물리치료, 작업치료, 언어치료, 사회복지적 조치, 주거문제, 이동문제 등의 다른 지원들이 지체장애학생 교육과 분리되지 않고 통합되어 실행되어야 한다는 결론에 도달하게 되었다. 이러한 관련서비스의 통합은 전문적 시간과 기술을 더욱더 효과적이고 경제적으로 사용할 수 있게 한다.

### (4) 보조공학의 강화

과거 수십 년 동안 지체장애로 인한 불편을 최소화하기 위하여 사용한 공학은 소수의 개인에게 도움을 주는 것에 불과하였지만, 현재는 많은 지체장애학생의 삶의 질을 향상시켜 주는 것으로 발전하고 있다. 보조 공학의 새로운 발전은 지체장애를 가진 많은 사람에게 흥미와 기대를 가져다주고 있다. 특히 로봇공학은 지체장애학생의 독립적인 기능을 증가시켜 줄 것으로 생각된다.

### (5) 통합교육의 강화

지체장애학생에게 사회적인 수용은 가장 기본적인 요구사항이 된다. 지체장애학생에게 부모, 교사, 학급 동료 그리고 주변의 사람들이 어떻게 반응하는가는 장애 그 자체만큼이나 중요하다. 많은 지체장애학생은 과도한 연민이나 동정, 과잉보호로 고통받는다. 그러므로 지체장애학생은 그들이 지체장애나 2차적 장애에 의해 여러 가지 도전에 직면하든 그렇지 않든 간에, 그들은 자아존중감을 가지고 가정 · 학교 · 지역사회의 활동에 참여할 필요가 있다. 교사는 지체장애학생을 장애를 가진 경우로 보기보다는 오히려 가치 있고 전인적인 사람으로 수용하고 효과적으로 대처해야 한다. 그리고 지체장애학생에게 가능한 한 많이 독립적인 행동을 하도록 격려해야 한다. 그럼에도 지체장애학생은 특정한 시간이나 장소에서는 다른 사람들에게 의존할 필요성을 느낀다. 그러므로 교사는 학생들이 효과적으로 지체장애에 대처하고, 현실적인 목표를 설정하도록 하며 도움이 필요로 할 때 도움을 제공해야 한다. 학교는 학생을 통합하며, 그들을 이해하고 격려하며 미래에 관해 토론할 수 있는 유용한 장소가 되어야 하고, 이는 지체장애학생에게도 마찬가지로 적용되어야 한다.

#### (6) 대안적 교육 배치

특수교육 대상자 중에서도 지체장애학생은 교육적 서비스와 배치에 대한 선택의 폭이 비교적 좁다. 그러므로 가정에서 교육받는 것이나 병원에서 교육받는 프로그램은 최중도(severe)의 지체장애학생에게 유용하다. 병원에 입원하거나 혹은 가정에서 교육이 필요하다면, 지역의 학교 당국은 그들을 위한 교육 프로그램을 개발해야 하며, 특수교사의 적절한 교육서비스가 제공되어야 한다. 이들은 대개 가정이나 병원에서 일반학생과 상호작용이 거의 없으므로 특수교육 서비스의 가장 제한적인 수준으로 간주한다. 규모가 큰 병원 대부분과 의료센터는 교수–학습을 계획하고 전달하기 위하여 병원학교를 설립하였고 입원한 지체장애학생의 가정 및 학교 등과 서로 협력할 수 있는 특수교사를 배치하는데, 그들은 정기적으로 순회교육을 받게 된다.

#### (7) 자기주장력의 강화

전통적으로 장애의 문제는 사회적 책임으로 간주해 왔으며 지체장애학생은 제공된 서비스에 감사해야 하는 것으로 생각해 왔다. 그러나 그들은 자비를 원하지도 않으며 필요로 하지도 않는다. 그들은 비장애인과 같은 교육, 직업, 거주지, 여가의 기회가 필요하며, 그렇게 공평하게 대우받기를 기대한다. 지난 수십 년 동안 법률 제정과 소송 사건들은 지체장애학생의 공평한 교육과 취업으로 이어졌으며, 다양한 교육 기회의 개선에 많은 자금을 투자했다. 이러한 움직임과 함께 지체장애학생은 스스로 자기를 변호할 수 있게 되었다. 그리고 지체장애인들을 위한 자조(self-help) 단체들도 많은 발전을 해 왔다. 이러한 단체들은 그들을 지원하거나 정보를 제공하고 있다. 특수교사들은 지체장애학생에게 그와 같은 성인과 단체들을 소개함으로써 자기 인식과 자아정체성을 증진하도록 도울 수 있다. 몇몇 자기변호 단체는 지체장애학생의 자립생활을 돕기 위하여 적응 장치, 재정 보조, 직업 선택, 개인 관리 보조원을 지원하는 센터 역할을 한다. 어떤 단체들은 사회 속에서 의미 있는 참여를 하지 못하는 지체장애학생을 위하여 환경 개선을 위한 활동을 한다. 건물의 물리적 장벽 제거와 일반인의 의식을 개선하는 데 노력하며, 그들의 부모와 가족들을 위하여 더 많은 지원서비스를 제공한다. 이러한 요구들이 충족될 때 지체장애학생은 일반 사회에 완전히 참여할 수 있는 기회를 가질 수 있다.

## 4. 우리나라 지체장애학생 교육의 쟁점 및 해결과제

교실 내 수업 및 생활 장면에서 학생들이 무엇인가에 열중하고 힘차게 뛰며 장난치고 공부하는 모습을 본다는 것은 교사로서 매우 행복한 일이며 교직을 선택하는 것을 정말로 잘했다고 생각하는 순간이다. 그런 광경을 보는 것만으로 교사의 사명감과 책임감을 느낀다고 할 수 있는 것은 비단 필자만이 느끼는 감정은 아닐 것이다. 특수한 교육적 요구를 가지는 학생들의 교실 풍경도 마찬가지다. 단지 학생들이 특수한 교육적 요구를 가질 뿐이지 그들이 배우고 익히며 교사와 함께 성장해 나가는 모습은 모두가 같은 모습이다. 그래서 본질적으로는 특수교육의 현장 모습은 일반교육의 그것과 같다. 적어도 우리는 그런 학교 혹은 수업의 모습을 생각하며 공부했고, 지금도 공부하고 있다고 해도 과언은 아닐 것이다.

예전에 지체장애학생의 교육현장에서 만날 수 있었던 지체장애학생 대부분은 소아마비 혹은 경도의 뇌성마비였지만, 현재는 교육현장에서 소아마비를 볼 수 없는 경우가 대부분이다. 따라서 지난 20~30년 동안 지체장애학생은 다른 장애 영역에 비하여 크게 변화하였다고 할 수 있다. 1970년대 초중반기부터 소아마비 백신의 보급으로 인하여 그전까지 지체장애학생의 교육현장에서 대부분을 차지하고 있던 소아마비학생은 이제는 찾을 수 없으며, 1990년대 이후부터 우리나라 특수교육의 주된 흐름인 통합교육이 자리를 잡게 되자 경도의 지체장애학생은 일반학교로 통합되었고, 그 추세는 현재까지 이어지고 있다. 그러므로 지금의 지체장애교육의 주된 대상 학생들은 1990년대 후반부터 중도중복화가 빠르게 심화하고 있으며, 이제는 최중도 및 최중복 지체장애학생이 지체장애교육의 주 대상자 대부분을 차지하고 있는 것이 현실이다.

이렇게 변화되어 가고 있는 지체장애학생 교육의 흐름 속에서 관련 학계와 교사들은 변화에 부응하고자 부단한 노력을 하고 있다. 많은 연구자와 교사는 그러한 상황에 알맞은 다양한 성과물을 배출하고 있다. 그렇지만 아직도 아쉬운 부분이 존재하고 있다. 여기서는 그 아쉬운 몇 가지를 다루려고 한다. 즉, 지체장애학생의 교육 변화 속에서 그 변화에 우리는 잘 대응하고 있었는가에 대한 반성적 고찰이라고 볼 수 있다.

### 1) 지체장애학생에 대한 평가

알려진 바와 같이, 모든 수업의 시작은 적확한 사정 및 평가에서 시작한다. 그리고 적절하고 정확한 평가는 그 수업이 제대로 준비되고 실행되었는가를 판단하는 근거가 되고, 이에 의하여 교사는 자신의 수업에 관한 모든 단계에서 각각의 단계를 반성하게 된다. 그러므로 적확한 평가는 모든 교육의 근본적 요인이다. 이에 따라 다양한 평가 기법과 도구가 수업 전후 혹은 교육의 전 과정에서 시행되고 있으며, 그간 특수교육의 양적 성장과 함께 평가의 방법도 발전해 왔다. 이에 지난 20~30년 동안 여러 영역에서 특수교육 대상자를 위한 표준화된 평가방법이 도입되었으며, 이러한 평가방법 도입으로 인하여 교사들은 그들의 현재 수준과 교육적 효과성을 파악할 수 있었고 발전 가능성도 예측할 수 있었다.

상식적인 이야기이지만, 학습자의 수준을 적확하게 파악하지 못한다면 교사들은 매우 곤란한 처지에 놓이게 된다. 우선, 그들의 현재 수행 수준을 파악할 수 없다. 모든 교육이나 수업의 출발점은 학생에 대한 파악이다. 다양한 학생의 특성을 파악하는 것이 중요하고 특히 현재 수행수준을 파악할 수 있어야지만, 그렇지 못한다면 그들의 수업목표(장기 및 단기)를 설정할 수 있으며 그에 걸맞은 교육방법을 확정지을 수 있다. 그러나 이러한 모든 과정은 그 평가체제가 그 학생에게 적절하고 공정하다는 가정하에서 출발하게 된다. 그리고 당연히 그 평가가 적절하지 못하거나 그들의 수준을 확인할 수 없다면 그들의 변화를 확인할 수 없으며 그 수업의 효과 등을 알 수 없게 된다. 나아가 그들의 교육적 요구에 맞는 적절한 교육적 지원을 제공하지 못하는 결과를 낳게 된다.

아쉽게도, 현재 고도로 중도중복화되어 있는 지체장애학생은 비교적 객관적인 평가로 그 수준을 확인하고 현장에서 다양하게 적용되는 표준화 평가방법을 수행할 수 없는 경우가 대부분이다. 평가의 수준이나 문항의 적절성 등은 차제에 논의하기로 하더라도 그 주된 이유 중 하나는 그 문항 등을 수행할 만한 운동적 · 언어적 수행능력을 갖추지 못하기 때문이다. 이러한 평가가 원활하게 작동하지 못하면 그 피해가 단순히 학습자에게만 가는 것이 아니다. 교사 집단은 상대적으로 다른 집단에 비해 주변 상황 인식이나 예측 가능성에 매우 예민하다고 볼 수 있다. 즉, 교사는 예상할 수 있고 수용 가능한 변화 상황에 대해 민감하다. 그러므로 교사는 현재 자신이 실시하고 있는 수업방식이 그 학습자에게 적용할 수 있고 변화를 끌어낸다는 점을 중요시하기 때문에 그 변화를 인지할 수 있는 최적의 평가방법을 찾게 된다. 그렇지만 최중도 및 중복된 지체장애학생들을 담당해 본 적이 없거나 적용 가능한 수업방식을 찾을 수 없다면 그들에 대한 수업의 자신감을 상실하게 된다. 그리고 어렵게 찾아서 적용하고 있는 그 수업방법에 대해서도 확신을 하지 못하게 된다. 그렇게 수업이 진행된다면 그 교사는 소진(burn-out)에 빠지게 되기 쉽고, 그 수업은 실패할 확률이 매우 높다.

이제까지 전술한 내용을 상기해 보면 다음과 같은 반성에 도달하게 된다.

- 적확한 평가를 받지 못한 것이 정당화될 수 있는가?
- 표준화 평가를 적용하기 어렵다면 우리는 어떤 노력을 했는가?
- 학생들이 제대로 된 평가를 하지 못한 상태에서 그들을 위한 제대로 된 수업을 진행했다고 할 수 있는가?
- 연구자들과 교사들은 이러한 문제에 얼마나 고민했는가?

물론 이러한 문제들을 극복하기 위한 여러 가지 시도가 있었다. 특히 현재 지체장애학생 교육현장에서 광범위하게 적용되고 있는 평가 방법으로 대안적 평가를 들 수 있다. 대안적 평가란 주로 표준화 평가의 대안으로 학생들의 수행 산출물, 태도 및 가치 등 가능한 한 실생활과 관련지어 평가하는 체계의 총칭으로 준거참조검사, 교육과정중심평가, 수행평가, 관찰평가, 포트폴리오평가 등이 대표적인 그 예시라고 할 수 있다. 이러한 대안적 평가의 대안적 평가의 몇 가지 원칙을 살펴보면 다음과 같다.

- 대안적 평가는 지체장애 및 중도중복장애학생이 표준과정에 참여할 수 없을 때 필요하다.
- 대안적 평가는 기능적 생활기술을 포함하는 교육과정을 다루게 된다.
- 대안적 평가에서 획득된 정보는 지체장애 및 중도중복장애학생의 발달에 대한 척도로서 표준화 검사를 통해 얻은 정보를 대체할 수 있어야 한다.

한편, 대안적 평가의 결과들에는 다음과 같은 몇 가지 문제가 있다.

첫째, 대안적 평가의 기술적 특성이다. 이것은 대안적 평가의 신뢰도에 관한 것이다. 기술적 특성은 대안적 평가의 측정이 얼마나 정확한지, 측정에서 어떤 오류가 있는지 알기 위한 것이다.

둘째, 대안적 평가는 지체장애 및 중도중복장애학생과 이들 교사에게 다양한 수단을 요구하고, 이러한 수단들은 시간, 보조공학, 새로운 지도 자료들, 직업 훈련을 위한 지역사회에 기반을 둔 기회들, 그 지자체나 지역(state)의 기준들에 맞는 일반교육의 수업들에 대한 접근을 포함한다. 그래서 교사와 지체장애 및 중도중복장애학생에게 충분한 수단들이 없을 때, 대안적 평가는 좋지 못한 결과로 나타날 수 있다.

셋째, 지체장애 및 중도중복장애학생은 자신이 가진 어려움 때문에 대안적 평가에서 바람직하지 못한 결과들을 초래할 수 있다. 이러한 어려움은 행동 위기와 질병이나 진행적 신경 손상을 불러일으키는 상황들을 포함하여 위험 요소들로 불릴 수 있다.

넷째, 지체장애 및 중도중복장애학생은 일반교육과정의 접근에 어려움을 경험하고 있다. 그러므로 이러한 학생들이 일반교육과정에 접근할 수 없을 때, 이들에게 일반교육 평가들에서 얼마나 향상하고 있는지 알기는 어렵다. 하지만 이러한 상황은 2000년 이후 크게 변화하고 있으며, 대안적 평가를 받는 학생들은 일반교육과정에 더 많은 접근을 하고 있다.

다섯째, 대안적 평가의 결과들은 IEP와 같이 다양한 방법에 따라 체계적으로 수집되고 기록돼야만 한다. 이러한 자료들은 교사들이 학생의 발달사항들을 확인할 수 있고 그 학생들의 교육에서 다음 단계를 고려할 때 도움이 될 수 있다.

대안적 평가에서 가장 중요한 변인은 학생의 학습을 장려하는 시험이 아닌 가르치는 것이다. 교사가 지체장애학생에게 효과적인 지원을 제공하지 않는다면, 학생들은 자신들의 교육에서 불리한 상황들을 경험할 것이다. 그리고 대안적 평가는 표현 그대로 대안적인 방법으로 적용할 수 있지만 본질적인 부분에서 다음과 같은 한계점을 가진다.

- 판단과 채점이 주관적일 수밖에 없다.
- 교사에게 많은 부담을 준다(개별적 평가 시행과 많은 시간이 필요함).
- 전반적으로 신뢰도가 낮다.
- 정기적으로 실시하는 것이 어렵다.
- 학습자와 교사 모두 숙련된 훈련이 필요하다(현실적으로 어려울 수 있음).

이러한 점을 고려한다면 대안적 평가에 대한 보다 심도 있는 논의가 필요하다. 즉, 지체장애학생에게 표준화 혹은 객관적인 평가의 설정이 어렵다면 대안적 평가는 그 대안이 될 수 있다. 하지만 한계점도 가지는 만큼 이를 아우르는 평가시스템의 개발 혹은 개선이 필요하다.

### 2) 지체장애학생을 위한 학교 교육과정

현재 지체장애학생 교육현장에서의 또 다른 문제는 학급 구성의 문제이다. 즉, 질적으로 너무나 다른 학생들이 한 학급에 모여 있는 경우가 많다는 점이다. 일반적으로 학급에서의 교육은 그 구성 학생들의 교육적 요구에 기인한다. 그런데 그 학급구성 학습자의 교육적 요구 수준이 이질적(異質的)이라고 한다면 거기에 걸맞은 수업이 원활하게 이뤄지는 것은 여러 가지 문제를 가지고 있다. 이럴 경우, 가장 먼저 생각해 볼 수 있는 문제는 단선적(單線的) 학교 교육과정의 적용이 어렵다는 점이며, 이에 따라 학교 교육과정의 구성 내용과 수준 및 범위가 폭넓게 진행되어야 한다는 점이다.

이러한 점은 실제로 그러한 이질적인 학생으로 구성된 학교(급)의 수업을 진행해야 하는 지체장애학생의 담당 교사에게 큰 부담으로 작용하게 된다. 실제 40~50분 수업에서 각각 학습자의 특수한 교육적 요구 수준이 다른 부분을 교사가 감당하는 것은 매우 어렵다. 그리고 최중도중복장애의 지체장애학생도 그들이 필요로 하는 교육적 요구를 분명 다르므로 특수교사 1명이 그 수업 전체를 제어한다는 것은 사실상 불가능하다고 볼 수 있다.

더욱이 중도중복장애의 지체장애학생에게 학교 교육과정의 범위와 수준의 문제는 모두의 관심사이지만 누구도 손을 대기 어려운 문제로 인식하고 있다. 물론 특수교육의 양적 · 질적인 진보에 발맞추어 그들의 특성과 수준을 고려한 학교수준의 교육과정에 대한 논의도 활발히 이루어지고 있으며, 지체장애학생 교육의 질적인 향상을 도모하기 위해 그 학생의 가치, 신념, 태도뿐 아니라 행동 변화에 영향을 미칠 수 있는 학교 교육과정에 대한 논의는 핵심적인 쟁점이 되고 있다. 또한 특수교육 교육과정(현 기본교육과정)은 일반교육과정(현 공통교육과정)을 이수하기 어려운 학생들에게 대안적인 교육과정이라는 점에서 그 구성 내용의 수준과 범위에 대한 고찰은 교육현장의 학생들에 대한 충분한 이해와 실태 및 요구를 모두 포함하여 구성해야 한다는 숙제도 안고 있다. 특히 이질성이 강한 지체장애학생의 교육적 요구를 충족시킬 만한 학교 교육과정을 구성하는 일은 그리 만만한 일이 아니다. 그들을 위한 학교 교육과정 문제에서 논의되고 있는 지침이나 그 범위, 교수-학습방법에 대한 안내는 상대적으로 적은 분량을 할애하고 있고 대부분 선언적 내용으로 그치거나 교사의 재량권을 강조하고 있다. 이처럼 지체장애학생을 지도하는 교사들에게 여전히 실제 운영하는 학교 교육과정 운영에 대한 무한 재량권과 융통성, 적용성을 부여하는 동시에 교육적 책무성이라는 무거운 짐을 부과하고 있다.

이와 더불어 특수교육 정체성에 대해, 특수교육이 장애의 의학적 모형에 따라 그 토대를 완고하게 유지하여 오는 동안 특수교육을 단순 반복의 훈련으로 격하하거나 그들을 돌보는 보육으로 오도(誤導)되어 왔다고 하는 지적(김병하, 2006)은 향후 지체장애학생의 교육 목적과 교육 내용, 교수방법적인 측면에 대한 논의가 더 이상 미룰 수 없이 당면한 과제임을 지적하는 것이라 할 수 있다. 특히 중도중복의 지체장애학생에게 특수교육이 교육이라고 하기보다는 훈련이나 보호로 인식하고 있다는 지적에 대해 많은 지체장애학생 교육의 담당 교사는 교사로서의 자신의 정체성에 혼란스러움을 겪고 있다. 그동안 이러한 문제에 관해 고민한 연구 성과가 없었던 것은 아니다. 지체장애학생 등과 같이 특수학교 기본교육과정을 이수하는 학생을 위해 그들이 주로 보이는 문제에 대한 해결 기술을 반복적으로 훈련하거나 안전 · 위생 · 여가 등의 활동에 우선순위를 두어 지도하는 생태학적 접근에 대한 연구도 있었으며, 그동안 많은 선행연구자(김영한, 2008; 김은실, 이미경, 박경옥, 한경근, 2009; 한경근, 2007; Cushing & Kennedy, 1997; Downing et al., 2007; Hunt, Staub, Alwell, & Goetz, 1994; Snell & Brown, 2006; Walsron & McLeskey, 1998; Weiner, 2003)는 지체장애학생의 교육이 그들에게 필요로 하는 독특한 교육적 요구를 충족시키기 위하여 가르치는 내용, 방법, 교수 전달 체계를 수정하여 지원하는 것으로 정의해 왔다. 그리고 지체장애학생의 적합한 교육을 위해 중다수준교수(multi level instruction)와 중첩된 교육과정(curriculum overlapping), 또는 현재와 미래 생활에서 필요한 기능적 기술들과 생활연령에 적합한 내용을 생태학적 교수과정 목록(박은송, 2010)을 작성하는 등 선언적 제안들이 잇따르고 있다. 그리고 최중도의 지체장애학생의 교육 방향성에 대해 일련의 선행연구자(김영한, 2008; 박은송, 2010; 박은송, 박경옥, 박희찬, 2011; 조원일, 2004; 조윤경, 2003; Reid, Parsons, & Green, 2001; Snell & Brawn, 2006)는 교육적 적절성과 필요성에 근거한 학생중심의 교육계획으로 변화되어야 하고, 개별적인 학생수준의 교육과정인 IEP를 통해 이를 현실화할 수 있다는 결론을 내놓고 있다.

이와 같은 연구 결과들을 종합해 보면, 지체장애학생을 위한 학교 교육과정은 먼저 지체장애학생의 생활연령을 고려한 유치원-초등학교-중학교-고등학교에서 연계 지원을 할 수 있는 종단적인 교육과정이 되어야 하고, 졸업 후 성인기에 독립적으로 생활하고, 이들의 삶의 질을 향상하기 위해 배워야 할 핵심적인 요소를 우선순위에 두어야 하며, 핵심적 교수 요소는 최소제한적인 환경인 지역사회에서 학습의 기회가 부여되어야 하고, 학부모, 교사 및 다양한 영역의 전문가가 협력하였을 때 효과성이 극대화될 수 있다는 점을 알 수 있다.

그러기 위해서는 지체장애학생을 위한 교육과정의 수정 전략이 필요로 하게 된다. 즉, 교수환경의 수정(물리적 환경의 수정, 사회심리적 환경의 수정), 교수적 집단화 형태의 수정, 교수목표의 수정(단순화, 통합화, 실용성, 지역사회의 적용), 교수 내용과 자료 제시의 수정, 교수방법의 수정 및 평가의 수정 등이 필수적이다. 그렇지만 현실적으로 이러한 점은 교육현장에서 일괄적으로 수용하기 어렵다. 지체장애학생을 담당하고 있는 특수교사가 이와 같은 부분을 운영하기에는 많은 문제점에 봉착하게 된다. 먼저, 시간과 경비의 문제 및 교사 1인에게 과도하게 집중된 업무의 문제이다. 앞서 제시한 학교 교육과정의 방향성과 수정 전략을 구체적으로 그 교사가 구현하기 위해서는 상당한 물리적 시간과 경비가 필요로 한다.

아쉽게도, 현장의 교사는 학습자를 위한 수업 준비 이외의 다양한 역할을 학교 내에서 부여받고 있으며, 앞서 언급했듯이 학교 교육과정의 운영에 대한 재량권이 매우 넓은 편이다. 그리고 교사가 구체적으로 그 능력을 발휘할 수 없는 분야(의료, 관련서비스 지원, 상담 등)도 담당해야 하는 것이 현실이다. 이러한 점을 개선하기 위해서 다양한 팀 접근 방식의 도입이 필요하지만, 우리의 현실적 측면에서는 이러한 팀 접근으로 인하여 교육과정을 개선해 나가는 부분은 아직 요원한 편이다. 그리고 앞서 지적한 대로, 생활연령을 고려한 유치원–초등학교–중학교–고등학교에서 연계 지원을 할 수 있는 종단적인 교육과정의 운영이 필수적이지만 현재 이러한 부분에 대한 구체적인 전략이 부족하며, 각 학교별, 학급별 교육과정 운영에서 독립적 재량권이 너무 넓어서 보다 구체적이고 계열화된 종단적 교육과정의 적용이 부족하다고 볼 수 있다.

### 3) 지체장애학생의 통합교육

통합교육은 이제 특수교육의 주된 흐름을 뛰어넘어 교육계 전체의 선한 의지(good will)로 자리잡았다. 예전에 통합교육이 처음 도입되던 시절을 생각하면 많은 변화가 있었고, 더 이상 지체장애학생 등이 일반학교에서 거부당하는 일은 찾아볼 수 없게 되었다. 이 역시 특수교육계의 부단한 노력으로 얻어진 것인데, 이러한 것은 1990년대 「특수교육진흥법」의 전면 개정(1994) 및 「장애인 등에 대한 특수교육법」의 제정(2007) 이후부터 두드러지게 되었으며, 특수교육의 주된 흐름도 통합교육으로 변화하게 되었다.

이에 따라 특수교사 양성기관인 대학에서도 통합교육의 추세를 반영하는 교과과정 중심으로 그 체제가 자리 잡았다고 할 수 있다. 특수교육 관련 교과목을 이수해야 할 만큼의 학점을 일반 교과교육학을 이수하도록 대학의 교과과정이 개편되었고, 장애 영역의 수업도 예전에는 하나의 장애 영역당 2~3과목을 수업을 이수해야 하는 부분이 이제는 1과목 정도로 대체할 수 있게 되었다. 또한 각 장애 영역 수업에서도 통합교육 장면에서 접하기 쉬운 경도 장애학생 위주의 수업이 주된 수업이 되고 있다. 이러한 점은 각 장애 영역별로 중도중복장애를 가지는 학습자에 대한 실질적인 실습 및 수업의 기회를 찾기가 힘들게 되는 결과를 가져왔다.

먼저, 지체장애학생의 통합교육에서 생각해 볼 수 있는 실질적 어려움은 학교 구성원의 부정적인 태도와 인식이다. 앞서 언급했듯이, 최소한 지체장애학생이 학교에서 거부되는 부분은 획기적으로 개선이 되었으며, 이러한 의식 상황을 반영하는 다양한 연구물도 속출하고 있다. 그렇지만 통합교육 장면에서 중도중복장애를 가지는 지체장애학생의 경우는 다소 상이하다. 아직까지도 일반학교 내 구성원 중에서는 장애 정도가 가벼워야 통합교육이 가능하다는 인식이 팽배해 있다. 이에 따라 중도중복장애를 가지는 지체장애학생의 통합교육에 대해 부정적이다. 특히 이러한 인식들은 유치원이나 초등학교 단계에서는 잘 드러나지 않더라도 학년이 올라갈수록 부정적인 인식이 더 강해진다(박영균, 이근매, 2009; 박은혜, 2007).

특히 우려되는 상황은 이렇게 중도중복의 지체장애학생을 접촉할 기회가 많으면 많을수록 더 부정적이기 쉬울 수 있다는 점이다(노선옥, 2004; 손영화, 2012). 통합교육은 다른 의미로 살펴보면 지체장애학생도 일반교육환경에 자주 접하게 되어 그들과 접촉 경험이 많아지게 하는 부분이라고 볼 수 있는데, 오히려 접촉하는 기회가 많을수록 부정적 인식을 하게 된다는 것은 일반학교 내의 구성원들이 중도중복의 지체장애학생과의 통합교육(접촉) 경험이 그만큼 긍정적이지 못하고 있음을 의미한다. 물론 몇몇 특정 사례만을 가지고 일반화할 수는 없겠지만, 학생 요인, 교사 요인, 통합프로그램 기획 및 실행에서의 문제, 교육환경적 지원의 부재(不在) 등 다양한 각도에서 이 문제를 조명해 볼 필요가 있다. 지체장애학생은 비교적 장애 정도가 무거워서 통합교육은 처음부터 불가능하다고 하는 인식이 교육구성원에게 내재화・체화(體化)되어 있는 한 중도중복화가 날로 심해지는 지체장애학생의 원활한 통합교육은 어렵다. 그러므로 법적으로는 지체장애학생을 거부할 수 없지만 이러한 학생의 통합교육에 대한 부정적 인식이 중첩되면서 지체장애학생의 통합교육에서 그 교육구성원들이 이중적 인식(노선옥, 2004)을 가지는 경우가 심화되고 있다.

또 다른 문제는 물리적 환경의 문제를 들 수 있다. 지체장애학생에게 물리적 환경의 구비는 교육의 전부라고 할 수 있을 만큼 중요한 부분이다. 그렇지만 한정된 교육예산으로 인하여 아직도 통합교육의 환경에서 모든 학교가 그 학교 내 이동권과 접근권 및 관련 시설과 기자재의 완전한 해결은 어렵다. 물론 예전에 비해 시설과 설비의 구비와 특수교육공학기기의 발전은 눈부시게 성장해 왔고, 특수교육 교사들의 부단한 노력으로 많은 부분을 통합교육환경에서 채워 나가고 있다. 그렇지만 모든 것이 한꺼번에 해결될 수는 없는 것도 사실이다.

우리는 강의실에서 통합교육의 교육적 배치의 원칙은 그 학습자가 원하는, 가장 접근하기 쉬운 학교가 우선이라고 배웠지만 아직도 관련 시설의 미비 혹은 부정적 인식 등으로 인하여 인근에 있는 다른 학교나 특수학교로 가는 지체장애학생을 흔하지 않게 찾아볼 수 있다. 그러므로 지체장애학생의 통합 실패가 잦은 것은 그러한 결과를 가져올 수밖에 없는 조건에서 시작된다는 점을 간과해서는 안 된다. 그렇다면 이러한 학생들의 통합교육은 안 된다고 탓하기보다는 거기에 적절한 조건이 선행되어야 한다. 조건이 다른 학생들에게 필요한 통합교육환경은 다른 경도장애학생의 통합교육환경과는 다를 수밖에 없고, 1차적으로 적절한 물리적 환경은 항상 먼저 구비되어야 한다. 결국 예산과 시간의 문제라고 여겨진다. 물리적 환경 구성이 통합교육의 전부는 아니지만, 가장 기초가 된다는 점을 생각한다면 분명 과거에 비해 발전하고 있지만 앞으로 더욱 이 부분에 대한 강조가 더 심화하여야 할 것이다. 궁극적으로는 지체장애학생이 장애가 더 무거워서 다른 학교에 가야만 하는 것 대신에 그들의 형제자매, 친구들이 다니는 지역 내의 학교에서 함께 동등하게 교육받을 수 있어야 할 것이다(박은혜, 2007).

또 하나의 실질적 어려움으로는 팀 접근의 어려움으로 들 수 있다. 앞서 언급했듯이, 중도중복화가 심화되고 개인차가 점점 커지는 경향의 지체장애학생에게는 다양한 지원체계 구축이 필수적이다. 이러한 다양한 지원체계는 팀 접근 방식으로 해결해야 한다는 것은 이미 알려진 사실이다. 그렇지만 중도중복화가 심화되는 지체장애학생의 통합교육을 위해 필수적인 지원들, 즉 치료지원, 보조공학 지원, 기타 지원 등은 현재까지도 통합교육상황에서 이들에게 충분하게 제공되어 있다고 보기엔 다소 미흡하며, 이들 지원을 실질적으로 제공하는 여러 인적 구성원과 교사와의 협의 및 팀 접근 등도 역시 아쉬운 것이 사실이다.

더욱이 통합교육환경에서 통합학급 및 특수학급을 담당하는 교사 중에서도 이러한 학생들을 맡아 본 경험이 있는 교사들을 제외하고는 지체장애학생의 교육에 자신이 없어 하는 경우들도 종종 볼 수 있다. 이는 지금까지 통합교육 현장에서 이들을 많이 접할 수 없었기 때문이기도 할 것이며, 적절한 팀 접근이 원활하게 작동되지 않고 특수교사 한 사람에게만 맡겨지기 때문이기도 할 것이다. 즉, 지체장애학생은 그들의 신체능력의 정보, 의사소통 특성 및 보완대체의사소통(AAC) 적용, 관련서비스의 제공 등 다양한 도움을 받아야만 효과적인 교육(통합교육)이 가능하다. 그런 지원이 지속적으로 개선이 되었지만, 아직 부족한 것도 현실이다. 특히 현행 교육체제에서는 전문가 간의 팀 접근 혹은 협력이 어려운 것 역시 사실이다. 이러한 점을 개선하지 않는다면 중도중복화가 심화되는 지체장애학생의 통합교육은 어려워질 수 있다.

종합하면, 먼저 지체장애학생에 대한 다양한 수준에서의 교육적 요구도 파악이 선결되어야 한다. 앞서 언급한 것처럼, 그러한 부분이 적확하게 해결되지 않고서는 제대로 된 교육의 투입은 어렵다고 여겨진다. 이에 따라 지체장애학생에 대한 평가체제의 정비가 필요하다. 그리고 이에 따라 교육과정이나 평가방식, 보조공학기기의 적용 및 관련서비스의 제공 등은 학습자의 수준에 걸맞게 보다 정교화할 필요가 있다. 또한 교사 관련 전문가 간의 실질적 팀 접근 및 협력의 모형 및 사례 개발이 요구된다.

제4장

# 지체장애학생의 심리 및 학습 특성

## 1. 지체장애학생의 심리 특성

### 1) 지체장애학생의 심리적 발달

#### (1) 지체장애의 심리적 연구 동향

뇌성마비(Cerebral Palsy)는 용어의 머리글자를 따서 보통 CP라고 부르는데, 영국의 외과 의사 Little이 1843년에 최초로 이 증후군을 설명하였고, 1853년 『변형(On Deformities)』이라는 책을 출판하였으며, 1861년에 런던 산과학회에 뇌성마비의 원인에 대해 조사 연구 결과를 발표함으로써 그의 이름을 붙이게 되었다. 그 후 1889년 Osler는 'the cerbral palsies'라 하였고, 1953년 미국의 뇌성마비아동 연구에 지도적 역할을 담당했던 Phelps가 미국뇌성마비학회에 보고하여 용어를 채택함으로써 뇌성마비라는 용어를 사용하게 되있다(안병즙, 1978).

뇌성마비에 대한 초기의 심리학적 연구는 발달심리학자인 Werner와 신경정신분석학자인 Strauss의 실험적 연구 업적을 들 수 있는데, 이들은 뇌장애(brain damage)학생 혹은 뇌 손상(brain injured)학생이라는 용어를 사용하며 피전도성(distraction), 억제곤란(disinhibition), 통합곤란(dissociation), 다동성(hyperactivity), 강박성(forced responsiveness), 고집성(perseveration)의 특성이 있다고 하였다(Werner & Strauss, 1941). 그리고 Strauss와 Lehtinen(1947)은 「뇌 손상아의 심리병리학과 교육」이라는 논문에서 뇌성마비아동은 출생 전, 출생 중, 출생 후에 뇌의 손상 또는 감염을 받는 경우도 있는데, 이러한 기질 장애의 결과는 신경·운동계 뇌 결함이 있는 경우와 없는 경우가 있고 때로는 정보의 수용, 사고, 정서 반응면에서 한 가지 이상의 장애를 나타낼 수 있다고 하였다. 그래서 뇌성마비아동은 정보의 수용 및 사고의 장애, 과활동성, 충동성, 정서불안 등의 특성을 가진다고 할 수 있다.

과거 신경학적 장애의 범주에 대한 분류가 명확하지 않았을 때, 학생의 건망증 증후군과 뇌장애의 신경학적 증후와 동시에 정서·행동 장애를 나타내면 일반적으로 뇌장애, 기질적 뇌증후군 또는 기질적 심리 증후군이라는 진단 명칭을 사용하였다.

이들은 신경·근육 기능의 장애로 나타나는 운동장애 외에 경도의 지능 지체, 학습장애, 정보의 수용장애, 시각-운동기능 장애, 인지장애, 침착성 결여, 집중력 결여, 정서 불안정, 적응성 결여 등의 증후를 나타낸다. 뇌성마비학생의 경우 주 장애가 운동장애이고 2차적 장애로는 지적장애, 정서 불안, 학습장애, 인지장애, 시각-운동기능 장애, 뇌전증, 주의집중력 결여, 의사소통장애 등이 동반되는 경우가 있기 때문에 중복장애를 나타내는 경우가 많다.

한편, 뇌 손상보다는 증상이 가벼운 미세뇌기능 장애와 관련하여 연구와 논의가 이루어졌는데, 이들은 경도 운동장애, 반사와 근 긴장도의 이상, 협응 운동장애, 사시, 언어장애 등의 특징을 나타낸다. 그러나 증상이 미비하여 자연스럽게 치유되는 경향이 있다. 초기에는 미세뇌기능 장애를 신경학적·심리학적 진단 기준을 이용해서 경도 뇌 손상으로 진단하기도 하였다(박화문 외, 2011).

뇌성마비에 대한 초창기 심리학적 연구는 학생의 개념형성, 전경-배경, 정의적 특성, 행동 특성, 기질적 원인에 따른 환경과 심리적 영향 등에 대한 연구가 주로 이루어졌다(전헌선, 2001).

20세기 초반의 자체장애학생에 대한 심리학적 연구가 생리 및 의학적 접근으로 학생이 가진 장애로 인한 기질적 특성과 심리적 양상을 주로 연구했다면, 2000년 이후 최근 지체장애학생에 대한 연구는 일반 환경에 좀 더 잘 적응할 수 있도록 심리적 지원과 통합 환경에서 일상생활을 독립적으로 해 나갈 수 있는 다양한 교수방법 및 전략을 모색하는 방향으로 나아가고 있다(박화문 외, 2011).

### (2) 지체장애학생의 부적응 문제

지체장애학생은 지체장애라는 신체적 부자유로 인해 일반학생에게는 존재하지 않는 악조건이 그들의 심리적·사회적·정서적 적응을 저해한다(박화문, 1994). 적응을 방해하는 요소로는, 첫째, 신체적 행동의 불일치, 둘째, 신체의 자세나 보행, 셋째, 환경의 호기심이나 냉대, 넷째, 부모형제의 과보호나 거부, 다섯째, 지능, 언어, 감각상의 결함 등이 있다(안병즙, 1978).

지체장애학생은 심리적·사회적·정서적 적응을 방해하는 요소들을 갖고 있기 때문에 부적응의 문제를 일으킨다. 이와 관련하여 쇼지 사브로(昇地三郎, 1976)는 지체장애학생의 정서나 사회적 적응에 대하여 지체장애라고 하는 1차 증상이 원인이 되어 생리적 욕구 저하의 상태가 일어나고, 이에 대해서 신경적 정서 불안이라는 2차 증상이 생긴다고 하였다. 또한 부모의 과보호나 친구들의 조롱이라는 가정 및 사회적 조건이 첨가되어 3차 증상인 열등감이 생기게 되고, 이 열등감은 결국 열등감 태도에 대한 반응행동으로서 4차 증상인 이상 행동이 되어 나타난다. 그것이 본인 또는 가정 내에만 미치면 문제는 적지만, 만일 사회를 향해 반사회적 또는 비사회적인 행동으로 나타날 때 5차 증상이 생기게 된다(유재원, 2001).

이처럼 정서 불안정, 비사회적 행동, 반사회적 행동, 가정환경에의 부적응 등 여러 가지 상태로 심리적·사회적·정서적 부적응 문제가 일어나기 쉽다. 지체장애학생에게 나타나는 부적응 상태는 운동장애에 기인하는 부차적인 문제가 대부분을 이룬다. 그러나 학생의 심리적 부적응 상태의 개선에 관련된 문제는 운동기능의 개선에 관련된 문제와 동시에 다루어져야 한다.

지체장애학생의 지도는 심리적 문제, 정서적 문제, 사회적 문제를 각각 다르게 취급하지 않고 종합적으로 다루어 학교교육 활동 전체를 통해 적절히 문제를 해결함과 동시에 궁극적으로는 학생의 조화로운 발달을 목표로 인식해야 한다(박화문, 1994). 재활 훈련은 운동, 직업, 작업, 언어, 감각 등과 같은 주 장애만을 대상으로 하지 않고, 1차 장애로부터 발생하는 수반장애인 심리적·사회적·정서적 문제를 해결하기 위한 훈련까지를 포함하여 심신의 기능을 전반적으로 회복하고 개선시켜야 한다(이규식 외, 1996).

## 2) 지체장애학생의 인지적 특성

### (1) 인지 발달

지체장애학생의 지능에 관한 연구는 우리나라뿐만 아니라 특수교육이 발달한 나라들도 마찬가지로 질적 · 양적으로 부족하다고 볼 수 있다(곽승철 외, 2002). 지체장애학생의 인지능력에 대한 최근 자료들은 찾아볼 수 없지만, 뇌성마비학생의 75%는 IQ 70 이하이고, 나머지 25%는 경계선 수준이며, 의사소통과 신체적 능력의 제한 때문에 지능검사에 의해 기술(skills)을 측정하기가 어렵다고 주장하는 사람도 있다(곽승철 외, 2002).

일반적으로 지체장애학생은 운동장애로 인한 2차적 장애들로 행동이 소극적이고, 태도가 분명하지 못하며, 무의미한 반응이나 무관심 등의 행동특징과 부적응의 문제를 야기한다. 지체장애학생은 일차적 장애 외에 부모의 과잉보호나 거부의 양육태도, 일반사람들의 일관성 없는 태도와 편견 등으로 인해 인격적으로 무시되고 사회적으로 소외되기 쉽다(김순덕, 2004).

또한 지체장애학생은 언어능력 발달의 제한, 이동능력의 제한, 자신의 일을 처리하는 능력의 제한으로 인하여 낮은 적응행동을 보이는데(김하경, 2002), 학교 및 사회생활을 위한 필요한 자극을 주의해서 듣기, 지시 따르기, 도움 청하기, 자기 소개하기, 사과하기 등의 능력이 부족하다(박화문, 2001). 이와 같은 특성은 교실 내에서 교사나 친구들과의 관계에 부정적 영향을 미치고, 나아가 자아개념의 손상이나 주변인들로부터 고립현상을 가져와 적응행동에 문제가 된다.

### (2) 자아개념 발달

자아개념이란 개인이 자기 자신에게 하는 평가를 의미하면서 자기 자신을 수용하거나 거부하는 것을 나타내는 자신에 대한 가치의 판단으로 정의한다. 또한 자아개념은 자아에 대해 긍정적인 태도 및 부정적인 태도로 정의하고 개인을 가치 있고 존경받을 수 있다고 보는 것을 의미한다(백선영, 1992).

자아개념은 기본적인 심리과정, 즉 자아평가의 과정과 자아가치의 과정을 표현한 것으로(백선영, 1992) 한 개인이 처해 있는 생활의 장에서 자기 자신 및 그의 주위 환경을 어떻게 느끼고 있는가를 뜻한다. 한 개인이 자기 자신에 대해 가지고 있는 자아개념이 그의 행동에 많은 영향을 주고 그의 성격과 정신건강에도 직접적인 관계가 있다는 것이다. 자기 자신을 쓸모없고, 무가치하며 악하다고 보는 사람은 바로 그와 같은 자아체제에 따라 행동하게 되며, 자아개념이 비현실적인 사람은 자기의 생활 및 대인 관계에서 비현실적인 방식으로 행동하게 된다(김순덕, 2004).

자기 발달을 연령별로 보면, 2세까지는 기본적인 지각 체계가 형성되고 유아기와 아동 초기에는 자기 주장적 동기들과 사람의 특성을 나타내는 용어들이 발달한다. 아동기에는 자기표현의 감각적 어휘가 칭찬받을 만한 속성들이 주위의 중심이 되고, 사춘기에는 새로운 신체적 자기와 사회적 자기를 통합해야 하므로 신체적 의식이 다시 현저해진다. 그리고 청소년 초기에는 이성관계의 사회적 변화를 맞이하며, 청소년 후기와 성인 초기에는 가치 체계가 다시 큰 변화를 겪는다(정재권, 정진자, 1994).

개인의 자아개념은 환경, 부모, 동료 그리고 의미 있는 타인 등과 상호관계에 의해 발달하는데, 자아개념은 태어날 때는 존재하지 않았지만 출생 후부터 발달한다. 즉, 매우 어린 시절에는 개인은 자신의 탐구로부터뿐만 아니라 그를 둘러싸고 있는 다른 사람의 행동의 반영을 통해 자기 자신에 대해 배우게 된다. 따라서 아동이 학교에 들어갔을 때는 그들의 자아개념이 부모나 주 양육자에 의해 어린 시절에 이미 형성되어 있다(김순덕, 2004).

따라서 자아개념의 발달은 신생아는 자아지각이 결여되어 있지만 점차 분화되어 사회적 환경과의 상호작용에 의해서 습득되고 타인과의 접촉에 의한 지각과 경험에 의해서 자아상(self-image)이 유지된다고 볼 수 있다. 그러므로 자아개념은 한 시기에 갑자기 전체 혹은 전무 형식으로 발달하는 것이 아니라, 개인이 '되는' 과정에서 새로운 잠재력을 계속해서 발견하는 것처럼 출생에서 죽음에 이르기까지 생의 전 과정을 통하여 활동적으로 진행되고 있음을 알 수 있다(백선영, 1992). 즉, 자아개념이란 자기가 속한 생활의 공간에서 신체적 · 지적 능력 등 자기 자신을 지각하는 것이라고 할 수 있다.

### (3) 개념형성 발달

일반적으로 사물과 사상의 성질과 관계 등은 일상의 경험 축적을 통해 언어와 같은 기호화에 의해서 개념형성이 이루어진다. 그런데 지체장애학생은 신체적 활동을 통해서 외부의 세계와 관련짓는 능력이 비장애학생보다 떨어지므로 비장애 또래들보다 추상능력과 개념적 사고 발달이 늦어질 수 있고, 이동, 협응, 표현언어 및 수용언어의 부자유에서 오는 사회적 결함으로 대인관계의 폭이 제한을 받기도 한다(정재권, 안병즙, 2001).

언어 및 의사소통의 문제는 선천성 운동장애 유형에 속한 학생에게서 나타나지만, 지체장애학생은 뇌성마비와 같이 중도중복장애를 지니고 있어서 일반적으로 발달이 늦고, 자신을 돌보는 일, 생각이나 감정의 표현, 환경 자극에 대한 반응, 생활연령 등이 같은 또래들과 상호 교류를 하는 데 기능적으로 상당한 불일치를 나타내기도 한다(국립특수교육원, 1995).

이현경(1985)은 뇌성마비학생과 비장애학생 각 100명을 대상으로 경험과 개념적 사고의 특성을 분석했는데, 그 결과를 보면 경험적 내용 면에서 언어적 경험과 사회적 경험에서 뇌성마비학생이 비장애학생보다 낮게 나타났으며, 특히 뇌성마비학생은 줄지어 버스 타기, 노래 부르기, 동물원 가기, TV 시청을 경험한 것이 많은 반면에, 비장애학생은 친구와 음식 나누어 먹기, 그림일기 쓰기, 목욕탕 가기, 심부름하기가 많이 나타났다. 즉, 지체장애학생과 비장애학생의 경험 내용이 다른 부분은 개념적 사고에도 영향을 미친다고 할 수 있다.

비장애학생들은 일상생활에서 활동을 통해 여러 가지 개념을 획득하지만, 지체장애학생들은 경험의 폭이 상당히 제한되어 있기 때문에 낮은 자아개념, 느린 개념 형성, 언어 발달의 문제로 이어진다(곽승철 외, 2002). 그리고 지체장애학생은 신체적 발달 지체와 더불어 왜곡된 신체상, 부정적인 자아개념 등을 들고 있으나, 자아개념 발달과정은 일반학생과 같다. 그러나 자아개념의 발달과정에서 적응문제와 자기 욕망과 현실과의 차이에서 적응하는 문제 등이 대두하게 된다(교육부, 1997).

### 3) 지체장애학생의 시지각 특성

뇌성마비학생은 원시반사의 잔존으로 인한 비대칭성 긴장성 경반사(ATNR), 대칭성 긴장성 경반사(STNR)의 특성을 나타내는데, 이러한 특성으로 인해 사시를 동반하여 시지각의 문제가 학습의 문제로 나타난다. 시지각이란 시각기관을 통해 외부 환경을 인지하는 기능으로 단순히 정확하게 눈으로 보는 능력만이 아니라 두뇌

작용으로 이루어지는 시각 자극의 해석능력까지 포함된다. 또한 시지각은 시각적 자극을 선행경험과 관련하여 인식하고 변별하며 해석하는 과정이며, 이러한 시지각은 학습의 기초이면서 교과학습의 대부분의 정보를 시지각에 의존한다(Frostig, 1963).

#### (1) 전경-배경 변별

Cruickshank 등(1961)에 따르면, 눈에 보이는 움직임, 깜빡임-융합, 자동운동 효과의 연구 결과가 일반화되지 않았지만 전경-배경 관계의 지각은 뇌성마비학생의 치료교육이 필요함을 시사한다.

전경-배경 관계를 비교 검토한 Werner와 Strauss(1941)는 뇌성마비학생은 비교군에 비해서 전경-배경의 변별이 곤란하고 특히 배경의 간섭을 피할 수 없었다고 하였다. 또한 내인성, 외인성 뇌 손상학생을 대상으로 한 Bensberg(1950)의 연구는 외인성 뇌 손상학생이 두 배 이상의 장애가 나타났다고 하였다. 이러한 전경-배경 관계의 변별장애는 시지각-운동 장애를 의미하는데, 뇌성마비학생의 읽기, 쓰기 등의 문자 학습에서 경영문자가 나타나는 것이 대표적이라고 할 수 있다.

뇌성마비학생의 전경-배경 변별장애는 시지각 이외의 감각에서도 나타난다. 베르너와 스트라우스(1941)는 촉각-운동 기능의 실험에서 손으로 만지는 촉각에 의한 형상 수용에서 '완성된 배경'을 가운데 놓아두었더니 대부분의 뇌성마비학생은 이 배경 때문에 본래의 형상에 대한 지각의 방해가 일어났다. 그래서 뇌성마비학생은 배경을 상징화하는 것을 대상물과 동시에 그렸다. 그리고 청각-운동 실험에서도 전경-배경 변별 장애를 발견하였다. 배경 음악으로 간단한 멜로디 패턴을 반복하였더니 뇌성마비학생은 배경음에 주목하는 경향이 뚜렷하였다.

#### (2) 시지각 발달

뇌성마비학생의 시지각 발달은 일반학생에 비해 미발달 특성들이 있는데, 선행연구들을 통해서 살펴보면 다음과 같다. 색상 역전 시지각 훈련프로그램이 경직형 뇌성마비학생의 전경-배경 변별장애 개선에 효과적이며(이효정, 2003), 뇌성마비학생의 시지각 능력은 시지각 검사의 전 영역에서 일반학생보다 매우 열등하며, 공간위치지각 영역에서는 소아마비학생과 차이가 없고, 눈-손 협응영역에서는 뇌성마비학생이 전반적으로 열등하였다(정재권, 1987). 또한 문자와 배경 색상 역전에 따른 단어습득과 파지에 있어서도 경직형 뇌성마비학생은 검은색 배경의 흰색 단어를 습득할 때 짧은 시간에 습득되며, 비경직형 뇌성마비학생은 검은색 배경의 흰색 단어를 먼저 제시받을 때 많은 단어를 파지하였다(정재권, 1991).

쇼지 사브로(昇地三郎, 1976)는 직접 고안한 7개의 도형을 가지고 시각-운동 능력 중에 인지능력과 구성능력을 연구하였는데, 인지능력은 자극도형을 보여 주고 5개의 도형 중에서 같은 것을 찾아내도록 하고, 구성능력은 자극 도형을 블록으로 구성하도록 하였는데, 측정한 결과 뇌성마비학생의 인지능력은 일반학생과 차이가 없고, 구성능력은 유의하게 열등한 결과를 나타났다. 또한 불수의 운동형 뇌성마비학생은 지능의 발달 정도가 구성능력과 관계가 있으며, 9~10세에서 현저한 발달을 나타내는 것으로 알려져 있다.

경직형 뇌성마비학생은 시지각 수행에 비해 시각-운동 수행에서 심한 지체를 보이며, 일반학생보다 시지각과 시각-운동 수행능력이 열등하였다(최은주, 1992). 특히 뇌성마비학생의 시각-운동 능력 중 인지능력 수준과 구성능력 수준은 모두 일반학생보다 열등하고 지체되어 있으며, 뇌성마비학생의 인지능력은 6~10세에서 현저한 발달을 보였고, 구성능력은 뚜렷한 발달시기를 보이지 않았다(박영자, 1987). 따라서 뇌성마비학생은 시각-운동, 촉각-운동, 청각-운동 기능에서 특유한 전경-배경 변별장애를 갖고 있다. 이러한 장애는 순수한 감각결손에 의한 장애라고 보기보다는 감각통합기능의 장애로 보면서 중추신경계의 정보처리 과정에서 나타나는 장애로 보는 것이 타당할 것이다. 뇌성마비학생은 여러 가지 외적 자극에 쉽게 이끌리기 때문에 어떤 자극에 집중하고 그 외의 자극을 무시하는 과제는 해결하기 어렵다고 할 수 있다. 즉, 눈앞에 있는 과제와는 관계없는 자극에 방해되어 집중해야 할 과제를 적절하게 통합하는 기능이 어렵다고 할 수 있다(전헌선 외, 2003).

### 4) 지체장애학생의 행동적 특성

뇌성마비학생의 행동적 특성으로는 주의력 산만으로 인해 통제하기 어렵고 충동적이며, 반복적이고 고집스러운 행동이 나타난다. 또한 중도의 운동계 장애가 없어도 경직되고, 부적절한 움직임 같은 경도의 협응 운동장애를 나타내는 것이 특징이다. 뇌성마비학생의 이러한 특성이 뇌 손상에 의한 환경적인 요인으로 보고, 심인성 또는 신경증적 원인으로 진단되어 재활의 효과가 성공적이지 못하였기 때문에 이상행동이 나타난다.

뇌성마비학생의 행동 특성으로는 다동성(hyperactivity), 피전도성(distractibility), 고집성(perseveration), 통합곤란(dissociation) 등이 있으며, 이것은 뇌성마비라는 장애로 인해 나타나는 특성으로 이해할 필요가 있다.

### (1) 뇌성마비학생의 이상행동 증후

뇌성마비학생의 이상행동 증후로는 뇌 손상 증후와 부적응 증후로 나누어 볼 수 있다. 뇌 손상 증후로는 과잉행동, 주의력 산만, 충동성, 고집성이 있고, 부적응 증후는 소아성향, 거절 경향성, 두려움, 강박성 등이 있다(전헌선 외, 2003). Ernhart 등(1963)은 뇌 손상 증후를 나타내는 3~5세 학생 70명을 대상으로 이들의 행동 증후를 알아보기 위하여 비장애학생 245명과 비교하는 실험연구를 하였다. 그 결과, 뇌성마비학생은 뇌 손상 증후와 부적응 증후가 비장애학생보다 높게 나타났다. 이 중에서 뇌 손상 증후가 부적응 증후보다 더 많았는데, 이것은 신경증적 또는 부적응성 반응은 '기질적' 행동 패턴의 빈도와 같은 정도로 뇌성마비학생에게 일어나고 있음을 말한다. 다시 말하면, 뇌성마비학생은 소아성향, 의존성 경향, 거절 증후 등 이차적 행동 증후를 가진다고 할 수 있다(전헌선 외, 2003).

정미영, 이혜숙과 정재권(2007)의 연구에서는 뇌성마비 남학생은 공격성, 충동성이 높게 나타났고, 여학생은 자신감, 안정성이 높게 나타났다. 또한 장애가 무거울수록 공격성, 충동성이 많았고, 경직형은 자신감, 안정성이, 비경직형은 공격성, 충동성이 많았다. 따라서 뇌성마비학생은 남학생, 중도장애, 비경직형일수록 공격성과 충동성이 있다고 할 수 있다.

### (2) 뇌성마비학생의 과잉행동 증후

뇌성마비학생의 행동 특성인 과활동성(과잉행동)과 저활동성에 대한 논의는 20세기 전반기에 활발히 일어났다. Bakwin(1949)은 뇌염, 두부 외상, 무산소증, 뇌 손상 등에 의한 뇌성마비학생의 행동 이상을 조사한 결과, 이들은 현저한 운동기능의 과잉행동을 나타낸다고 하였다. 뇌성마비학생은 끊임없이 주의를 맴돌고, 물건에 닿거나, 만지고 돌려 보며, 물건을 깨뜨리고, 심리적으로 불안정하고 감정적으로 충동적이었는데, 특히 이전의 일 등은 생각하지 않았고, 자신들의 충동적인 행동이 어떤 결과를 나타낼 것인가에 무관심하였다(전헌선 외, 2003).

과잉행동은 뇌성마비학생의 특유한 증후일 뿐만 아니라, 보다 곤란한 증상의 하나이다. 또한 뇌성마비학생은 정보의 수용을 전체적으로 파악하는 것이 곤란하고, 주위에 대해서 적절한 인상을 얻기 곤란하기 때문에 그 반응으로서 과잉행동이 나타난다. 따라서 주위를 확인하기 위해서 만지거나 다루거나 조사하는 등의 통제하기 어려운 행동 증후가 일어난다(Neilsen, 1966).

한편, 과잉행동보다도 오히려 무활동성 행동 상태의 뇌성마비학생도 다수 존재하고, 때로는 과잉행동과 저활동성이 교대로 일어나는 경우도 있다. 무활동성은 뇌성마비 유아의 경우 과잉행동과 같은 비율로 나타난다.

### (3) 뇌성마비학생의 이상행동과 환경 변인

뇌성마비학생의 이상행동의 발생 원인은 기질적 변인의 영향을 인정하면서도 환경 변인의 중요성을 강조하고 있다. Bradley(1988)는 현실적으로 기질적 장애는 뇌성마비학생 이상행동의 중요한 변인 중의 한 가지라고 가정하면서 그 증상을 두 가지로 구분하였다. 1차 증상은 뇌 손상의 직접적 영향이라고 볼 수 있는 정보 수용 결함, 과잉행동, 주의산만, 충동성 등이고, 2차 증상은 공포, 죄악감, 열등감, 과도한 자기주장 등 자신의 독특한 신체적 · 정신적 장애에 대한 반응을 가리킨다. 따라서 뇌성마비학생의 이상행동은 그 증후가 1차 증상은 뇌 손상의 원인과는 관계없이 서로 비슷하고, 2차 증상은 환경 변인에 개인차가 있기 때문에 서로 다른 증상을 나타낸다고 할 수 있다(전헌선 외, 2003).

Bender(1956)는 소아과에 입원한 뇌 손상학생의 임상 경험을 통해 뇌성마비학생의 이상행동은 열악한 생활환경에 있고 정서적 · 사회적 문제도 항상 포함하고 있다고 하였다. 또한 심리검사의 대상 학생 86명의 25%가 뇌 손상 이전의 병리적 요인인 지적장애, 뇌전증, 기질적 장애가 발견되었다. 그리고 약 62%의 학생은 범죄, 신경증, 정신병 등을 가진 양친이 있는 가정의 환경에서 나타났다.

뇌성마비학생의 예후는 뇌 손상의 병변 부위와 범위보다도 가정 내의 심리 병리적 요인에 영향을 받고 있으며, 부모 혹은 뇌 손상 후 학생이 접촉하는 사회인을 포함해서 가정 환경 변인 등이 뇌 손상 이전에 영향을 줄 수 있다. 그러나 뇌 손상이 광범위할 경우는 약물치료에 의존할 수 있지만, 뇌전증이나 바이러스성, 뇌염 등에 의한 뇌 손상의 경우는 가정환경이 발증 이후의 행동에 영향을 줄 수 있다.

그러나 뇌성마비학생의 다수가 이상행동 패턴 등 특이한 증상을 갖는 것이 아니다. 이러한 이상행동 증후는 비장애학생에게도 일어날 수 있다고 보아야 한다. 그래서 주의집중장애, 충동성, 과잉행동 등의 이상행동들은 여러 가지 반응 패턴의 조합이고, 여기에 정보의 수용, 감각-운동기능의 저하, 지각기능의 결함 등이 합쳐져서 나타나는 증후라고 할 수 있다.

## 5) 지체장애학생의 사회정서적 특성

### (1) 지체장애학생의 사회정서적 특성

지체장애는 신체의 부자유로 인해 경험 부족, 사회적 활동 등의 제한으로 삶의 목표 등을 성취하는 데 어려움이 있기 때문에 신체적인 면보다 오히려 사회정서적인 측면에서 더 고려된 교육이 필요하겠다. 뇌성마비학생 중 지적 및 정서적 능력이 낮은 학생이 더 많은 것은 사실이지만, 그중 일부는 지적 및 사회정서적으로 일반학생과 같은 수준 또는 더 높은 수준의 학생도 있다. 뇌성마비학생의 교육에 있어서 중요 과제는 지적 및 사회정서적 특성에 따른 개인차를 고려한 진단·중재가 필요하겠다.

뇌성마비학생의 사회정서적 발달에 영향을 주는 변인들로는 장애 정도, 발생 시기, 신체적 장애의 외형적인 형태, 가족과 사회적 지지, 뇌성마비학생을 대하는 태도, 동료 사이의 사회적 지위 등이 있다(Cruickshank, Bentzan, Ratzevurg, & Tannhauser, 1961). 특히 뇌성마비학생의 경우는 실제 생활에서 부모와 외부로부터 부적절한 자극을 받을 때가 많기 때문에 성격형성 과정에서 문제가 많다. 또한 이들의 정서적 특성은 불안, 욕구 불만, 좌절, 공포, 슬픔, 고립, 거부, 열등감 등을 많이 경험하여 환경에 상관없이 불가피하게 생기는 심리적인 부담이 크다.

뇌성마비학생은 신체적 장애로 인한 제약 때문에 일상생활에 어려움을 겪게 되는데, 이들의 여러 가지 사회정서적 부적응은 신체적 장애 그 자체보다는 자신의 이러한 장애를 그대로 수용하려 하지 않기 때문에 파생되는 문제가 많다. 따라서 뇌성마비학생의 교육내용은 신체적인 문제와 아울러 심리적인 문제를 포함해야 한다(교육부, 1997).

따라서 뇌성마비학생의 사회정서적 능력의 발달은 집단놀이, 구성적인 놀이, 협동적인 놀이, 사회적인 놀이 등을 통하여 향상시키는 방안이 필요하다. 다양한 놀이 활동을 통해 친구를 사귀게 하고, 타인과 어울릴 줄 알게 해 주고, 역할과 경쟁심, 협동심과 더욱 만족스러운 사회적 적응력을 배우게 되며 인지 발달에도 영향을 줄 수 있다(Cartledge & Milburn, 1981; 유재원, 2001 재인용).

### (2) 지체장애학생의 사회정서적 발달

#### ① 기관열등감

기관열등감에 관한 개념은 Adler가 처음 사용한 개념으로, 장애를 가진 학생의 정서행동 발달과 밀접한 관계가 있다. 기관열등감은 선천적으로 약하거나 부족하게 기능하는 신체기관에서 오는 열등감이다. 모든 개인의 진보 · 성장 · 발달은 그 열등감을 극복하려는 시도에서 나왔으며, 열등감 보상을 위한 노력은 모든 발전의 원동력이 된다. 그러나 열등감을 극복하기 위하여 노력해도 어떤 이유로든 안 될 경우 이 열등감이 더욱 강화되어 병적 열등감으로 이르게 되며 이러한 병적 열등감은 자신감을 잃고 세상을 살아가게 한다(박화문 외, 2011).

뇌성마비학생이 가지는 열등감은 대부분 신체에 관한 기관열등감이다. 정영옥(2003)은 뇌성마비학생 60명을 대상으로 신체상과 열등감의 관계를 알아보았다. 뇌성마비학생의 열등감 수준은 대체로 높은 편이며, 연령과 성별에는 차이가 없으나 보행 유무에는 차이가 있었다. 즉, 독립보행이 가능한 뇌성마비학생이 불가능한 학생보다 열등감이 낮았다. 보행이 불가능한 뇌성마비학생의 경우 독립보행의 어려움이 열등감을 형성하고 그 보상으로서 여러 가지 부적응 행동을 유발할 수 있다. 한편, 불가능한 독립보행을 보상하기 위해 더 많은 노력으로 학습이나 다른 분야의 성취를 더 크게 이룰 수도 있다.

따라서 지체장애학생의 기관열등감은 자신이 처한 상황에 대해 스스로의 해석을 어떻게 하느냐의 문제이다. 직면한 자신의 장애를 통해 도전과 성취를 경험하며 장애에 적응하느냐 장애를 외면하고 안주하여 체험과 경험을 회피하며 부적응으로 기관열등감을 키우느냐는 자신의 장애를 자기 내부에서 어떻게 처리하느냐가 무엇보다 중요하다(박화문 외, 2011).

② 성격특성

성격형성 측면에서 일반적으로 유전적 요인과 환경적 요인으로 구분하며, 그중 환경적 요인으로는 부모로 대표되는 가정이 성격형성의 중요한 출발점이 되며, 모태의 환경도 성격형성을 결정하는 요인이 된다. 가정환경에는 부모의 태도, 성격, 교육정도, 생존 여부 등에 영향을 받고, 형제관계에서는 출생 순서가 성격형성에 영향을 미친다. 학령기에는 학급사회를 환경적 요인으로 들 수 있으며, 학급집단 내의 역할과 지위에 의해 성격형성이 달라지며, 학생은 교사의 지도에 따라 성격이 달라진다(박화문 외, 2011).

지체장애학생은 일반학생과 같이 성격특성이 다양하게 나타난다. 박경희(1998)는 뇌성마비학생 60명을 대상으로 자유화 그리기를 하고 그림에 나타난 특징을 분석하였다. 경직형에서는 자제, 자신감, 조심성 등의 결핍이 있는 것으로 나타났고, 비경직형에서는 신경 피로, 불안 조절, 의존적인 경향이 있는 것으로 나타났다. 정현숙(1991)은 나무그림검사를 통하여 뇌성마비학생 120명을 대상으로 성격을 알아보았는데, 뇌성마비학생은 환경에 대한 부적응, 원만하지 못한 대인관계, 퇴행 경향을 보였고, 발달이 지체되어 있었다. 또한 뇌성마비 경직형은 내향적이고 비경직형은 외향적이며, 뇌성마비학생의 나무그림 공간위치 분석에서 뇌성마비학생은 내향적이고 안정되지 못하고 부적절하다고 느끼며, 우울증을 보이고 현실적이고 구체적인 것에 얽매이는 경향이 있었다.

지체장애학생은 사회적인 열등한 평가와 불안을 경험하는 일이 많기 때문에 성격형성에 영향을 미친다. 특히 지체장애학생은 일반학생보다 안정성, 활동성, 사회성, 책임성, 사려성, 우월성, 동조성 등에서 부족하다고 할 수 있다(문예숙, 1983). 이러한 점에서 볼 때 일반학생은 적극적이든 소극적이든 자기의 태도를 분명하게 표명하는데, 지체장애학생은 중립적 반응이나 무응답 또는 무의미한 반응을 보인다. 또한 지체장애학생은 사회적 접촉의 기회가 제한되어 있어서 사회나 이웃에 대한 태도가 미숙하고 미분화되어 있기 때문에 정서불안이나 내향적인 성격이 많다(정재권, 안병즙, 2003).

③ 자아존중감

인간은 일상 속에서 자신과 타인, 환경과의 끊임없는 상호작용을 하며 살아간다. 이때 자기가 자신과의 관계를 어떻게 형성하는가는 삶의 전반에 영향을 미친다. 자아존중감은 자신이 지닌 모든 속성에 대해 자신이 스스로에게 갖는 감정적, 평가적 태도이다(주현숙, 2002). 자아존중감이 높은 사람은 자신의 상황을 긍정적으로 생각하며 자신있게 행동하기 때문에 생활이 원만하고 적극적인 태도를 가진다. 그러나 자아존중감이 낮은 사람은 자신을 가치 없다고 여기기 때문에 자기에 대한 불만이 많고 불안정하고 소극적인 태도를 보인다.

뇌성마비학생은 신체의 일부가 장애이거나 제한적 활동으로 인해 좌절감이나 열등의식을 가지는 특성이 있어서 자신에 대해 부정적 혹은 낮은 자아존중감을 가질 수 있다. 뇌성마비학생의 자아존중감 특성은 다음과 같다(김기장, 2002)

- 신체적 능력과 외모에서는 남학생의 자아존중감이 높다.
- 초등학생의 인지적 유능감이 중고등학생보다 높다.
- 초등학생은 사회적 수용에 따라, 중학생은 행동에 따라, 고등학생은 외모에 따라 자아존중감이 높다.
- 경직형은 외모에서, 불수의 운동형은 사회적 수용에서 자아존중감이 높다.

뇌성마비학생의 신체적 제한으로 인한 외모나 사회적 수용능력에 따른 자아존중감은 학생의 전반적인 발달에 영향을 미친다. 학생이 자신이 가진 긍정적 요소를 지각하며 좀 더 적극적이고 높은 자아존중감을 형성하여 밝고 건강한 생활을 할 수 있는 지원이 필요하다(박화문 외, 2011).

한편, 뇌성마비학생의 자아존중감 증진 방안을 제시하면 다음과 같다(고보경, 2009).

첫째, 사회적 관계형성을 증진한다. 이는 뇌성마비학생이 신생아기부터 노년기까지 사회적 관계를 지속적으로 만들어 가고, 그 속에서 발달단계에 맞게 자아를 발전시켜 사회관계 속에서 건강한 구성원으로 살아가는 것을 말한다.

둘째, 육체적 활동을 강화한다. 뇌성마비학생의 경우 보행 유무와 일상생활 수행 여부가 자아존중감 형성에 영향을 미친다. 따라서 물리치료, 운동 등을 꾸준히 실시하여 학생의 독립적인 일상생활 수행능력을 향상하는 것이 중요하다. 아울러 자신의 외모나 신체를 타인 앞에 드러내어 신체에 대한 자부심을 가질 수 있는 기회가 필요하다.

셋째, 정신적 요인을 강화한다. 정신적 건강상태를 증진하는 노력의 일환으로 자신이 좋아하는 것을 하며 성취감을 경험하고 자신감을 기르고 개인의 능력에 적합한 과제를 하면서 자신에 대한 긍정적인 태도와 자부심을 가지는 것이 무엇보다 필요하다.

④ 사회성과 교우관계

인간은 사회 속에서 살아간다. 타인과의 관계에서 어떠한 사회성을 갖느냐는 아주 중요하다. 사회성이란 인간이 사회 환경 속에서 생명을 유지하고 균형과 안정을 유지하여 적절히 반응하며 적응해 나가는 능력이다(김희정, 2003).

학생의 발달과정에서 가장 역동적인 사회화 과정이 일어나는 관계가 또래관계와 교우관계이다. 학령전기 또래관계와 학령기의 교우관계는 학생이 사회화 과정을 거치며 성장하는 가장 중요한 환경으로 사회적 기술 습득과 사회정서적 지원이 형성되는 시기이다. 또래와의 교우관계는 의사소통 기술과 갈등관계를 풀어 가는 방법을 모색하고 실천하는 장을 제공한다(박화문 외, 2011).

뇌성마비학생은 또래와의 관계를 원활하게 하는 사회적 기술에 어려움이 있다. 일반적으로 뇌성마비나 장애를 가진 학생들의 경우 교우관계를 형성하는 기술 부족으로 일반학생과 친구관계가 될 수 있는 환경을 제공받더라도 친구관계를 형성하는 데 어려움을 갖는다(Staub, Schwartz, Gallucci, & Peck, 1994). 김윤혜(2001)는 8~14세 뇌성마비학생 80명을 대상으로 이상적 및 현실적 교우관계를 알아보았는데, 뇌성마비학생은 이상적 · 현실적 교우관계 모두 도움과 보조를 받을 수 있는 교우관계 형성을 필요로 한다고 하였다. 일반적으로 이 나이의 학생들에게 유의미한 또래의 외모, 취미, 활동 공유와 같은 공통점이나 서로의 비밀을 유지하는 친밀감에 대해서는 크게 중요하게 생각하지 않는다고 하였다. 주로 장애를 이해하고 실제적 도움을 주고받을 수 있는지가 뇌성마비학생이 나타내는 교우관계의 형성에 영향을 미치고 있다.

⑤ 장애 수용

장애 수용은 자아의 모습에 장애가 포함되어서 장애에 대해 잘 적응하는 것과 관련이 있고, 상실에 대한 수용으로 정의되고 있다(Li & Moore, 1998). 상실은 모든 장애를 가진 사람들에게 공통적으로 나타나는 특성이다. 장애를 불행한 사건으로 지각했을 경우에 자신이 갖고 있는 잔존능력의 가치를 상실하게 되고, 타인의 존재에 대한 가치를 중요하지 않게 여기게 된다는 것이다. 그러나 장애를 수용하게 되면 상실감은 남아 있지만 잔존능력에 대한 가치를 부정적으로 생각하지 않게 되고(김성희, 1999), 장애 수용을 통해 개인은 일반적인 기준을 우상화하기보다 자신의 특성에 적합한 행동으로 인하여 만족을 얻을 수 있다(Wright, 1983). 반면, 장애 수용이 이루어지지 않은 사람은 비수용적 태도가 타인에게 투사되어 사회관계가 폐쇄적으로 되기 쉽다(임소희, 2008). 장애의 수용은 곧 자기와 타인에 대한 수용으로 귀결되어 건강한 사회적 관계형성의 중요 요인이 된다.

임소희(2008)는 장애 수용에 대한 개념을 다음과 같이 제시하였다. 장애 수용이란 장애로 인한 상실의 상태를 경험하고, 이러한 상태에서 벗어나기 위해 주어진 자원을 활용하여 자신의 능력을 향상시키고, 일상에서 불편을 수반하는 장애를 자신의 일부로 인정하는 방향에서 긍정적으로 자아 이미지를 형성하며, 장애가 새로운 도전을 하는 데 밑거름이 되는 계기로 삼으려는 적극적인 태도이다.

장애를 수용하는 정도를 장애 수용도라고 하는데, 신체적 · 사회적 · 정의적 특성으로 구성된다. 장애 수용의 과정은 장애의 적응(adjustment), 순응(adaptation), 수용(acceptance)의 단계로, 이 과정을 통해 장애를 개인의 정체성 일부로 받아들인다(Tuttle & Tuttle, 2006). 터틀과 터틀은 장애의 발생에서 수용에 이르는 과정을 정신적 외상, 충격과 부정, 슬픔과 퇴행, 굴복과 우울, 재평가와 재확인, 대처와 동원, 자아수용/자신감 등의 7단계로 제시하였다(Tuttle & Tuttle, 2006).

조성재(2007)는 장애의 적응과 수용과정을 초기충격(initial shock), 부인(denial), 우울(depression), 분노와 회의(personal anger and questioning), 적응과 성장(integration and growth)의 5단계로 제시하였다.

지체장애학생의 장애 수용도는 학교, 가정, 사회에서 독립적인 생활을 하는 데 있어 중요한 역할을 할 뿐만 아니라 개인에게 있어서는 장애의 수용 여부가 삶의 방향을 결정하는 요인이 된다.

# 2. 지체장애학생의 학습 특성

## 1) 지체장애학생의 읽기 특성

### (1) 읽기 특성

읽기는 낱말 재인 및 구어적 언어지식을 강조하는 입장에서 본다면, 말로 알고 있던 낱말을 재인하도록 소리체계와 시각정보를 연합시키며 상징체계로부터 의미를 부여하는 것이다. 또한 읽기는 글자를 읽는다는 의미와 이해한다는 의미의 두 가지 측면에서 고려되어야 한다.

읽기에 영향을 미치는 요인은 크게 세 가지로 정리할 수 있는데, 읽기관련 요소들에 대한 학생 자신의 변인(Bezrukikh & Kreshchenko, 2004), 읽기를 촉진하는 환경적 요인(Koppenhaver, Evans, & Yoder, 1991; Svensson, Lundberg, & Jacobson, 2001), 한글 문자 요인(김현자, 조증열, 2001; 박향아, 2000; 윤혜경, 1997; 이차숙, 1999) 등이 있다.

### (2) 읽기 발달단계

Chall(1983)은 읽기 발달단계를 다음과 같이 0~5단계로 구분하였다

#### ① 읽기준비단계

읽기준비단계(0단계: 0~5세)는 학생에게 글자 자체를 깨우치기 위한 관심보다는 '읽는다'는 행위에 대한 관심이 더 중요한 시기이다. 이 시기는 읽기에 대한 노출과 동시에 언어에 대한 지식을 상당 부분 습득해야 한다. 음운인식도 이 시기에 습득해야 할 것 중 하나이다. 읽기준비단계에서 음운인식의 발달은 다음과 같다. 첫째, 글자 연속체, 혹은 음운 연속체 전체를 하나의 상징체로 보고 말하는 단계로 낱말의 대부분을 기억해서 읽는 단계이다. 둘째, 음절인식 단계는 글자 연속체를 음절 단위로 구분해서 인식하는 단계이다. 셋째, 말소리 혹은 자소단위로 인식하는 단계이다. 이 시기 학생의 읽기 발달에 영향을 미치는 요인은 읽기자료, 읽기사건, 읽기경험을 통한 지식의 종류 등이다.

② 읽기해독 및 음운 단계

읽기해독 및 음운 단계(1단계: 5~7세)는 음운–자소의 대응관계를 습득하고, 글자해독, 말소리 체계로서의 음소와, 글자체계로서의 자소 간 대응관계를 배우는 단계이다.

③ 음운해독 완성단계

음운해독 완성단계(2단계: 7~9세)는 음운해독과정이 확립·안정되어 해독과정이 자동화되며 이해에 초점을 두게 되는 단계이다. 낱말재인 속도 및 정확성과 읽기해독 간에는 관련성이 매우 높다.

④ 배우기 위해 읽는 단계

배우기 위해 읽는 단계(3단계: 9~14세)는 해독기술이 자동화되면서 새로운 내용을 알고 정리하기 위해 읽기가 가능해지고, 읽기자료의 길이에 구애받지 않는 단계이다.

⑤ 구성 및 재구성 단계

구성 및 재구성 단계(4단계: 14~18세, 5단계: 18세 이상)는 자신의 주제와 논리를 전개하여 재구성할 수 있는 단계이다. 3단계까지는 누구나 도달할 수 있지만, 4단계와 5단계는 도달하지 못할 수도 있다.

표 4-1 Chall의 읽기 발달단계

| 읽기 단계 | | 연령 | 내용 |
|---|---|---|---|
| 0단계 | 읽기준비단계 | 0~5세 | • 글자 자체를 깨우치기 위한 관심보다도 '읽는다'는 행위에 대한 관심이 더 중요한 시기<br>• 음운인식 습득 시기 |
| 1단계 | 읽기해독 및 음운 단계 | 5~7세 | • 음운–자소의 대응관계를 습득하고 글자해독, 말소리 체계로서의 음소와 글자체계로서의 자소 간에 대응관계를 배우는 시기 |
| 2단계 | 음운해독 완성단계 | 7~9세 | • 음운해독과정이 확립·안정되어 해독과정이 자동화되며, 이해에 초점을 두는 시기 |

| | | | |
|---|---|---|---|
| 3단계 | 배우기 위해 읽는 단계 | 9~14세 | • 해독기술이 자동화되면서 새로운 내용을 알고 정리하기 위해 읽기가 가능해지는 시기<br>• 읽기 자료의 길이에 구애받지 않는 시기 |
| 4단계 | 구성 단계 | 14~18세 | • 자신의 주제와 논리를 전개하여 구성 및 재구성하는 시기 |
| 5단계 | 재구성 단계 | 18세 이상 | |

### (3) 뇌성마비학생의 읽기특성

뇌성마비학생은 일반학생과는 달리 음성 피드백을 갖지 못함으로써 음운재인에 어려움을 갖거나 다양한 경험 부족으로 인하여 읽기나 문장이해력, 어휘력도 일반학생과는 차이를 나타낸다(Sandberg & Hjelmquist, 1996b; 박순길, 2005). 뇌성마비학생의 낮은 읽기수행 능력으로 인하여 문장이해력이나 어휘력에서 낮은 수행을 보이는 것은 감각 손상과 같은 2차적 장애와 언어 부호화의 문제 등이 뇌성마비학생의 읽기 발달을 어렵게 하는 요인이라 할 수 있다(노선옥, 2001b; 박순길, 2005; 전헌선, 1999; 한경임, 김수진, 2003). 특히 문장이해력은 읽기를 자유롭게 할 수 없으면 가능하지 않기 때문에 뇌성마비학생이 읽기에 어려움을 가진다면 문장이해력이나 어휘력에도 어려움을 가진다. 그러므로 조음능력이 우수한 뇌성마비학생일수록 읽기능력과 어휘력도 뛰어나다 할 수 있다(노선옥, 2001a; 박순길, 전헌선, 조증열, 2005).

뇌성마비학생은 단어읽기, 문장이해력, 어휘력 중에서 어휘력의 성취수준이 가장 높게 나타나는 것으로 밝혀졌다(박순길, 조증열, 2007). 이것은 뇌성마비학생이 운동장애 등으로 인해 표현언어 장애를 나타내지만, 표현언어보다는 수용언어가 더 뛰어나다는 뜻이기도 하다. 특히 지체장애학교 초등부 뇌성마비학생의 읽기관련 변인들(단어읽기, 문장이해력, 어휘력)이 고학년 뇌성마비학생들에게서 더 높은 성취수준을 보이는 것(박순길 외, 2007)은 학교에서의 학업성취의 효과로 볼 수 있다. 즉, 학년이 올라가면서 다양한 학업적 경험과 교사들의 열의로 인한 성취수준이 높아졌다고 볼 수 있다. 다른 측면으로는 뇌성마비학생이라도 인지능력이 어느 정도 있는 학생은 학업적 수행에 어려움을 갖지 않는다는 뜻이기도 하다.

## 2) 지체장애학생의 쓰기 특성

### (1) 쓰기 특성

학생의 쓰기 오류의 특징은 자음과 모음의 착어(paraphasia) 때문이라고 할 수 있다(조경덕, 2004). 이것은 쓰기과정에서 의미 접근보다는 음운적 접근이 우선적으로 일어났다는 결과이다. 또한 음소-철자 변환과정에서 나타나는 한국어 단어쓰기의 특징은 친숙한 단어철자법은 심성어휘집(mental lexicon)을 사용하고, 친숙하지 않은 단어들은 음소-철자 변환과정을 거친다. 한국어의 특성은 자음과 모음이 모여 1음절이 되기 때문에 착어가 많이 나타나며, 이것은 한글 쓰기 과정의 특징이다.

쓰기지도는 말하기, 듣기, 읽기의 지도가 충분히 이루어진 다음에 해야 한다(이차숙, 노명완, 2003). 즉, 학습자가 쓰기를 잘하려면 읽기에 필요한 기초적인 기능부터 습득해야 쓰기를 잘할 수 있다. 그러나 최근의 유행은 총체적 언어접근법이 읽기, 쓰기 지도의 중심이 되고 있다.

### (2) 쓰기 발달단계

#### ① 초기쓰기단계

초기쓰기(beginning writing)는 학생 개인의 읽기, 쓰기 능력 발달 수준이나 개인이 사용하는 독특한 쓰기 방법이 충분히 반영될 수 있는 매우 복잡한 유형의 쓰기이다(Sulzby, Barnhart, & Hieshima, 1989; 박순길, 2005 재인용). 초기쓰기의 특징으로는 음성언어의 습득과 마찬가지로 매우 자연스러운 방법으로 배우게 되며, 아주 어린 시기부터 문자언어를 접하고, 이해하고, 통제하게 된다. 그리고 주변 환경 속에서 문자언어를 지각할 때 그 지각은 매우 조직적 · 체계적 · 확인적이다.

학생의 초기쓰기단계는 표준적(conventional)인 상징을 사용하지는 못하더라도 맥락적인 쓰기 특징을 가진다. 예를 들면, 이제 막 글쓰기를 배우기 시작한 학생은 시장에 갈 때 사야 할 품목들을 기록할 때는 수직적으로 글들을 죽 늘어놓고, 할아버지에게 편지를 쓸 때는 문단 형식의 글 배열을 한다(Harste, Burke, & Woodward, 1994). 학생의 쓰기는 어느 날 갑자기 표준적인 쓰기를 하는 것이 아니라, 그리기에서부터 시작하여 긁적거리기, 창안적 글자 쓰기(invented spelling), 표준적 글자 쓰기(conventional spelling)로 점차 발전해 간다. 창안적 글자 쓰기는 유아의 글자에 대한 인식 발달을 살펴볼 수 있는 중요한 자료가 된다(조선하, 우남희, 2004; Lombardino, Bedford, Fortier, & Carter, 1999).

학생의 쓰기 발달을 이해하기 위해서는 무엇보다 학생이 의미를 상징화할 때 사용하는 상징의 매체들과 문식적 상태에서 학생이 행하는 문식적 행동들을 유심히 관찰할 필요가 있다.

### ② 초기쓰기 이후 단계

초기쓰기 이후 단계에서 학생의 쓰기는 음성언어의 발달과 마찬가지로, 초기쓰기가 발달한 이후부터 초등학교를 마칠 때까지 쓰기의 복잡성이나 문장의 길이 등이 점진적으로 이루어지며, 그 유형은 여러 가지 접속사를 사용하여 문장을 연결하는 것에서부터 삽입된 문장을 사용하는 것으로 발달해 간다(박순길, 2005). 또한 학생은 나이가 들어감에 따라 음성언어에서나 문자언어에서 모두 점차적으로 더 긴 문장을 사용하고, 절을 사용한 문장을 더 많이 사용한다. 특히 연령이 더해 감에 따라 부사절을 많이 사용하게 되는데, 이 현상은 음성언어에서보다 문자언어에서 더 많이 나타난다.

표 4-2 쓰기 발달단계

| 쓰기 발달단계 | 특징 | 발달 |
|---|---|---|
| 초기 쓰기단계 | • 음성언어와 마찬가지로 자연스러운 방법으로 습득함<br>• 어린 시기부터 문자언어를 접하고, 이해하고, 통제함<br>• 주변 환경 속에서 문자언어를 지각할 때 매우 조직적이고 체계적임 | • 그리기 → 긁적거리기 → 창안적 글자 쓰기 → 표준적 글자 쓰기 |
| 초기쓰기 이후 단계 | • 등위접속사의 사용을 줄임<br>• 음성언어와 문자언어를 구분함<br>• 글을 쓸 때 음성언어의 특질을 버림<br>• 쓰기에 필요한 정교화와 탈맥락화를 사용함 | • 여러 가지 접속사 사용하여 문장 연결 → 삽입된 문장 사용<br>• 긴 문장 → 절을 사용한 문장 → 부사절 사용 |

### (3) 뇌성마비학생의 쓰기 특성

쓰기에는 글씨쓰기(handwriting)와 철자법(spelling), 작문(composition)의 세 영역으로 구분할 수 있으며, 단순히 글자를 쓰는 낮은 능력에서 자신의 생각을 글로 표현하는 높은 수준의 능력에 이르기까지 그 범위가 넓다(정해동, 2001).

뇌성마비학생은 뇌 손상으로 인한 운동장애를 가지기 때문에 자신의 의지대로 쓰기에 필요한 활동을 할 수 없기 때문에 쓰기장애를 갖게 한다. 또한 뇌성마비학생은 일반적으로 언어장애와 지적장애를 수반하기 때문에 쓰기에 곤란이 있으며, 시각과 청각의 특정 결함은 나중에 철자장애를 가져오게 한다. 그러나 뇌성마비학생의 쓰기에 가장 영향을 주는 요인은 대운동, 소운동 기능과 지각-운동 결함이다(Cogher, Savage, & Smith, 1992).

뇌성마비학생이 선긋기를 잘하면, 보고 쓰기를 잘하며 받아쓰기도 잘한다(황성수, 1987). 그러나 뇌성마비학생의 쓰기 정확도 수준은 매우 낮으며, 쓰기 속도는 일반학생에 비해 3~4배 느리고, 연령이 증가할수록 마비 부위가 적을수록 쓰기를 잘하고 쓰기 속도도 빠르다(정해동, 2001). 그렇지만 중도 뇌성마비학생의 문자지도에 있어서 읽기와 쓰기를 상호 보완하면서 동시에 가르치기는 힘들며, 구는 받아쓸 수 있으나 문장을 받아쓰기는 어려움이 따른다(주현숙, 2003). 또한 문자-소리 대응, 첫소리 문자선택, 이야기쓰기 활동 등의 쓰기 중재프로그램이 뇌성마비학생의 초기쓰기에 긍정적인 변화를 준다(신수정, 한경임, 2009). 철자재인에 있어서 뇌성마비학생은 사시를 수반한 시지각의 문제로 왜곡된 특성을 나타낸다. 이러한 문제들은 일반학생에 비해 쓰기(철자재인)에 있어서 낮은 수행을 나타내게 한다(박순길, 2005; 박순길 외, 2007).

또한 뇌성마비학생의 문식성 발달과정은 학령전기 학생에 비해 학령초기 학생들의 문식능력이 높고, 독서 시간이 길수록 문해와 독해 능력이 우수하며, 조음능력이 우수한 학생일수록 문해와 철자재인 능력도 높았다(노선옥, 2001b).

## 3) 지체장애학생의 인지-언어적 특성

### (1) 뇌성마비학생의 음운인식과 언어학습기능

뇌성마비학생은 자신들의 운동 및 말의 장애로 인하여 소리 양식 분석과 어휘 지식, 구문 및 담화의 이해와 같은 기술들과 구어학생들과의 사이에서 문식능력을 발달시킬 수 있도록 좋은 관계를 유지하는 기술을 발달시키기 위한 특별한 훈련이 필요하다(Beringer & Gans, 1986).

비구어로 의사소통하는 뇌성마비학생은 구어를 사용하는 학생과는 매우 다른 조건의 읽기와 철자가 필요하다. 이들의 언어는 수용언어로서 일반학생과 같은 음성언어를 포함하지만, 표현언어는 일반학생과는 매우 다른 그림 혹은 상징으로 요약된 표현을 사용한다. 그러므로 비구어학생은 구어학생과는 매우 다른 상황에서 읽기, 쓰기 과제에 접근하게 된다(노선옥, 2001b).

비구어 뇌성마비학생의 읽기, 쓰기 능력은 단어 길이 분석 등에서 차이가 있으며, 비구어로 읽기 가능한 학생과 읽기를 못하는 학생 간에는 음운인식에서 차이가 있다(Sandberg & Hjelmquist, 1996).

뇌성마비학생의 음운인식은 음소인식보다 음절인식 수행수준이 더 높다(박순길, 2005). 일반적으로 학생은 음절인식이 생기고 난 다음 음소인식이 생긴다. 읽기장애학생의 읽기수행에 음소인식이 가장 영향을 주는 변인이라면, 뇌성마비학생에게는 음절인식이 읽기에 가장 크게 영향을 주는 음운인식 요인이 된다.

지체장애학교 초등부 뇌성마비학생의 읽기를 가장 잘 예언하는 변인은 음절 수 세기이며, 쓰기 예언 변인은 초성음소 변별이며, 문장이해력 예언 변인은 초성음소 변별과 음절 탈락이고, 어휘력 예언 변인은 음절 수 세기라고 할 수 있다(박순길 외, 2007). 그러나 쓰기를 예언하는 변인이 음절 수 세기로 나타나기도 하고(박순길, 전헌선, 조증열, 2005), 초성음소 변별로 나타나기도(박순길 외, 2007) 하였는데, 그 이유는 연구대상의 정신연령과 관련이 있다고 할 수 있다. 즉, 음절 수 세기보다 초성음소 변별이 예언 변인일 때가 연구대상의 정신연령이 더 높았다. 일반학생에게는 읽기나 쓰기를 가장 잘 예언하는 변인들이 음소 변별인데, 그 이유는 음절인식이 생기고 난 다음 음소인식이 생기기 때문에 정신연령이 높고 낮은 이유도 그 원인이 될 수 있다.

지체장애학교 초등부 저학년과 고학년 뇌성마비학생들의 읽기, 쓰기에서 가장 큰 차이점은 형태소인식이다(박순길, 2007). 저학년보다는 고학년 뇌성마비학생에게서 형태소인식이 읽기, 쓰기와 상관이 높은 것으로 나타났다. 일반학생에게는 대부분 형태소인식이 읽기, 쓰기와 상관을 나타내지 않지만(박영선, 2006; 이유정, 2007; 정영림, 2007), 읽기부진학생에게는 형태소인식이 읽기와 관련이 있다(유영대, 2006; 이지영, 2005).

### (2) 뇌성마비학생의 단기기억과 언어학습기능

뇌성마비학생의 기억능력은 뇌 손상 때문에 보다 낮을 것으로 예상되기 때문에 읽기기능에 부정적인 영향을 줄 수도 있다. 구어 학생에게서는 언어단기기억 폭이 낮으면 읽기에서도 낮은 수행결과를 나타내지만(Hansen & Bowey, 1994; Newman, Fields, & Wright, 1993; Siegel & Ryan, 1988), 구어 뇌성마비학생은 비언어적 자료들을 언어적으로 부호화하는 데 어려움이 없는 것으로 알려져 있다(Gould & Glencross, 1990; Rapala & Brady, 1990). 이러한 결과는 제한된 단기기억 용량 때문이 아니라 단기기억과 구어의 시연에서 구어의 부호화에 문제가 있을 것으로 예상할 수 있다. 또한 읽기와 쓰기의 습득에 가장 큰 영향을 미치는 변인이 정보를 처리하고 저장하며 재생하는 기억능력이다(Sandberg & Hjelmquist, 1996b).

비구어 뇌성마비학생은 음성으로 말해 주지 않고 그림으로 묘사된 대상에 관한 단어의 소리를 재현하는 일에 어려움이 있다(노선옥, 전헌선, 2002, 2003; Sandberg & Hjelmquist, 1996a). 이 같은 문제들은 기억에서 안정된 음운적 재연을 구성하는 데 어려움을 갖게 한다(Gathercole & Baddeley, 1990). 뇌성마비학생의 단기기억 폭(short-term memory span)은 일반학생보다 숫자 단기기억 폭에서 낮은 수행을 보인다(박순길, 2005).

### (3) 뇌성마비학생의 시지각과 언어학습기능

뇌성마비학생은 공간위치, 시운동 협응, 항상성, 시지각, 촉지각 등의 장애를 나타낸다. 이러한 지각장애로 학생은 외계의 사물을 제대로 인식하지 못하여 읽기, 쓰기, 셈하기 등의 학습 활동에 영향을 미친다(박화문, 2001).

시지각은 교과학습의 준비기능이며 시지각의 결함은 학습장애에 직접적인 원인이 될 수 있다(Kauffman & Hailahan, 1976; Smith, 1968). 학습은 근본적으로 시각적인 방법으로 학습되는 것이므로 시각적 능력에 장애가 있으면 학습이 어렵게 된다(McLeod, 1967). 시지각에 장애가 있는 경우에는 일상생활에서 많은 어려움을 겪게 되며, 사물이나 문자를 볼 때 그것의 차이점은 물론 상호관계를 파악할 수 없기 때문에 읽기장애나 쓰기장애를 가진다.

뇌성마비학생의 쓰기 발달을 방해하는 요인으로 시지각과 시각 변별, 시공간관계, 시각운동 능력, 공간관계 처리능력, 눈-손 협응 등이 있다(Harrison, 1970). 쓰기를 습득하는 데 있어서 눈-손 협응, 운동 협응, 시공간 협응, 시공간관계, 시각 변별, 시기억, 신체상, 좌에서 우로 쓰는 개념, 손의 선택 등의 발달이 이루어져야 한다(Kirk & Chalfant, 1984).

시지각 장애는 글자의 차이를 알기 위해서는 시각적 변별력이 있어야 하는데, 이러한 능력의 부재로 'ㄹ'을 's'로 방향의 혼돈을 가지는 것을 말한다(황성수, 1987). 또한 뇌성마비학생는 시공간관계의 장애로 좌우 변별, 손으로 신체의 중심선 긋기, 깊이 지각, 열등, 반전, 회전 및 공간에서 자신의 신체지각 등에 곤란을 겪는다. 이러한 장애를 가진 학생은 도형 대칭, 방향감 유지, 수평 및 수직 변별, 형태, 문자, 수, 단어 보고 쓰기, 단어 읽기, 시간 말하기, 지도 이용 및 쓰기에 곤란을 나타낸다. 또한 시기억 장애는 읽고 보고 쓸 수는 있으나 기억을 되살려 문자나 단어를 재생시키지 못하는 것을 말하며, 시각적 기억이 쓰기를 하는 데 장애를 준다(Kirk & Chalfant, 1984).

지체장애학교 뇌성마비 학생들의 읽기, 쓰기, 이해력, 어휘력에 영향을 주는 시지각 변인으로는 저학년은 시각계열 기억, 시각형태 항상성, 고학년은 시공간관계, 시각 변별 등이다(박순길, 2007). 그러나 저학년에서 시각기억보다 한 단계 높은 기억을 필요로 하는 시각계열 기억이 읽기 관련 변인을 예언하는 점과, 고학년에서는 수행에서 난이도가 낮다고 생각되는 시공간관계와 시각 변별이 예측 변인으로 나타난 것은 시사점이 있으며, 저학년과 고학년별로 읽기 관련 변인에 대해 확연히 구분되는 시지각 변인들이 나타난 것은 교육적 의의가 크다고 할 수 있다(박순길, 2006, 2007).

## 4) 지체장애학생의 학습지원

### (1) 기초학습기능

학교는 교육기관으로서 설립된 이래 학문과 기술을 배우고 익히는 곳이다. 공부하는 내용은 시대에 따라 변화되어 왔으나, 읽기와 쓰기, 셈하기(3R's)의 기초학습기능은 포함하고 있었다고 할 수 있다. 특히 읽기, 쓰기, 셈하기는 그 자체로서 보다 고차적인 학습을 위한 하나의 발판으로서 중요성을 갖고 있다고 할 수 있다(전헌선 외, 2003).

읽기와 쓰기, 셈하기 기능을 습득한다는 말은 학교에서 주어지는 학습 자료를 자신의 인지 내용으로 습득할 수 있는 가능성의 습득을 위한 발판을 마련한다는 점에서 중요성을 갖는다. 학년이 올라갈수록 학생은 더 많은 문자 자료와 더 복잡한 수학적 사고를 요하는 문제를 해결해야 한다. 따라서 다른 학생보다 늦은 시기에 이 기능들을 습득하면 장차 학습에서 갖게 될 부담이 커진다.

지체장애학생은 기초학습기능을 습득하기 어렵게 하는 신체적 · 인지적 · 정의적 특성을 갖기 때문에 학습의 문제를 가진다고 할 수 있다. 출생에서부터 장애를 가지는 경우가 많은 지체장애학생은 처음에는 신체적인 움직임에 주목받게 되지만, 연령이 높아질수록 2차적 장애와 특히 경험 부족으로 인한 각종 문제해결에서 어려움을 보이게 된다.

일반학생은 출생과 더불어 발현적 문식성(emergent literacy)의 발달을 시작하고, 만 4~5세에 이르면 그림 그리기와 글자 쓰기가 분리된 활동으로 구성되기 시작한다(노명완, 이차숙, 1994). 과학적인 개념에 있어서도 물체의 수량을 더하거나 덜어내는 많은 경험 활동은 학생이 정성적 분류개념에서 정량적 분류개념으로 이행하는 일을 도와주기 때문에 보다 능숙한 수 세기, 나아가서는 셈하기의 기초활동이 손쉽게 구성될 수 있다. 이러한 과정은 학생이 가진 인지적 탐색능력과 환경과의 끊임없는 상호작용 속에서 구성되며, 특히 성인과의 언어적 상호작용 활동이 중요한 것으로 알려져 있다.

지체장애학생은 운동장애로 인한 이동의 곤란과 주위 사물에 대한 탐색 제한, 언어장애로 인한 적절한 의사소통의 어려움(노선옥 1998a, 1998b; 전헌선, 1993, 1999) 등이 주위 환경과의 상호작용을 어렵게 한다.

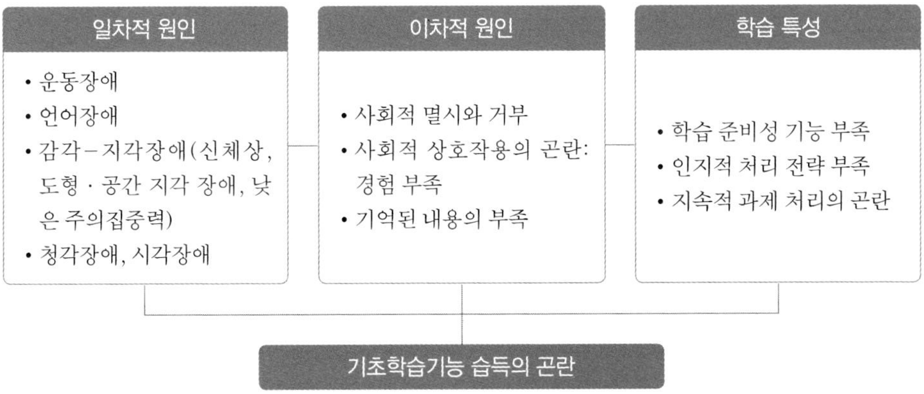


[그림 4-1] 지체장애학생의 기초학습기능 특성

출처: 전헌선 외(2005), p. 450.

지체장애학생의 학습이 일반학생에 비해 곤란을 나타낼 수 있는 원인들은 다양하다. 특히 일차적인 원인과 이차적인 원인이 더해짐으로써 학습곤란 정도가 무거워지게 된다. 따라서 지체장애학생의 기초학습기능 지원은 일차적인 장애로 인한 학습문제를 가볍게 하는 일과 더불어 이차적인 장애의 발생이 이루어지지 않도록 하는 일의 두 가지 측면에서 이루어져야 한다.

〈표 4-3〉은 지체장애학생의 학습지원 네 가지 방법을 보여 주고 있다(Mank & Horner, 1987). 각 학생의 능력과 과제들의 요구에 상응하는 특별한 수업장면에서 이 방법들이 사용될 필요가 있다. 그리고 오류가 발생할 때는 학생들이 다시 시도할 수 있도록 수업자는 충분한 학습지원을 제공하는 것으로서 정확한 성취를 보일 수 있다.

**표 4-3** 지체장애학생을 위한 학습지원

| 구분 | 설명 | 적용 영역 |
|---|---|---|
| 언어적 단서 | 교사가 언어적 정보를 제공 | 선호하거나 완전참여 활동 |
| 모델링 | 교사의 행동을 학생들이 관찰 | 새로운 과제, 절차, 부분참여 |
| 신체적 촉진 | 강화를 통해 신체 활동 유도 | 도전적 과제, 부분참여 |
| 신체적 지원 | 직접적인 신체 활동을 지원 | 어려운 과제 |

출처: 박화문 외(2011), p. 258.

### (2) 학습 준비성 기능

기초학습기능의 습득을 위해서는 학습을 할 수 있는 준비, 즉 학습 준비성 기능의 습득이 우선되어야 한다(전헌선 외, 2003). 학습 준비도를 갖추지 못하고 학습을 시작하면 학습 내용을 바르게 습득하지 못하고, 이상 형태로 기능을 익히는 등 부적절한 기능을 습득할 수 있다. 유치원 시기에 손의 악력이 충분하지 못한 유아가 연필을 잡게 되면 연필을 바른 자세로 쥐지 않고 특이한 형태로 사용하는 방법을 익혀 후에 바른 자세로 개선하기 매우 어려운 모습을 보게 되는 일이 그 대표적인 예이다. 따라서 부적절한 기능 습득은 학습이 지속적으로 향상되기 어렵게 하는 원인이 된다(전헌선 외, 2003).

**표 4-4** 학습 준비성 기능 분류

- **청각 변별**: 음의 고저, 강약의 식별, 동일음의 인지, 여러 가지 음 중에서 특정의 음을 구별하여 인지하는 능력
- **형의 인지와 변별**: 형의 위치가 변하였다거나 색 등의 다른 속성이 더해져도 같은 것으로 포착할 수 있는 능력
- **항상성**: 형의 크기가 변하거나 멀리 있어도 그 크기를 확인할 수 있는 능력
- **보존성**: 수나 형태의 속성이 변해도 양으로서의 성질은 변하지 않는 것을 인식하는 능력
- **신체인지**: 자신의 신체 및 신체 부분을 인지하는 능력
- **개체 내부에서의 위치 지각**: 자신의 신체 좌우, 위아래, 앞뒤 등을 인지하는 능력
- **외부 세계에서의 위치 지각**: 외부 물체의 좌우, 위아래, 앞뒤 등을 인지하는 능력
- **공간관계의 지각**: 공간에 있는 여러 점을 결부시키는 능력
- **도형-배경 변별**: 다른 자각을 배경으로 물리치고 어떤 특정의 자극을 끄집어내는 능력
- **전체-부분의 관계**: 전체의 일부를 그 자체의 의미 있는 부분으로 받아들이거나 각 부분의 집합이 전체를 이룬다는 것을 받아들이는 능력
- **연속성의 지각**: 일정한 순서로 나열되어 있는 것을 의미 있는 연속으로 받아들이는 능력
- **대근육 운동**: 큰 움직임으로 전신 혹은 체간의 움직임을 동반하는 운동
- **미세운동**: 손가락을 중심으로 하는 운동
- **눈과 손의 협응**: 시각정보에 맞추어 하는 손 운동
- **촉각 변별**: 촉각을 통하여 얻어진 정보를 통합하는 능력
- **운동 기획력**: 자신의 신체운동에 의해 일어나는 내부의 정보를 통합하는 능력
- **연합 및 일반화**: 사물에 공통되는 요소를 끄집어내어 분류하는 능력(두 사물인 경우에는 연합, 그 이상인 경우에는 일반화)

출처: 강수균 외(1999), pp. 93-94.

지체장애학생이 학습 준비성 기능 중에서 특히 어려움을 겪는 점은 운동기획력의 부족과 공간관계 인식의 곤란함이라고 할 수 있다. 따라서 시지각 능력이 일반학생에 비해 뒤떨어지는 한편 경영문자나 글을 빼고 읽기, 문장을 띄어 읽는 등 학습에서 장애를 갖는다(강수균, 이규식, 전헌선, 최영하, 1999; 박화문, 2000).

### 5) 지체장애학생의 학습전략

지체장애학생의 인지 및 학습 능력은 학습기능과 학습곤란 등 매우 다양하게 나타난다. 인지적 영역의 특성에 속하는 학습 및 기억, 창의성 등은 후천적인 요인으로 개발이 가능하다고 볼 수 있지만, 인지 및 지적 능력은 구조적이고, 유전적 요인이 영향을 받는다고 볼 수 있다. 학교학습과 관계되는 학습전략 이론에서는 어떻게 하면 학습자의 학습기능을 개발할 수 있는가에 초점을 둔다. 학습과정에서 필요로 하는 주의집중, 시연, 부호화, 인출의 네 가지의 통제과정을 개발할 수 있다면 성공적인 학습목표에 도달할 수 있다(전헌선 외, 2005).

학습전략이란 학습을 보다 효과적으로 하기 위하여 학습자 자신이 취하는 모든 방법적 사고 또는 행동이라고 정의할 수 있다(김영채, 1990).

#### (1) 학습 과정

정보처리이론에 따르면, 인간의 두뇌는 컴퓨터에 비교한다. 인간은 당면하게 되는 자료, 정보, 지식을 머릿속으로 받아들이고 의미 있는 것으로 처리한다는 뜻에서 정보처리체계로 부르기도 한다. 정보처리이론은 정보를 받아들이고 저장하는 세 개의 기억 저장고가 있는데, 감각기억(SM), 단기기억(LTM), 장기기억(LTM)이다. 그리고 이 세 가지의 기억 저장고 사이에는 정보의 이동(전이)을 관리하는 네 가지 통제과정이 있는데, 주의집중(attention), 시연(rehearsal), 부호화, 인출(recall)의 과정이 바로 통제과정이다(전헌선 외, 2005).

##### ① 주의집중

시각적, 청각적, 기타 감각적 정보가 감각기억에 들어온 것 중에서 주의집중을 받은 것만이 단기기억으로 전이되기 때문에 어떤 정보에 주의집중하느냐, 얼마나 많은 것에 주의집중하느냐가 중요하다. 학습과정에서 나타나는 선택적 주의집중은 성공적인 학습의 첫걸음이 된다. 지체장애학생과 같은 특수교육 대상학생 중에는 수업 상황에서 주의산만 또는 주의집중 및 과잉행동장애가 나타나 학습목표 달성이 어렵게 되는 것을 쉽게 찾아볼 수 있다. 그래서 학습 상황에서 학습자를 어떻게 하면 주의집중시킬 수 있을지를 구안해야 한다.

② 시연

단기기억에 투입된 정보는 시연해야 쉽게 사라지지 않는다. 전화를 걸 경우, 상대방의 전화번호를 외우면서(시연 혹은 중얼중얼) 전화번호를 누르면 정확히 전화가 걸리지만, 수첩에서 번호를 확인하고 잠시 후 그냥 걸면 곧 잊어버리는 경우가 있다. 전화를 거는 정도(약 30초)의 기억을 단기기억이라고 할 수 있는데, 단기기억의 용량은 시연의 양과 유형에 따라 보존되는 정보의 양과 내용이 달라진다. 일반적으로 시연은 보조 음성적 시연(subvocal rehearsal)이 매우 효과적임이 밝혀지고 있다(전헌선, 1991). 즉, 소리 내어 외우면서 기억하는 것이 단기기억에는 효과적이라 할 수 있다. 또한 시연은 기계적 시연보다는 심상하고 서로 관련을 지우면서 기억하는 정교화 시연이 보다 효과적이다.

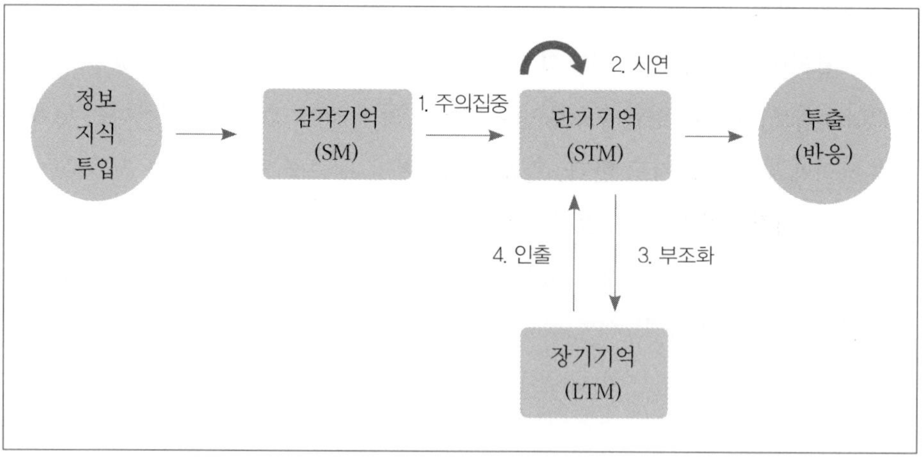


**[그림 4-2]** 학습 과정

출처: 전헌선 외(2005), p. 23.

③ 부호화

단기기억에 있는 정보를 장기기억으로 전이시켜 가는 것을 부호화 또는 기호화라고 한다. 장기기억의 내용은 가용하지만 정보의 접근이 불가능 할 때가 많이 나타난다. 배운 것은 분명한데 그 내용이 무엇인지 기억나지 않는 경우가 여기에 해당된다. 장기기억에 저장되는 정보가 얼마나 많이 그리고 빨리 저장되고, 기존의 경험(지식 및 정보)에 얼마나 잘 통합되는가는 부호화 전략에 달려 있다. 부호화는 흔히 말하는 기억법이나 기억술에 비교될 수 있는 용어이다. 부호화가 잘된 장기기억은 잘 통합된 지식이고, 정리정돈이 잘된 옷장이나 서랍장처럼 조직되어 있어 유의미하고, 구조적 · 조직적이며 인출해 내기 쉽다. 부호화가 잘된 장기기억은 학습자로 하여금 학습의 희열을 맛볼 수 있게 하며, 공부에 흥미와 동기를 높이고 결과적으로 학업성취에 기여하게 된다.

④ 인출

인출은 장기기억에 저장된 정보를 재생 및 재인하는 회상의 과정이다. 장기기억에 저장해 두었던 정보를 필요에 따라 다시 회상하여 단기기억으로 인출해 내는 과정이다. 이렇게 찾아낸 정보는 언어(말과 글, 소리 등)로 표현된다. 이것을 투출(op)이라고 할 수 있는데, 학교 학습 상황에서는 발표, 시험, 평가 결과가 된다.

### (2) 학습전략의 원리

학습전략의 원리는 다음과 같다(전헌선 외, 2005).

첫째, 자기 책임적인 학습태도를 기른다. 자신이 공부를 잘하지 못하는 것은 부모, 교사, 재수, 운수 때문이 아니라 자신의 노력이 부족하였다는 것을 자각한다. 즉, 내적 귀인태도를 가진다. 또한 신체적 · 환경적 · 부정적 감정이나 태도는 공부에 도움이 되지 않고, 자기 자신에 대한 긍정적 태도를 가질 필요가 있다. 그리고 노력할 때 칭찬해 주고, '열심히 노력하니 공부가 된다'는 자신감을 가지게 하여 성공적인 학습경험을 느낄 수 있게 한다.

둘째, 주의집중을 할 줄 안다. 공부를 시작하면 오랜 기간 동안 끈기 있게 지속할 수 있어야 하며, 정신적 에너지를 공부하는 데 몰두하게 해야 한다. 특히 달성가능한 과제의 양을 정하고 차츰 늘려 나가되, 선택한 과제에 집중할 수 있도록 한다.

셋째, 서로 결합시킨다. 투입된 정보를 이미 알고 있거나 앞서 익힌 것과 관련시켜 본다. 즉, 개인적인 경험, 자료 자체의 내용끼리, 기타 정보들과 관련시키고, 분석 및 종합하여 전체가 지식과 정보의 꾸러미가 되게 한다.

넷째, 부호화를 위하여 암송한다. 단순 반복적인 시연이 아니라 내용이 더욱 정교화되고 풍부하게 되도록 노력한다. 하나의 핵심 아이디어나 용어에 대하여 재진술, 노트 정리, 의역해 보기 등은 부호화 전략을 향상시키는 기억법이 된다.

다섯째, 의미를 분명히 파악한다. 즉시 복습하거나 분산학습을 통하여 사실과 생각들을 의미 있게 결합시켜 봄으로써 전체가 구조적으로 조직화되게 한다. 이렇게 될 때 지식과 정보는 새로운 의미를 분명히 갖게 된다.

여섯째, 시각화한다. 마음속에서 기억하려는 재료를 떠올려 그림을 만든다. 영화나 재미있는 만화, 동화, 소설 등의 줄거리를 상상하여 본다. 주체적인 의미의 심상화 또는 시각화는 기억뿐만 아니라 이해에 크게 도움이 된다.

이 여섯 가지 학습전략 원리는 인지(사고)활동의 핵심이 된다고 할 수 있다. 인지는 개념형성(concept formation)과 심상형성(image formation)이라는 두 가지 속성을 가진다. 학습에서는 개념형성을 위한 속성열거 활동과 심상형성을 위한 시각화 활동이 적극적으로 이루어져야 성공할 수 있다. 개념학습은 곧 사고학습의 출발점이 된다.

제5장

# 지체장애학생의 지각, 인지 발달 및 정의적 특성

## 1. 지체장애학생의 지각 발달 특성

여기서는 주로 지체장애학생의 지각, 인지 발달 및 정의적 특성에 대해 기술하고자 한다. 앞 장에서 언급한 것처럼, 지체장애학생의 인지 발달의 특성은 그들의 지각 발달 특성에 의해 좌우된다고 할 수 있다. 그러므로 먼저 지체장애학생의 인지 발달의 특성을 논하기 전에 지각 발달 특성을 시지각 발달을 중심으로 알아본다.

### 1) 지각 발달의 개념

지각은 감각과정을 거쳐 이루어지며, 감각과정은 외부 자극이 신경계의 부호로 변환되어 대뇌피질에 도달하여 뇌에 저장되는 지식체계 혹은 인지구조에 의해 즉각적이고 무의식적이며 거의 자동적으로 해석되어 의미 있는 형태로 바뀌게 된다. 그러므로 지각은 외계의 사물을 인지하는 일이고, 지적 행동의 한 과정이다. 지적 행동은 지각, 기억, 상상, 사고 등 일련의 과정에서 성립된다고 할 수 있으며, 지각은 각종 감각정보에 대한 해석이라고도 할 수 있다. 결국 지각은 감각정보에 대한 해석이면서 변별이라고 할 수 있다.

지각은 기억 · 상상 · 사고로 이어지는 일련의 지적 행동의 일부로 파악되어야 한다. 지각은 수용 기관의 종류에 따라서, 시지각, 청지각, 촉지각 등으로 분류되기도 하고, 형식적 범주에 따라 공간 지각, 시간 지각, 운동 지각 등으로 분류된다. 주로 인간의 감각수용은 시각으로 이뤄지므로 시지각이 지각 발달의 주류를 이룬다.

지각의 발달과정은 다양하게 설명되지만 피아제(Piaget)의 이론을 살펴보면, 지각(특히 운동 지각과 시지각)이 인지 발달에 있어서 중요한 역할을 하고 있다는 것을 알 수 있다. 피아제는 인지 발달의 과정을 몇 개의 단계로 나누어 제시하고 있으며, 그 최초의 단계는 감각 운동기(0~2세)라고 한다. 이 시기에는 감각과 운동이 행동의 중심이 된다. 즉, 반사에 의해 출현되는 운동이 순환 반응을 거쳐 수의 운동으로 되며, 손을 사용하는 것으로서 사물을 이해하게 된다. 순환 반응이란 유아 자신의 신체를 중심으로 한 반복 행위를 말한다. 손가락으로 가리키기나 장난감을 흔드는 것은 주로 상지를 사용한 운동의 최초 행동이 된다. 최초로 우연히 일어나는 결과를 나중에 자신이 통제할 수 있도록 하는 것은 인지 발달에 매우 중요하다. 이것은 순환 반응에 의한 외부의 자극 작용에 의해 생겨나며, 그 결과 환경의 사물이나 사상을 자신의 내적인 모델로 취급하게 되는 동화 및 조절이 일어나기 때문이다.

이를 보다 구체적으로 정리하면, 인지 발달은 환경으로부터 필요한 요소를 흡수함으로써 가능하게 된다. 인지 발달에 필요한 요소를 환경으로부터 흡수하기 위해서는 흡수 통로가 활성되어야 하며, 그 흡수 통로가 바로 감각기관이다. 따라서 감각장애아는 대뇌의 인지 발달에 필요한 요소를 충분히 공급받을 수 없는 것이 1차적 문제이다. 이는 사물에 의한 개념형성이 감각 · 운동의 정보에 달려 있다는 말을 생각해 보면 보다 분명해진다.

감각장애는 개념형성에 필요한 정보의 차단 내지 결핍으로 인해 정신 발달에 부정적 영향을 미치고 있어 이를 극복하기 위해서는 감각 · 운동의 훈련이 필수적이라 할 수 있다. 그리고 감각 · 운동 기능의 활성화는 인지 발달과 필수 관계에 있으므로 감각장애의 경감을 위해서는 감각 · 운동의 경험을 쌓아 가는 훈련이 필요하다. 감각이 상실되면 지능과 정서 쪽의 문제가 발생하고 감각적 자극의 결핍되어 수면 시간이 증가하고 운동능력이 저하되며 주변 환경에 대한 관심이 부족해진다. 또한 감각의 상실은 지적인 전략의 창출능력도 저하시키고, 그로 인하여 각각 사물에 대한 개념형성이 곤란해진다. 그러므로 지각이란 환경으로부터의 자극이나 그 밖의 여러 상태를 지각해서 이를 적절하게 처리하는 과정을 뜻한다.

이러한 지각의 과정을 생리학적으로 보면, 인체의 감각기에 수용된 자극이 신경회로를 통해 대뇌피질에 전달하게 되고 전달된 자극은 대뇌피질을 흥분시키게 되고 이를 통한 대뇌작용에 의해 사물을 지각하게 된다. 시각장애 · 청각장애와는 반대로 지체장애학생 및 지적장애학생의 경우에는 대뇌의 분석기능과 정보의 통합적 처리기능이 원활하지 못해서 지각 발달의 문제를 지닌 경우가 대부분이다. 이러한 대뇌기능의 문제성과 감각 · 운동기능의 문제점이 반복적으로 악순환되어서 심각한 인지 장애(지적장애)을 가져오고 이는 다시 학습활동에 직접적으로 부정적 영향을 주는데, 주로 사고의 기초를 형성하지 못하고 개념형성 등 심리적 기능의 전반에 나쁜 영향을 준다.

감각에 의한 다양한 지각은 수용기관에 따라 〈표 5-1〉과 같이 분류하기도 하고, 지각의 대상에 따라서 원근지각, 방향지각, 시간지각, 리듬지각, 운동지각 등으로 나누어지기도 한다.

표 5-1 감각 · 지각의 종류

| 감각 · 지각의 종류 | 감각기관 |
|---|---|
| 시각, 시지각 | 눈의 망막 |
| 청각, 청지각 | 귀의 와우(달팽이관) |
| 후각 | 코의 후점막 |
| 미각 | 혀의 미뢰 |
| 촉각, 촉지각 | 피부의 압점 |
| 온각 | 피부의 온점 |
| 냉각 | 피부의 냉점 |
| 통각 | 피부 및 신체 내부의 통점 |
| 평형감각 | 귀의 세반고리관 |
| 운동감각 | 힘줄이나 관절 |

## 2) 지체장애학생의 지각 발달의 특성

지체장애학생의 대부분을 차지하는 뇌성마비는 특히 상지기능(손과 눈의 협응)의 제한을 받으므로 순환 반응이 일어나기 힘들고 유아기 때부터 눈과 협응에 대한 적절한 발달을 하지 못해 외부로부터 모델링(modeling)할 수 있는 상황이나 경험이 부족하다. 즉, 온전한 개념형성을 하기 어려운 상황이 생겨나므로 상지 운동의에 제한은 개념형성에 매우 중요한 문제 요인이 된다. 그리고 개념형성이 불충분하게 된다면, 언어에 대한 인지 발달도 지체될 것으로 예상된다. 실제로는 심한 뇌성마비를 가지고 있어도 지각능력이 좋은 사례를 많이 볼 수 있어서 지체장애학생이 모든 지각 발달에 문제를 보인다고 할 수 없지만 지각 발달을 방해하는 요인에 많이 노출되어 있는 것이 사실이다.

### (1) 시지각 발달

시지각이란 시각기관을 통해 외부 환경을 인지하는 기능으로 단순히 정확하게 눈으로 보는 능력만이 아니라 두뇌 작용으로 이루어지는 시각 자극의 해석능력까지 포함된다. 또한 시지각은 시각적 자극을 선행경험과 관련하여 변별하고 해석하는 과정이다. 이러한 시지각은 학습의 핵심적 기초인데, 이는 교과학습에 관한 대부분의 정보를 시지각에 의존하기 때문이다. 이러한 시지각의 종류와 그 특성 및 지체장애학생의 시지각 특성을 기술하면 다음과 같다.

#### ① 시각-운동협응

시각-운동협응(Visual-Motor Movement: VM)이란 시각을 신체운동 혹은 신체의 일부와 조정하는 능력이다. 예를 들어, 그리기, 쓰기, 자르기 등을 하려면 눈과 손의 협응이 일어나야 한다. 이처럼 시각과 움직임이 연쇄적으로 자연스럽게 일어나야 원활한 그리기, 쓰기 학습이 가능해진다. 그렇지만 지체장애학생의 경우 시각-운동이 어려움으로 문장을 읽을 때 시각추적이 원활하지 못해 문장을 다 읽지 못하거나 글자 혹은 문장을 빼고 읽거나 그리기, 쓰기, 가위질, 옷 입고 벗기가 미숙한 경우가 많다. 그리고 시각과 운동의 발달이 지체되어 있어서 일상생활의 수행에도 문제를 보이는 경우가 많다.

② 전경-배경의 지각

전경-배경의 지각(Fifure-Ground Perception: FG) 혹은 분리는 우리가 받는 무수한 자극 중에서 어떤 특정한 것을 선택할 때 작용한다. 전경(前景)은 지각 중에서 주의집중이 중심이 되는 부분이다. 또한 사물의 배경(背景)에 대해 지각되지 않으면 올바른 지각에 어려움을 갖는다. 이 능력이 열등한 학생의 특징은 주의가 산만하고 무질서하다. 또한 주의를 쉽게 다른 곳으로 빼앗기기 때문에 읽어야 할 부분을 건너뛰거나, 필요한 책의 페이지를 찾는 것도 불가능하고, 쉬운 문자도 글자가 꽉 찬 속에 있으면 적확히 골라내는 것도 어렵다. 이렇게 전경과 배경을 구분하는 능력은 낱말이나 구문 또는 문장을 분석하고 통합하는 데 기초가 된다. 그러므로 우리가 사물을 볼 때 전체를 한 번에 지각하는 것이 아니라 주의를 기울인 부분(전경 자극)을 불필요한 배경 자극에서 분리되어 지각한다. 이때 분리된 부분을 전경이라 하고, 나머지를 배경이라고 한다.

예를 들어, 교실에서 수업을 할 때 복도에서 지나가는 사람의 발자국 소리(배경)보다는 교사의 설명을 듣는 것(전경)에 주의를 더 기울이는 경우와 같다. 지체장애학생의 경우 전경-배경의 지각 혼란으로 전경 자극과 배경 자극의 선택에 어려움을 겪으며, 이는 학생의 주의가 산만하고 주의력이 부족한 모습을 보인다. 또한 책의 페이지나 사물 찾기가 서툴고 글의 행을 건너뛰곤 한다.

③ 항상성 지각

항상성(恒常性, Perceptual Constancy: PC)은 5~7세에 급속히 발달하는데, 사람이나 사물을 보는 위치에 따라 눈의 망막 위에 비치는 상(image)은 여러 가지로 다르게 보이지만 그 사람이나 사물의 고유한 속성 중 특정의 형, 크기, 위치 등은 언제나 항상적이라고 구별하는 능력이다. 이 능력은 문장 속에서 이미 알고 있는 낱말이나 철자를 찾아내는 데 필요한 능력이다.

지체장애학생은 이 능력에도 문제가 있는 경우가 많은데, 같은 사물이라고 해도 그 사물의 크기와 위치가 변하면 다르게 인식하거나 이미 학습한 단어가 익숙하지 않은 문맥 안에서 나오거나 다른 활자와 서체로 쓰여 있으면 인식을 못하게 된다. 즉, 같은 단어나 도형을 크기나 글자체를 다르게 나타내면 다른 것으로 인식할 수 있어서 위치와 배경에 따라 크기와 형태가 달라 보이지만 같은 글자와 도형이라는 판단하기가 어렵다.

④ 공간위치지각

공간은 유기체를 둘러싸고 있는 주변의 모든 형태로 학습의 대상이 되고 형태는 각양각색이다. 그러므로 학생이 공간에 대한 구체적인 개념을 갖기 위한 활동은 주변의 환경 속에서 공간적 관계들에 관련된 단서들을 해석하여 공간적인 위치나 관계를 파악하는 것에서 출발한다. 그리고 이는 주로 피부나 근육의 운동이 그 도구가 되므로 이에 대한 선행경험이 필수적이다. 따라서 지체장애학생은 이러한 공간지각에 대해서도 어려움을 가지는 경우가 많다. 특히 이러한 공간적인 이해는 수개념이나 계산 활동에서 중요하며, 수리 및 계산 능력은 결국 시-공간적인 문제라고 할 수 있다. 이러한 공간지각은 공간위치지각과 공간관계지각으로 대비된다.

먼저, 공간위치지각(Position in Space: PS)은 물체가 있는 공간과 관찰자 사이의 관계를 지각하는 능력이며, 주로 방향성과 관련이 있는 지각이다. 따라서 물체가 자신을 중심으로 앞, 뒤, 위, 아래, 옆에 있는 것을 지각하는 것이다. 지체장애학생의 경우, 자신의 신체 및 타인과 사물을 중심으로 앞뒤, 위아래, 오른쪽과 왼쪽 등과 같은 위치지각의 곤란으로 학습에 있어 아와 어, 오와 우, 6과 9의 혼동, 12와 21의 차이의 혼동 등이 빈번히 일어나기 때문에 읽기, 쓰기, 수 계산에 혼란을 겪는다.

⑤ 공간관계지각

공간관계지각(Spatial Relation: SR)은 관계된 둘 이상의 물체 위치 및 물체 상호 간의 위치, 복수의 사물에 대한 상호관계를 지각하는 능력이다. 이 능력은 공간위치지각에 기초하여 발달한다. 예를 들어, 구슬을 꿰고 있는 학생은 자신과 끈과 구슬과의 위치를 지각해야 하며, 끈과 구슬 간의 위치도 지각해야 한다. 그리고 저금통에 동전을 넣는 학생은 자신과 저금통과 손에 잡은 동전의 위치뿐만 아니라 동전과 저금통의 위치도 지각할 수 있어야 한다. 지체장애학생의 경우에는 공간관계의 지각의 부족으로 구슬 꿰기, 나무토막 쌓기와 같은 활동에 어려움을 보인다. 또한 학습에 있어서도 글자를 바르게 읽기, 바르게 쓰기, 지도 찾기, 그래프 이해하기 등의 과제에서 어려움을 나타낸다.

### (2) 지체장애학생의 시지각 장애 특성

지체장애학생과 같이 시지각 발달의 장애를 가지면 여러 가지 문제가 나타난다. 사물을 인식하거나 공간에 있는 사물의 상호관계의 인지가 어렵고 잘못된 지각을 하는 경우가 많아서 기초학습에서도 시지각의 문제로 인해 어려움을 가진다. 또한 시지각 능력은 지각의 습득만이 아니고 개념의 습득에도 영향을 미친다. 시지각에 문제를 보이는 학생은 외부로부터 다양한 정보를 받을 때에 문제를 보이므로 지식의 축적이 상당히 빈약하고, 이는 모든 영역의 학습에 부정적 영향을 준다.

특히 지체장애학생 중 뇌성마비는 앉은 자세 및 선 자세의 유지, 보행의 곤란, 긴장 및 반사에 기인한 잘못된 자세의 습득, 목과 머리의 억제 곤란, 팔과 손의 운동기능 장애 등의 영향으로 인해 신체상의 형성이 어렵다. 따라서 자기 신체를 축으로 한 공간에 대한 좌표축이 확립되지 않아서 늘 불안정한 상태로 공간을 지각하고 인지하게 된다. 그러므로 뇌성마비의 시지각 능력은 시지각의 전체 영역에서 일반학생보다 매우 열등하며, 공간위치지각 및 눈-손 협응 영역에서는 전반적으로 열등하다. 또한 시지각 발달과 밀접한 관련이 있는 시각-운동 능력 중 뇌성마비의 인지능력 수준과 구성능력 수준은 모두 일반학생보다 열등하고 지체되어 있는데, 인지능력은 6~10세에서 현저한 발달을 보였지만 구성능력은 뚜렷한 발달 시기를 보이지 않았다.

뇌성마비를 포함한 지체장애학생은 공간위치, 시각-운동 협응, 항상성, 시지각, 촉지각 등의 장애를 나타낸다. 이러한 지각장애로 학생은 외부의 사물이나 상황을 제대로 인식하지 못하여 읽기, 쓰기, 셈하기 등의 학습 활동도 제대로 이뤄지지 않는다. 앞서 설명한 대로, 시지각은 교과학습의 준비기능이며 시지각의 결함은 학습장애에 직접적인 원인이 될 수 있다. 즉, 학습은 근본적으로 시각적인 방법으로 학습되는 것이므로 시각적 능력에 장애가 있으면 학습이 어렵게 된다. 시지각에 장애가 있는 경우에는 일상생활에서 많은 어려움을 겪게 되며, 사물이나 문자를 볼 때 그것의 차이점은 물론 서로의 상호관계를 파악할 수 없으므로 읽기나 쓰기 장애를 가진다. 따라서 지체장애학생의 문자학습 발달을 방해하는 요인으로 시지각과 시각 변별, 시공간관계, 시각-운동 능력, 공간관계처리 능력, 눈-손 협응 등이다. 쓰기를 습득하는 데 있어서 눈-손 협응, 운동 협응, 시각-공간 협응, 시각-공간관계, 시각 변별, 시기억, 신체상, 좌에서 우로 쓰는 개념, 손의 선택(측면우위성) 등의 발달이 골고루 이루어져야 하는데, 이 모든 것은 궁극적으론 시지각 발달이라고 할 수 있다.

결국 시지각을 통해 시각적 차이를 알기 위한 시각적 변별력이 이뤄져야 하는데, 이러한 능력의 부재(不在)로 지체장애학생은 자기가 보는 물체의 모양이나 위치를 인식하고 정돈해 나가는 데 어려움을 보인다. 이들은 글자를 인식할 때에도 오른쪽과 왼쪽, 위와 아래를 대칭으로 뒤집어서 인식하는 경우가 흔하다. 예를 들면, 'ㄱ'을 'ㄴ'으로, 'ㅏ'를 'ㅓ'로 잘못 입력하게 되므로 이런 글자를 항상 잘못 인식하게 되는 것이다. 또 이들은 전경과 배경을 구분하거나 다양한 변별에서도 문제를 보이는데, 어떤 특정한 눈에 돋보이는 형상을 찾아서 초점을 맞추는 대신에 그 배경에 있는 다른 시각적인 자극들에게 초점을 두는 경우가 많다. 특히 어떤 인쇄된 글자나 숫자를 읽을 때 또는 컴퓨터 화면에 나타난 글자를 읽을 때, 그 글자나 숫자를 그 뒤의 칠판이나 컴퓨터 화면과 같은 다른 색깔의 배경과 혼동하는 것이다.

또한 지체장애학생과 같이 시지각의 문제를 가지는 학생은 눈으로 물체나 글자 등을 보면서 자신의 신체를 조절해 나가는 시각-운동 학습(visual motor task)에 곤란을 겪기도 하는데, 이러한 시각-운동에 장애가 있는 학생들은 일상생활과 놀이에서 여러 가지 어려움을 겪게 된다. 즉, 자신에게 날아오는 공을 받기, 줄넘기, 그림의 짝을 맞추기, 망치로 못을 박기 등을 하지 못하는 경우가 많다. 따라서 지체장애학생은 공간관계의 장애로 좌우 변별, 손으로 신체의 중심선 긋기, 깊이지각, 반전, 회전 및 공간에서 자신의 신체지각 등에 곤란을 겪는기도 하고, 도형의 대칭, 방향감의 유지, 수평 및 수직 변별, 형태, 문자, 수, 단어를 보고 쓰기, 단어 읽기, 시간 말하기, 지도 이용 및 쓰기에 곤란을 나타낸다.

## 2) 지체장애학생의 기타 지각 발달 장애의 특성

### (1) 지각 통합 장애

지각이나 사고에는 그 대상의 각 부분에 주목한 뒤 전체가 어떻게 이루어져 있는지 주변 사물이 상황을 통합적으로 파악해야 하는 성질의 지각이나 사고가 있다. 이러한 지각이나 사고를 통합적 사고 또는 통합적 지각이라 한다. 이러한 통합적 지각은 학습이나 생활에서 중요한 역할을 하는데, 지체장애학생 중 뇌성마비의 심리 특성의 하나로 통합 곤란이 있다. 즉, 부분을 전체로 통합하려는 경향이 부족하다는 것이다. 뇌성마비는 일반학생에 비해 전반적으로 열등하지만, 그중에서도 도형의 통합이 현저히 지체되어 있다. 일반학생의 경우 지각통합 능력은 연령이 증가함에 따라 발달하지만 뇌성마비 등의 지체장애학생은 그렇지 않는 경우가 대부분이다.

#### (2) 추상능력과 개념형성의 장애

지체장애학생은 추상능력이나 개념형성의 발달도 현저하게 지체된 경우가 있다. 추상능력은 구체적인 사물이나 사상으로부터 이들이 지닌 본질적인 특징을 파악하고 사물이나 다른 사물이나 사상과 구별하는 능력이며, 개념형성의 능력은 추상능력에 의해 추출된 사물이나 사상의 본질적 특징에 입각하여 개념을 만드는 능력이다. 그림–사물 검사(화재와 바다와 학생의 얼굴이 혼합되어 그려진 그림과 여러 가지 물건들을 두고 그림과 관련된 물건을 선택하도록 하는 검사로서 어떤 물건을 선택하느냐에 따라 학생의 심리적 상태를 파악하고자 하는 검사)를 통하여 그들의 추상능력과 개념형성 능력을 확인해 보면, 지체장애학생은 그림과 직접 관련이 없는 물건을 선택하거나 부분적으로 연관성이 있는 물건을 선택한다. 이것은 지체장애학생은 사물이나 어떤 사상(事象)의 비본질적인 공통점이나 공통되지 않은 것에 주목하는 경향이 있음을 알 수 있는 결과라 하겠다. 즉, 추상능력과 개념형성의 장애가 있다.

### 3) 지체장애학생의 지각장애의 원인

#### (1) 개인적 요인

##### ① 감각기관의 장애

대부분의 지체장애학생은 감각기관에 장애를 가지며, 특히 시각적 부분의 장애를 수반하는 경우가 많다. 이는 지체장애의 대부분을 차지하는 뇌성마비의 발생 원인 중의 하나인 산소 결핍이나 고열 등이 시각적 부분의 장애를 초래하기 때문이라는 볼 수 있다. 그리고 근육이나 신경계통의 마비에 의한 시 근육의 이상 등이 원인이 된다는 해석도 있다. 특히 뇌성마비에게서 나타나는 감각기관의 장애로 대표적인 것이 사시, 약시, 시야 결손, 안구진탕(nystagmus) 등이고, 청력장애나 미각 민감성의 문제, 촉각반응의 결여 등도 들 수 있는데, 이러한 감각기관에 대한 2차적 장애는 지체장애학생의 지각이나 인지 발달의 방해 요인이 되기도 한다.

② 운동기능의 장애

지체장애학생 대부분이 가지는 운동기능의 장애는 탐색행동, 손의 활동 및 생활 경험에 부정적 영향을 주어 지적 발달은 물론 지각의 발달에 방해 요인으로 작용한다. 유아기에 사물의 인지는 촉각이나 촉각-운동의 지각에 의존하는 경우가 대부분이므로 지적 인식의 기반이 되는 시지각은 촉각-운동 지각의 발달을 기초로 한 지각-운동의 발달에 기인한다. 그러므로 지체장애학생의 운동기능 장애는 지각이나 인지에 심각한 문제를 일으키며, 자극 경험의 부족이나 결여로 이어져서 학습의 문제를 가져오기 쉽다.

③ 행동의 문제

지체장애학생의 지각장애에 대한 원인으로 먼저 생각해 볼 수 있는 것이 과잉행동(hyperactivity)이다. 과잉행동은 침착하지 못하고 움직이기를 끝없이 하는 행동이며, 충동적으로 반응(충동성)하고 행동에 일관성이 없는 것을 말하기도 하는데, 지체장애학생은 이러한 과잉행동을 조절하여 억제하는 것이 불가능하거나 안정시키는 것이 곤란한 경우가 많다. 다음으로, 피전도성(distractibility)이다. 이는 주로 주의력의 결여라고 할 수 있으며, 환경 내의 특정 대상에 주의를 집중할 수 없어서 불필요한 자극, 무관한 자극에 무선택적으로 반응하는 경향을 말한다. 피전도성은 짧은 주의 지속 시간이라고도 하는데, 이러한 주의산만성은 결국 주의력 범위의 문제이고, 주의력 결핍은 주의력의 지속 시간의 문제이기 때문이다. 또한 고착성(perserveration)의 문제도 있다. 고착성은 특정의 한 장면에서 다른 장면으로 또는 어떤 관념에서 다른 관념으로의 전환 또는 이행이 곤란하여 새로운 학습에의 전이가 곤란하거나 잘못된 학습의 수정 등을 싫어하는 등의 특징이 나타난다. 이러한 고착성은 뇌성마비의 심리적 특징 중의 하나로 외부 자극에 대한 특이한 구속 현상이다.

### (2) 환경적 요인

환경적 요인으로는 경험의 부족과 부모의 양육태도 등을 들 수 있다. 일상생활에서 폭넓은 경험을 하지 못하는 대부분의 지체장애학생은 당연히 그 생활경험의 폭이 열악하여 다양한 외부 환경에 대한 경험이 부족하다. 또한 부모의 양육태도가 과잉보호적이라면 외부의 환경으로부터의 자극을 차단하는 결과를 초래하기도 한다. 물론 거부형의 양육태도를 가진 부모도 지체장애학생의 활동의 제한성을 이해하지 못하기 때문에 환경 자극을 제공하지 못할 수도 있다. 그러므로 여러 이유로 인해 지체장애학생은 환경에 대한 직접적인 경험의 부족이 예상되며, 이는 지각의 곤란이나 문제로 발전할 가능성이 높다.

## 2. 지체장애학생의 인지 발달 특성

### (1) 지체장애학생의 인지적 능력에 대한 개인차

지체장애학생은 개인차가 심하고 장애의 정도가 점차 중도중복화되어서 그들의 능력을 진단하고 평가하는 데 많은 어려움을 지닌다. 개인차는 특수교육이나 일반교육에서 모두 볼 수 있는 현상이지만, 지체장애학생 간에 존재하는 개인차는 일반교육뿐 아니라 다른 장애영역의 교육보다도 더 심화된다. 지체장애학생의 개인차를 가져오는 변인으로는 신체적인 장애의 정도를 들 수 있다. 비교적 가벼운 신체적 장애로 일상생활을 하는 데 어려움이 없는 학생부터 중도(重度)이며 중복(重腹)된 장애로 일상생활의 모든 것을 다른 사람에게 의존해야 하는 학생까지 그들의 개인차는 매우 심하다. 신체적 장애의 정도에 따른 개인차를 더욱 심하게 하는 변인으로는 인지적 문제의 차이도 들 수 있다. 중도(重度) 지체장애학생 중에는 지적장애의 중복장애를 가지지 않은 학생도 있으며, 경도(經度) 지체장애학생 중에도 지적장애를 수반한 학생과 우수한 인지능력을 가진 학생도 있으므로 획일적인 교육을 실시할 수 없다. 따라서 지체장애학생을 위한 정확한 진단과 평가가 매우 중요하다.

한편, 일반적으로 지체장애학생의 대부분을 차지하는 뇌성마비는 뇌 손상의 중추신경계의 문제로 원인 질환에 관계없이 일반적으로 그 행동이 제한되어 경험의 영역이 매우 한정되어 있다. 따라서 지능에 대한 유전적 소질이 모두 보통 혹은 그 이상이라 하더라도 이러한 원인에 의해서 지능의 발달이 지체되어 있다고 생각하는 것은 잘못된 견해는 아니다. 이러한 지체장애학생의 잠재능력을 충분히 발휘하고 성인이 되어 직업을 가지고 독립적인 생활을 원만하게 할 수 있도록 하기 위해서는 이들에게 적절한 교육과 관련서비스가 동시에 이루어져야 한다.

지체장애학생 중 일부는 병원에 장기입원하거나 치료 혹은 가정에서 쉬어야 하므로 학교생활을 정상적으로 할 수 없어서 정상 지능과 동기를 가지지만 학문적인 성취에서는 같은 연령보다 떨어질 수 있다. 또한 뇌성마비처럼 신경계통의 장애를 가지는 학생은 지능 및 지각의 문제로 학문적 성취가 뒤처질 수 있다. 소아마비와 근이영양증 학생의 지능은 소아마비, 근이양증 자체가 지적 기능에 영향을 미치지 않아서 일반학생과 지능의 차이가 거의 없다. 또한 이분척추 학생은 뇌수종이나 기타 결함이 이분척추와 연합되어 있을 경우를 제외하고는 지능에서 이탈을 보이지 않는다. 뇌성마비 중에는 지적장애를 보이거나 보통 또는 그 이상 우수한 잠재력을 보이는 학생도 있으나 평균적으로 일반학생의 평균 지능보다 낮은 편이며, 뇌전증을 가진 대부분의 학생도 발작을 하지 않는 경우에는 정상적으로 기능한다.

일반적으로 뇌성마비의 약 41%가 IQ 70 이하이며 혹은 1/3이 정상 혹은 그 이상의 지능을 가지고 있다고 추정하고 있다. 그렇지만 뇌성마비를 포함한 지체장애학생은 흔히 표준화된 지능검사를 수행을 제한하는 운동과 언어적 측면에서 장애를 지니고 있으므로 지능지수만을 가지고는 그들의 실제적이나 잠재적 인지능력을 해석하는 유일한 자료로 활용할 수 없다. 더욱이 지체장애학생은 정상적 지적 능력과 동기적 능력을 가져도 학업성취에서 같은 연령의 다른 학생보다 지체 된다. 또한 뇌성마비처럼 신경계통에 장애를 지닌 학생은 지적 능력과 시각 및 청각적 능력의 저하로 인하여 학업성취에서 같은 연령의 다른 학생보다 지체될 수 있다.

### (2) 지체장애학생의 인지 발달모델

피아제는 내재적 인지능력의 발달을 평형화라 하고, 평형화는 기본적으로 동화와 조절기능의 통합과정으로 이루어진다고 하였다. 그리고 인지는 동화와 조절이 동시적이고 상호보완적인 측면을 나타낸다고 보았는데, 환경에서 주어진 자료의 구조적 특징을 이해하는 것이다. 우리는 친숙하지 않은 물체의 기능적 속성을 조절하려고 노력하고 기존의 개념과 기술에 동화되려고 노력하는 과정에서 조금씩 확대된다. 이러한 확대는 동화와 조절 가능성을 확장시킨다. 여러 해에 걸쳐 끊임없이 환경을 정신에 동화시키고 정신을 환경에 조절하면서 큰 변화를 가져온다. 피아제의 이론 중에서 또 하나 주목할 것은 연결주의 체계인데, 이는 생물학적 영향 및 특정한 환경에서의 경험, 또는 이 둘의 상호작용에 초점을 두는 것이다. 연결주의 체계는 수많은 실제의 예시를 접하고 그들 간의 상관이나 연합의 탐지를 통해 학습한다. 여기서 사고는 수많은 연결에 분포되어 있는 활성화의 패턴이라는 관점을 제시하고 있다. 학습이나 발달은 이러한 패턴의 변화라고 보는 것이다.

이러한 인지 발달모델에서는 학생 개인이 나타내는 기능보다는 학생이 자신의 환경에서 발생되는 문제를 해결하기 위해 기능이나 지식을 적절히 사용할 수 있는가의 기능적 능력에 주안점을 둔다. 이러한 관점에서 학습방법을 논의한다면, Piaget와 같은 인지적 상호주의는 행동주의와 크게 다른 점이 있다. 그러므로 이러한 인지 발달모델에서는 환경에 대처할 수 있는 학생 능력의 증대, 경험을 되돌아볼 수 있는 학생 능력의 함양, 환경에 대한 학생의 기능적 지식을 증대, 충동성을 내재화할 수 있는 갈등해결 능력의 증대, 지지적인 상호작용의 증대 등을 강조한다.

한편 지체장애학생은 학습과 적응의 부분에서 지체장애로 인해 많은 문제점을 가지고 있다. 그리고 언어능력이 결핍되어 개념형성이 어려워서 사고구조의 명확성이 부족하고 불안정하며 일반화가 안 되는 특징을 보인다. 그리고 인지 발달에서 필수적인 다양한 심리사회적인 요인들의 상호작용이 불안전하므로 그러한 경험의 질과 폭도 열악하다. 이는 지체장애학생의 인지 발달은 그들의 지체장애로 인하여 원활하게 발달하는 것이 어려울 수 있다는 점을 시사한다.

### (3) 지체장애학생의 인지적 특성

지체장애학생 중 뇌성마비는 지각 활동에 많은 장애를 가지고 있는데, 이러한 지각 장애로는 공간 위치의 장애, 시운동 협응의 장애, 항상성 장애, 시지각 장애, 촉지각 장애 등을 들 수 있다. 이러한 지각장애로 말미암아 학생은 외계의 사물을 제대로 인식하지 못하여 글자 읽기 · 쓰기 · 셈하기 등의 학습 활동에 방해가 되며, 일상생활의 적응에도 영향을 미친다. 그리고 많은 뇌성마비학생이 주의산만, 과잉행동, 과소행동, 주의고착, 과도한 불안, 충동성 등 주의력에 장애를 가지고 있다.

이와 같은 주의력의 장애는 학업과 일상생활에 큰 지장을 초래하며, 이들은 일반학생에 비해 감각-지각-인지 기능의 불완전성과 언어 발달 지체 현상이 뚜렷하여 추상적 사고의 문제, 제약된 활동과 한정된 경험으로 인한 사고의 미발달, 대상의 분석과 종합력의 능력 부족, 대상의 특징을 전체적으로 파악하는 능력의 부족 등의 인지적 특성을 보이며, 일반학생과 유사한 인지적 발달단계를 거친다 해도 그 속도가 느리거나 수준도 높지 않다.

한편, 인지 발달은 언어 발달과 밀접한 관계에 있기 때문에 미숙한 인지능력으로 인해 언어 발달 시기가 늦고 의사소통장애의 출현 빈도가 높으며, 동작성 지능이 언어성 지능보다 더 열등하고, 언어행동 조정의 문제, 미분화적 언어 등을 나타내게 된다. 그리고 뇌성마비 등의 지체장애학생은 주의집중의 세 가지 구성 요소인 주의집중의 지속 시간, 주의집중의 범위와 초점, 선택적 주의집중에 심한 어려움을 가진다. 또한 주어진 투입 정보를 나중에 재생하기 위해 조직·구성하는 효과적인 기술이 부족하다. 그뿐만 아니라 그들은 소극적 학습자가 되려는 성향 때문에 이와 같은 언어 시연과 반복, 명칭 붙이기, 분류, 연합 및 표상(image)을 만들어 내는 데 어려움을 가진다.

전이(轉移)는 한번 학습한 내용이 다음의 학습에 영향을 주는 현상이고, 일반화는 학습한 내용을 다른 상황에 사용하는 현상인데, 지체장애학생은 새로운 일이나 문제, 자극 상황에 지식이나 기술을 잘 적용하지 못한다. 또한 선행경험을 미래의 비슷한 상황이나 문제해결에 도움이 되도록 사용하지 못한다. 그리고 추상적으로 사고하는 능력이나 추상적 자료를 가지고 일하는 능력이 제한되어 있을 뿐만 아니라, 상징적 사고도 제한되어 있다.

### (4) 지체장애학생의 인지 및 지능평가의 문제점

지체장애학생의 지적 능력을 평가하는 것은 여러 가지 목적을 가지고 있다. 학생이 지니는 학습 잠재력을 알아내어 현재 알고 있는 내용과 모르고 있는 내용을 구분해 내고, 앞으로의 지도해야 할 적절한 교육 내용이나 방법을 알아내는 것이 평가의 목적이다. 이러한 목표를 성취하기 위해서는 평가의 중요함에도 불구하고 중도중복장애를 지닌 지체장애학생의 지능평가는 신뢰성 있고 타당하게 수행하는 것은 쉽지 않다. 종합적 평가를 위해서는 학생과 밀접하게 생활하는 부모나 교육 관련서비스 제공자 등을 평가과정에 참여하도록 하여 학생에 관한 많은 정보를 수집해야 한다. 인터뷰를 통해 수집한 부모와 가족의 관찰 내용, 학교생활의 관찰기록·생활기록부·의료일지, 심리학자의 평가 결과, 각종 치료일지, 직업훈련 교사들의 기록부 등을 모두 참고해야 한다.

지체장애학생의 지능을 직접 평가하기에 앞서 부모나 그 학생의 교육과 관련된 여러 전문가에게서 평가에 도움이 되는 정보를 알아내는 것도 중요하다. 이들을 담당했던 교사나 부모들은 그 학생의 의사소통 방법과 가장 효과적인 반응을 얻을 수 있는 질문 방법을 누구보다도 잘 알 수 있으므로 평가에서 매우 중요한 정보를 제공할 수 있다.

또한 지체장애학생의 정서나 신체적 능력이 좋거나 나쁨에 의하여 그 결과가 무척 다를 수 있으므로 하루 중 언제 학생이 가장 활기차게 활동하는지를 아는 것도 중요하다. 지체장애학생을 담당하고 있는 교사는 학생이 현재의 수행능력이나 학습태도 등을 잘 알고 있고, 물리치료사나 작업치료사는 학생이 할 수 있는 근육 운동의 정도와 평가를 올바르게 수행할 수 있는 신체 자세를 알고 있다. 그런 정보가 있으면 평가를 할 때, 학생의 신체 자세가 잘못되면 편안한 자세로 바꾸어 주고 적당한 휴식 시간을 주어서 긴장된 근육을 이완시켜 평가의 최대 효과를 거둘 수 있다. 물체의 조작을 위주로 하는 동작성 영역의 평가를 실시할 때, 치료사는 지체장애학생이 사용할 수 있는 손동작과 팔 내밀기, 끌기, 쥐기, 놓기 등의 정도를 파악할 수 있으므로 평가결과가 운동능력의 장애 때문인지 인지능력의 부족에 따른 결과인지 정확하게 해석할 수 있도록 도와줄 수 있다. 또한 그들은 지체장애학생의 신체적 조건에 따라 평가항목이나 평가도구를 어떻게 변형해야 하는지 등을 제안하고, 학생이 근육을 움직여서 반응하는 데 걸리는 시간을 알려 줄 수 있다. 언어치료사는 지체장애학생이 말로 반응을 할 때 가장 효과적인 의사소통 방법을 결정할 수 있게 도와주고, 의사소통장애로 인하여 어려운 말을 대신 전달해 주는 역할을 할 수 있고, 의사소통을 위한 도구를 개발할 수도 있다.

전통적으로 지체장애학생의 지능평가는 장애를 보완해 주기 위해 그 학생이 가지고 있는 장애만을 찾아내는 일에만 치중해 왔기 때문에 사실상 평가를 통해 지체장애학생이 가지고 있는 잠재능력을 찾아내는 일을 등한시되어 왔는데, 중도중복장애를 가지는 경우에는 그들이 가지고 있는 잠재적인 능력을 알아내도록 최선의 노력을 해야 한다. 의사소통의 문제가 매우 심한 중도중복장애의 지체장애학생은 가시적인 장애로 인해 잠재된 그들만의 이해력과 사고력을 평가해 내는 데 소홀히 할 수 있는데, 이 점에 보다 유의할 필요가 있다.

물론 의사소통이 어렵거나 주위 환경에 잘 반응하지 않은 학생을 평가하는 것은 쉽지 않다. 이러한 경우라면, 평가를 시작하기 전에 지체장애학생이 친숙한 환경(가정이나 환경)에서 먼저 그들을 관찰하고 관찰을 한 다른 전문가들과 논의하는 것이 중요하다. 일반적으로 지체장애학생은 마치 청각장애나 시각장애가 없는 것으로 생각하기 쉬우나, 중도중복장애를 가지는 경우에는 감각의 장애까지 수반하는 사례가 많이 있다. 특히 손의 기능적 장애가 심하여 조작활동이 제한되어 있거나 의사소통장애, 시각장애 및 청각장애 등을 수반한 경우에는 평가를 제시하는 방법이나 학생의 반응 방법을 일부 수정해야 한다.

## 3. 지체장애학생의 정의적 특성

### 1) 지체장애학생의 정의적 특성에 대한 이론적 배경

#### (1) 개인심리학

개인심리학(individual psychology)은 Adler에 의해 주창된 접근법으로, 개인을 이해하는 데 있어 사회적 맥락과 그의 생활 방식, 열등감의 역할을 강조하는 심리학 연구의 한 분야인데 개체심리학이라고도 한다. 차이심리학과도 비슷하지만, 차이심리학이 개체의 차 · 성차(性差) · 민족차 등 여러 형태의 차이를 광범위하게 취급하는 데 비해, 개인심리학은 개인을 중점적으로 다룬다. 개인심리학에서 아들러는 개인의 독자적 전체성을 강조하면서 인간을 움직이는 최대의 동기로 '우월(優越)에 대한 욕구'를 꼽았다. Freud가 인간의 기본적인 동기를 생물학적 성적 본능으로 간주하고 결정론적인 관점으로 설명한 반면, 아들러는 인간이 사회심리학적이며 목적론적인 동기에 의해 움직인다고 보았다.

개인심리학의 주된 주장은 인간의 모든 행동이 목적성을 지니고 있고, 미래의 목표를 향해 창조적으로 삶을 개척해 나간다는 것이다. 이때 목적은 관념에 불과하지만 실제 삶에 큰 영향을 미치기 때문에 중요하며, 이렇게 누구나 가지고 있는 궁극적인 목표를 가상적인 최종 목표라 부른다. 또한 인간은 선천적으로 열등감을 극복하려 하는데, 이때 개인의 열등감은 그것을 극복한 우월성, 안정성, 숙련을 통한 유능감 등을 통해 보상받는다. 인간은 이를 통해 더욱 발전되고 확장된 자기 모습을 경험할 수 있다. 따라서 개인심리학에서는 의식이 무의식보다 중요하며, 각 개인이 지닌 신념 체계 및 감정과 행동 방식을 구성하는 개별적이며 주관적인 해석이 강조된다. 이를 생활양식이라 하며, 이를 통해 개인의 일상생활과 장기목표, 역경에 대처하기 위한 고유의 행동패턴을 파악할 수 있다.

이러한 개인심리학에서 지체장애학생의 심리를 이해하는 데 주목할 만한 개념은 바로 기관열등감의 이론이다. 기관열등감에 관한 개념 역시 Adler가 처음 사용한 개념으로 장애를 가진 학생의 정서행동 발달과 밀접한 관계가 있다. 그에 따르면, 유기체적 열등감은 선천적으로 약하거나 부족하게 기능하는 신체기관에서 오는 열등감이다. 그러므로 모든 개인의 진보 · 성장 · 발달은 그 열등감을 극복하려는 시도에서 나왔으며, 열등감 보상을 위한 노력은 모든 발전의 원동력이 된다. 그러나 열등감을 극복하기 위하여 노력해도 어떤 이유로든 안 될 경우에는 이러한 열등감이 더욱 강화되어 병적 열등감에 이르게 되고, 이러한 병적 열등감은 자신감을 잃고 세상을 살아가게 만든다.

지체장애학생의 경우 갖게 되는 열등감은 대부분이 신체기관에 관한 기능적 기관열등감이다. 그래서 지체장애학생은 대부분 열등감 수준이 신체기능에 대해서 대체로 높은 편이며, 연령과 성별에는 차이가 없으나 보행의 가능성 유무에는 차이가 있는데 독립보행이 가능한 학생이 불가능한 학생의 열등감보다 낮다.

이것이 시사하는 바는 지체의 장애로 인하여 보행이 불가능한 경우 독립보행의 어려움이 열등감을 형성하고 그 보상으로서 여러 가지 부적응의 행동을 유발할 수 있다는 것이다. 한편, 불가능한 독립보행을 보상하기 위해 더 많은 노력으로 학습이나 다른 분야의 성취를 더 크게 이룰 수도 있다. 지체장애학생의 기관열등감은 자신이 처한 상황에 대해 자신이 대처를 어떻게 하느냐의 문제이다. 직면한 자신의 지체장애를 통해 도전과 성취를 경험하며 장애에 적응하느냐 장애를 외면하고 포기해서 새로운 체험과 경험을 회피하며 부적응으로 기관열등감을 더 키우느냐는 자신의 지체장애를 자기 내부에서 어떻게 처리하느냐가 무엇보다 중요하다고 할 수 있다.

### (2) 신체상 이론

신체상(body image)은 자신의 신체에 대하여 갖는 느낌이나 태도로서, 자신의 신체 부위와 기능에 대한 만족의 정도를 말한다. 신체상은 Head가 제시한 개념으로 자세나 촉각으로부터 생겨난 신체도식을 의미하며, 마음속에 형성되어 있는 자기 자신에 대한 모습이다. 이러한 신체상에 대하여 자신의 신체 부위와 가능에 대한 만족의 정도가 높으면 긍정적 자아개념을 형성한다. 또한 신체상은 자아개념이나 외부세계를 인식할 때 기초가 되는 중요한 과정으로서 모든 사람이 자신의 신체상을 가지고 있다. 심리학 분야 중 정신역동적 이론에서 인간의 가장 원초적인 자아가 곧 신체 자아이며, 신체의 지각과 개념 및 신체와 관련된 감정을 포함하여 신체상이 형성된다. 그러므로 신체상은 자아 구조의 기초이며, 성격형성의 핵심 요소이자 성격 발달에 영향을 미친다. 또한 신체상은 겉으로 보이는 외모뿐만 아니라 신체의 구조, 기능, 지각능력, 운동능력 등을 포함하므로 자신의 신념, 가치, 목표, 성격, 자신에 대한 다른 사람의 견해 등이 통합되어 형성되며, 환경에 대한 반응을 결정하기도 한다. 따라서 신체상은 평생 끊임없이 변하고 다른 사람과의 관계적 경험을 통하여 형성되고 발달해 나간다.

유아기에는 다른 사람과 자신을 분리하는 인식이 명확해지고 운동능력 및 감각 기능의 발달과 함께 타인과 자신을 비교하거나 부모의 양육태도에 따라 자신만의 신체상을 형성해 나간다. 학령기는 성역할이 구체화되는 시기로서 사회적 환경으로부터 자극을 받아 신체상이 점차 확대되고 사춘기에는 2차 성징의 발달로 신체에 대한 관심이 더욱 증가하여 내적인 신체상을 형성하며, 이는 이 시기의 모든 행동의 근거가 된다. 그리고 신체상은 자아인식과 관련이 깊고, 개인의 주관적 경험으로서 다른 사람과의 상호작용을 통하여 형성 · 발달된다. 건강한 삶을 위해서는 신체적 존재로서의 자신을 수용하고 적절한 신체상을 가져야 하며, 신체상에 대한 심한 왜곡은 자기혐오나 병적 스트레스를 유발할 수 있다. 이러한 신체상은 그 형성과정이 제일 먼저 감각-운동 차원에서 신체도식이 생기고, 이것을 바탕으로 하여 지각운동, 개념, 인지적 차원에서 신체인식이 형성되고, 그 다음 이 두 측면을 바탕으로 인지적 차원에서 신체상이 형성된다고 할 수 있다.

한편, 지체장애학생은 태어나면서부터 손이나 다른 신체기관의 움직임이 원활하지 않아 자신의 몸을 만지거나 자신의 신체를 활용하여 무언가를 성취한 경험이 적어서 자신의 몸에 대한 올바른 신체상 형성에 상대적으로 불리한 조건에 처해 있다. 즉, 자신의 몸에 대한 상하, 좌우, 전후 등의 방향이나 움직임, 정지 상태의 위치 및 공간 등의 개념을 충분히 발달시키지 못한다. 따라서 전반적으로 독립보행이 가능한 학생이 불가능한 학생보다 높은 신체상 인식수준을 가진다. 이는 운동지각, 개념, 인지와도 연결되는 신체상의 형성에 불리한 지체장애학생은 그만큼 학습에서도 불리한 여건에 놓일 수밖에 없다는 것을 시사한다. 또한 자신이 자각하는 신체가 곧 자기라는 의식의 문제와 장애 수용의 문제와도 연결되어 나타나므로 신체상은 지체장애학생이 해결해 나가야 할 발달 과업이라고 할 수 있다.

### (3) 장이론

장이론(field theory)은 Lewin이 주창한 이론인데, 하나의 사건이 현재 어떤 장의 일 부분이 될 때, 그러한 장의 전체를 기술하는 탐색 방법으로 알아차림의 중요성을 강조하는 이론이다. 그리고 모든 사건, 경험, 대상, 유기체 또는 체계들이 하나의 통합된 전체를 형성하고 장(場)의 부분들을 결정하는 힘의 총체를 강조한다. 장이론에서 모든 사건과 사물은 장의 조건들과 지각하는 사람의 관심사에 따라 구성되는데, 상황의 여러 가지 상이한 측면 사이에 이루어지는 상호의존성, 행동과 현재의 장의 조직과의 관계, 장을 개인의 경험 속에서 추상적이고 체계적으로 해석하고 설명할 필요성 등을 강조한다.

그러므로 태도 · 기대 · 감정 · 욕구 등은 내면적 힘을 이루고 있으며, 이 내면적 힘은 외적 힘과 상호작용하는 것이다. 따라서 장이론은 개인과 환경과의 상호작용, 그리고 개인과 생활공간의 심리학적 연속선상에서 심리적 변화가 행동과 행동의 이동을 어떻게 해석하는가에 초점을 두고 있다. 즉, 행동은 새로운 공간으로 옮겨갈 때 무엇을 하는가에 의미를 둔다. 그리고 장이론에서 학습이란 재구성 및 재조직이며, 이는 여러 가지 새로운 지식과 정보를 도입함으로써 원하는 것(욕구), 좋아하는 것, 싫어하는 것에 변화를 가져오고 이는 다시 인지과정으로 재구성된다.

한편, 지체장애학생은 자신의 지체장애로 인하여 환경과의 상호작용에서부터 어려움을 겪는다. 그리고 새로운 공간으로 자신의 공간을 이동시키는 것에 불안감을 느끼며, 현재의 공간(장면)에 안주하려는 경향이 높다. 이러한 경향성은 지체장애학생이 여러 가지 새로운 지식과 정보를 도입함으로써 원하는 것(욕구), 좋아하는 것, 싫어하는 것에 변화를 가져오지 못하고 새로운 개념이나 인지과정을 경험하지 못하게 되는 결과를 가져오게 된다.

### (4) 장애의 중적심화과정

쇼지 사브로(昇地三郎)는 지체장애학생의 경우 신체적 장애 그 자체만이 아니라 그로 인해 나타나는 사회심리적 문제를 5단계에 걸쳐 설명하였다. [그림 5-1]은 장애의 중적심화과정(重積深化課程)을 나타내고 있다(박화문, 2001).

이 이론에 따르면, 지체장애학생의 정서나 사회적 부적응에 따라서 지체장애라는 제1차 증상이 원인이 되어 생리적 욕구 저지의 상태가 일어나고, 이에 대해서 신경적 정서불안이라는 제2차 증상이 생긴다. 여기에 부모의 과잉보호나 친구들의 조롱이라는 가정 및 사회적 조건(사회의 부정적 시선)이 첨가되어 제3차 증상인 열등감이 생긴다. 이 열등감은 결국 열등적 태도에 의해서 제4차 증상으로서 공격 아니면 퇴행이라는 열등감의 반응행동으로 이상행동이 되어 나타난다. 그것이 사회를 향한 반사회적 행동으로 나타날 때 제5차 증상이 된다. 지체장애학생은 일반적으로 가정에서는 과잉보호되거나 거부되는 양극단이 많고 사회에 대해서는 될 수 있는 대로 숨기려는 경향이 강하기 때문에 열등감에 대한 제4차 증상인 반응행동도 기형적으로 나타나는 경우가 많다.

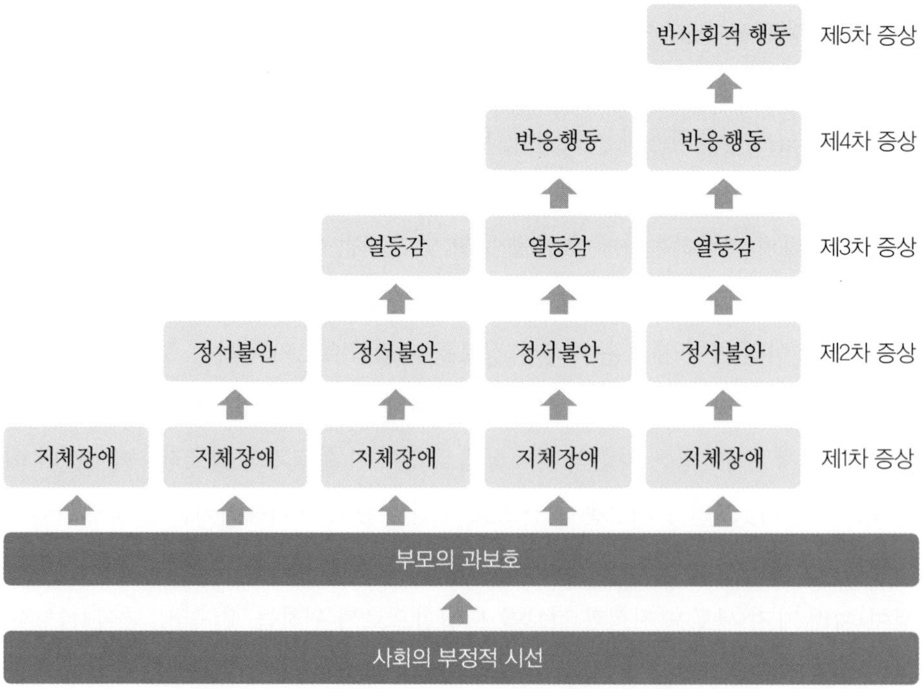


[그림 5-1] 지체장애학생의 장애중적심화과정(박화문, 2001, p. 78)

제3차 증상의 열등감을 원인으로 하는 제4차 증상인 열등감에 대한 반응행동으로서의 이상행동이 가정 내에 머무르지 않고 가정 밖으로 표출될 때, 가정 내에서의 불균형한 역학적 관계가 제5차 증상인 반사회적 행동으로 발전하게 된다. 이러한 각각의 과정이 지체장애학생의 성격 형성을 크게 저해하고 있다. 이러한 심화과정을 장애의 중적심화과정이라고 한다.

## 2) 지체장애학생의 성격 특성

### (1) 욕구불만

우리는 '식사를 하고 싶다.' 또는 '책을 읽고 싶다.' 등의 여러 가지 욕구를 가지고 있다. 욕구는 그 수와 종류가 많으나 그중에서도 누구에게나 있으며 그 충족이 심신의 발달에 있어서는 대단히 중요한 욕구를 기본적 욕구(basic need)라고 한다.

기본적 욕구에는 배고픔, 갈증, 배변, 온도, 수면, 휴식, 활동 등 생리적인 욕구가 있는데, 이를 1차적 욕구 또는 유기적 욕구라고도 한다. 그리고 인격적 욕구가 있는데, 여기에는 사람들에게 인정받고 싶거나 동료로서 인정받고 싶은 사회 승인의 욕구가 있고, 사람들을 지배하거나 다른 사람들보다 뛰어나고 싶다는 지배 및 우월의 욕구, 책을 읽거나 여행을 하는 등 새로운 경험을 하고 싶은 욕구인 사회적 승인의 욕구, 안정감을 추구하는 욕구 및 타인에게 의존하지 않고 혼자서 일들을 처리하고 싶은 독립의 욕구 등이 존재한다. 이러한 욕구는 개인차가 있고, 또한 발달단계에 있어서 그 표출이 달라진다. 예를 들어, 지배와 우월을 원하는 욕구가 대단히 강한 사람이 있거나 새로운 경험의 욕구가 대단히 강한 사람도 있을 것이다. 또 제1차 반항기라고 불리는 3세 때나 제2차 반항기라고 불리는 사춘기에는 독립의 욕구가 현저하게 나타나지만 그것은 발달단계에 의하여 기본적 욕구의 고조가 달라진다.

한편, 지체장애학생도 지체장애가 없는 학생과 같이 기본적 욕구를 가진다. 그러나 장애 때문에 이러한 욕구의 강도와 종류는 얼마간 차이가 있을 수 있다. 그래서 지체장애학생의 교육이나 지원에서는 대상이 되는 이들이 어떠한 기본적 욕구가 강하게 나타나 있는지, 그것이 약하게 나타난다면 기본적 욕구는 그 학생의 발달에 있어서 없어서는 안 되는 것이므로 그것을 고조시키기 위해서는 어떻게 하여야 하는지에 대해 개개인을 잘 관찰하는 것이 중요하다.

이처럼 지체장애의 유무와 관계없이 모든 학생은 살아 있는 한 기본적 욕구를 가지며 매일 그것을 만족시키려 하고 있다. 어떤 학생은 지배와 우월을 추구하는 욕구에 근거하여 학교에서 좋은 성적을 받고 친구들보다 뛰어나기 위해 노력하고 있을지도 모르며, 다른 학생은 새로운 경험의 욕구에 근거하여 여행을 하고 싶어 계획하고 있을지도 모른다. 그러나 기본적 욕구는 반드시 전부가 쉽게 만족되지는 않는다. 다양한 방해 요인으로 인하여 잘 진행되지 않을 수도 있다. 좋은 성적을 받고 싶다고 생각해도 공부가 어려워서 곤란해질 수도 있고, 여행을 하고 싶다고 생각해도 시간이 없을 수도 있다. 이처럼 기본적 욕구의 충족에 있어서 그 충족을 저해하는 방해 요인을 장벽이라고 한다.

이러한 장벽은 생리적 장벽과 사회적 장벽 등의 환경적 장벽과 지적인 능력의 부족, 태도의 문제, 신체적 · 경제적 제한 등의 개인적 장벽으로 대비된다. 하지만 여기에서 주의할 것은 지체장애학생은 이러한 것 이외에도 추가적인 장벽을 가지고 있다는 것이다. 그것은 3번째의 장벽으로서 기능장애이다.

지체장애학생의 장벽은 일반학생과는 다르다. 기능장애는 그것이 어떠한 형태이건 빈번하게 사람의 욕구 실현 또는 달성을 저해한다. 그리고 이 장벽에는 하나의 커다란 특징이 있다. 그것은 극복하는 것이 쉽지 않다는 것이다. 지체장애학생이 '지배와 우월을 추구하는 욕구'를 실현하고 싶다고 생각한다면 그 욕구의 실현 방법은 여러 가지 방법이 있지만, 운동회에서 달리기로 누군가를 이기고 싶다면 커다란 문제가 생길 것이다. 지체장애학생이 가진 지체의 기능장애는 달리기 경기에서 이기는 것을 실현시키지 못하는 것은 물론 참가하는 것조차 어려울 수 있다. 그리고 기능장애라는 장벽을 제거하는 것은 매우 어려운 문제이다.

이처럼 그 학생에게 욕구의 충족이 저해되면, 마음의 불만 상태가 일어난다. 이러한 욕구의 불충족에 의한 불안정한 심리 상태를 욕구불만이라고 한다. 욕구불만은 길게 지속되면 심신의 움직임에 여러 가지 악영향을 미친다. 거기에서 그것을 참고 다른 요구를 실현하려는 방법을 찾거나 때로는 욕구 그 자체를 바꾸어 주어야만 한다. 이러한 욕구불만은 그것을 참는 능력을 욕구불만 내성(frustration torrerance) 또는 욕구저지 내인도(欲求阻止耐忍度)라고 한다. 그리고 그것을 참을 수 있는 능력이 부족한 경우는 욕구불만 내성이 부족하다고 말하고, 그것에 의하여 일어나는 적절하지 않은 욕구 충족 행동을 보상 행동이라고 한다. 욕구의 실현에 관하여 욕구불만 내성을 높이고, 그 대리가 되는 적절한 요구의 실현 방법을 찾는 것이 중요하다.

### (2) 적응기제

욕구불만의 상태를 이해하고 욕구를 충족시키기 위해서 행해지는 심리적인 메커니즘을 적응기제(適應機制)라고 부른다. 이 적응기제는 개인에 따라 여러 가지가 있다. 적응기제에 근거하여 행해진 행동의 결과, 개인의 욕구 달성이 본질적인 의미로 잘 진행되었을 경우를 적응이라고 한다. 반대로 욕구가 달성되지 않거나 환경에 악영향을 끼치는 것과 같은 형태로 욕구를 실현시키는 행동이 이루어질 경우를 적응하지 않음 또는 부적응이라고 한다.

앞서 예로 든 달리기에서의 지체장애학생의 경우, 첫째, 훈련을 열심히 하여 지체의 기능장애를 개선하고 장벽을 극복한다. 둘째, 달리기에서 입상하는 것이 아니라 학업에서 좋은 성적을 얻는 식의 다른 적절한 목표를 찾는다. 셋째, 포기하고 참는다.와 같은 적응기제가 있다.

일반적으로는 적응기제에 근거한 행동에는 적절한 방법으로는 장벽을 제거하는 노력을 하거나 다른 적절한 수단과 목표를 찾는다(기능 훈련을 열심히 한다)는 등의 적절한 행동도 나타나지만, 공상 속에서 요구를 충족시키는 방법(공상 속의 운동회에서 경기 우승)인 백일몽이나 책임 전가와 정당화 등의 합리화, 처음부터 욕구불만을 피하려는 도피 등도 나타난다. 이러한 도피의 경우, 비사회적 행동과 소극적인 행동으로 달리기 자체에 참가하지 않는 행동을 보이기도 한다. 여기서 그치지 않고 발달적으로 늦은 행동으로 전에 예전에 성공했던 방법(울음, 거짓말 등)을 다시금 사용하는 퇴행적 행동, 울부짖거나 공격하거나 소란을 피우는 등의 반사회적 행동도 나타나는데, 이 모두를 보상행동(compensatory behavior)이라고 한다.

이러한 적응기제는 지체장애학생의 성격형성과 행동에 많은 관계가 있다. 개인이 어떠한 적응기제를 선택하는가는 성격 행동에 의하여 영향을 받지만 동시에 개인의 성격 행동의 형성도 적응기제에 의하여 크게 영향을 받는다. 예를 들어, 적응기제에는 여러 종류가 있으나 그중에서 퇴행적 행동과 도피 등이 습관적으로 사용되면 비사회적으로 자발성과 책임성이 결여된 성격이 형성될 가능성이 높다. 또한 합리화를 계속 행할 경우에는 변명만을 늘어놓고 자신은 책임을 회피하는 성격이 형성될 수도 있다. 반대로 장벽에 대항하여 제거하려고 노력할 경우에는 적극적으로 의욕적인 성격 행동이 발달할 것이다.

### (3) 지체장애학생 성격의 일반적 특성

생후 첫 1년 동안에 나타나는 가장 중요하고도 극적인 변화는 아마 대인관계의 향상일 것이다. 최초의 사회적 유대의 발달은 어머니와 유아 간의 유대(모자관계)이며, 이것은 모든 대인관계에 대한 원리로 작용한다고 생각된다. 아동이 중요한 사람의 존재, 관심, 인정을 중요시하고 그 상실을 두려워한다는 사실은 다른 사람의 기대에 동조, 모방, 동일시, 가치의 획득, 행동 통제의 내면화, 학업성취 그리고 사회화의 다른 많은 측면에 대한 아주 강한 동기로 작용한다. 아동의 의존성 발달은 처음에는 유아는 자신과 외적 환경을 구별할 수 있는 능력, 즉 자기를 환경으로부터 분리하는 것을 발달시킨다. 이 단계의 후기에서 유아는 어머니 혹은 최초의 보호자 이외에 다른 사람들이 붙잡으면 울음을 터뜨린다. 그다음에 유아는 어머니에 대한 특별한 기대감을 발달시키며, 그가 자신의 신호에 대해 어떤 반응을 기대하고 있다는 것을 행동으로 나타낸다. 마지막으로, 그는 어머니를 떠나서 낯선 환경을 탐색할 줄 알며 필요할 때 어머니가 돌보아 줄 것이라는 것을 알고 안심할 수 있게 되는 단계로 발달된다. 이러한 발달은 지체장애학생이라고 해서 예외적이 될 수 없으며, 더 심각한 문제를 지닌다.

정서는 기쁨, 두려움, 화냄 등의 감정이 표정·태도·행동으로 나타내는 것을 말한다. 예를 들면, 분노의 정서는 공격적 행동을 빈번하게 유발하는 것처럼, 행동을 활성화시키고, 행동에 방향을 부여하는 역할을 한다. 그래서 일상생활에서 다른 사람의 정서 상태를 가능한 한 정확히 파악하는 일이 매우 중요하다. 표정이나 태도, 어조 등을 단서로 하여 상대방의 내적 정서 상태를 추리하고, 그에 따라 어떤 말을 하거나 행동하며 원만한 대인관계를 유지할 수 있다.

이러한 정서는 신체의 작용, 개인의 기억, 사고, 지각 등에 커다란 영향을 미치며 왜곡된 기억을 초래한다. 지체장애학생은 신체적 손상과 기능장애로 인하여 자아개념에 적지 않은 영향을 미치게 되는데, 대부분 본인의 자아개념을 부정적인 방향으로 향해 가며 자기에 대한 가치화를 저하 혹은 비하하기도 한다. 자아개념의 형성에는 특히 부모의 양육태도에 의해 크게 영향을 받으므로 부모의 양육태도는 매우 중요한 의미를 가진다고 하겠다. 그러므로 지체장애학생은 운동장애뿐 아니라 지적장애, 의사소통장애와 같은 다양한 수반장애를 지니고 있으며, 또한 부모의 부적절한 양육태도나 조기교육의 불충분한 결과로 말미암아 사회성이 미숙한 경향이 있다.

지체장애학생도 일반학생과 똑같은 기본적 욕구들이 충족되기를 원하지만, 운동 기능 장애에 따른 행동, 동작의 문제와 의사소통장애 등의 표현 수단의 장애에 의해 욕구 저지의 상태에 놓인다. 이러한 욕구 저지 상태는 욕구불만을 가져오며, 이는 다시 사회로부터의 도피나 자신의 욕구를 무의식적으로 억압하거나 대상적 행동, 퇴행적 행동, 열등감과 같은 정서적 문제를 지니게 된다. 특히 뇌성마비는 뇌기능 부전에 의하여 침착성 결여, 주의력 결여, 과잉행동, 전도성, 고집성 등과 같은 문제도 함께 나타낸다.

대부분의 지체장애학생은 초기 학창 시절에 자주 실패감에 부딪히기 때문에 학습된 무기력을 가지고 있으며, 그 결과 실패를 미리 예상하여 실패의 부정적인 경험에서 도피하기 위하여 실패를 야기하는 상황을 피하는 경향이 있고, 결과적으로 낮은 목표를 설정하여 동기 유발에 부정적인 영향을 미친다. 종종 그들은 운명이나 기호 등 그들의 통제가 미치지 않는 다른 요인에 의해서 그들 행동의 결과가 긍정적이고 부정적이 되는지를 알아챈다. 이러한 인지적 특성은 무력함이나 일들을 통제할 수 없을 때 생기는 심리적 상태를 배우게 된다. 또한 자신의 능력과 잠재성에 대해 강하고 긍정적인 느낌을 갖지 않는다. 이러한 부정적인 자아개념은 생활에서의 부적응과 중요한 상관 관계를 가지는데, 잦은 실패의 경험으로 인해 과거에 실패한 장면과 비슷한 상황에 처했을 때에 욕구불만에 대한 내성이 부족하여 쉽게 좌절하거나 거부 또는 공격적인 반응의 양상을 보인다. 자기 자신을 아예 실패와 관련지어 생각해 버리기 때문에 학습 태도가 부정적이고 융통성이 부족하여 어떤 새로운 상황에 직면했을 때 여러 가지 해결 방법을 찾지 못하는 경직성을 갖고 있다. 또한 합리적인 사고력이 부족하고, 과거와 미래라는 시간적 개념에 있어서 한계성을 보이며, 공간에 대한 개념도 편협하다.

생리적 욕구에 있어서는 내적 충동이 강하게 일어나 사회적 성취의 욕구나 자기 향상을 위한 욕구에는 내적인 동기부여가 약하다. 그리고 소극적 · 도피적 행동을 많이 보이며, 반항적 · 공격적 특성을 지니고 있다. 학교에 대한 공포증이나 그 외의 어떤 특정 대상에 대해서 심한 공포증과 같은 다양한 행동문제를 보인다. 흥미 없는 학습이 강제로 하게 될 때나 주위 사람들로부터 모욕을 받았을 때, 혹은 열등감에 빠졌을 때 절도, 폭행, 방화, 성적 비행 등의 많은 비행을 저지른다.

의사소통 능력의 제한, 이동능력의 제한, 자기 지향적인 심리 특성, 자신의 일을 처리하는 능력의 제한 등으로 인하여 지체장애학생은 사회생활에 있어서도 낮은 적응의 문제를 보이는데, 구체적으로 의사소통에 있어 비상징적 행동(표정, 손짓, 접촉)으로 의사소통을 하여 대인관계에서도 실패할 확률이 높으며, 동일 연령대에 비하여 독립성이 약하다. 일반적인 사회적 상황의 분위기에 민감하지 못하며, 부적절한 말이나 행동을 계속적으로 반복한다. 이러한 사회적 행동 · 언어 · 기질 등 여러 가지 문제들로 하여금 만족스러운 가족 관계를 이루지 못하고, 자아개념이 빈약하며, 자기 관리에 제한을 갖는다. 또한 지역사회의 자원을 적절히 이용하지 못하고, 자기 지시, 즉 개인적인 흥미에 적합한 활동을 개시하는 것, 필요할 때 도움을 청하는 것 등에 제한을 가지며, 다양한 여가와 오락적 흥미를 활용하는 것에도 미숙하다.

앞서 언급한 대로 지체장애학생도 인간의 기본적 욕구로서의 자아 존중감과 성취욕을 가지고 있다. 그러므로 이러한 심리적인 모순과 갈등이 감정에 의하여 욕구불만에 빠지게 된다, 이같이 지체장애학생은 신체적인 장애의 존재, 신체 기관의 열등감, 욕구불만, 신체상 및 장이론 등의 관점에서 성격에 많은 왜곡을 가져오게 하고 있음을 알 수 있다. 그리고 이들의 적응을 방해하는 요인으로, 신체적 행동의 부자유, 신체의 자세나 보행, 기타 동작의 이상, 부모 및 형제의 과보호나 거부, 주위 환경의 호기심과 무시 그리고 수술이나 치료 등 의료에 대한 불안감 등이 있다.

특히 지체장애학생의 대부분을 차지하는 뇌성마비는 뇌기능의 문제로 특유한 행동 경향인 과잉행동, 주의력 결핍, 고착성이 나타난다. 뇌성마비 중 주의력결핍 과잉행동장애를 가지는 경우에는 과잉행동과 산만성 그리고 충동성을 동시에 가지므로 다른 사람들로 부터 긍정적인 반응을 받기가 상당히 어렵다. 뇌성마비를 가진 학생이 학교 및 가정의 생활을 성공적으로 하기 위해서는 필요한 자극에만 주의를 기울어야 하지만 타인과의 대화, 지시 따르기, 도움 청하기, 배경 자극 무시하기 등에 어려움을 겪고 자신을 소개하기, 사과하기, 대화 나누기 등의 능력이 부족한 경우가 많다. 이와 같은 사회적 행동 특성은 교실 내에서 교사나 친구들과의 관계에 부정적 영향을 끼치게 되고, 나아가 자아개념의 손상이나 주변인들로부터 고립 현상을 가져와 문제가 악순환된다. 이러한 문제를 유발하는 요인은 뇌성마비를 지닌 학생이 사회적 적응능력이 부족하다는 점과 과잉행동, 산만성, 충동성 등의 일반적 행동 특성을 갖기 때문이다.

지체장애학생의 또 다른 영역의 성격은 불안을 들 수 있다. 일반적으로 아동 발달에서 불안은 대체로 보편적인 현상이며, 3세 경에 분명히 나타난다. 특히 지체장애학생의 불안에 관한 주요 원인은 주로 신체적 문제, 부모의 양육태도, 죄의식, 문화적 일탈, 그리고 학교 활동과 같은 환경에서 경험하는 무력감 및 적응문제 등이 있다. 불안에 관한 현재의 연구를 살펴보면, 약한 정도에서 중간 정도의 불안 수준은 학생의 사회적 적응을 촉진하거나 문제해결력과 창의성을 향상시키지만, 대부분 불안수준이 매우 높으면 지적 기능(지능검사, 학력검사, 창의성 검사 등)에 부정적 영향을 준다. 예를 들면, 높은 불안은 교실에서 전형적으로 요구되는 과제해결을 방해하는 요인이 된다. 그리고 높은 불안은 성격과 사회적 기능에 바람직하지 않은 영향을 준다. 즉, 불안이 높은 학생은 낮은 학생에 비해 인기도가 낮으며 부정적 자아개념을 가지고 자기 비판적이며 신체상에도 부정적인 영향을 받는다.

일반적으로 지체장애학생은 다음 세 가지 이유에서 평상시 불안의 상태에 있다. 첫째, 신체적 불안이다. 이 세상의 문화는 비장애인을 위해 존재한다. 따라서 계단이나 의자, 자동차의 조작장치, 심지어는 화장실까지도 비장애인에게 적합하게 되어 있어서 그들에게는 이 모든 것이 부적절하다. 둘째, 사회적 불안이다. 지체장애학생은 비장애인으로부터 모순에 가득 찬 태도에 접하게 된다. 수용되기도 하지만 동정을 받기도 하며 겁내기도 하며 무능한 사람으로도 대하는데, 비장애인이 그들에게 어떠한 태도를 취하느냐에 대해 언제나 불안한 감정을 가진다. 셋째, 자신에 대해서 일관된 태도를 취하는 일에 불안하다. 자기 자신을 알 수 없으며 후천적 장애일 경우에는 자기 과거의 신체상과 현재의 그것과 사이에서 생긴 모순에 관한 것이다.

지체장애학생은 장애에서 유발되는 동작의 제한, 자세의 이상, 부모의 양육태도 등의 조건에 의해 성격적 편향성이 생긴다고 볼 수 있다. 이러한 문제는 주위 사람들과 부모에 의한 양육태도 등으로 열등감을 가지게 된다. 그리고 운동 제한으로 욕구 저지에 의한 좌절 문제가 생긴다. 그리하여 이에 대한 보상으로 난폭한 행동을 하거나, 자폐적 태도를 나타내거가, 아니면 능동성을 잃은 정서적 불안정이나 부적응을 일으키기 쉽다. 또한 지체장애학생은 신체적 장애로 인한 활동의 제약 때문에 생활에 많은 곤란과 어려움을 갖게 되는데, 이들의 여러 가지 사회적 · 정서적 부적응은 신체적 장애 그 자체보다는 자신의 이러한 장애를 그대로 받아들이려 하지 않기 때문에 파생되는 것이 많다. 그러므로 지체장애학생의 교육 내용은 신체적인 문제와 아울러 사회심리적 문제를 포함해야 한다.

제6장

# 지체장애학생의 생활기술 특성

자녀를 낳아서 키워 보았거나 돌본 경험이 있는 사람이라면 자녀를 돌보기가 쉽지 않고 많은 시간이 필요하다는 것을 알 것이다. 특히 자녀가 지체장애를 가진 경우에는 의학적인 문제, 운동장애 및 발달 지연 등의 문제가 덧붙어 자녀의 양육과 지도를 더욱 복잡하고 어렵게 한다. 지체장애학생의 부모에게는 자녀가 언제부터 젖병을 떼고 컵으로 물 마시기를 할 수 있으며, 어떻게 하면 이 발달과업을 쉽게 할 수 있는지를 생각하는 것보다 자녀에게 적절한 젖병과 꼭지를 찾는 것이 더 중요한 문제일 것이다. 또한 대소변 훈련을 시작해야 할지 안 할지 결정하는 것보다 대소변을 성공적으로 볼 수 있게 자세를 유지시키는 특별한 의자가 더 중요하다.

독립적인 일상생활을 영위하기 위해서 사람들은 개인의 환경과 목표, 기능, 욕구 등에 따라 다양하지만 그 범위는 제한적인 활동들을 매일매일 반복적으로 수행하고 처리한다. 자세 유지하기, 식사하기, 위생 관리하기, 목욕하기, 옷 입고 벗기, 배변 등이 그것이다. 하지만 지체장애학생은 이와 같은 활동들을 수행하는 데 대부분 또는 일부분을 다른 사람의 지원과 도움을 필요로 한다. 그러므로 지체장애학생에게 자립적인 생활기술의 습득은 가장 중요한 영역이라고 할 수 있다.

이 장에서는 지체장애학생의 생활기술을 잘 양육하고 지도할 수 있는 정보를 살펴본다. 물론 지체장애학생은 개개인의 특성이 다양하므로 이 장에서 일상생활의 모든 부분을 논의하는 것은 무리일 것이다. 따라서 전반적으로 지체장애학생을 지도하는 일상적인 방법과 개개의 학생의 필요에 맞게 평가할 수 있는 지침을 제공하고자 한다.

## 1. 지체장애학생의 생활기술 특성

생활기술이란 모든 사람이 생활하는 일상에서 관찰되는 기본적이고 공통된 기술로 개인, 가족, 나아가 사회의 일원으로 살아가기 위해 필요한 기본 기술을 의미한다. 일상 속에서 타인의 도움 없이 이 활동을 독립적으로 수행한다는 것은 자기 관리, 가정 생활, 사회 생활에의 적응을 가능하게 할 뿐만 아니라 개인의 삶의 질을 높인다. 또한 자신의 역할을 수행한다는 만족감이 동기 부여, 자신감 및 지적 능력 향상, 신체 · 심리 요인에 대한 긍정적인 지지로 작용한다. 생활기술은 타인과의 의사소통을 통해 관계 맺기부터 이동하기, 자세 유지하기, 식사하기, 목욕하기, 옷 입기, 화장실 가기 등에 이르기까지 지체장애학생의 전인적 발달을 이루기 위해 중요한 역할을 담당하는 분야이다.

이처럼 지체장애학생이 사회에서 함께 살아가기 위해서는 생활기술의 습득이 필수적인데, 애석하게도 지체장애학생은 이들이 가진 신체적 · 감각적 장애, 제한적인 소근육 운동 발달, 인지 발달 문제, 부족한 학습 기회, 사회적 인식, 지체장애에 수반한 중복장애 등의 이유로 생활기술의 습득이 어려워 이들 기술의 대부분 혹은 일부분을 스스로 해결하지 못하고 다른 사람에게 의존해야 하는 경우가 많다. 따라서 생활기술의 지도 및 습득은 지체장애학생이 독립적으로 살아가는 데 가장 우선시되어야 할 영역이라고 할 수 있다. 또한 지체장애학생은 장애 상태, 능력 등 개개인이 특성이 다양하므로 생활기술의 지도 역시 개별적으로 계획되어야 할 것이다. 가장 바람직한 것은 독립적인 생활기술 수행이지만 그렇지 못한 경우도 있는데, 이때 부분적 참여를 증진시키는 것이 중요하다.

부분적 참여의 증진은 활동에 대한 통제권을 어느 정도 제공해 줌으로써 지체장애학생의 학습된 무기력을 줄여 주며, 과제의 완성을 돕는다. 신체적 어려움으로 스스로 생활기술 수행이 어려운 학생은 타인의 도움을 요청하는 것을 배울 수 있으며,

실제적인 생활기술에 더해 관련 정보를 배울 수도 있다. 이처럼 학생들의 생활기술 수행을 증진하는 것은 그들의 독립성, 자존감 향상에 많은 도움이 되며, 나아가 사회의 일원이라는 자부심, 삶의 궁극적 목적인 자아 성취를 이룰 수 있게 해 주므로 매우 중요하다.

## 2. 지체장애학생의 생활기술 평가

생활기술을 지도하기에 앞서 학생의 현재 생활기술 능력을 평가하고, 결과에 따라 학생의 생활기술 지도 계획을 세우는 것이 중요하다. 따라서 생활기술에 대한 전반적 능력의 평가로 기술 수행에 제한을 가져오는 문제점을 확인 후 실제 활동과 접목하여 지도 계획을 수립해야 한다. 지체장애학생이 학교, 가정, 사회 생활에 필요한 역할을 수행하며 삶의 질을 높일 수 있도록 이들의 신체적 · 심리적 · 사회적 환경 문제 요소를 파악하고 적절한 지도를 하는 것이 바로 생활기술 평가의 목적이다.

### 1) 생활기술 평가 방법 및 유의점

생활기술은 면담, 자가 평가, 수행 능력 등으로 평가할 수 있다. 체계적으로 작성된 면담 목록을 활용하여 면담을 할 수 있는데, 이때 주의해야 할 점은 면담만으로는 생활기술의 수준을 정확히 판단하기에 어려움이 있으므로 관찰, 표준화된 도구를 사용한 수행 사정 등 다양한 방법이 함께 고안되어야 한다. 또 그 활동이 실제로 수행되는 시간과 장소에서 생활기술의 평가가 이루어져야 한다. 생활기술은 말 그대로 일상생활 속에서의 학생의 기술 활동, 수행 그 자체이기 때문이다. 예를 들어, 식사하기 생활기술의 평가는 점심시간 급식소에서, 화장실 가기 생활기술의 평가는 화장실에서 이루어져야 한다. 또한 생활기술 평가는 안전하고 간단한 것에서부터 복잡하고 어려운 것으로 진행하여 학생의 평가 적응을 돕고 어려움을 덜어 줄 수 있도록 한다.

### 2) 수행 척도

#### (1) 독립 수행

타인의 도움 없이 특정 기술을 수행할 수 있으면 독립 수행이라고 한다. 평균적으로 요구되는 것보다 시간이 조금 더 걸리거나 보조기구를 사용하더라도 타인의 도움이 없이 스스로 수행하는 것이라면 독립적이라고 할 수 있다.

#### (2) 의존 수행

필요한 도움의 정도에 따라 도움의 정도가 가장 큰 '전반적인 도움'부터 '많은 도움' '간헐적인 도움' '경미한 도움', 도움의 정도가 가장 약한 '감독 또는 대기하다가 필요한 경우에만 제공하는 도움'으로 나눌 수 있다.

## 3. 지체장애학생의 생활기술 지도 원칙

### 1) 자발적 참여 촉진

교사는 자연스러운 환경 속에서 학생의 자발적 참여를 촉진할 수 있는 교수방법을 사용하여 생활기술을 지도하여야 한다. 생활기술 지도는 상호작용 과정 속에서 이루어지기 때문에 모든 단계에 학생과 함께 의사소통하는 절차가 포함된다. 일방향적 지도가 아니라 학생과 교사가 함께 참여하는 쌍방향적 활동임을 인지시키고 활동과 과제를 구체적으로 안내한다. 활동을 시작하기에 앞서 상황을 예측할 수 있는 단서를 제공하고 수행을 요구하면 학생의 수행과 자발적 참여도를 높일 수 있다. 생활기술을 지도할 때 활용할 수 있도록 개발된 다양한 애플리케이션이 있다. 학생이 좋아하는 캐릭터, 게임 형태, 시각과 청각을 만족시키는 다양한 소리와 시각 효과로 학생들의 흥미를 이끌어 내 더욱더 효과적으로 생활기술을 지도할 수 있다. [그림 6-1]은 자발적 참여를 촉진하는 다양한 애플리케이션의 예시이다.

[그림 6-1] 자발적 참여를 촉진하는 다양한 애플리케이션의 예

## 2) 팀 구성원의 협력적 접근

생활기술 지도를 위해서는 함께 고민하고 결정할 수 있는 팀 구성원들의 협력이 중요하다. 팀은 지체장애학생과 학생의 가족, 교사, 지원인력, 관련서비스 전문가 등으로 구성된다. 생활기술은 반복적으로 오랜 시간 동안 체계적인 계획에 의해 일관적으로 꾸준히 지도되어야 하므로 생활기술 지도를 위한 학생 기능 사정과 계획 수립 단계에서부터 팀 구성원들의 합의된 목표와 계획이 필요하다. 모든 환경에서 생활기술은 같은 방법으로 일관적으로 지도되어야 하는데, 식사하기, 옷 입고 벗기, 화장실 사용하기 등의 기술은 특정 기능·기술이 요구되는 것처럼 보이지만 기초 동작은 연관되어 있기 때문에 모두 동일한 방법과 절차로 지도하는 것이 좋다. 생활기술은 어릴 때부터 가정에서 자연스럽게 지도를 시작하는 것이 바람직하므로 학교와 가정에서 일관되게 생활기술 지도가 이루어질 수 있도록 교사는 부모와 협력해야 한다.

지체장애학생은 신체 운동 기능에 어려움이 있기 때문에 관련서비스 전문가들이 팀 구성원으로 함께해야 한다. 음식물 제공 방법, 보조기기 및 보조도구 사용 관련 정보를 제공해 주는 작업 치료사, 운동 기능과 관련된 반사, 자세, 치료 중재 관련 정보를 제공해 주는 물리치료사, 음식물 형태, 학생의 영양 상태, 음식물 섭취의 적정량에 대한 정보를 제공해 주는 영양 교사, 일상생활 중 질식, 호흡, 학생의 건강 상태 등에 대한 정보를 제공해 주는 보건교사 등이 팀 구성원이 될 수 있다.

### 3) 필요한 시기에 적절한 지도

생활기술 지도의 도착점 목표는 지체장애학생의 독립적인 수행이다. 생활기술 지도는 일상 속에서 자연스럽게 지도할 때 학습 효과가 크게 나타나고 흥미를 유발하여 학생의 수업 참여도를 높인다. 또한 일과 속에서 지체장애학생이 실제로 생활기술의 필요를 느낄 때, 필요한 시기에 적절히 지도하는 것이 중요하다. 실제로 지체장애학생의 생활기술 지도를 촉진하기 위한 효과적인 방법은 일과에 근거한 중재이다. 인위적으로 구조화된 환경에서 교재·교구를 이용하여 지도된 생활기술은 또 다시 일상생활으로의 전이학습 과정이 필요하기 때문에 지체장애학생의 생활기술 습득을 어렵게 만든다.

### 4) 환경 수정

환경을 수정하는 것은 생활기술 지도의 효과를 높인다. 정서적 안정감을 느낄 수 있는 안락하고 편안한 가정과 같은 환경을 조성하여 생활기술을 자연스럽게 습득할 수 있게 하는 것은 중요하다. 화장실, 냉난방 시설, 싱크대 등을 갖추어 쾌적하게 조성한 교실은 편안한 생활 속에서 생활기술을 습득하는 데 도움을 준다. 생활기술 학습에 대한 학생이 흥미를 이끌어 낼 수 있도록 다양한 교재 및 보조기기 등을 계획하여 생활기술에 관한 지도가 될 수 있도록 한다.

### 5) 관련 기술의 통합적 계획 및 지도

생활기술은 하나의 단일 기술이 아니라 복합적인 기술이다. 예를 들어, 화장실 가기 기술은 배변 관련 의사 표현하기, 화장실로 이동하기, 자세 잡기, 바지 내리기, 속옷 내리기, 자리에 앉기, 휴지 사용하기, 속옷 올리기, 바지 올리기, 손 씻기 등 다양한 관련 기술을 필요로 한다. 그러므로 우선 지도할 생활기술 순위를 선정하고, 관련된 다양한 기술을 단순한 기술의 습득을 목표로 할 것이 아니라 타인과의 상호작용, 인지 발달, 언어 발달, 건강 유지 등 통합적으로 교육목표를 계획하고 이를 성취할 수 있도록 지도한다.

### 6) 성과 생활 연령, 가족 우선순위

학생의 생활 연령, 성별, 가족 문화, 우선순위, 사회적 관습을 포함하는 학생 개개인과 가족의 요구 및 발달 수준, 사회문화적 특성을 고려하여 생활기술의 지도 목표와 내용을 결정해야 한다. 화장실 사용, 옷 입기, 생리 관리 등 개인위생 관련 기술은 지체장애학생의 인권, 프라이버시를 위해 동성(同性)의 교사 및 지도자가 지도해야 한다.

지체장애학생의 생활 연령에 따라 가정, 학교, 지역사회에서 기대되는 생활기술의 수준은 다르다. 배변 훈련의 경우 영유아는 이동식 변기를 사용하여 지도가 가능하지만, 학령기 학생은 화장실에서 가르쳐야 한다. 생활기술은 학생의 요구 및 발달 수준을 고려하여 우선 지도할 생활기술 순위를 생활 연령에 맞게 선정하고 지도할 수 있도록 해야 하는데, 생활 연령에 맞게 선정된 생활기술이란 또래 비장애학생에게 기대되는 것과 유사한 수준의 생활기술을 의미한다. 생활기술은 가족의 의견, 선택을 귀 기울여 듣고, 이를 바탕으로 교수계획을 수립하도록 한다. 생활기술은 지체장애학생과 그 가족이 살아가고 있는 실제 환경과 최대한 비슷하게 계획하고 지도되어야 실생활에서 실제적인 효과를 누릴 수 있기 때문이다.

### 7) 정당한 교수 절차 사용

행동수정, 과잉교정 등이 효과적인 중재 방법으로 알려져 있다 하더라도 생활기술을 지도하는 데 있어서는 사회문화적 맥락에서의 수용 정도를 고려하여 긍정적이고 효과적인 전략 사용을 계획해야 한다. 배변 훈련 중 배변 실수를 교정하기 위해 과잉교정을 심하게 제공한다면 학생은 수치심을 느끼고 자존감이 무너질 수 있다. 또한 중재과정에 벌 등과 같은 혐오적인 절차를 포함하거나 분리하여 지도하는 것은 효과적이지 않다. 따라서 안전, 존엄 등을 위해 꼭 필요한 경우를 제외하고는 또래 비장애학생과 유사한 활동 기반으로 분리하지 않고 지도하는 것이 좋다.

## 4. 지체장애학생의 생활기술 지도

### 1) 안고 다니기

자녀를 안고 이동시켜 주는 것은 일상생활 양육의 중요한 한 부분이다. 이는 아직 걷지 못하는 자녀에게 움직임을 제공할 뿐만 아니라, 자녀와 부모 사이에 사회적이고 감정적인 결합을 제공하기도 한다. 자녀는 부모에 의해 안아 올려지고 이동시켜져야만 먹고, 씻고, 놀고, 탐색하는 놀이에 참여할 수 있게 되므로 이들을 안거나 이동시켜 주는 것은 매우 중요하다. 자녀를 적절히 이동시켜 주지 않으면, 주변 환경과 상호작용하고 배울 기회가 없다.

지체장애학생을 안고 이동시켜 줄 때 유의할 점은 다음과 같다. 첫째, 자녀에게 필요한 지지와 스스로 하지 못하는 조절을 제공하고, 둘째, 자녀가 가진 부적절한 근 긴장도나 움직임의 양상을 조절할 수 있는 방법으로 안고 다녀야 한다. 또한 나중에 근골격계의 변형이 오지 않도록 자세를 잘 잡아 주어야 한다. 즉, 척추를 곧게 하고, 머리를 중심에 오게 하며, 어깨, 골반 및 고관절이 잘 정렬되도록 해야 한다. 자녀를 안고 이동시키는 가장 좋은 방법을 선택하기 위해서는 자녀가 가지고 있는 능력을 잘 평가하는 것이 중요하다. 또한 자녀의 안정성이나 운동기능에 대한 기본적인 문제를 잘 이해해야 한다. 예를 들어, 불수의 운동형 지체장애학생은 길항근이 동시에 적절히 조절되지 못하기 때문에 안정성이 없지만 운동성은 있다. 따라서 자녀는 조절되지 않는 부정확한 움직임을 갖는다. 이러한 평가는 전문가들과 상의하고 관찰하고 시행착오를 겪으면서 가능해지는데, 자녀를 안고 이동시키는 방법을 선택하는 데 있어서 중요한 열쇠 중 하나는 자녀의 근 긴장도를 이해하는 것임을 잊지 말아야 한다.

### 2) 안는 방법

자녀가 근 긴장도가 낮다면 몸통을 잘 지지하고 관절과 근육들을 적절히 정렬시키면서 자녀를 안고 이동시키는 것이 필요하다. 초기 6개월이나 머리와 몸통을 가눌 수 있을 때까지는 다른 자녀들과 마찬가지로 안는 것이 좋지만 자녀가 좀 더 크고 나이가 들면 이렇게 안는 것은 부적절하다. 왜냐하면, 첫째, 자녀가 주변에서 무슨 일이 일어나는지 볼 수 없고 둘째, 자녀의 몸 전체가 지지돼 자세 조절을 위한 발달이 일어날 기회가 없다. 자녀의 근 긴장도가 높으면 느린 움직임과 지긋이 눌리는 촉감에 반응할 것이다. 자녀의 긴장도는 흥분하거나 조급하면 쉽게 증가하기 때문에 상호작용을 낮게 유지하는 것이 좋다.

긴장도가 높거나 낮은 자녀를 잡는 데 중요한 것은 골반의 위치다. 이는 골반의 자세가 자녀의 자세를 결정하기 때문이다. 골반이 바르게 정렬되면, 자녀의 몸은 잘 반응할 것이고, 자녀를 편하게 상체를 잡고 안을 수 있다. 예를 들어, 근 긴장도가 낮은 자녀는 무릎이 구부러지고, 발 밖으로 나가 있는 '개구리 다리'와 같은 자세를 취한다. 골반을 잘 정렬하기 위해서는 자녀의 다리를 잘 모아서 안는 것이 중요하다. 반대로, 근 긴장도가 높은 자녀는 단단한 내전근과 내측대퇴근으로 인해 다리가 쭉 뻗치고 가위같이 교차된다. 이를 조절하는 방법은 양다리를 벌리고 무릎을 구부리는 것이다. 좋은 방법은 자녀의 다리를 벌려 내골반의 앞뒤로 하나씩 걸치거나, 작은 자녀의 경우에는 손을 다리 사이에 넣어서 벌리는 것이다. 가끔 골반 문제 외에도 어깨관절이 뻣뻣하여 안기가 어려운 때도 있다. 이럴 때는 자녀의 팔을 부모의 어깨에 올려서 걸치도록 한다. 또한 굴곡 긴장이 심할 때는 몸이 앞으로 숙여지는 방법이 좋다.

### 3) 자세 잡기

자세는 신체의 건강과 밀접한 관련이 있으며 일상생활, 의사소통, 학습 등의 활동을 수행하기 위해 요구되는 기초적인 요건이다. 지체장애학생은 지연된 자세 발달, 자세 조절 장애, 신체 기능의 제한 등으로 꾸준한 자세 잡기 지도가 필요하다. 일반적으로 사람은 정상적인 중추신경계 및 뼈, 관절, 근육 등의 운동 기관과 감각 요소들이 서로 기능적으로 작동하며 자세를 조절하는 것이 가능한 반면, 지체장애학생은 신경학적인 문제 때문에 이러한 신체조절 능력이 지연되고 이로 인해 학습이 지연된다. 예를 들어, 가구 주변을 기어 다니거나 옮겨 가지 못하는 지체장애학생은 공간적 개념을 배우는 데 어려움이 있다. 앉은 자세를 유지하기 위해서 손으로 몸을

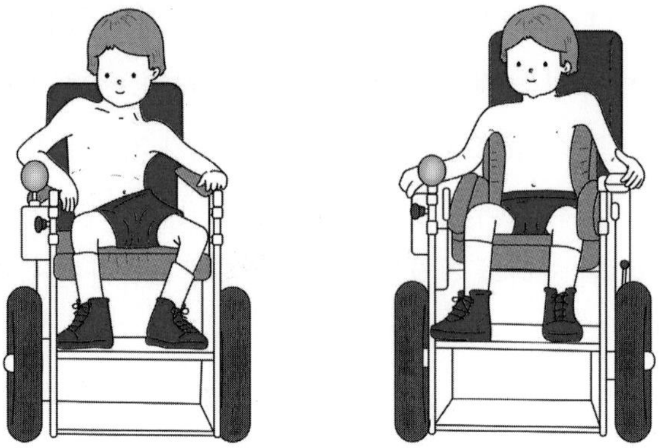

[그림 6-2] 부적절한 자세(왼쪽)와 적절한 자세(오른쪽)의 예

지탱해야 한다면, 손의 섬세한 기능과 기술을 발달시킬 기회가 없고 잘 사용할 수 없다. 자세가 잘 유지되지 않으면 척추측만증이나 관절 구축 같은 합병증이 발생한다. 따라서 지체장애학생의 자세와 근 긴장도를 정상화시키고 유지하는 기술을 알아야 한다. 유념할 점은 지체장애학생의 근력과 필요한 요구를 이해한 후, 이들에게 맞는 적절한 방법을 적용해야 한다는 것이다. [그림 6-2]는 부적절한 자세, 적절한 자세의 예시이다.

### (1) 자세 유지 방법

① 엎드린 자세

목 가누기 정도에 따라서 엎드린 자세를 시작해야 한다. 엎드린 자세를 유지하기 힘들면, 앞가슴 밑에 수건을 말아서 넣고 팔을 앞으로 향하게 해 준다. 고관절이 굴곡되어서 엎드린 자세가 안 되면 엉덩이를 손으로 눌러 준다. 굴러서 엎드려 있지 못할 때에는 모래주머니를 이용해서 고정시킬 수 있고, 엎드린 자세를 잘 유지하는 학생들에게는 경사대를 사용할 수 있다. 경사대는 목 가누기를 잘 못하는 학생들에게 유용하다. 엎드린 자세를 유지시킬 때 주의할 점은 스스로 돌아누울 수 있을 때까지는 옆에서 항상 지켜보아야 한다는 것이다. 또한 자세 조절이 어려운 지체장애학생을 엎드려 눕히면 질식의 위험이 있으므로 주의해야 한다.

② 바로 누운 자세

바로 누우면 하체를 발달시킬 수 있고, 양손을 몸의 중심으로 가져올 수 있게 된다. 두 손을 몸 앞으로 모으면 사물을 만져 보고 관찰할 수 있다. 모든 자세, 특히 누운 자세에서 몸이 바로 정렬되는 것이 효과적인 움직임의 기본이다. 근 긴장도가 높으면, 목 뒤에 베개나 목받이를 받쳐 근 긴장도를 낮출 수 있으며, 한쪽 또는 양쪽 무릎을 굽히면 몸을 이완시킬 수 있다.

③ 옆으로 누운 자세

바로 누운 자세와 같이 손이 몸의 중심에서 움직일 수 있는 좋은 자세이다. 길게 신전된 부위에 몸무게가 분배되고, 촉각과 같은 좋은 정보를 받을 수 있다. 또한 머리를 가눌 수 없어서 엎드린 자세가 힘든 자녀에게 주위를 둘러볼 수 있게 하는 자세이다. 모래주머니를 한쪽에 받쳐 주거나 벽에 모래주머니를 받쳐서 자세를 유지시킬 수 있다. 옆으로 눕히기 위한 보조기구들을 구입할 수도 있다. 옆으로 눕힐 때는 양쪽 방향을 교대로 한다.

④ 앉은 자세

등을 신전시킬 수 있고 목을 어느 정도 가눌 수 있으면 앉기를 시작해야 한다. 앉아야 먹고 입고 씻는 것을 배우고, 놀이를 하고 사물을 관찰할 수 있다. 정상적인 발달을 보이는 자녀는 7~9개월에 앉을 수 있지만, 지체장애학생은 근 긴장도 이상, 원시반사의 지속 등으로 앉기가 힘들다. 자세를 유지하기 위해 수건, 발포제 조각 또는 헝겊, 띠 등으로 받쳐 주거나 고정해 주고, 주기적으로 자세를 변경해 주는 것

**[그림 6-3]** 자세 변경을 위한 대안의 예

이 좋다. [그림 6-3]은 자세 변경을 위한 대안의 예시이다.

## 4) 식사와 영양

### (1) 식사

식사는 사람이 살아가는 데 필요한 영양소의 섭취를 통한 신체 발육 및 성장, 저작 운동의 과정을 통한 조음기관의 발달, 시각·후각·미각의 즐거움을 충족시켜 주는 활동이며, 타인과의 긍정적 상호작용의 기회를 제공하는 중요한 영역이다. 사람은 식사라는 과정을 통해 감정적·언어적·신체적·사회적 성장을 하게 되므로 올바른 식사지도를 통해 정상적인 발달과 독립성을 키워 나가는 것은 중요하다. 하지만 안타깝게도 많은 지체장애학생은 다른 사람에게 전적으로 혹은 부분적으로 식사에 대한 도움을 받을 수밖에 없다. 때때로 지체장애학생에게는 식사과정에 문제가 생기기도 한다. 식사과정은 식기의 크기, 깊이, 무게, 모양뿐만 아니라 음식의 형태, 점성, 크기, 딱딱한 정도 모두가 중요한 요인이 되며, 식사 자세가 문제가 될 수도 있다. 식사 자세가 바르지 않으면 식사가 어려워지므로 식사할 때 학생이 바른 자세를 취할 수 있도록 지원하는 것도 중요하다.

대부분의 경우 식사 초기의 문제들은 운동이나 접촉, 혹은 둘 다의 문제와 관련된다. 식사의 일반적 발달과정은 '빨기'로 시작되어 핥기, 삼키기로 진행된다. 생후 6개월쯤 반유동식 섭취를 시작으로 점차 고형 음식을 경험하며, 깨물기, 씹기 등의 턱

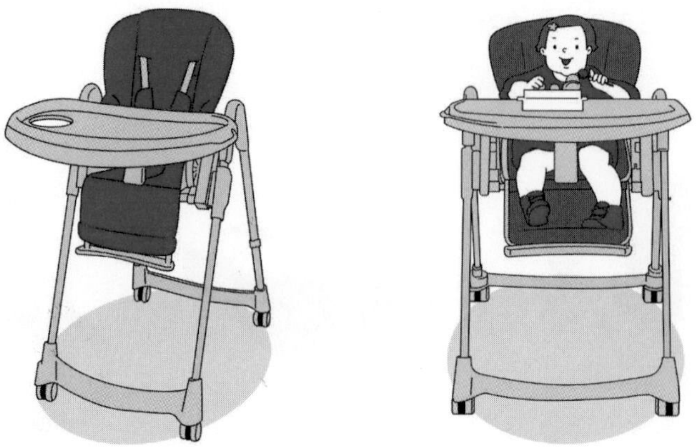

[그림 6-4] 식사를 위해 바른 자세로 앉기의 예

수직 운동, 턱 회전 운동을 익히게 되고, 생후 9개월 정도가 되면 마침내 컵으로 마시기가 가능해지며 식사 발달과정이 거의 완성된다. [그림 6-4]는 식사를 위해 바른 자세로 앉기의 예시이다.

### (2) 식사를 방해하는 요소

#### ① 근 긴장도의 이상

지체장애학생의 식사를 방해하는 운동 요소는 턱 조절이나 혀, 입술, 볼 운동의 문제이다. 이러한 문제들은 결국 근 긴장도가 너무 낮거나 높은 것이 원인이다. 이러한 문제는 신체와 자세, 구강 운동에 부정적인 영향을 미치므로 식사 문제를 조절하기 위해서는 우선 근 긴장도를 조절해야 한다. 구강 근육의 긴장이 낮으면 머리, 턱, 입술의 움직임을 약화시켜서, 반대로 구강 근육의 긴장이 높으면 머리, 턱, 입술의 움직임을 제한하고 통제력을 떨어뜨려서 저작 활동을 어렵게 만든다. 식사를 시작하기 전에, 학생을 안거나 자세를 잡는 방법을 통해 가능한 한 긴장도를 정상화시키고 이를 유지시켜야 한다.

#### ② 자세

지체장애학생은 경직으로 인해 뒤로 뻗치는 자세를 취하게 되거나 긴장성 미로반사와 같은 자세 반사로 인해 바른 자세로 앉아 있는 것이 어려운 경우가 많다. 이와 같은 자세에서는 음식물을 삼키기가 어려운 것은 물론 혀 근육이 긴장되어 음식물을 식도로 옮기는 것조차 힘들다. 또한 머리 조절이 어려워 머리를 신체 중심으로 두지 못하고 한 방향으로만 돌리고 있거나 비대칭성 긴장성 목반사가 있는 학생들은 눈-손 협응의 어려움으로 음식을 입으로 가져가는 것도 어렵다. 따라서 바른 자세를 유지할 수 있도록 보조기기나 타인의 도움을 제공하여 원활환 식사가 될 수 있도록 지원하는 것이 필요하다.

#### ③ 호흡

지체장애학생은 호흡할 때 입으로만 하거나 입과 코로 같이 하여 음식물을 삼킬 때 어려움을 자주 겪는다. 이러한 구강호흡이 습관으로 굳어져 버리면 치주 질환이 생길 가능성이 높아지고 입이 말라서 혀를 입 밖으로 내밀고 침을 더 많이 흘리게 되므로 입을 벌리지 않고 코만으로 호흡을 할 수 있도록 지속적인 지도와 연습이 필요하다.

④ 감각 이상

지체장애학생은 운동장애와 더불어, 감각 이상을 갖고 있어 식사가 어렵다. 얼굴과 입 주위 입안의 접촉에 너무 민감하여 음식이나 젖꼭지, 숟가락이나 손끝마저도 불쾌하게 느껴 이를 깨물거나 고개를 돌려 음식을 거부하고 심지어는 토하기도 한다. 이러한 입 주변의 과민반응은 '구강접촉 보호기전'으로 알려져 있다. 이러한 상태가 심할 경우, 식사를 위한 모든 노력이 불쾌하고 식사가 완전히 불가능할 수도 있으나, 약할 경우 재질이 다른 음식을 섞을 때(과일 조각을 넣은 요거트처럼)만 음식을 거부한다.

어떤 학생들은 구강접촉 보호기전의 반대 양상으로 식사 문제가 있기도 하다. 이런 학생들은 입안의 적당한 느낌이 없기 때문에 음식이 얼마만큼 들어 있는지, 어디에 있는지, 입에서 어떻게 굴려야 할지, 언제 삼켜야 할지 모르게 된다. 이러한 장애가 있는 학생들은 턱에 음식이 흘러내려도 느끼지 못하고 음식이 입에 있는지 턱으로 흘렀는지 알지 못한다.

이러한 과민반응이나 저하반응은 입안과 입 주위의 감각을 조금씩 저하시키거나 촉진시키는 프로그램을 통해서 식사기술을 좋게 할 수 있다. 학생이 자극에 과민하다면 (손 또는 장난감을 이용하여) 입 주변부터 자극하여 입안으로 진행시키는 것이 좋다. 또한 가벼운 접촉보다는 견고하게 압력을 주는 것이 좋다. 학생이 저하반응이라면 여러 종류의 재질과 촉감의 자극을 제공해야 한다. 다양한 온도와 재질의 음식들을 사용하여 학생이 입안에 여러 감각을 느끼도록 할 수도 있다.

⑤ 비정상적 반사

정상적 발달단계에 따라 신생아 시기에 나타나는 원시반사들은 시간이 흐르고 성장해 가면서 자연스럽게 사라진다. 그러나 지체장애학생의 경우에는 이러한 원시반사들이 사라지지 않고 남아 있어 정상적인 운동기능의 통합을 방해하고 비자발적인 반응을 하게 만든다. 식사 기능에 관계되는 비정상적인 반사는 다음과 같

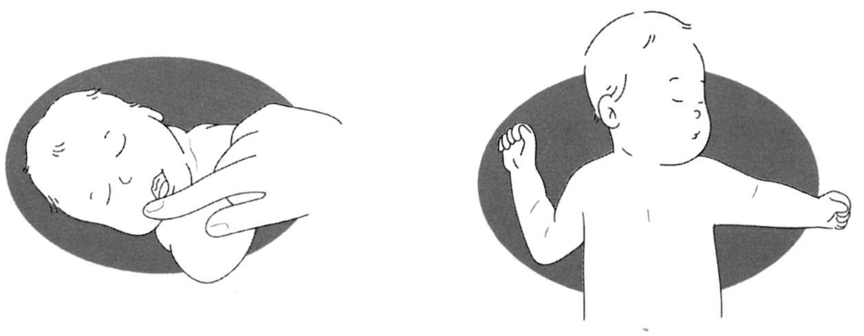


**[그림 6-5]** 식사 기능에 관계되는 비정상적인 반사의 예

다. [그림 6-5]는 식사 기능에 관계되는 비정상적인 반사의 예시이다.

- 정향반사(rooting reflex): 입술 주변을 자극하면 자극 방향으로 머리를 돌리고 입술이나 혀가 자극을 탐색하려고 움직이는 것, 즉 음식 쪽으로 입을 향하는 반사로, 자발적인 머리 조절을 방해해 음식물 섭취를 어렵게 한다.
- 강직성 씹기반사(tonic bite reflex): 입안에 음식을 주면 의도치 않게 입을 꽉 무는 강직성이 나타나 숟가락으로 음식을 먹는 것, 씹는 것을 어렵게 한다.
- 혀 밀기/혀 돌출 행동(tongue thrust/tongue protrusion): 음식을 씹거나 삼키는 행동을 해야 할 때 치아 사이로 혀를 밀어내는 비자발적 행동이 나타나 입 밖으로 음식이나 음료를 밀어내 음식물 섭취를 어렵게 한다.
- 빨고 삼키는 행동(generalized infantile suck-swallow pattern): 빨기 반사가 남아 있어 음식을 씹지 않고 빨다가 삼켜 버리는 행동으로, 고형의 음식물 섭취를 어렵게 한다.
- 비대칭성 긴장성 경반사(asymmetrical tonic neck reflex): 머리가 한쪽 방향을 향하고 있을 때 같은 방향으로 팔이 비자발적으로 펴지고, 다른 팔은 펜싱 자세로 반응하는 식의 경직 자세가 나타나 머리 조절이 어려워 음식물 섭취를 어렵게 한다.

⑥ 식사 행동 학습

지체장애학생의 식사 문제가 모두 신체적 · 구조적 결함에서 나타나는 것만은 아니다. 때로는 식사 기술을 적절하게 배우지 못한 경우 문제가 생기기도 한다. 정해진 시간 동안 식사를 마쳐야 하는 특수교육 현장의 특성상 부족한 시간으로 인해 학생 스스로 식사하는 행동을 학습하기보다는 정해진 시간 내에 식사를 마치는 것만으로도 급급한 경우가 많기 때문이다.

또한 식사 시의 행동이 문제가 될 수도 있다. 식사 문제는 이러한 요인이 각각 별개의 형태로 나타나는 것이 아니라 상호작용하는 과정에서 나타나므로 그 원인을 정확하게 진단하는 것이 중요하다. 이러한 식사 문제를 최소화하기 위해 식사 시 관찰을 통해 적절한 자세와 외부의 지지, 보조기구, 음식의 종류를 제공해야 한다. 또한 먹는 데에만 집중할 수 있도록, 산만하지 않고 여유로운 환경을 조성해야 한다. 적당한 배경음악을 틀어 주면 식사를 쉽게 하기도 한다. 또한 식사하는 데 있어 학생이 능동적인 참가자가 되도록 해 주어야 한다. 식사 시 움직임이 의존적이라 할지라도, 학생 스스로의 조절이 필요할 수 있다. 예를 들어, 어떤 음식을 먹을지 고르게 할 때, 두 가지 음식 중에 혹은 음식과 음료수 중에 고르게 하고 어떤 방법으로라도 가리키게 하여 선택을 표현하게 한다. 끝으로, 식사 시간이 의사소통과 사회성을 위한 훌륭한 시간임을 잊지 말아야 한다. 가족 식사 전후로 학생의 식사를 도와주고, 부모가 식사할 때에도 학생을 참여시키는 것이 좋다.

⑦ 구강 구조 이상과 그 외 방해 요소

입천장 구조의 이상, 구개 파열, 치아의 결손 혹은 치아 배열의 문제 등을 구강 구조 이상이라고 한다. 이러한 문제는 빠는 것, 삼키는 것을 방해하는 것뿐만 아니라 혀의 과다 · 과소 사용, 비정상적인 반응을 초래하여 부차적인 식사 문제를 일으킨다. 협응 장애, 근육 경직으로 빨고 삼키는 것이 어려운 경직형 지체장애, 혀, 입술의 기능 조절이 부족해 침을 많이 흘리는 무정위운동형 지체장애 역시 식사를 어렵게 하는 요인이다.

또한 식사기구를 잡지 못한다거나 어깨에서부터의 팔 움직임을 조절하지 못하는 등의 이유로 학생이 혼자 밥을 먹지 못할 수도 있다. 이러한 경우에는 식기에 보조손잡이를 고려해야 한다. 미끄럼방지 깔개는 접시들이 움직이지 않게 해 주며, 특별히 고안된 흡입 컵이 달린 밥그릇과 특수그릇 등을 이용할 수 있다. 어떤 학생은 컵을 집어서 마시는 것보다 빨대로 마시는 것이 훨씬 편한 경우도 있다. 이외에도 지체장애학생에게 흔히 나타나는 위식도 역류 증상으로 인해 구역질, 구토, 기침, 목메임 등의 증상을 호소할 수 있는데, 이를 예방하기 위해선 음식물을 조금씩 자주 먹고, 식사 후에 바로 눕지 않고 한 시간 정도 앉아 있는 것이 좋으며, 걸쭉한 형태의 음식물도 도움이 될 수 있다.

### (3) 식사 기술의 평가

식사를 하는 과정에서 학생이 할 수 있는 것과 할 수 없는 것을 알고, 현재 · 미래의 식사 환경에서 학생의 기능을 증진할 수 있는 기술을 결정하는 것이 바로 식사 기술 평가이다. 이때 식사 기술에 대한 평가뿐만 아니라 음식 섭취량과 신체 특성, 생리 현상 및 기능 등의 영양에 관한 평가도 함께 이루어져야 한다. 또한 식사 기술에 영향을 미치는 구강 운동 정도, 치아 건강 상태와 음식 알러지, 대사 이상 장애 등 위험 요인도 함께 고려하여 식사 지도를 계획해야 한다. 학생 개인별로 개별화된 평가가 이루어져야 하며, 관찰 기록, 체크리스트 등을 활용할 수 있다. 식사 기술 평가는 독립적 식사를 하는 경우에는 학생의 독립적 식사 기술 수준에 대한 평가, 전적으로 타인의 지원으로 식사를 하는 경우에는 먹이기와 관련된 기술에 대한 평가로 나뉜다. 식사 지도의 목적은 궁극적으로는 보조기구의 활용이나 지원 없이도 스스로 독립적인 식사를 할 수 있게 하는 것이지만, 지체장애학생은 보조기구의 활용이나 지원이 있더라도 그 속에서 최대한 독립성을 확보하는 것이 목적이므로 지속적인 관찰과 수행 정도의 평가를 통해 개별적으로 맞춤화된 방법으로 식사 기술이 지도되어야 한다.

### (4) 식사 기술 중재

지체장애학생의 식사 기술을 중재하기 위해서는 일반적 중재 방법을 적용해야 하나 어려울 경우 다양한 수정 전략을 활용할 수 있다. 식사 기술 중재 시 고려해야 할 점은 다음과 같다. 첫째, 초기 기술인 숟가락, 포크 사용 등을 지도하는 단계에서는 훈련자가 동일한 것이 효과적이다. 둘째, 초기 지도는 조용한 장소에서 진행하는 것이 좋다. 셋째, 실제 식사 시간 속에서 식사 기술을 지도하고, 많은 기회를 제공하여 기술이 향상될 수 있게 한다. 넷째, 하나의 식기에 한 가지 음식으로 연습을 반복 지도하여 쉽고 효율적으로 기술을 배울 수 있게 한다. 다섯째, 식사 기술을 쉽게 배울 수 있도록 고안된 도구를 사용한다. 여섯째, 기술이 향상되면 청결도 함께 지도한다.

① 자세 교정

지체장애학생에게는 식사를 위해 바른 자세를 취하는 것이 어려운 일일 수도 있으며, 이를 위해 보조기기의 지원을 필요로 하는 경우도 있다. 식사를 위한 바른 자세는 지체장애학생의 개별적인 나이와 몸의 크기, 자세 및 신체 정렬과 관련된 현재 학생의 상태 등 모든 것이 고려되어야 한다. 신체의 좌우정렬을 맞추어 대칭이 되게 하고, 목과 허리를 펴고, 머리를 약간 숙이면 식사를 좀 더 수월하게 할 수 있도록 구강 운동 기능이 유도되는 것이 보통이다. 그러나 인두의 감각과 운동성에 문제가 있는 학생의 경우 이러한 자세가 오히려 흡인 위험성이 커지게 해 위험해질 수 있다. 보조기기의 지원을 필요로 하는 학생의 경우 교사는 적절한 보조기기를 찾아 지원해 주어야 하지만, 너무 많은 보조기기로 자세를 교정해 주는 경우 오히려 근육을 약하게 만들고 독립성을 없애는 부정적인 결과를 초래하기도 하므로 보조기기를 사용할 때는 신중해야 한다. 식사하기에 좋은 자세는 개인에 따라 다를 수 있으므로 세심한 관찰을 통해 자연스러운 자세를 유지할 수 있도록 해 주는 것이 좋다.

적절한 높이의 의자와 식탁을 제공하여 안정성을 보장하고, 자세에 적응하고 편안할 수 있도록 식사 시간 10~15분 전부터 자세를 교정하도록 한다. 식사하는 동안 가능한 한 직립의 자세로 앉게 하고, 식사를 마친 후 바로 눕지 않고 앉아 있도록 함으로써 음식물의 역류와 흡인을 예방할 수 있다. 타인의 식사 지원을 받아 음식을 섭취하는 지체장애학생의 경우 타인의 음식 제공 위치에 따라 근 긴장도가 이완 또는 긴장되기도 하는데 이때 음식 제공 위치는 지체장애학생의 얼굴 아래가 적절하다. 따라서 음식을 제공해 주는 타인은 지체장애학생보다 낮은 의자에 앉아 음식을 제공해 주는 것이 좋다. 비정상적인 반사작용을 최소화하고 음식을 쉽게 삼키게 하기 위해서는 목이 약간 앞으로 구부려져 있는 것이 좋은데, 음식을 제공해 주는 사람은 학생과 최대한 가깝게 앉아 학생의 옆 또는 뒤에서 지원할 수 있도록 한다. [그림 6-6]은 올바른 식사 지도 자세의 예시이다.

[그림 6-6] 올바른 식사 지도 자세의 예

② 음식 수정

각기 다른 음식의 감촉, 음료의 재질, 농도는 흡인 위험성을 최소화하여 좀 더 쉽게 먹을 수 있게 하는 안전하고 성공적인 먹기, 마시기의 중요한 요인이다. 크기가 큰 음식을 먹기 위해서는 입 안에 들어가면서부터 인두, 식도를 통해 위로 넘어가기까지 강한 근육의 움직임이 요구되는데, 이러한 근육 움직임에 장애가 있을 때는 큰 음식을 섭취하기 어렵다. 음식의 형태, 맛, 냄새, 온도는 지체장애학생으로 하여금 입 안에 음식이 있는지 없는지 인지하는 것을 도와 주고 먹고 마시는 데 필요한 근육 움직임을 자극한다. 구강 감각에 이상이 있는 학생에게 식감이 아삭아삭한 음식, 맵고 신맛의 음식을 제공하면 구강 움직임을 촉진하는 데 도움이 된다. 그러나 침을 많이 흘리는 지체장애학생에게는 신맛의 음식이 타액 분비를 촉진시켜 침 흘리는 행동을 심화시키므로 좋지 않다.

일반적인 음식 섭취가 어려운 학생에게는 쌀, 채소 등을 삶아 죽 형태로 제공하는 것이 좋다. 죽 형태의 음식은 삼키기에 용이하다는 장점이 있으나 저작 활동을 하지 않아도 쉽게 목 넘김이 가능하므로 기도 폐쇄의 위험성을 증가시키고 구강구조를 약하게 만든다. 또한 삶으면서 열을 가하므로 조리과정 중에 비타민이 파괴되어 비타민 결핍을 일으킬 수 있고, 변비와 충치를 일으키기도 한다. 따라서 죽 형태보다는 계속적인 저작 연습과 식사 습관 형성을 통해 점차 고형 음식을 먹을 수 있도록 지도하는 것이 중요하다.

③ 식사 방법, 도구 수정

식사 시도조차 보이지 않는 학생에게는 식사 도구 바르게 사용하기 전 단계인 손으로 음식 먹기를 지도한다. 주의할 점은 시작은 손으로 음식 먹기 지도로 시작하되 반드시 적절한 시점에 도구 사용 방법을 지도해야 한다는 것이다. 숟가락 잡는 바른 방법을 지도하고, 점차 촉진을 줄임으로써 학생이 독립적으로 수행할 수 있도록 한다.

지체장애학생에게 가능한 조기에 컵으로 마시는 연습을 시작하는 것은 정상 발달을 이루도록 하는 데 중요하다. 학생에 따라 컵을 사용하기 위한 기능이 다를 수 있으므로 개별화된 컵의 사용을 지도하는 것이 좋다. 음료를 눈으로 볼 수 있는 투명한 컵을 사용하면 학생 스스로 입술을 조절할 수 있어 좋다. 컵을 입술에 대 주고 음료가 윗입술에 닿을 만큼만 기울여 주어 학생 스스로 입술을 조절하며 먹게 한다. 걸쭉한 상태의 음료를 이용하여 지도하는 것을 시작으로 점차 음료의 농도를 묽게 한다. 고개를 들었을 때 몸의 균형을 잃거나, 고개를 들기 힘든 학생의 경우 컵 안의 음료가 보이도록 컵 윗부분을 대각선으로 잘라낸 컵을 사용하도록 한다. 이는 흡인의 위험을 줄일 수 있도록 목이 뒤로 젖혀지는 것을 막아 주고 코가 음료에 닿지 않게 해 준다. 적절하지 않은 식사 도구의 사용은 비전형적 운동 패턴을 조장할 수 있으므로 수정된 식사 도구를 적절히 사용하기 위해서는 세심한 관찰과 과제 분석이 중요하다.

과제 분석에 따라 각 단계별로 필요한 적절히 수정된 식사 도구를 선정하면 효율적으로 식사 지도를 할 수 있다. 지체장애학생의 턱 형태와 크기를 고려하여 입 안에 넣었을 때 치아와 잇몸을 건드리지 않는 크기와 형태의 숟가락을 선택함으로써 강직성 씹기 반사가 일어나지 않도록 한다. 강직성 씹기 반사나 부정교합이 있거나 구강 감각이 극도로 예민한 학생에게는 얇고 부드러운 실리콘 소재의 숟가락을 사용하여 자극을 최소화하고, 씹었을 경우 치아를 안전하게 보호할 수 있도록 한다. 수정된 식사 도구는 세심한 관찰과 진단을 통해 이것의 적용이 학생에게 명확한 이득이 있고, 가치가 있을 때 사용하도록 한다. [그림 6-7]은 숟가락 잡는 방법 및 수정된 식기의 예시이다.

잘못된 방법　　　　　　　　　　　바른 방법

숟가락 잡는 방법

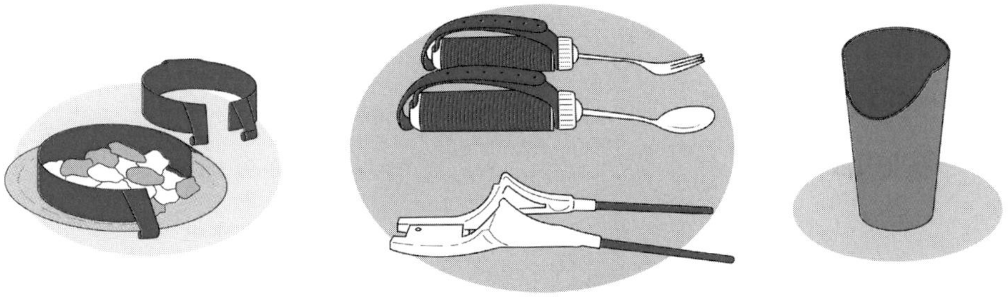

수정된 식기의 예

[그림 6-7] 숟가락 잡는 방법 및 수정된 식기의 예

④ 식사 시간, 환경 수정

정상화 원칙은 일반적인 환경에서, 약속된 식사 시간에 다른 사람들과 함께 같은 장소에서 같은 음식을 섭취하는 것을 말하며, 식사 기술을 지도할 때 가장 우선시해야 하는 원칙이다. 식사 행동을 지도하는 동안에 학생의 거부감, 기능적인 측면에서의 감소 현상, 음식 섭취량의 감소로 인한 영양 결핍 등 다양한 문제점이 나타날 수 있다. 따라서 정해진 식사 시간에만 식사 행동을 지도할 것이 아니라 추가적으로 식사 기술 지도 시간을 확보함으로써 이러한 문제점을 보완할 수 있도록 해야 한다.

안정된 환경을 제공해 주는 것은 과민한 반사행동을 가진 학생의 식사 기술 지도를 돕는다. 소음, 환경의 방해 요소, 학생의 식사에 영향을 미칠 만한 공격적이거나 산만한 행동을 가진 또래와의 분리 등을 고려한 정상화의 원칙에서 크게 벗어나지 않는 식사 환경의 수정은 초기의 식사 기술 습득에 도움을 준다. 마음을 안정시켜 주는 잔잔하고 부드러운 음악, 적절한 온도와 습도의 유지도 과민한 반사행동을 줄이는 중요한 요소가 될 수 있다.

⑤ 신체 보조 방법

식사 도구, 음식의 질감을 고려한다 해도 자세 조절이 안 되고 신체 정렬이 변화한다면 구강 움직임을 향상시키기 어렵다. 자세 교정, 음식 수정, 식사 방법·도구 수정, 식사 시간·환경 수정 후에 사용할 수 있는 방법이 신체 보조 방법인데, 중증의 신경운동장애가 있는 지체장애학생은 자세 지지를 통해 신체 안정성, 대칭성, 눈맞춤 능력을 향상시킬 수 있다. 그러나 신체 보조 방법을 과다하게 사용하면 학생이 독립적으로 식사하려는 시도를 줄이고 의존성을 높이게 되므로 최소한으로만 사용하도록 한다. 신체 보조 방법을 사용할 때는 학생의 신체적 기술에 대한 고려는 물론이거니와 심리적인 부분까지 고려하는 것이 필요하다. 교사는 학생의 다양한 언어적·비언어적 표현, 의사소통 시도 행동을 주의 깊게 살피고 즉각적으로 반응함으로써 학생의 표현을 강화한다. [그림 6-8]은 신체 보조 방법의 예시이다.

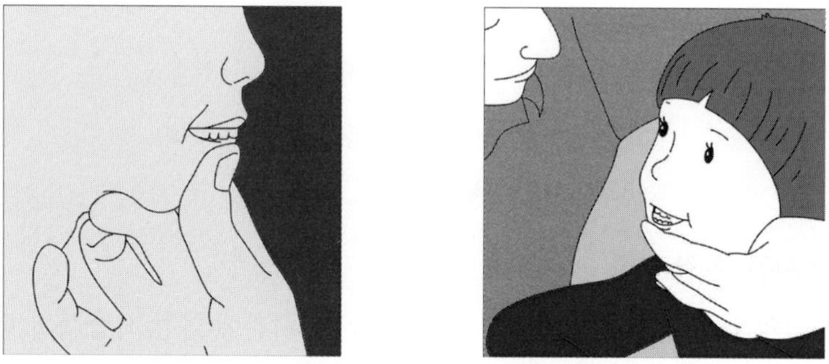

**[그림 6-8]** 앞면에서의 구강 조절(왼쪽)과 측면에서의 구강 조절(오른쪽)

⑥ 구강 운동

구강의 자극에 대해 민감하거나 둔감한 반응은 구강 운동 발달에 부정적인 영향을 준다. 과잉감각(hypersensitivity)을 가진 지체장애학생에게는 입 주위에서 떨어진 신체 부위부터 시작하는 촉감 자극 활동을 제공하여 촉감 자극에 대한 내성을 키울 수 있게 한다. 수건, 손, 장난감 등 다양한 매개체를 활용하여 다리, 몸통, 어깨, 목 이렇게 입 주위에서 떨어진 신체 부위부터 시작하여 얼굴까지 이르며 순차적으로 문지르고, 쓰다듬어 주는 식으로 감각 자극을 제공하며 점차 구강에 대한 자극까지로 확장하여 시도한다. 식사 기술의 향상을 위하여 학생의 구강 운동을 촉진하고 안면 과민반응을 줄여 턱의 조절을 도울 수 있다.

구강 운동을 촉진하기 위해서는 구강 주변 피부 문지르기 · 두드리기, 잇몸 · 입천장 마사지하기, 안면 근육 스트레칭하기, 구강 주변과 안면 근육 진동시키기, 혀 움직이기, 구강 주변에 차갑거나 따뜻한 물체 대고 감각 느끼기 등의 활동을 지속적으로 하는 것이 좋다. 그러나 입 바깥쪽의 자극을 받아들였다 하더라도 구강 내 자극에는 민감하게 반응하며 거부할 수 있으므로 서서히 점진적으로 단계를 확장해 가며 천천히 감각 자극을 제공해야 한다. 양치질은 중요한 구강 자극 방법 중 하나이다. 작고 부드러운 칫솔을 사용하여 치아, 잇몸, 혀에 촉감 자극을 제공할 수 있다. 조기에 지속적인 구강 자극을 제공하는 것은 학생의 강직성 씹기 반사와 같은 비정상적 반사 반응을 감소시키고 입 안의 자극을 견뎌 낼 수 있게 하는 좋은 방법이다.

⑦ 턱의 훈련

턱의 훈련을 통해 식사 기능을 향상시킬 수 있다. 첫째, 일찍부터 음식을 씹을 수 있는 기회를 제공한다. 장애가 심한 학생에게는 부드럽고 묽은 유동식만 제공하는 경우가 많다. 이것이 지속되면 입, 치아, 혀를 이용한 저작 운동은 전혀 경험하지 못하게 되어 턱의 기능에 문제가 생길 수 있다. 따라서 최대한 일찍부터 유동식에서 점점 더 단단한 고형식으로 차츰차츰 지도하여 씹을 수 있는 기회를 제공하는 것이 좋다. 둘째, 빨대로 빨기 행동을 지도한다. 빨대로 빨기 행동을 지도하는 것은 입술, 혀, 구개, 목구멍 운동을 위한 좋은 연습이 된다. 이때 빨대는 비닐로 만든 것을 사용하여 안전성을 확보한다. 셋째, 하루에 여러 번 씹을 수 있는 다양한 음식을 제공한다. 목걸이처럼 엮어 만든 오징어 · 육포 등을 제공하면 목에 걸리거나 삼킴 위험 없이 턱 훈련을 지도할 수 있다. 넷째, 씹는 기능의 향상을 위해 딱딱한 음식을 씹을 기회를 제공한다. 다섯째, 입에 먹을 것을 넣지 않고 씹는 연습을 한다. 여섯째, 구강 운동을 하면서 동시에 음성 기관을 같이 움직이는 연습을 할 수 있도록 씹는 흉내를 내면서 소리를 내는 연습을 시킨다. 음식을 핥는 연습은 혀의 운동을 촉진하는 좋은 활동이다. 치아 안쪽에 젤리 등을 붙여 주어 혀끝을 움직여 먹는 연습을 하는 것도 턱을 훈련하는 좋은 방법이다.

⑧ 튜브를 통한 음식물 섭취

씹기, 삼킴이 안 되는 연하 기능 문제, 비정상적인 구강 운동 반사, 위식도 역류 등의 문제로 구강 음식 섭취가 어려운 지체장애학생의 경우, 코, 목, 식도를 통해 위에 이르는 비위관, 또는 복부를 통해 위까지 연결된 위루관을 통해 음식물(formula, 유동식)을 섭취하는 경우가 있다. 비위관은 관이 빠지기 쉬워 흡인성 폐렴을 일으킬 가능성이 있는데, 이 문제를 보완하는 것이 위루관이다. 위루관은 비위관의 문제점을 보완하고 장기간 영양공급을 가능하게 하여 입을 통한 음식물 섭취가 어려운 중증 장애인에게 유용하다. 튜브를 통해 음식물을 섭취하는 학생도 일과 중 간식 시간, 점심 시간에 튜브 섭식이 이루어질 수 있도록 하여 또래와의 상호작용을 촉진한다. 튜브를 통해 섭식 시 직립 자세가 음식물의 역류를 방지하며, 식사 후 최소 1시간은 직립 상태를 유지할 수 있도록 지도한다. 교사는 위루관이 막히지 않았는지, 위루관 삽입 부위 주변의 피부 상태는 어떠한지 세심한 관찰과 점검이 필요하며, 위루관이 막혔거나, 위루관 삽입 부위 주변의 피부 상태가 이상하거나, 튜브가 빠지는 등의 상황이 생기면 즉시 병원에 연락하여 조치가 될 수 있도록 한다. [그림 6-9]는 위루관 삽입 상태, [그림 6-10]은 튜브를 통해 영양분을 섭취하는 학생의 모습이다.

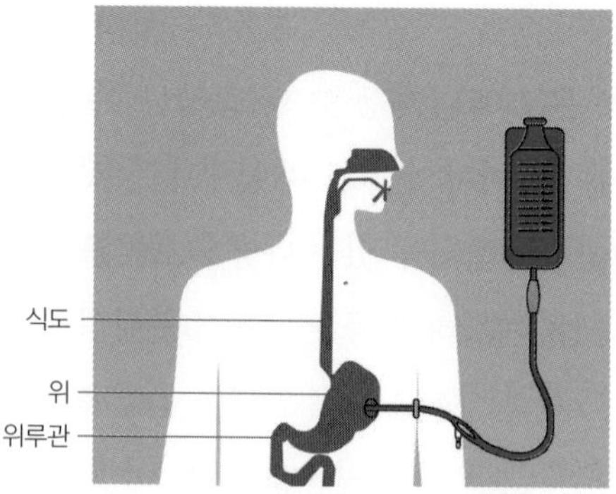


[그림 6-9] 위루관 삽입 상태

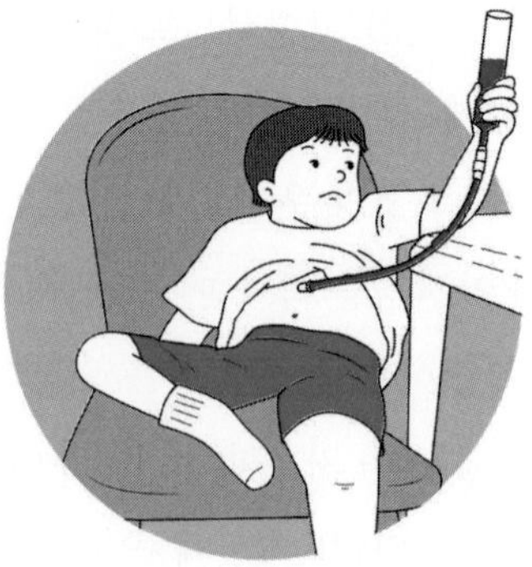

[그림 6-10] 튜브를 통해 영양분을 섭취하는 학생

⑨ 식사 예절

식사 기술 지도에는 식사 방법을 가르치는 것 이외에도 편식하지 않기, 장소에 따라 식사 예절 지키기, 외식하기, 타인과 함께 어울려 식사하기 등이 있다. 이러한 기술들은 학생 개인의 현재와 미래의 필요에 따라 결정하고 지도되어야 한다. 학교 급식소에서 친구들과 함께 식사할 때 지켜야 할 예절, 식사 시간에 요구되는 사회적 기술, 식사 전 식탁 세팅하기 및 식사 후 식탁 정리하기, 외식할 때 메뉴 고르고 주문하기, 음식 구입하기 등 다양한 기술을 학습할 필요가 있다. 학생의 필요와 요구에 따라 우선순위를 선택하여 다양한 식사 예절을 지도하는 것은 이들의 독립적 식사 기술을 증진시키고 사회에의 적응을 돕는다.

#### (5) 영양

식사를 지도하는 것의 목표는 발달과 성장을 위한 충분한 영양의 공급이다. 다른 사람에게 식사에 대한 도움을 받을 수밖에 없는 지체장애학생은 또래에 비해 영양 결핍이 될 가능성이 높다. 근 긴장도가 낮고 제한적 움직임을 가지는 지체장애학생은 보통 또래보다 필요한 열량이 적어 좀 더 빨리 체중이 증가하는 반면, 근 긴장도가 높은 학생은 더 많은 열량을 소비하므로 보조식을 더 섭취하여야 한다. 이처럼 학생들의 소비 열량이 각각 다르기 때문에 연령과 상태에 맞는 적절한 영양분 섭취를 섬세하게 살피고 유지하는 것이 중요하다.

보조식은 단백질, 지방, 비정제 탄수화물 등에서 나오는 보조 열량 성분으로 주는 것이다. 예를 들어, 음식에 분유, 땅콩 가루, 치즈 등을 뿌림으로써 영양과 열량을 더해 줄 수 있다. 고열량이나 영양소의 균형을 맞춘 조제분유도 있다. 또한 경량아는 일상적인 세끼 식사보다 적은 양을 자주 주는 방법을 통해 체중을 늘릴 수 있다.

이외에도 적절한 수분의 섭취, 약 복용, 부가적으로 생길 수 있는 문제에 대해서도 세심한 주의가 필요하다. 의사 표현이 힘든 학생의 경우 물을 마시고 싶다는 요구를 할 수 없어 수분 섭취에 제한을 받을 수 있다. 약을 복용하는 학생의 경우 특정 약이 학생의 영양 섭취, 대사 기능, 체중 등에 영향을 미칠 수 있으므로 면밀한 평가를 통해 약의 부작용을 최소화할 수 있도록 해야 한다. 필요한 열량이 적은 독립 보행이 안 되는 학생의 경우 이로 인해 변비, 운동 부족에서 오는 뼈 칼슘 감소, 근육 발육 부진 등의 문제가 나타날 수 있다. 이러한 영양학적 문제는 학생에게 심각한 문제를 일으킬 수 있으므로 정기적인 검사와 지도를 통해 위험 요인을 미리 예방하고 조치할 수 있도록 해야 한다. 좋은 영양 상태는 학업, 일상생활, 건강 등 학생의 삶 전반의 질에 긍정적인 영향을 미친다.

## 5) 위생 관리

중도 지체장애학생은 신체적 · 인지적 문제로 인해 위생 처리 수행에 어려움을 겪으므로 위생 관리를 효과적으로 수행할 수 있도록 위생 관리 지도를 계획해야 한다. 위생 관리의 목적은 개인 위생에 필요한 기초 기술들을 익히고, 이를 통해 외모를 가꾸고 향상시켜 자기 표현의 기회를 확대하는 데 있다. 개인 위생에 필요한 기초 기술을 익혀야 감염 · 질병 예방, 건강 유지, 사회화를 촉진하는 데 도움이 될 수 있다. 지체장애학생이 갖추어야 할 위생 기초 기술은 손 씻기, 세수하기, 머리카락 빗기, 호흡기 위생, 생리 위생 관리하기 등이다.

지체장애학생에게 위생 관리를 효과적으로 지도하기 위해서는 학생 개인의 요구 및 잔존 기술을 평가하여 개별화된 계획을 세우고, 학생 스스로 최대한 활동할 수 있도록 최소한의 지원을 제공하는 것이 중요하다. 위생 관리 지도는 자연스러운 상황에서 개인적 요구에 맞게 개별적으로 지도해야 한다. 위생 관리를 배우는 것은 감염 · 질병 발생을 예방해 건강을 유지할 수 있게 해 주고, 사회와 긍정적인 상호작용을 할 수 있도록 도와준다. 일반학생이 가지고 있는 것과 유사한 기술을 안전하게 지도해야 하며, 가정과 연계하여 상호 협조적으로 지도한다면 큰 효과를 얻을 수 있다.

### (1) 위생 관리 기술 평가

위생 관리는 독립적으로 수행하는 것이 바람직하지만, 개인이 가진 기능의 제한으로 인해 기술의 일부분만 참여하거나 혹은 전적으로 타인의 도움을 받을 수밖에 없는 지체장애학생도 많다. 독립적으로 수행할 수 없다고 해서 위생 관리 지도가 필요없는 것은 아니다. 이들의 부분적 참여를 촉진하여 과제 수행의 완성을 돕고, 학습된 무기력을 감소시키며 학생 스스로 활동의 일부를 조절할 수 있는 기회를 제공하는 것은 긍정적 자아개념형성에 도움을 준다. 위생 관리 지도 전략을 수립하기 전에 학생의 수준을 평가하고, 이들에게 필요한 기술을 결정하는 것은 중요하다. 학생에게 가르쳐야 할 위생 관리 기술을 과제 분석하여 학생의 실제 수행과 비교하고 차이를 분석한 후 지도할 기술을 결정한다.

#### (2) 위생 관리 지도 전략

교사는 다양한 교수전략 중 지체장애학생에게 가장 적절한 교수전략을 결정하여 이들의 위생 관리 기술을 가르쳐야 한다. 교수전략은 학생의 개인적 요구, 기능 수준 등에 따라 개별적으로 다양하게 요구되므로 연령에 적합하고, 문화적으로 적절하며, 사회적으로 수용될 수 있는 전략을 적절히 잘 선택하여 지도하는 것이 중요하다.

##### ① 선행 자극 촉진

자연스럽게 발생하는 단서만으로 목표로 하는 행동을 이끌어 내기에 충분하지 않을 때, 목표 행동 수행을 이끌어 낼 수 있도록 주어지는 자료, 교수 방법이 바로 선행 자극 촉진이다. 선행 자극 촉진의 예로는, 바지에 달려 있는 지퍼가 바지의 앞뒤를 구분할 수 있게 하는 명확한 자연스러운 단서임에도 학생이 이것을 단서로 바지의 앞뒤를 구분할 수 없다면 교사는 지퍼 부분에 빨간 스티커 등을 붙여 학생이 지퍼에 집중하도록 한다. 빨간 스티커가 학생의 주의를 집중하는 데 도움을 주기 때문이다. 반복된 연습으로 학생이 지퍼를 바지의 앞뒤를 구분할 수 있는 자연스러운 단서로 인식하게 되면 용암을 통해 점차 빨간 스티커 촉진을 줄여 나간다.

##### ② 자기 관리 촉진

과제 분석 단계가 그림으로 시각화된 시각 촉진 체계나 음성으로 기록된 음성 촉진 체계로 제공되어 학생이 스스로 일련의 단계를 수행할 수 있도록 하는 교수 방법이 바로 자기 관리 촉진이다. 최근에 화장실에 많이 붙여 사용하고 있는 손 씻기 단

[그림 6-11] 자기 관리 촉진의 예

계 그림 카드 등이 그 예라고 할 수 있다. 과제 수행을 위해 초기 한시적으로 혹은 지속적으로 그림 카드, 음성 촉진 자료를 사용할 수 있다. [그림 6-11]은 자기 관리 촉진의 예시이다.

③ 학습 전략

학생이 배우는 방법에 초점을 두어 과제를 독립적으로 수행하고 학습할 수 있도록 돕는 기술을 학습 전략이라고 한다. 학습 전략은 인지 손상이 적은 학생에게 적용할 수 있으며, 노래, 다양한 기억 증진 전략, 자기교수, 자기 점검 등이 있다. 예를 들어, 손 씻기 순서에 맞춰 손을 씻기 위해 '동요 반짝반짝 작은 별'을 개사하여 노래를 부르며 노래 가사에 맞추어 손을 씻게 할 수 있다.

> 반짝 반짝 예쁜 손 깨끗하게 씻자
> 손등 비벼 씻자 엄지손가락 씻자
> 깍지 끼고 씻자 손톱 끝도 씻자

④ 명시적 교수 제공

명시적 교수 제공은 교사 주도 접근 교육법으로 시범 · 모델링, 유도 연습, 독립적 연습으로 구성된다. 교사가 학생이 모델링할 수 있도록 목표 행동을 시범 보인 후, 도움을 주며 반복 연습을 하고, 마침내 독립적으로 수행할 수 있게 하는 것이다.

⑤ 반응 촉진

반응 촉진은 언어적 단서, 언어적 설명, 몸짓, 모델링, 부분적 신체 촉진, 전반적 신체 촉진 등 다양한 형태로 실제 행동 수행과정에서 지도와 도움을 제공하는 것이다.

### (3) 영역별 위생 관리 기술

① 손 씻기

손 씻기는 감염, 질병 발생을 예방할 수 있는 가장 효과적인 수단이다. 손 씻기는

[그림 6-12] 손 씻기 지도 및 수정된 손 씻기 도구의 예

음식 준비하기 전, 식사 전, 식사 후, 화장실 사용 후, 약물 복용 전 등 일상생활 속에서 계속해서 이루어지는 활동이므로 일과 활동의 일부분으로 지도해야 한다. 손 씻기를 지도하기 위해서는 우선 과제 분석이 필요하다. 수도꼭지 열기, 손에 물 묻히기, 손 구석구석 비누칠하기, 헹구기, 수도꼭지 잠그기 등의 과정이 포함될 수 있다. 또한 신체적 어려움이 있는 학생들을 위해 조정된 보조도구들이 필요할 수도 있다. 손 씻기를 위한 물리적 접근성도 고려되어야 한다. 휠체어가 들어갈 수 있도록 밑부분의 공간이 확보되어 있는 세면대, 또는 수도꼭지를 쉽게 열고 잠글 수 있게 해 주는 긴 손잡이 등이 그 예이다. [그림 6-12]는 손 씻기 지도 및 수정된 손 씻기 도구의 예이다.

② 세수하기

세수를 언제 해야 하는지를 아는 것도 세수하기 지도의 한 단계가 될 수 있다. 세수는 얼굴이 지저분해졌을 때 외에도 아침에 일어난 후, 밤에 자기 전에도 하는 것이라고 지도한다. 또한 학교에서 점심이나 간식을 먹은 후 입 근처 얼굴에 음식물이 묻어 지저분해졌을 때 휴지나 물티슈로 닦이지 않는 경우에도 세수를 한다고 지도할 수 있다. 일과 중에 틈틈이 자신의 얼굴을 살펴 세수가 필요한지 판단하기 위해 학생의 눈높이 전면에 거울을 놓아 자신의 얼굴을 살펴보는 거울보기 기술도 함께 결합하여 지도하는 것도 좋다. 지저분해진 얼굴을 씻기 위한 목표를 달성하기 위해 반복된 수행, 체계적 교수전략을 사용할 수 있다. 쥐기에 어려움이 있는 지체장애학생에게는 세안 장갑이 유용하게 사용될 수 있다. 이외에도 세수하기를 돕기 위한 다양한 보조용품이 개발되어 있다. 앉기 자세 유지가 어렵고 머리를 가눌 수 없는 학

[그림 6-13] 세수하기 지도 및 수정된 세안 도구의 예

생이라도 누워서 얼굴을 닦기보다는 가능한 범위 내에서 몸을 세워 얼굴을 닦아 주는 것이 좋다. 목 가누기가 가능한 학생이라면 얼굴을 볼 수 있는 세면대에서 거울을 볼 수 있게 하면서 얼굴을 닦아 주는 것이 좋다.

세수하기 지도를 계획할 때 제일 처음에는 물만 사용하여 지도하고, 학생이 물만 사용하여 세수를 잘하게 되면 그다음 단계로 비누를 사용하여 세수하기를 지도한다. 물로 세수하기가 익숙하지 않은 상태에서 비누를 사용하여 세수하기를 지도하게 되면 씻는 동안 학생의 부주의로 눈을 만지는 등 비누가 눈을 자극하게 되는 상황이 발생하여 이런 부정적 경험 때문에 학생은 세수하기를 회피하게 될 수도 있기 때문이다. [그림 6-13]은 세수하기 지도 및 수정된 세안 도구의 예시이다.

③ 머리카락 빗기

머리카락 빗기는 하루 일과 중에 수시로 지도할 수 있다. 누워서 휴식 후, 체육 활동 후 헝클어진 머리카락을 단정하게 빗는 등 수시로 머리카락 빗기는 필요하다. 개인의 머리카락 모양에 따라 빗질 방향이 달라지기 때문에 머리카락 빗기 과제 분석은 학생 머리카락 모양을 중심으로 이루어져야 하며 머리카락을 다양한 방향으로 나누기, 머리 장식 사용하기 등의 기술과 함께 지도되어야 한다. 머리카락을 빗는 것은 손목, 팔, 어깨의 광범위한 움직임, 근육의 힘이 요구되기 때문에 지체장애학생이 스스로 머리카락을 빗는 것은 어려울 수 있다. 큰 손잡이, 긴 손잡이 등으로 수정된 빗이 지체장애학생의 머리카락 빗기 활동을 도와줄 수 있다. [그림 6-14]는 머리 빗기를 위해 수정된 긴 손잡이 빗의 예시이다.

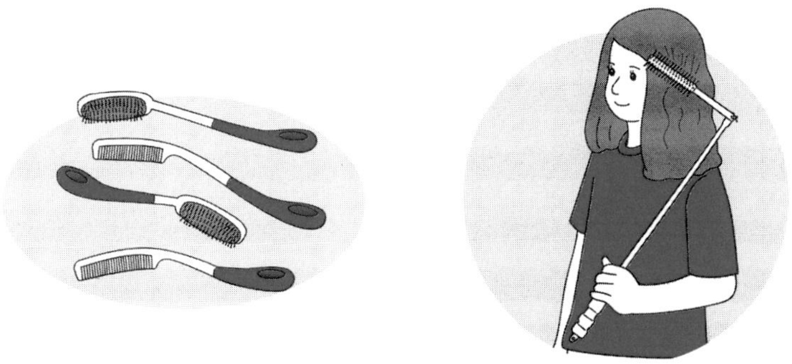

[그림 6-14] 머리 빗기를 위해 수정된 긴 손잡이 빗의 예

④ 호흡기 위생

지체장애학생은 올바른 손 씻기는 물론 기침 예절을 익혀 호흡기 감염 위험을 최소화할 수 있어야 한다. 기침, 재채기를 할 때 코와 입을 가리고 손이 아닌 팔꿈치 안 소매에 기침과 재채기를 하면 손을 통한 전염을 최소화할 수 있다. 또한 콧물, 침 등의 분비물을 휴지에 처리하고 이를 쓰레기통에 버릴 수 있어야 하는데, 이러한 휴지 사용에 익숙해지려면 휴지를 사용하여 코를 푸는 방법도 배워야 한다. 코를 푸는 것을 이해하지 못하고 알지 못하는 학생도 있으므로 다양한 방법으로 코에서 힘을 내뿜는 경험을 해 보게 하는 것도 중요하다.

⑤ 생리 위생 관리하기

지체장애 여학생의 독립을 촉진하기 위해 생리 위생 관리를 학습하는 것은 중요하다. 장애 여학생이 대부분 생리를 경험하면서 겪는 어려움으로 인해 생리 위생 관리를 위한 도움을 필요로 하고 있다. Rodgers와 Lipscombe(2005)의 연구에 따르면, 지적 장애 정도와는 관련 없이 생리 위생 관련 기술을 그들에게 아무도 가르쳐 주지 않았다고 응답한 비율이 무려 29%에 달했다. 대부분은 어머니에게 생리 위생 관리법을 배웠다고 답변했는데, 교사 역시 지체장애 여학생에게 이 기술을 가르쳐야 한다. 자기교수는 생리 위생 관리를 효과적으로 지도할 수 있는 방법이다. 모형이나 인형을 활용하여 시연하는 것보다 학생이 생리 중일 때 혹은 상황을 연출하여 스스로 절차를 실행하는 데 필요한 동작들을 실연해 보는 자기 교수법이 더 효과적이다. 지저분한 속옷과 지저분하지 않은 속옷을 보여 주는 연습을 통해 언제 생리대를 사용할 것인지 학습하게 할 수 있다. 언제 생리대를 사용할 것인지 인지하는 것이 어려운 학생에게는 아침 기상 후, 아침 식사 후, 점심 식사 후, 하교하기 전, 저녁 식사 후, 잠자리에 들기 전 등 일과를 특정하여 생리대를 교체하도록 지도할 수 있다. 생리 주기를 달력에 표시하게 하는 것도 생리를 예측하고 준비할 수 있게 하는 효과적인 방법이다.

생리대 파우치에 그림 촉진 체계를 넣어 두고 사용하게 할 수도 있다. 생리대를 교체하는 것도 작은 단계로 과제 분석하여 지도한다. 과제 분석에는 화장실로 이동하기, 옷 벗기, 자세 잡기, 지저분한 생리대 처리하여 버리기, 생식기 청결하게 닦기, 새 생리대 붙이기, 옷 입기 등이 포함된다. 생리 위생 관리 과제 수행 후 손을 깨끗하게 씻는 것도 중요하다. 신체적 장애로 인해 학생들이 이와 같은 절차를 독립적으로 수행할 수 없을 때는 보완대체의사소통기기의 사용을 통해 생리대 교체 의사 표현을 할 수 있도록 지도한다. 이때 지원인은 개인적인 공간에서 장갑을 사용하여 학생의 존엄성을 지켜 주며 지원할 수 있도록 한다.

### 6) 옷 입고 벗기

옷 입고 벗기 활동은 운동 기능(관절운동 범위, 근력, 협응, 자세조절, 쥐기 · 놓기)은 물론 감각 기능(시각, 촉각), 지각 기능이 필요한 활동으로, 옷을 입고 벗는 것을 배우는 것은 타인에게 의존하는 것을 줄이고 독립적 생활로 가는 중요한 단계이다. 여기에는 기능적 옷 입고 벗기 외에 기후, 상황, 장소에 따라 입을 옷을 바르게 선택하고, 자신에게 어울리는 옷을 입는 것까지도 포함된다. 지체장애학생에게는 옷 입고 벗기의 습득 · 숙달을 어렵게 하는 기능적 문제가 있을 수 있다. 근 긴장도와 강도, 자세 잡기, 머리와 몸통 조절, 미세운동의 민첩성, 협응과 운동 계획, 지각 기술의 손상 유형과 정도 등이 그것이다.

지체장애학생의 경우 학생이 가진 장애 정도에 따라 혼자 옷을 입는 것은 실질적인 목표가 될 수 있다. 만약 학생이 운동기술을 가지고 있다면 목표를 달성할 수 있도록 가능한 한 모든 것을 돕고, 제대로 움직일 수 없으나 옷 입기를 하고 싶어 하고 이 과정을 이해할 수 있다면, 특별한 자세 잡기 기법, 수정된 옷 입기, 보조기기 활용, 타인의 지원 등으로 옷 입기 과정에 최대한 참여할 수 있도록 돕는다. 설령 장애로 인해 스스로 옷 입고 벗기를 할 수 없더라도 옷 입고 벗는 기회를 많이 제공하는 것은 중요하다. 옷에 손을 뻗어 옷의 질감을 느낄 수 있게 해 주거나 양말을 벗을 때 발을 만지게 하는 등 옷을 입고 벗는 동작을 스스로 느낄 수 있게 교사가 안내하는 것도 한가지 방법이 될 수 있다. 학생이 가능한 한 가장 높은 수준에서 독립적으로 옷 입고 벗기를 수행할 수 있도록 지원하는 것이 바로 교사의 역할인데, 이를 위해서는, 첫째, 현재 학생의 옷 입고 벗기 기술을 평가하고, 둘째, 개별화된 적절한 옷 입고 벗기 기술을 지도하며, 셋째, 학생에게 맞게 수정된 의류와 옷 입기 도구를 제공해야 한다.

### (1) 옷 입고 벗기 발달단계

옷 입고 벗기를 배울 때 학생들은 다음과 같은 4단계를 거친다(박지환, 2014).

표 6-1 옷 입고 벗기 발달단계

| | |
|---|---|
| 1단계 | 옷을 입힐 때 협조하는 것을 배운다. 예를 들면, 소매를 끼울 때 팔을 뻗거나 양말이나 신발을 신을 때 다리를 움직이지 않는 것 등이다. |
| 2단계 | 보조하는 단계를 배운다. 양말을 신으려 할 때 끌어올리거나 상의를 벗을 때 소매를 끌어당기는 것 등이다. |
| 3단계 | 언어 지시에 따라 도와주는 사람과 함께 옷을 벗고 입는 것을 배운다. |
| 4단계 | 독립적으로 옷을 입고 벗는 것을 배운다. |

### (2) 옷 입고 벗기 기술 평가

교사는 부모와의 면담을 통해 옷 입고 벗기 기술을 평가하고, 옷 입고 벗기 기술을 지도하는 데 필요한 정보를 얻을 수 있다. 또한 학생의 행동을 주의 깊게 관찰함으로써 학생이 옷 입고 벗기와 관련해서 가지고 있는 기술을 평가할 수 있다. 관찰을 통해 학생의 옷 입고 벗기 기술을 과제 분석하고 각 단계의 수행을 기록하고 평가하는데, 이때 학생은 가능한 한 많은 과제를 수행하도록 촉진되어야 한다. 이 평가 기록을 바탕으로 각 단계에서 학생이 수행할 수 있는 것과 수행할 수 없는 것을 파악하고, 필요한 기술을 결정하여 옷 입고 벗기 중재를 계획한다.

### (3) 옷 입고 벗기 중재

① 자세 교정

옷 입고 벗기에서 올바른 자세는 매우 중요하다. 스스로 옷 입고 벗기를 하지 못하는 지체장애학생에게는 옷 입고 벗기를 하는 동안 근육의 긴장이 증가하는데, 이를 막을 수 있도록 적절한 지원이 필요하다. 지체장애학생은 낮은 의자에 앉아 있을 때 옷을 입기 쉽지만, 만약 목이나 몸통을 가누지 못한다면 양육자의 무릎에 앉혀 자세를 지지해 준다. 누운 자세보다 덜 수동적인 앉아 있는 자세가 옷 입고 벗기를 배우는 데 유리하기 때문이다. 바른 자세를 위한 균형 조절, 팔 · 다리의 움직임을 보조해 주는 자세 유지 보조기기들이 다양하게 나와 있으므로 적절히 선택하여 지원할 수 있도록 한다. 앉은 자세에서 균형 조절, 팔 · 다리의 움직임에 도움이 필요한 학생은 침대나 바닥에 앉아서 양육자가 잡아 주어 자세를 유지할 수 있도록 한다.

그러나 기저귀를 착용하는 중도 지체장애학생의 경우 앉아 있을 때보다 누워 있을 때 옷 입고 벗기 기술을 더 쉽게 지원할 수 있기도 하다. 이들은 스스로 움직이기 어려운 경우도 많으므로 옷 입고 벗기를 할 때 엉덩이를 들어올리게 하거나 좌우로 몸을 살짝 돌려보게 하는 등 약간이라도 움직일 수 있는 기회를 제공하는 것이 중요하다. 또한 경직성이 있는 학생은 경직성이 더 심해지는 것을 막기 위해 머리 밑에 베개를 놓거나 가슴 위에 손을 얹고 잡아 주는 등의 방법을 사용하는 것이 좋다.

② 옷 입고 벗기 지도

옷 입고 벗기 기술은 하위 단계로 과제 분석하여 각 단계를 순서대로 수행하도록 지도해야 한다. 일반적으로 옷을 벗는 것이 입는 것보다 쉽다. 학생들은 신발을 신고 끈을 묶는 것보다 끈을 풀고 신발을 벗는 것을 더 쉽게 생각하며, 바지나 치마를 입는 것보다 벗는 것을 더 쉽게 느낀다. 그렇기 때문에 옷 입기보다 옷 벗는 것을 먼저 가르치는 것이 좋은데, 처음부터 학생 스스로 옷을 모두 벗는 것은 어려우므로 교사가 이 단계를 세분화하여 지도하는 것이 중요하다. 가장 쉬운 것은 양말을 벗는 것이다. 양말을 벗는 것을 배우기 시작할 때, 우선 양말을 발끝까지 거의 벗겨 준 후에 학생이 마지막 동작을 하게 한다. 학생이 하나씩 동작을 익힘에 따라 조금씩 도움을 줄인다. 점진적으로 도움을 줄여 양말이 뒤꿈치 위쪽에 있을 때도 양말을 벗을 수 있는 것을 목표로 한다. 이처럼 과제 분석한 단계를 촉진 전략을 사용하여 지도하는 보편적이지만 이보다 먼저 우선시되어야 할 것은 학생의 선호도이다. 학생의 선호도가 고려된 자료를 통해 지도한다면 학생의 흥미를 이끌어 내는 것은 물론 동기유발을 증진하여 학습효과를 높이는 데 도움이 될 수 있다. 만약 학생이 옷 벗는 것을 혼자 할 수 없다면, 할 수 있는 것부터 할 수 있게 돕는다. 예를 들면, 부모가 셔츠 소매를 뺄 때 자녀가 팔을 들게 하거나 또는 체중 이동을 시켜 바지를 쉽게 벗게 한다. 만약 학생이 매우 제한된 동작만 할 수 있으면, "다음엔 뭘 벗어야 하지?"라고 물어 벗어야 할 옷을 쳐다보게 한다. 또한 편마비 학생의 경우 마비된 팔을 먼저 소매에 넣고, 마비되지 않은 팔을 넣을 수 있도록 지도한다.

옷 입고 벗기는 하루 속에서 자연스럽게 일어나는 기술이지만 이것에 그치지 말고 의도되고 구조화된 과제를 자주, 집중 제시함으로써 좀 더 빠른 습득이 일어나도록 한다. 강화를 사용하여 새로운 기술을 습득할 수 있게 하고, 점차 강화를 줄여 감으로써 스스로 할 수 있도록 계획한다. 옷 입고 벗기 기술은 옷을 단정하게 갖춰 입은 자신의 모습 그 자체, 그리고 다른 사람들의 '와' '멋지다' 등의 간단한 긍정적인 반응만으로도 강화될 수 있다. 가정과의 긴밀한 소통을 통해 학교와 가정에서 모두 일관성 있게 지도될 수 있도록 하는 것 역시 중요하다.

### ③ 관련 기술 지도

옷 입고 벗기 기술은 그 자체로 따로 독립적으로 가르칠 것이 아니라 등하교, 배변 등 일과 속에서 다른 기술과 결합하여 함께 지도하는 것이 좋다. 등교 후 교실에서 겉옷 벗어 정리하기, 하교하기 전 교실에서 겉옷 입기, 점심 시간에 앞치마 입기, 체육 시간에 체육복 갈아입기, 미술 시간에 미술 가운 걸치기, 화장실에서 배변 전 옷 벗기, 배변 후 옷 입기 등 학교 일과 속에서 이루어지는 여러 활동에 결합하여 일과 중에 반복 지도한다. 스스로 옷을 입고 벗는 기술을 습득할 수 없어 타인의 도움을 받을 수밖에 없는 학생에게도 부분 참여의 기회를 제공하는 것이 중요하다. 옷을 입고 벗는 각 단계에서 학생 스스로 할 수 있는 부분을 확장할 수 있게 지도 계획을 수립한다. 옷의 단추 채우기를 지도할 때 상업화된 교재나 교구, 인형 등을 사용하여 지도하는 것은 좋지 않다. 학생의 평상복을 이용하여 지도하되, 옷의 치수를 다르게 하거나, 단추 크기를 다르게 하거나, 운동화 끈을 벨크로 등으로 대체하는 등의 적절한 수정을 통해 유용하게 지도할 수 있다. 옷 입고 벗기 기술을 습득한 학생은 계절, 날씨, 행사, 활동 속에서 자신의 취향을 고려하여 선택할 수 있는 기술을 익혀 더욱더 독립적인 옷 입고 벗기 기술을 습득할 수 있게 지도한다. 학교 일과 속에서 교육과정의 한 부분으로 포함하여 매일의 날씨를 확인하며 해당 날씨에 어떤 옷을 입어야 하는지 학습할 수 있다. 또한 왼쪽 · 오른쪽, 앞 · 뒤, 위 · 아래, 안 · 밖, 색, 크기, 무게 등의 어휘 개념을 함께 지도하여 옷 입고 벗기 기술 지도의 효과를 확장할 수 있게 계획한다.

④ 의복의 선택

몸이 불편한 사람들을 위해 목 부분이 넓고 신축성이 있어 쉽게 옷을 입고 벗을 수 있게 디자인된 옷들이 있다. 지퍼 손잡이가 조금 더 크거나 단추가 쉽게 풀어지거나 장식이 벨크로로 되어 있거나 잠금장치가 크거나 한 옷들이 그 예이다. 또한 조금 큰 치수의 옷을 사거나 니트와 같이 잘 늘어나는 옷감을 골라야 한다. 옷을 살 때는 지퍼가 달린 옷이 단추보다 편하고, 앞이 열리는 옷이 뒤로 입는 옷보다 편하며, 매끄러운 안감의 옷이 입기 쉬우며, 접착식 천이 달린 신발이 끈으로 매는 신발보다 편하다는 것을 염두에 두어야 한다. 무슨 옷을 살지에 관해서는 항상 학생의 의견을 존중해야 한다. 비록 혼자 옷을 입지 못하더라도 스타일과 색깔의 선택권을 줘야 한다. 현실적으로 가능하다면 독립성을 가지도록 유도하는 것이 중요하고, 만약 할 수 없다면 될 수 있는 한 수동적보다는 적극적으로 참여하게 해야 한다. 이러한 기회를 잃는다면, 학생은 자존의 성장을 가로막는 무력감을 학습하게 된다. 비록 해 주는 것이 더 쉽고 시간 절약이 된다고 생각되더라도, 할 수 있는 기회를 주고 격

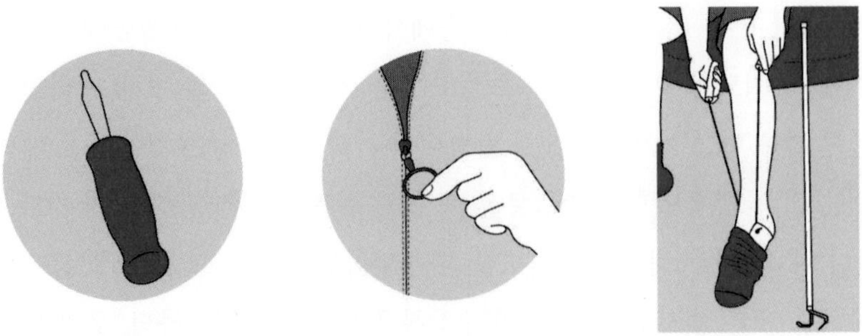

[그림 6-15] 옷 입고 벗기를 위해 수정된 도구의 다양한 예

려해야 한다. [그림 6-15]는 옷 입고 벗기를 위해 수정된 도구의 다양한 예시이다.

## 7) 배변 훈련

사람이 살아가면서 매일 반복적으로 평생 동안 하는 활동 중 하나가 바로 배변이다. 배변은 생명 유지, 심신의 건강을 위해 매우 중요하다. 배변은 신경계가 성숙해감에 따라 수의적 능력이 발달하는데, 보통의 아동은 2~3세경에 배변 기술을 익히게 되는 반면, 이동능력, 의사소통 능력, 근육운동 기능 등의 제한이 있는 지체장애학생은 배변 기술을 익히는 시기가 조금 늦은 편이다. 배변 기술은 지체장애학생의 긍정적 자아개념 발달, 다양한 질환 예방, 졸업 후 진로 결정 등에 중요한 영향을 미친다. 지체장애학생도 혼자서 용변 보기를 충분히 할 수 있다는 생리학적 성숙의 징후를 보이는데, 이전과는 달리 더 이상 한 번에 몇 시간씩 기저귀를 적시지 않는 것, 기저귀가 젖거나 더러워졌음을 스스로 알아차리는 것 등이 바로 배변 훈련을 시작할 준비가 됐음을 알리는 징후라 할 수 있다. 배변 훈련이 준비됐음을 표시하는 학생에게 이는 자립의 단계로 나아갈 수 있는 기회인데 이를 놓쳐서는 안 된다. 비교적 정기적이고 예측 가능한 시간에 배설하고, 배변 실수를 하지 않고 한 시간 이상 버틸 수 있는 능력이 갖추어졌을 때 배변 훈련을 시도할 수 있다.

### (1) 배변 기술 평가

지체장애학생의 배변 훈련은 18개월 이전에 시작해서는 안 되고, 보통 4세 이후 생활기술 지도의 하나로 시작하는 것이 좋다. 배변 기술을 지도하기 전에 배변 훈련 준비도를 확인하기 위한 방법은 다음과 같다.

#### ① 배변 준비도 평가

배변 준비도 평가에 대한 목록은 〈표 6-2〉와 같다.

표 6-2 배변 준비도 평가 목록

| 배변 준비도 |
| --- |
| • 신경체계와 근육의 움직임<br>• 하루 한 번 규칙적인 장운동<br>• 기저귀가 젖었을 때 스스로 알아차리고 얼굴 표정, 몸짓 등으로 배변 표현<br>• 생활 연령 2세 이상<br>• 부모의 배변 훈련 의사와 협력의 정도<br>• 젖지 않은 기저귀의 상태가 1~2시간 이상 유지<br>• 하루 3~5회 정도 같은 시간의 소변 정도의 일정한 패턴<br>• 변기에 앉았을 때 균형을 유지할 수 있는 능력 |

② 배변 패턴 평가

배변에 대한 평가는 자연스러운 배변 습관을 알기 위한 것으로 교사와 부모가 협력하여 배변 차트를 이용해 학생의 배설 형태와 장운동의 패턴을 확인하는 것이다. 배변 패턴 평가를 위한 배변 자료 수집 항목은 〈표 6-3〉과 같다.

표 6-3 배변 패턴 평가를 위한 자료 수집 항목

| 배변 자료 수집 |
| --- |
| • 기간: 약 2~4주<br>• 간격: 매시간 15~30분 간격<br>• 기록 내용: 적절한 기호 사용<br>  -언제 교사가 학생을 화장실에 데려다주었는지<br>  -학생이 소변을 보았는지<br>  -음식과 어떤 관계가 있는지<br>• 평가: 수집된 자료를 토대로 배설 시간, 간격, 양 평가 |

규칙적인 배변 패턴이 정해질 때까지 자료 수집을 하며, 처음에는 낮 동안의 배설 패턴을 조사하여 낮 동안의 훈련이 성공적으로 끝나면 밤 동안의 조사와 훈련을 실시한다. 부모의 참여가 필요하며, 정확한 배변 패턴을 알기 위해 최소 2주 이상 실시한다.

③ 배변 관련 기술 평가

배변과 관련된 기술 평가에 대한 목록은 〈표 6-4〉와 같다. 분리된 목표로 설정하여 체계적으로 지도한다.

표 6-4 배변 관련 기술 평가 목록

| 배변 관련 기술 |
|---|
| • 이동하기<br>• 옷 입기, 벗기<br>• 닦기<br>• 물 내리기<br>• 손 닦기<br>• 배변 의사 표현<br>• 어휘 이해 능력 |

### (2) 배변 훈련 지도

① 자세 교정

배변 훈련에서 가장 중요한 것은 자세를 잡는 것이다. 안정성 확보를 위해 다리, 엉덩이, 골반, 몸통 근육의 긴장도 및 자세를 조절하고, 신체를 바르게 정렬하는 것은 배변 훈련의 기초가 된다. 높은 근 긴장도를 가진 학생은 화장실을 사용할 때 다리, 엉덩이, 골반의 근 긴장이 증가하기 때문에 이러한 긴장을 최소화하는 것이 중요하다. 배변 훈련은 장과 방광의 훈련을 포함한다. 자기 관리, 최대의 청결과 편안함 제공, 대소변의 잔여물로 인한 피부 손상 예방, 신장과 방광 기능의 변화를 예방하는 것이 장과 방광 훈련의 목표이다. 이는 보호자에 대한 의존도를 낮추고 감정 문제를 완화해 준다.

낮은 근 긴장도를 가진 지체장애학생은 장, 방광의 근육 수축 능력이 부족하므로 학생이 배변 훈련 목표를 달성하는 것을 돕기 위해서는 비정상적인 근 긴장을 최소화하여 몸을 지지해 주고 자세를 잡을 수 있는 보조기기가 필요하다. 이때 가장 많이 사용되는 것이 수정된 변기, 소아용 변기이다. 지체장애학생이 화장실을 사용하기 위해서는 적절한 자세를 취해야 하는데, 수정된 변기는 적절한 자세를 취할 수

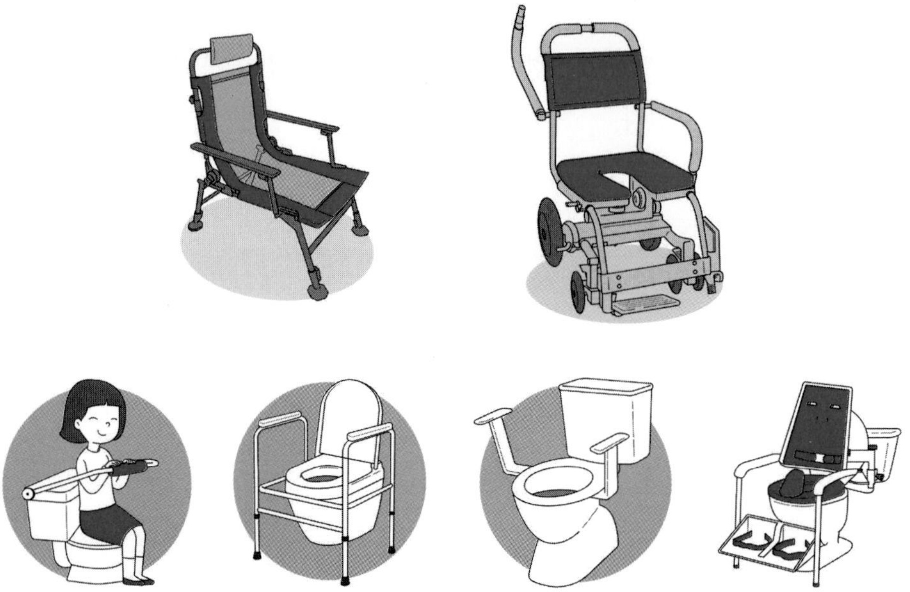

[그림 6-16] 배변 훈련 지도 방법 및 다양하게 수정된 변기의 예

있게 도와주고, 변기에서 떨어지는 것을 방지해 주며, 학생의 긴장을 풀게 한다. 발이 바닥에 닿게 하는 것은 자세 잡기를 위해서뿐 아니라, 배변 시 복근에 힘을 주기 쉽게 만들어 준다. 일반 학생들이 사용하는 대부분의 변기는 지체장애학생이 사용하기에도 적합하다. 특수보조기 상점에서 각각의 연령대와 장애 정도에 맞는 변기를 구입할 수 있다. 일반 변기에 덧씌우는 유아용 변기 커버는 적절한 지지와 안정감을 주지 못하기 때문에 좋지 않다. 그러나 장애 정도에 따라, 양쪽에 지지대가 있거나 변기 커버에 꼭 맞는다면 유아용 변기 커버도 효과적일 수 있다. 이외에도 지체장애학생의 화장실 이용 시 자세 교정을 위해 활용할 수 있는 자세 보조기기는 다양하다. 자세 지지, 신체를 바르게 정렬하는 데 도움을 줄 수 있는 손잡이와 지지대, 의자 형태의 보조기기, 바닥에 발이 닿지 않는 자녀의 발을 지지해 줄 수 있는 발판 등이 있다. [그림 6-16]은 배변 훈련 지도 방법 및 다양하게 수정된 변기의 예시이다.

② 배변 훈련 단계

배변 훈련은 경험적으로 유효한 교수 방법을 학생의 연령에 맞게, 학생이 독립적으로 수행할 수 있도록 고안 · 적용해야 한다. 배변 습관 형성, 스스로 화장실 가기 시도를 시작으로 점차 독립적으로 수행할 수 있도록 점진적으로 단계를 진행하며 지도해야 하는데, 각각의 기술은 하나의 단순 과제처럼 학습할 수 있게 한다. 배변 훈련과정은 과제 분석이 필요하다. 학생들의 운동능력에 따라 과제 분석은 다양하게 나뉠 수 있다. 학생이 스스로 모든 단계를 모두 수행할 수 없다면 타인에게 자신이 받기를 원하는 도움을 요청하는 것을 지도하고, 격려해야 한다. 배변 훈련은 학생들의 수집된 배변 자료를 토대로 변기에 앉는 훈련부터 시작한다. 변기 사용을 지도할 때 미취학 아동의 경우 이동식 변기를 사용해도 좋지만, 취학 학생의 경우는 직접 화장실에 가서 지도하는 것이 좋다. 배변 훈련을 할 때는 학생의 잔존능력 수준을 진단하고 학생이 최대한 스스로 할 수 있도록 최소한의 지원만을 제공하도록 한다. 만약 배변 훈련의 첫 시도가 실패하면, 몇 개월을 기다렸다가 다시 시도해 본다. 많은 지체장애학생의 배변 훈련은 가능하다. 그러나 발달연령은 배변 훈련을 하는 데 있어 중요한 요소임을 알아야 한다. 어떤 학생들은 배변 훈련이 가능한 발달연령에 이르지 못한다. 대부분의 의료 기상이나 대형할인마트, 약국 등에서 큰 크기의 요실금 팬티 및 기저귀를 구할 수 있다.

### 가. 습관 형성

습관 형성 단계는 배변 패턴을 파악한 후 규칙적인 시간 계획에 따라 학생이 변기에 앉는 경험을 갖도록 지도하는 단계이다. 예측되는 시간 10분 전에 화장실에 가도록 하여 5분 정도 변기에 앉아 있게 한다. 화장실에 가까이 가는 것을 시작으로 변기에 앉기, 변기에 앉는 시간을 늘려 가기 단계로 점진적으로 지도한다. 가장 중요한 것은 학생이 변기에 앉았을 때 편안해야 한다는 것이다. 앞에서 설명한 것처럼, 자세 유지가 어려울 때는 자세 보조기기를 사용하거나 난간을 이용해 필요한 운동기능을 훈련하게 한다. 또한 유아용 변기, 유아용 변기 커버, 배설 경보기, 손잡이, 지지대, 논슬립 매트 등 보조기기들을 이용하여 자녀의 화장실 환경을 수정해 주는 것은 학생의 화장실 습관을 형성하는 데 도움을 준다.

또한 화장실 가는 것에 두려움을 느끼는 학생은 강제로 화장실 가기를 시도하지 않고, 세면대 거울 놀이, 비눗방울 불기 놀이 등 화장실에서 즐길 수 있는 간단한 놀이 활동을 통해 화장실에 대한 두려움이나 거부감을 없앤 뒤 화장실 습관 형성을 지도한다.

### 나. 스스로 화장실 사용 시도 표현

화장실에 가야 하는 필요성을 인식시키고 학생이 스스로 배변 신호를 알아채고 화장실 사용에 대한 표현을 할 수 있도록 지도하는 단계이다. 방광이 가득 찬 느낌, 하부 장의 압력을 구별하는 것을 배워 소변, 대변 조절을 위한 방광과 장의 통제 능력을 익히게 한다. 기저귀를 벗고 착탈의가 편한 속옷을 입게 한다. 주기적으로 학생의 바지를 확인하여 바지가 젖지 않았을 때는 칭찬과 강화를 하고 배변 실수를 했을 때는 관심 · 강화를 주지 않고 옷을 갈아입히는 과정을 반복하며 배변 훈련을 지속한다. 교사는 학생의 얼굴 찡그림, 다리를 꼬는 행동, 아래쪽으로 손이 가는 행동, 동동 구르는 행동 등 화장실에 가고싶어 하는 표현을 세심하게 관찰하고 알아채는 통찰력을 가지고 있어야 한다. 학생이 화장실에 가고 싶은 표현을 보이면 이를 놓치지 않고 즉시 손담, 그림, 사진, 단어 등을 이용해 사회적으로 공인되고 긍정적으로 수용가능한 화장실 사용 표현으로 대체할 수 있도록 지도한다.

### 다. 독립적인 화장실 사용

학생이 화장실 사용에 대한 신호를 알아채고 화장실을 이용하는 것까지 모두 스스로 할 수 있도록 지도하는 단계이다. 화장실 사용의 일반화, 숙달, 유지된 기술 습득을 목표로 한다. 학교의 일과에 맞게 한 시간에 10~15분 정도 쉬는 시간을 활용하여 배변 훈련을 하는 것이 좋다. 배변 훈련의 성공 여부는 교사와 학생이 얼마나 많은 시간을 배변 훈련에 임했는지에 따라 달라진다. 가정과 연계하여 학교에서 이루어지는 낮 동안의 화장실 사용 습관이 가정에서의 밤 시간의 화장실 사용 습관으로 이어질 수 있게 지도한다.

### 라. 화장실 사용에 필요한 기능 지도

독립적인 화장실 사용을 위해서는 신체적 기능, 의사소통 기능 모두 필요하다. 필요한 신체적 기능은 화장실로 이동하기, 변기 커버 올리기(내리기), 바지(치마) 내리기(올리기), 휴지 사용하기, 물 내리기, 손 씻기, 교실로 이동하기, 의사소통 기능은 배변에 대한 의사 표현하기, 적절한 도움 요청하기 등이 있다. 이러한 기능들은 분리해서 따로 가르치는 것이 아니라 화장실 사용을 지도할 때 자연스럽게 함께 지도하도록 한다.

마. 일반화, 숙달, 유지

배변 훈련은 보통 교실 안의 화장실이나 교실 가까이에 있는 화장실에서 이루어지지만, 학생이 여러 환경에서 화장실을 무리 없이 사용할 수 있게 하기 위해서는 일반화 · 숙달 · 유지를 위한 다양한 사람의 도움이 필요하다. 학교 내에서도 학생의 수업은 교실에서만 이루어지는 것이 아니라 다양한 환경에서 이루어지므로 담임 교사와 교과 교사, 보조인력 등의 긴밀한 배변 훈련 계획 공유가 필요하다. 또한 학교와 가정이 협력하여 공통의 방법으로 배변 훈련을 지도할 때 훨씬 더 뛰어난 효과를 기대할 수 있으므로 가정과의 협조하에 진행하도록 한다.

③ 배변 지도 환경

배변 지도는 화장실에서 이루어지는 것이 좋으며, 화장실은 다양한 높이의 소변기, 학생의 신체 크기에 맞는 좌변기, 안전 손잡이, 논슬립 바닥 매트, 세탁기, 샤워 시설, 휠체어가 들어갈 수 있도록 충분히 넓게 확보된 공간 등의 환경이 갖추어져 있어야 한다. 화장실로 이동이 어려운 중증 장애를 갖고 있거나 나이가 어린 지체장애학생의 경우에는 이동식 변기, 변기 의자, 칸막이와 커튼, 방수 매트 등을 갖추어 교실에서 용변 지도를 할 수도 있다. 변기를 사용할 때 가장 중요한 것은 안정성 있는 자세 유지이다. 배변 훈련을 처음 시작할 때는 변기에 앉아 있는 학생의 옆에서 학생의 몸통을 잡아 준다. 변기에 앉아서 잡을 수 있는 막대, 등받이를 설치하여 옆과 뒤를 지지하여 안정감을 주어 앉기 자세가 불안정한 학생의 적절한 자세 유지를 돕는다. 변기에 앉았을 때 발바닥이 공중에 뜨지 않고 바닥에 안정적으로 착지되어 있어야 자세 유지가 잘되는 것은 물론 배 근육을 사용하여 변을 밀어내는 데 도움을 준다. 따라서 변기 앞에 발판을 미리 준비하여 발바닥을 착지할 수 있도록 한다.

④ 배변 훈련 방해 요소

많은 지체장애학생에 있어 배변 훈련을 가로막는 문제 중 하나가 변비이다. 이는 종종 약의 부작용, 너무 높거나 낮은 근 긴장도, 섬유소가 적은 음식, 운동 부족 등에 의해 생긴다. 만약 식이조절로 변비가 해결되지 않는다면, 소아과(재활의학과)에서 몇 가지 약을 처방받을 수 있다. 연화제, 윤활제, 완화제, 자극제 등이 여기 해당한다. 변비가 매우 심한 경우 관장을 시도할 수 있다. 좌약이나 미네랄 기름 등 처방

없이 살 수 있는 약을 사용하기 전에 먼저 소아과 의사(재활의학과 의사)를 찾도록 한다. 완화제를 과용하는 것은 위험하다. 이외에도 화장실이나 물 내림에 대한 두려움, 변기 밖에 소변 보기, 변으로 더럽히기, 씻기에 강한 거부감 보이기 등 배변 훈련 시 나타날 수 있는 다양한 문제점이 있는데, 교사와 부모는 긴밀하게 협력하며 해결 방안을 모색하여 학생의 배변 훈련을 도울 수 있다.

제7장

# 지체장애학생의 교육과정

## 1. 특수학교 교육과정의 성격

### 1) 교육과정의 개념

오늘날 학교에서 이루어지는 교육과정은 학생이 경험하는 총체 또는 학교가 제공하는 경험의 총체라는 광의의 의미로 정의해 볼 수 있다. 그렇지만 학교에서 계획하고 실천하는 교육과정은 의도적이고 계획적인 행위라고 할 수 있다. 그러므로 교육과정에는 이러한 의도적이고 계획적인 행위는 달성하고자 하는 교육 목적 및 목표를 포함한다. 즉, 학교에서 계획하고 실천하는 교육과정은 학교의 교육 목적 및 목표를 달성하기 위해 교육 내용 또는 학습 경험을 선정 · 조직 · 실천 · 평가하는 모든 행위를 가리키는 것이라고 할 수 있다. 따라서 의도적이고 계획적인 학교 교육에 적용하고자 하는 교육과정은 '교육목표와 경험 혹은 내용 · 방법 · 평가를 체계적으로 조직한 교육 계획'으로 정의할 수 있다. 또한 교육과정은 법령에 근거하여 마련되고 실천된다는 점에서 법제적 의미를 지닌다.

2009 개정 교육과정에서는 국가 교육과정의 의미를 "전국의 초 · 중등학교에서 어떤 내용과 방법으로 교육을 해야 할 것인지를 제시한 설계도이며 기본적인 틀"(교

육과학기술부, 2009)이라고 하였다. 이러한 개념을 토대로 2015 개정 교육과정에서는 인간상을 구체화할 뿐만 아니라 학생이 학습한 것을 가지고 무엇을 할 수 있는가를 '핵심역량'으로 제시함으로써 교육과정의 의미를 보다 체계화하였다.

## 2) 교육과정의 수준

교육과정에 대한 결정의 분권화 및 교육과정 자율화가 확대되면서 제6차 교육과정 이후 2009 개정 교육과정에 이르기까지 우리나라도 초·중등 교육의 다양화·지역화·자율화를 위해 교육과정 결정 방식의 분권화를 시도하게 되었다.

우리나라에서 볼 수 있는 교육과정 결정의 주체에 따른 각 수준은 [그림 7-1]과 같이 제시할 수 있다. [그림 7-1]에서 보는 바와 같이 국가에서 고시한 교육과정의 공통적, 일반적인 '기준(I)'과 이 기준에 따라 지역별로 그 지역의 특성과 역사, 전통, 자연, 산업, 사회, 문화 및 주민·학부모의 요구, 의견 등을 충분히 고려하여 만든 교육청의 '지역 수준 교육과정(II)'이 있다. 또한 각 학교의 실정 및 학생의 실태, 학교 환경, 교원 실태 등을 고려하여 창출한 '학교 교육과정(III)'이 있다. 특히 I과 II는 학교 수준 교육과정과 교사 수준의 교수-학습 계획 수립의 바탕이 되는 기준과 지침인 동시에 그 지원 관리 체제라고 할 수 있다.

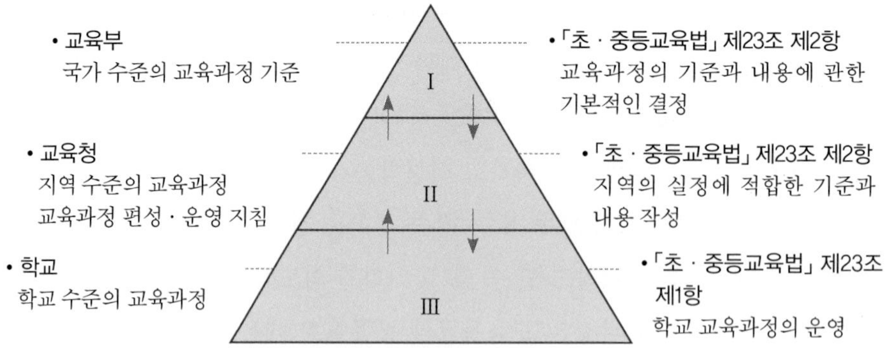


**[그림 7-1]** 교육과정의 수준

출처: 이미숙 외(2013). p. 55.

### (1) 국가 수준 교육과정

우리나라의 국가 수준 교육과정이란 초·중등학교의 교육 목적과 목표 달성을 위해「초·중등교육법」제23조 제2항4)에 입각하여 교육부 장관이 결정·고시하는 교육 내용에 관한 전국 공통의 일반적 기준을 의미한다.

「초·중등교육법」에 근거하여 고시되는 국가 수준 교육과정은 의도적인 제도교육의 목표와 내용, 방법, 평가의 기준이 될 뿐만 아니라 교육의 지원과 관계되는 교육행정 및 재정, 교원의 양성·수급·연수, 교과서 등의 교재 개발, 입시 제도, 교육 시설·설비 등에 대한 정책 수립과 집행의 근거가 되는 '교육의 기본 설계도'로서 기능하게 되며, 학교 교육과정의 기준으로서 법적 구속력을 갖게 된다.

국가 수준 교육과정 기준은 2015 개정 교육과정의 성격에도 그 의미가 명확하게 제시되어 있다. 국가 수준 교육과정 기준에는 법적 구속력이 있지만 동시에 이 기준은 교육의 목적 달성에 필요한 교육적 기준이므로 국가 교육과정 기준을 지역 및 학교의 실정에 알맞게 운영하는 것 또한 대단히 중요한 의미를 갖는다.

### (2) 지역 수준 교육과정

국가 수준 교육과정은 모든 학교에서 편성·운영하여야 할 교육 내용의 공통적, 일반적인 기준이므로 각 지역의 특수성과 각 학교의 다양한 요구와 필요를 국가 수준의 교육과정에 모두 반영한다는 것은 매우 어려운 일이다. 따라서 시·도 교육청 수준에서는 그 지역의 특수성과 학교의 실정, 학생의 실태, 학부모 및 지역 사회의 요구, 그리고 해당 지역과 학교의 교육 여건 등에 알맞게 정하여야 한다.

또한 그 지역의 교육 중점 등을 설정하여 각급 학교에서 학교 교육과정을 편성·운영할 때의 준거로 각 시·도 교육청에서는 각급 학교의 교육과정 편성·운영을 위한 지침을 작성하여 학교에 제시할 필요가 있다. 그러므로 지역 수준의 교육과정 편성운영 지침은 국가 기준과 학교 교육과정을 자연스럽게 이어 주는 교량적 역할을 하게 되며, 장학 자료, 교수-학습 자료 및 지역 교재 개발의 기본 지침이 될 수 있다.

지역 수준의 교육과정을 설정하는 법적 근거는「초·중등교육법」제23조 제2항 등에 제시되어 있다. 또한 2015 개정 교육과정에서는 교육청 수준 지원 사항으로 그 근거를 제시하고 있다.

#### (3) 학교 수준 교육과정

교육과정 결정의 분권화와 교육과정에 대한 학교의 자율성이 지속적으로 확대되어 오면서 교사의 역할이 종래와 같이 교육과정 실행자 및 사용자, 교수자에만 한정되지 않고 교육과정에 대한 의사 결정자로도 확대되었다. 말하자면, 교육과정의 최종적 실천자인 교사가 바로 교육과정의 최종 결정자이고 개발자로 자리 매김된 것이다.

학교의 학생 · 교원 실태, 교육 실태, 교육 시설 · 설비, 교육 자료 등의 교육 여건 등을 잘 파악하여야 한다. 학교의 여건과 실태에 대한 구체적인 인식에 기초하여 학생들에게 실천 가능한 교육 설계도를 마련하고자 한다.

### 3) 특수교육 대상자를 위한 특수교육 교육과정

특수교육 교육과정은 「유아교육법」 제13조 제2항, 「초 · 중등교육법」 제23조 제2항, 「장애인 등에 대한 특수교육법」 제20조 제1항에 의거하여 고시한 것으로, 특수교육 대상학생이 취학하는 유치원, 초 · 중등학교 및 특수학교의 교육 목적과 교육목표를 달성하기 위한 국가 수준의 교육과정이며, 유치원, 초 · 중등학교 및 특수학교에서 편성 · 운영하여야 할 학교 교육과정의 공통적이고 일반적인 기준을 제시한 것이라 한다(교육부 2015).

이 교육과정의 성격을 국가 수준의 공통성과 지역, 학교, 개인 수준의 다양성을 동시에 추구하는 교육과정, 학습자의 자율성과 창의성을 신장하기 위한 학생 중심의 교육과정, 학교와 교육청, 지역사회, 교원 · 학생 · 학부모가 함께 실현해 가는 교육과정, 학교 교육 체제를 교육과정 중심으로 구현하기 위한 교육과정, 그리고 학교 교육의 질적 수준을 관리하고 개선하기 위한 교육과정의 성격을 지니고 있다.

일반적으로 특수교육 대상자란 신체적 · 지적 · 정서적 · 사회적으로 질적인 성장 발달을 하였다고 판정되는 학생으로부터 현저하게 일탈되어 일반학교 교육 계획으로서는 최대의 이익을 얻기 어려워 특별한 교육 체제나 시설과 봉사를 필요로 하는 학생이라고 할 수 있다.

특수교육 대상자는 첫째로 일반학생과 같은 학생이라는 것과 둘째로 일반학생으로부터 일탈되어 있는 특수성을 지닌 학생이라는 것이다. 그러므로 무엇보다 우선하여 일반학생으로서의 성장 · 발달의 특성을 가지고 있으며 동시에 다른 면의 특수성이나 차이성을 지닌 학생이다. 그리고 이 특수성이나 차이성을 특수교육에서 다루어야 하고, 부모의 협력이 요구되며, 또한 국가가 특별한 교육적 조치를 강구해야 할 필요성이 제기된다. 다시 말하면, 특수교육 대상자는 일반교육만으로는 쉽게 해결하기 어려운 문제를 가지고 있기 때문에 특수교육이 필요하다.

특수교육 대상자 중 지체장애학생의 교육에서 가장 어려운 부분이 지체장애학생마다 장애의 특성이 다르다는 것이다. 지체장애학생은 운동장애를 가지고 있으면서 그에 수반되는 여러 장애를 가지기 때문에 똑같은 장애특성을 가질 수 없다.

이러한 점이 지체장애학생의 교육과정을 적용하는 데 어려움을 주고 있으며, 이 같은 교육과정은 개개인의 특성에 맞추어서 나오는 것이 아니라 전체적인 틀로서 시행해야 하는 것이기 때문에 개개인의 특성에 맞는 교육을 해야 하는 지체장애학생에게는 적용이 어려운 것이다. 시각장애, 청각장애 등 다른 장애에 비해서 장애의 다양함과 복합성이 강하여 지체장애학생의 교육과정의 적용을 어렵게 한다.

특히 지체장애학생은 비록 장애는 있을지라도 교육의 목표는 일반학생과 다름이 없으며 그들과 같은 요구를 가지고 있다. 그들의 특수성과 개인차를 감안하여 장애 극복과 개선, 생활의 기본적인 태도나 습관의 형성, 정서적 · 사회적 · 도덕적 발달의 촉진, 직업 능력의 향상, 지식과 이해 기능의 발달, 창조적 표현능력의 개발을 시킬 수 있도록 설정되어야 한다. 일반학생들을 위한 전형적인 집단 교육목표를 정하는 것은 불가능하며, 보다 광범위한 목표를 가지기도 한다. 예를 들면, 단지 신체적 손상만을 가진 학생들은 일반학생들과 같은 교육목표를 가진다. 중도 척수 문제를 가진 학생은 대부분이 기초적인 자립기술(삼키기, 씹기, 넘기기, 스스로 먹기)에 초점을 맞춘 교육목표를, 중도장애학생은 그들의 일상생활을 영위하기 위한 기능중심의 교육목표에 초점을 맞춘다.

## 2. 지체장애학생의 교육과정 변천과정

특수학교 교육과정의 성립을 살펴보면, 특수교육 교육과정 역시 제1차 특수학교 교육과정(1967년)인 '맹학교 교육과정'과 '농학교 교육과정'이 제정 · 공포되기 전에 일제하의 특수학교 교육과정, 미군정기의 특수학교 교육과정, 정부 수립 초기의 특수학교 교육과정을 거쳐 초·중등학교 교육과정과 '개정 연도 및 차수'는 다르지만 차수별로 분류하면, 9차례 교육과정이 공포(고시)되었다.

제1차부터 제6차 시기까지는 '장애 유형별 교육과정' 형태로 개정이 이루어져 왔지만, 제7차 특수학교 교육과정 시기부터는 이를 탈피하여 '교육과정 유형별' 형태로 개정이 되었다. 개정 시기는 초·중등학교 교육과정과 최소 3개월에서 최대 4년 4개월의 시차를 두고 이루어졌으며, 어떤 경우에는 초·중등학교 교육과정은 개정되어도 개정 없이 지나간 차수도 있었으며, 총론 및 교과 교육과정의 일부만 개정하는 경우도 있는 등 초·중등학교 교육과정에 비해 개정 주기 및 내용이 일정하지 못한 특징을 보이고 있다.

특히 제7차 특수학교 교육과정 시기부터 강조되어 온 초·중등학교 교육과정과의 연계성 강화는 2015 개정 시기에서 초·중등학교 교육과정과 특수교육 교육과정의 동시 고시(2015년 12월 1일)를 가져왔다.

### 1) 지체장애학교 교육과정 제정

제5차 특수학교 교육과정은 1983년 12월 31일 문교부 고시 제83-13호로 개정 및 제정된 맹학교 교육과정(3차 맹학교 교육과정), 농학교 교육과정(3차 농학교 교육과정), 정신박약학교 교육과정(2차 정신박약학교 교육과정)과 지체부자유학교 교육과정이다.

지체장애학교 교육과정은 다른 장애 영역(맹, 농은 1967년에 제정)보다 훨씬 늦은 1983년 12월 31일 제정 공포하게 되었다. 지체장애학교에 재학하고 있는 학생들은 운동장애뿐만 아니라 감각, 지각, 언어, 정서 등에 장애를 갖고 있어 다양한 대상 중 학습이 가능한 뇌성마비를 중심으로 제정하게 되었다.

지체장애학교 교육과정의 편제에서 특징적인 것은 특수교육의 보편성 차원에서 교과 활동과 특별 활동은 초·중등학교와 동일하며, 다만 장애의 개선과 심신의 조화적 발달, 장애 극복 능력의 신장을 위한 특수성을 살리기 위해 '재활 훈련' 영역을 신설한 것이 특징이다. 즉, 신체적 운동장애만 보상하면 일반학생 수준의 학습이 가능하다는 입장에서 일반학교 교육과정을 적용하고 재활훈련 영역(기능훈련 및 사회

심리적 재활훈련)을 별도로 적용하였다. 그래서 일반학교 교육과정의 기본정신이나 인간상을 대부분 그대로 받아들이고, 교육과정 구성의 기본 방향도 그대로 받아들이면서 특수교육의 재활훈련영역을 포함하여 활용하였다.

## 2) 지체장애학교 특수학교 교육과정 개정

시대의 요청, 사회의 변천, 장애학생의 교육권 보장 등의 필요성에 따라 1988년 특수학교 교육과정 개정을 위한 전반적인 재검토를 하고 이를 바탕으로 교육과정 개정의 방향 제시와 시안을 마련하고 작성된 시안을 심의 · 수정 · 보완하고 종합적인 정리를 하여 1989년 12월 29일 고시하여 특수학교 교육과정은 크게 이원화하여 지체장애를 중심으로 한 국민공통 기본교육과정과 지적장애, 정서장애를 중심으로 한 기본교육과정으로 나누어진다. 과정별 목표는 공통으로 제시하고 장애별로 별도로 특징적인 것만 제시하였는데, 지체장애에 해당되는 것을 보면 〈표 7-1〉과 같다.

표 7-1 지체장애와 관련된 목표

| 과정별 | 목표 |
|---|---|
| 유치부 | 기본적인 운동 및 동작 활동을 통하여 신체 기능을 개선하고 독립심을 기른다. |
| 초등부 | 일상적인 운동 및 동작 활동을 통하여 신체의 활동 범위를 넓히고, 장애극복 의지를 기른다. |
| 중학부 | 다양한 운동과 작업 활동을 통하여 자세를 바르게 하고 자립의지를 기른다. |
| 고등부 | 응용동작과 사회심리적 활동을 통하여 균형 있는 신체 발달과 대인관계 능력을 기른다. |

지체장애학교 교육과정의 편제를 보면, 새로이 제정된 유치부 교육과정의 편제는 제4차 일반 유치원 교육과정의 편제 영역과 마찬가지로 신체 · 언어 · 인지 · 정서 · 사회성 발달 영역을 기초로 하여 편성하였다. 그리고 발달 영역 이외에 지체장애 유아의 장애 개선과 극복을 위해 유아의 발달, 특성, 요구 등에 알맞은 '재활훈련 활동'을 편성하였다.

초 · 중 · 고등부의 편제는 제5차 교육과정 때와 마찬가지로 교과 활동, 재활훈련 활동, 특별 활동으로 나누어 편성하고 있으나 지체장애학생의 장애 유형, 정도 및 학습능력 등을 감안하여 3개 유형으로 나누어 교과와 수업 시간을 배당한 것이 특징이다. 즉, '정상적 학습 가능(I)', 정상적 학습 지체(II)' 및 '정상적 학습 곤란(III)' 등으로 3원화하여 교육과정을 편성하고 있다.

한편, 재활훈련 활동은 장애 상태의 극복 및 개선을 위한 활동으로서 초 · 중 · 고등부 공히 감각 · 지각 훈련, 언어 훈련, 작업 훈련, 물리적 훈련, 신체 활동 훈련, 사회심리적 훈련으로 편성하고 있다. 특별 활동은 초등부의 경우 어린이회 활동, 클럽 활동, 학교 행사로, 중 · 고등부는 학급 활동, 학생회 활동, 클럽 활동, 학교 행사로 편성되어 있다.

이와 같은 지체장애학교의 교육과정은 장애 영역별, 장애학생 개인별 특성에 맞는 교육의 효율성을 높이며, 각 학교의 자율성을 강화하는 목적을 가지고 개정되었다. 개정 방향은 기초 · 기본교육 강화, 장애 극복과 개선을 위한 활동 강화, 직업 교육 강화, 조기 교육 강화, 학교 재량 시간 부여이다.

### 3) 7차 특수학교 교육과정 개정

초 · 중등학교 제7차 교육과정의 기본 방향을 유지하면서 특수교육의 특수성을 반영하고자 노력하였다. 즉, 학생이 중심이 되고 일반교육에의 완전 통합교육이 보장되며, 학생 개인의 독특한 교육적 요구에 적절한 교육과정으로의 전환을 도모하게 되었다. 교육목표는 정신지체 · 정서장애학교 교육목표와 시각장애 · 청각장애 · 지체장애학교 교육목표로 나누어 제시하였다. 정신지체 · 정서장애학교 교육목표는 장애 영역과 학교급(부)별 구분 없이 일반 목표와 세부 목표로 나누어 제시하고, 각 장애별로 장애 특성을 나타내는 특수 목표를 추가하였다.

정신지체 · 정서장애학교 교육과정을 기본교육과정이라 하고, 일반 목표로 "정신지체와 정서장애 유치부, 초등부, 중학부, 고등부 교육은 기초 생활 능력과 심신의 조화로운 발달을 도모하고, 진로 개척 능력을 개발하며, 장애 극복 의지를 길러 건전한 사회인으로서의 자질을 함양하는 데 중점을 둔다."로 설정하였다.

시각장애 · 청각장애 · 지체부자유학교 교육목표도 장애 영역의 구분 없이 유치부, 초등부, 중학부, 고등부별로 일반 목표와 세부 목표를 제시하고, 각 장애 영역별로 장애의 특성을 나타내는 특수 목표를 추가하였다. 시각장애 · 청각장애 · 지체부자유학교 교육과정을 국민공통 기본교육과정이라 하고, 각 부별 교육목표를 제시하였다.

초 · 중등학교 교육과정은 국민공통 교육과정, 고등부 선택 중심 교육과정으로 구성되어 있다. 초등학교 1학년부터 10학년까지 10년간을 국민공통 기본교육 기간으로 설정하고, 이 기간 중에는 학교 급별 개념이 아니라 학년제 개념에 기초하여 일관성 있게 교육과정 체제를 갖추도록 하였다. 국민공통 기본교육과정은 교과, 재량 활동, 특별 활동으로 편성되어 있다. 그리고 고등부 선택 중심 교육과정은 일반 선택 과목과 심화 선택 과목으로 구성되어 있다. 제7차 특수학교 교육과정은 이와 같은 초 · 중등학교 교육과정 편제 위에 장애 특성을 고려한 교육과정 내용을 첨가하여 유치부 교육과정, 기본교육과정, 국민공통 기본교육과정, 치료 교육 활동 교육과정, 고등부 선택 중심 교육과정으로 편성되어 있다.

누구에게나 동일한 국민공통 기본교육과정을 적용하며, 이 과정 적용이 곤란한 경우에만 별도의 대안교육과정인 기본교육과정을 적용하여 지체장애 교육의 특수성보다는 보편성을 강조한 교육과정이라고 할 수 있다. 국민공통 기본교육과정이 설정된 이유는 다음과 같다. 첫째, 생활 수준의 향상과 더불어 모든 국가가 사회 복지 차원에서 모든 국민을 대상으로 하는 의무교육 기간이 확대되고 있다. 둘째, 산업 사회로부터 후기 산업 사회로 넘어가면서 단순 노동 · 기능직이 고등 정신력과 판단력이 요구되는 직종으로 대체됨에 따라 모든 국민에게 공통되는 기본교육이 보다 충실해져야 한다는 요구가 강해지고 있다.

특수학교 교육과정에서는 국민공통 기본교육과정의 적용이 곤란하거나 불가능한 학생의 경우, 장애의 유형과 정도, 교육적 배치 환경, 연령에 관계없이 초등학교 1학년부터 고등학교 3학년까지 12년 동안 기본교육과정을 적용하도록 하고 있다.

제7차 특수학교 교육과정 편제의 가장 큰 특징은 초등학교 1학년부터 10학년까지의 10년간을 국민공통 교육 기간으로 설정한 초 · 중등학교 교육과정을 기초로 구성되었다는 것이다. 한편, 정신지체나 정서장애가 있어 초 · 중등학교 교육과정을 적용할 수 없는 학생들을 위해 초등부 1학년부터 고등부 3학년까지의 12년 동안 기본교육과정을 적용하도록 되어 있다.

### 4) 2008년 특수학교 교육과정

특수교육 교육과정(2008년 특수학교 교육과정)의 경우에는 특수교육 대상 학생의 중도중복화 경향의 심화와 분리교육에서 통합교육을 강조하는 이념적 · 정책적 방향의 확산 등에 따른 교육과정적 대처 방안 요구, 치료교육의 대체 방안, 직업(전환) 교육의 내실화를 위한 대책 마련, 그리고 관련 법령(「장애인 등에 대한 특수교육법」)의 변화에 따른 교육과정 반영의 필요성 등이 주요 개정 배경이 되었다.

2008년 특수학교 교육과정은 초 · 중등학교 교육과정과 밀접하게 연관성을 가지고 통합교육으로의 접근성을 보다 강화하기 위해 추구하는 인간성 및 교육과정 구성 방침, 학교급별 목표를 초 · 중등학교 교육과정(2007 개정 교육과정)과 동일하게 하였다. 다만, 교육과정 구성 방침에 있어서는 "특수교육 대상자의 다양한 교육적 요구를 지원해 줄 수 있도록 구성한다."라는 조항을 추가하였다. 특이 사항으로는 그동안 장애보상 교육을 위해 편제되어 왔던 '치료 교육 활동(언어 치료, 청능 훈련, 물리 치료, 작업 치료, 감각 · 운동 · 지각훈련, 심리 · 행동 적응 훈련, 보행 훈련, 일상 생활 훈련)' 이 교육과정에서 삭제되고, 특수교육 관련서비스로 변경되었다. 편제(운영) 상의 특징을 보면, 초 · 중등학교 교육과정 편제를 기준으로 장애 특성을 고려한 교육과정을 추가하여 유치원 교육과정, 기본교육과정, 국민공통 기본교육과정, 치료 교육 활동 교육과정, 고등학교 선택 중심 교육과정으로 편성되어 있다.

### 5) 2011 특수학교 교육과정

2008년 특수학교 교육과정시기까지는 특수학교 중심의 장애 유형별 교육과정에 주안점을 두고 '특수학교 교육과정'으로 명명해 왔으나, 2011 특수교육 교육과정 시기부터는 일반학교에서 통합교육을 받는 특수교육 대상 학생들을 고려하여 '특수교육 교육과정'으로 명칭이 변경되었다.

#### (1) 2010년 개정 특수교육과정

2010년 개정 특수교육 교육과정(교육과학기술부 고시 제2010-44호, 2010. 12. 20.)의 개정 배경은 장애학생의 기능 향상의 필요성, 초 · 중등학교 교육과정(2009 개정 교육과정) 개정 내용을 특수교육 대상 학생의 특성과 요구에 적절하게 반영할 필요성, 특수교육의 특수성을 강화하고, 일반교육과정과의 연계 · 조정 방안 효율화, 특수교육 성과 제고를 위한 필요성이다. 개정 중점 및 방향은, 첫째, 일반교육 접근 강화를 통한 교육과정 통합 지원을 위해 추구하는 인간상, 교육과정 구성 방향 등에 대해 초 · 중등학교 교육과정과 동일하게 개정, 둘째, 특수교육의 정체성 강화를 위해 기본교육과정의 수준 단계 확대와 선택 교과의 도입, 공통 교육과정에 대한 보완 자료 및 수정 자료 개발 · 보급 확대, 진로 · 직업교육에 근본적인 변화 도모, 셋째, 교육과정 운영 자율화를 통한 특수교육기관의 특성화를 도모하기 위해 일정 비율 범위 내에서 교육과정 운영 시수 증감을 허용하며, 교과 집중 이수제를 확대하고, 선택 교과 신설, 넷째, 특수교육의 책무성 강화에 의한 교육성과 제고를 위해 모든 특수교육 대상 학생에 대해 학업성취도 평가를 요구하되, 필요한 경우 적절한 조정을 제공하며, 대안평가의 타당도와 신뢰도 제고 요구이다.

### (2) 2011년 개정 특수교육 교육과정

2011년에 개정된 특수교육 교육과정(교육과학기술부 고시 제2011-501호, 2011. 11. 16.)은 교육 내용 개선 중심의 교과 교육과정 개정에 그 주안점이 있다. 따라서 개정 내용도 주로 교과 교육과정인 기본교육과정 개선에 초점이 모아지고 있다. 주요 개정 내용으로는, 첫째, 기본교육과정 전면 개편, 둘째, 기본교육과정의 범위와 수준 확대, 셋째, 대체 · 대안 교육과정으로서 기본교육과정 성격 강화, 넷째, 장애학생의 교육 역량을 강화할 수 있는 교육과정으로 구성이다.

### (3) 2012년 부분 개정 특수교육 교육과정

2012년에 부분 개정된 교육과학기술부 고시 제2012-32호는 인성교육 강화를 위한 초 · 중등학교 교육과정 부분 개정 내용을 반영하기 위해 총론 일부와 특수교육 공통 교육과정 중 국어 교육과정이 개정되었다. 2012년에 부분 개정된 특수교육 교육과정(교육과학기술부 고시 제2012-32호, 2012. 12. 14.)은 사회 현상에 따른 변화 요구 반영 및 장애 특성화 교육 지원 강화에 그 주안점이 있기 때문에 이에 대한 보완 조치 마련에 초점이 모아지고 있다.

주요 개정 내용으로는, 첫째, 일반 유치원 교육과정 개정 내용 반영, 둘째, 일반

초 · 중등학교 개정 내용 반영, 셋째, 장애 유형 및 정도에 따른 교육과정 지원 강화, 넷째, 중복된 내용 및 장애영아 교육과정 및 전공과 교육과정 관련 내용 삭제, 다섯째, 초 · 중등학교 국어과 개정 내용을 반영하기 위한 공통 교육과정 국어과 개정 및 국어과에 중복장애학생을 위한 '평가 조정' 사항 추가이다.

### 6) 2015 개정 특수교육 교육과정

2015 개정 교육과정은 국가적 · 사회적 측면에서 새롭게 제시된 인재상에 따라 학교 현행 2011 기본교육과정은 특수교육의 특수성보다는 보편성에 치중하여 2008년 기본교육과정보다 수준 및 난이도가 높아졌기 때문에 중도중복장애학생에게 적용하는 데 많은 어려움이 발생하였다. 이에 따라 교육과정을 재구성하거나 현재의 경직된 교육과정 편성 체제의 개선에 대한 필요성이 제기되었다(김은주 외, 2012; 이인 외, 2013). 또한 시각 · 청각 · 지체 장애학생들을 위한 공통 교육과정을 장애 유형별로 보상교육적 측면에서 좀 더 강화 및 확대해야 한다는 요구와 일반학교 특수학급에 배치되어 있는 경도장애학생들이 개별 특성에 따른 적절한 교육을 받을 수 있도록 구체적인 지침 마련에 대한 요구도 나타났다. 이러한 요구와 필요성에 따라 2015 개정 특수교육 교육과정은 일반교육과정을 적용받는 특수교육 대상 학생들의 교육과정 통합을 위한 동시 개정 · 고시 및 장애 특성과 수준을 고려한 교과 교육과정을 개발하게 되었다.

2015 개정 특수교육 교육과정은 기본교육과정을 역량 중심 교육과정으로 개편하여 장애학생들이 개별 특성과 수준에 따라 배움을 즐기고 미래 사회에 필요한 핵심역량을 갖출 수 있도록 하는 데 중점을 두었다. 핵심역량은 사회 공동체 구성원으로서의 역할을 성공적으로 수행하기 위해 학습자에게 요구되는 지식, 기능, 태도의 총체를 말하는 것으로, 모든 학습자가 길러야 할 기본적이고 필수적이며, 보편적인 능력을 말한다(국립특수교육원, 2015).

이를 위해 초 · 중등학교 교육과정의 수행이 어려운 중도장애학생들을 위한 대안형 교육과정인 기본교육과정을 지역사회 생활이나 사회통합에 필요한 역량을 중심으로 개편하였다. 또한 고등학교 과정의 장애학생들을 위한 직업교육과정인 특수교육 전문 교과 교육과정은 사회 변화 및 요구를 반영하여 현재 및 미래 환경에서 필요한 역량을 강화하여 성공적으로 취업에 도달할 수 있는 능력과 자질을 함양하는 데 필요한 직무 능력 중심의 교육과정으로 개편하였다.

이러한 개편은 장애학생의 교육 요구를 반영한 조치이다. 또한 현행 특수교육 교육과정에서 시각 · 청각 · 지체 장애학생의 공통 교육과정 접근성이 떨어진다는 문제점이 제기되었고, 이에 대한 개선요구에 의해 장애 유형에 따른 특수교육 요구를 반영할 수 있도록 하며, 장애학생들이 현재 및 미래 환경에서 성공적으로 생활하기 위해 필요한 역량을 강화하고자 하였다.

중도 지적장애학생의 특성 및 수준을 고려한 핵심역량 중심의 교육과정 개발을 위해서 중도 지적장애학생의 발달 수준, 생활연령 등을 고려하여 실생활과 연계되는 내용을 중심으로 교과별로 학습해야 할 핵심역량을 추출하여 생활중심 교육과정으로 조직하도록 하였다. 총론에서 제시하는 '자기 관리 역량' '지식정보처리 역량' '창의적 사고 역량' '심미적 감성 역량' '의사소통 역량' '공동체 역량'의 여섯 가지의 핵심역량을 기준으로, 교과교육과정에서는 총론의 역량과 연계하여 교과에 맞는 역량을 제시하고, 교과의 특성에 맞는 교육과정을 구성하도록 하였다.

특히 2015 개정에서는 기본교육과정을 학문적인 맥락에서 규정하는 교과별 주요 사실, 개념, 원리, 기능에 중점을 두는 일반교육과정을 기준으로 하지 않고, 지역사회 생활이나 사회통합에 필요한 핵심역량을 중심으로 교과교육과정을 구성하도록 하였다. 이러한 개정 방향은 향후 교과별로 학생들의 참여 수업을 촉진하고 교실 수업 개선을 위한 실제적 · 실천적 지침을 구안하여 교과의 성격을 고려한 학습자 중심의 교수-학습 방법을 안내하여 교수-학습 및 평가 방법을 개선하도록 이끌 것이다.

## 3. 지체장애학생을 위한 특수교육 교육과정

### 1) 지체장애학생 특수교육 교육과정의 유형

특수교육 교육과정도 교육내용을 교과별로 구분하여 제시하고 있지만, 저학년에서는 읽기, 쓰기, 셈하기 등의 기본학습 능력을 신장시키기 위한 통합교과적인 활동이 이루어지도록 하고 있으며, 고학년으로 올라가더라도 이러한 경향은 여전히 나타나고 있다. 특히 교육 내용 및 방법의 선정에 있어서 교사의 재량권이 매우 많기 때문에, 교사의 자질에 따라 여러 교과를 통합적으로 가르치기도 하고, 그와는 대조적으로 각 교과중심으로 가르치기도 하지만, 대체적으로는 통합교과적이고 활동중심으로 수업을 운영하고 있다(윤병희 외, 1996).

통합적인 교과 운영과 더불어 특수교육 교육과정은 교육내용에 포함한 기능적 기술을 그 기술이 표현되는 자연적인 환경 속에서 가르치도록 하는 데 중점을 둔다. 예를 들면, 식사하는 기능을 가르치는 경우에는 점심시간을 이용하여 가르치고, 옷 입고 벗는 능력은 체육시간에 체육복으로 갈아입을 때를 활용하며, 돈을 사용하는 능력은 일주일에 한 번씩 구내 매점에 가서 다음 주에 필요하다고 생각되는 학용품을 사용하는 시간을 이용한다. 또한 통합교과 운영과 기능적 접근 이외 장애학생의 요구와 선호에 적절한 교육을 제공하기 위해서는 일반학교 교육과정을 기초로 변형하여 교육계획을 운영하되, 학생의 능력과 요구수준에 따라 교육과정과 교수-학습 방법의 변형 수준을 적절히 조정 · 운영하여야 한다.

지체장애학생의 경우에는 일반학교 교육과정에서 많이 이탈하여 그중 가장 중요하고 기능적인 교육목표를 최대한 많이 성취하도록 하는 교육에 초점을 맞추기도 한다. 이러한 여러 가지 차원의 변형된 교육과정은 학생의 개별적인 장애 정도에 따라 융통성있게 적용되어야 한다. 교육과정을 변형하여 적용하는 방법은 다음과 같다(국립특수교육원, 1998 재인용).

### (1) 동일 교육과정

지체장애학생 중에는 비록 장애가 있다 하더라도 일반학교 교육과정의 교과내용을 변형이 수정 없이 스스로 수행할 수 있는 학생들이 있다. 그러나 지체장애학생의 장애를 고려하여 교육자료나 학습방법의 변형이 필요한 경우가 있다. 이러한 변형방법에는 의사소통장애가 있는 경우 수업시 반응하는 방법을 말로 하는 대신 다른 방법을 사용하는 경우, 손에 장애가 있는 경우 교육자료를 변형하는 경우, 교육을 실시하는 조건을 변형하는 경우 등이 있다. 예를 들면, 언어적 반응보다는 의사소통판의 단어를 짚어 표시하는 경우를 허락하고, 노트 정리 대신 타자기나 녹음기를 사용하도록 하는 경우 등이다. 그리고 조건 변형의 예는 다른 학생들만큼 과제를 수행하는 데 시간이 많이 걸리는 경우 몇 개의 중요한 과제만을 해결하는 경우 등이다. 따라서 동일 교육과정은 내용은 변형하지 않고 적용방법만을 변형하는 경우라고 봐야 한다.

### (2) 평행 교육과정

지체장애학생은 대부분 여러 가지 복합적인 원인으로 학습능력과 지식의 정도가 일반학생의 학습능력과 지식의 정도보다 뒤떨어진다. 다른 학생들보다 병원이나 치료실에 다녀야 하는 장애조건 때문에 결석이 많고, 지체장애로 인해 경험의 기회와 영역이 일반학생보다 제한되어 있다. 또한 지체장애학생은 지각능력에 장애를 지녀 시각적으로 들어온 자극을 해석하는 내용이 일반학생과 다를 수도 있다. 이러한 원인 때문에 지체장애학생은 일반학교 교육과정과 동일한 학습 내용과 속도를 따라갈 수 없는 경우가 많다. 그러나 이들은 일반학교 교육과정과 평행한 교육과정과 교육목표로는 학습이 가능하기 때문에 일반학교 교육과정과 평행한 교육목표를 설정하여 교육과정을 개발 · 적용할 수 있다.

이와 같이 평행 교육과정은 교과의 교육목표는 일반학교 교육과정과 동일하거나 유사한 교육목표를 추구한다. 단순화된 교육내용은 학습지체를 나타내는 장애학생들로 하여금 새로운 개념과 기술을 학습하도록 돕는다. 평행 교육과정을 개발하기 위해서 교사는 일반학교 교육과정 중에서 학생들에게 적절하고 가장 핵심이 되는 내용을 발췌하여야 한다. 학생에게 적절한 평행 교육과정은 기본 학습능력과 교과와 특별활동 등이 일반학교 교육과정과 최대한 동일하게 하지만, 장애학생이 학습을 성공적으로 수행해 낼 수 있도록 학습내용을 일반학생의 학습내용보다 단순하고 적은 양으로 결정하여야 한다.

### (3) 저학년 교육과정

교육내용의 복잡성을 단순화하여 쉬운 과제를 선택하는 또 다른 방법은 그 내용을 학습할 학생의 생활연령보다 낮은 학년의 교육과정을 도입하는 것이다. 이 교육과정의 이점이라면, 지체장애학생이 일반학교 교육과정에서 제시하는 각 교과에 속한 일련의 학습내용을 순차적으로 학습해 간다는 것이다. 그리고 그 학생이 학습한 내용을 일반적으로 인정되는 기준에 의해 평가하고 기록할 수 있다는 장점이 있다.

저학년 교육과정은 일반학교 교육과정과 같거나 비슷한 교육목표를 정하는 방법과 학생이 수행하기 어려운 교육목표를 쉽거나 다른 학습목표로 대치하는 방법을 결합한 방법이다. 저학년의 교육내용과 자료는 고학년의 교육내용과 관련이 있는 것만을 선택하여 사용한다. 또한 교사는 저학년 교육과정에서 선택한 교육내용이 학생에게 적절한 것인가를 생각해야 한다. 저학년의 교육내용은 생활연령이 높은 학생이 수행하기에는 너무 유치한 경우가 많기 때문에 반드시 지체장애학생의 생활능력에 적절한 교육내용을 선정해야 한다는 어려움이 있다.

### (4) 기능중심 교육과정

일반학교 교육과정의 내용을 학습하기 힘들고 일반학교 교육과정으로는 효과적인 교육을 받지 못하는 지체장애학생에게는 일반학교 교육과정과 관련은 있으나, 서로 다른 기능과 지식을 기초로 한 교육과정이 적절할 수 있다. 이런 기능중심 교육과정은 동일 교육과정이나 평행 교육과정으로 아무리 교육내용이나 교재 · 교구를 변형해도 교육과제를 수행할 수 없는 지체장애학생에게 적용된다. 이러한 지체장애학생은 일반적으로 장애가 심해 교육과정의 기초기술이나 기본 학습내용을 학습하기 어려운 경우이다. 기능중심 교육과정에서는 읽기, 쓰기, 셈하기 등을 실질적으로 필요한 것만을 선택한다. 실질적으로 사용 가능한 기능중심 교육과정의 교육목표와 교육내용도 일반학교 교육과정이나 저학년 교육과정에서 추출해 낼 수 있다. 그러나 일반학교 교육과정에서 추출한 내용으로 수업을 해도 일반학교 교육과정이 제시하는 교육목표의 성취 정도를 평가하는 것이 아니라, 실질적인 상황에 적용되고 즉시 사용 가능한 교육내용을 학습할 기회를 마련하고 평가한다.

### (5) 생활중심 교육과정

생활중심 교육과정은 중도중복장애를 가지는 지체장애학생을 교육하는 데 효과적이다. 이 교육과정은 학생 각자의 능력에 맞게 교육과정을 개별화하는 데 가장 적절한 방법이다. 생활중심 교육과정은 일반학교 교육과정의 내용을 반영할 수도 있다. 생활중심 교육과정은 지체장애학생들에게 독립적으로 일상생활을 하는 데 필요한 기초능력을 교육하는 데 가장 효과적이다. 또한 지체장애학생에게 그가 현재 생활하고 있는 환경이나 앞으로 적응해야 하는 환경에서 살아가는 데 효과적인 기능을 교육하기 위하여 생활의 기초능력과 적응행동을 위주로 작업분석을 한다. 이를 통해 평가하고 교육을 계획하는 방법은 중도중복의 지체장애학생에게 생활중심의 기능을 가르치고자 하는 교육내용을 결정하는 데 가장 많이 사용된다. 지체장애학생이 만족하고 행복한 생활을 영위하도록 하기 위해서는 인간관계 유지의 효율성, 개인생활에 필요한 기능, 최소한의 기능적 지식, 올바른 작업태도, 이동능력과 교통수단의 이용능력, 작업환경에의 적응과 같은 능력을 학습해야만 한다.

이와 같은 교육과정의 변형방법이 미국에서 특수교육을 위해 사용되나, 동일 교육과정, 평행 교육과정, 저학년 교육과정은 주로 일반학교에서 특수교육을 받고 있는 장애학생의 교육을 위한 방법으로 이용되고, 나머지 두 가지는 중도중복장애로 인하여 특수학교에서 교육을 받고 있는 학생들을 위한 대안적 교육과정으로 이용되는 방법이다. 그러나 미국의 경우 책무성 운동(accountability movement)으로 인하여 일반학교의 중도중복장애학생도 일반학생과 동일한 학점을 이수해야 한다는 최근의 규정에 따르면, 이들도 모두 일반학교 교육과정과 동일한 교육과정을 이수해야 한다는 책무를 부여받게 되었다고 볼 수 있다.

## 4. 지체장애학생의 초 · 중등학교 교육과정 편성 · 운영의 기준

> 초 · 중등학교 교육과정은 공통 교육과정 및 선택 중심 교육과정 또는 기본교육과정으로 편성한다(교육부, 2016).

2015 개정 특수교육 교육과정은 총론 및 교과 교육과정으로 구성되며, 교과 교육과정은 장애 특성 및 수준에 따라 선택할 수 있도록 구분되어 있다. 특수교육 교육과정은 초 · 중등학교 교육과정을 근간으로 특수교육 대상 학생의 교육적 요구의 보편성과 특수성을 반영하여 조정한 교육과정이다.

교과 교육과정의 경우에는 초 · 중등학교 교육과정의 공통 교육과정 및 선택 중심 교육과정으로 편성하거나, 이의 적용이 어려운 학생에게는 기본교육과정을 편성할 수 있도록 하였다. 기본교육과정의 경우 초 · 중등학교 교육과정을 수정 및 재구성하여도 적용이 어려운 중도의 지적장애학생을 대상으로 하기 때문에 그 지적

표 7-2 특수교육 교과 교육과정 유형 및 활용 대상

| 교육과정 유형 | 활용 대상 |
|---|---|
| 특수교육 공통 교육과정 | 시각 · 청각 · 지체 장애학생 |
| 특수교육 선택 중심 교육과정 | 시각 · 청각 · 지체 장애학생과 경도 지적장애학생을 주 대상으로 하며, 직업 관련 교과 중 선택 중심 교육과정이 필요한 특수교육 대상 학생 |
| 기본교육과정 | 공통 교육과정 및 선택 중심 교육과정을 적용하기 어려운 초등학교 1학년부터 고등학교 3학년까지의 학생 |

수준을 고려하여 실생활 및 삶과 연계되는 내용을 중심으로 구성한 교육과정이다. 이외에 공통 교육과정의 경우 시각 · 청각 · 지체 장애학생의 특성을 고려하여 개발된 특수교육 공통 교육과정을 활용할 수 있으며, 선택 중심 교육과정의 경우 특수교육 대상 학생의 특성 및 요구를 고려하여 개발된 특수교육 전문 교과 교육과정을 편성할 수 있다. 이 교육과정은 시각 · 청각 · 지체 장애학생 및 경도 지적장애학생을 주 대상으로 하여 직업, 이료 등 2개 교과 21개 과목에서 직업 적응 및 기초 직무 능력을 배양할 수 있도록 특화된 내용으로 구성하였다. 특수교육과정의 구조, 유형 및 활용 대상은 〈표 7-2〉와 같다.

공통 교육과정은 초등학교 1학년부터 중학교 3학년까지, 선택 중심 교육과정은 고등학교 1학년부터 3학년까지 편성 · 운영한다(교육부, 2016).

2015 개정 특수교육 교육과정은 2011 특수교육 교육과정에서와 마찬가지로 공통 교육과정은 초등학교와 중학교 교육과정으로 구성하되, 고등학교 교육과정은 기존의 '선택 교육과정'을 '선택 중심 교육과정'으로 편제를 바꾸었다.

이는 모든 과목이 선택 과목으로 편제되었던 2011 특수교육 교육과정과 달리, 2015 개정 특수교육 교육과정에서는 선택 과목과 별도로 모든 고등학생이 이수해야 할 '공통 과목'이 신설되었기 때문이다.

표 7-3 개정 시기별 교육과정 편제의 구조

| 2008년 특수학교 교육과정 | 2011 특수교육 교육과정 | 2015 개정 특수교육 교육과정 |
|---|---|---|
| • 국민공통 기본교육과정: 1~10학년<br>• 선택 중심 교육과정: 11~12학년 | • 공통 교육과정: 초등학교 1학년~중학교 3학년<br>• 선택 교육과정: 고등학교 1~3학년 | • 공통 교육과정: 초등학교 1학년~중학교 3학년<br>• 선택 중심 교육과정: 고등학교 1~3학년 |

> 기본교육과정은 공통 교육과정 및 선택 중심 교육과정을 적용하기 어려운 초등학교 1학년부터 고등학교 3학년까지의 학생을 대상으로 편성 · 운영한다(교육부, 2016).

기본교육과정은 초등학교 1학년부터 고등학교 3학년까지 12년간 편성되며, 생활환경(가정, 학교, 지역)의 기능성을 강조하는 생활중심 교육과정으로 특수교육 대상 학생 교육의 질을 제고하기 위한 교육과정이다.

기본교육과정은 공통 교육과정 및 선택 중심 교육과정을 적용하기 어려운 특수교육 대상 학생의 발달 수준을 고려한 핵심역량 중심 교육과정으로 개발하였다. 따라서 기본교육과정은 학문적인 맥락에서 규정하는 교과별 주요 사실이나 개념, 원리, 기능에 중점을 두는 2015 개정 교육과정을 기준으로 하지 않는다.

기본교육과정은 대상 학생의 발달 수준, 생활연령 등을 고려하여 지역사회 생활이나 사회통합에 필요한 실생활과 연계되는 내용을 중심으로 하고 교과별로 학습해야 할 핵심역량을 추출하여 교육과정을 구성하였다. 핵심역량이란 사회 공동체 구성원으로서의 역할을 성공적으로 수행하기 위해 학습자에게 요구되는 지식, 기능, 태도의 총체를 말하는 것으로, 모든 학습자가 길러야 할 기본적이고 필수적이며 보편적인 능력을 의미한다.

> 학교는 특수교육 대상 학생의 장애 특성 및 정도에 따른 요구와 학교의 실정을 고려하여 공통 교육과정 및 선택 중심 교육과정을 기본교육과정과 병행하여 편성 · 운영할 수 있다(교육부, 2016).

2015 개정 특수교육 교육과정은 2011 특수교육 교육과정과 마찬가지로 대상 학생의 장애의 중도중복화 경향 등에 효율적으로 대처하기 위하여 단위 학교에서 학

생의 수준에 따라 교육과정 유형을 선택할 수 있도록 교육과정 편성 · 운영의 선택권을 부여하고 있다.

학교 급별에 따라 초 · 중학교는 공통 교육과정을 적용하고 고등학교는 선택 중심 교육과정을 적용하지만, 이의 적용이 어려운 초등학교 1학년~고등학교 3학년 학생에게는 생활 기능중심의 대안형 교육과정으로 구성된 기본교육과정을 선택하여 편성할 수 있다. 즉, 2015 개정 특수교육 교육과정은 장애 유형에 따른 특정 교육과정을 규정하지 않고 있기 때문에 하나의 학교에서 공통교육과정(초 1~중 3) 및 선택 중심 교육과정(고 1~3) 외에 이 교육과정의 적용이 어려운 특수교육 대상 학생에게는 기본교육과정(초 1~고 3)을 편성 · 운영할 수 있다. 이는 특수학교에만 해당되며, 특수학급의 경우에는 공통 교육과정 및 선택 중심 교육과정을 편성하고 필요할 경우 '내용 대체'의 방법으로 교육과정을 조정하여 운영할 수 있다. 교육과정 유형별 편성 단위는 학급이나 학교 교육과정에 한하여 편성이 가능하기 때문에 학생 개인별 편성이 되지 않도록 유의해야 한다.

> 학년 간 상호 연계와 협력을 통해 학교 교육과정을 유연하게 편성 · 운영할 수 있도록 학년군을 설정한다(교육부, 2016).

2015 개정 특수교육 교육과정에서는 현행 교육과정과의 연속성 유지를 위하여 2011 특수교육 교육과정에서 설정되었던 학년군제를 유지하였다. 그러나 기본교육과정의 경우에는 나이스(NEIS) 기재 등을 위하여 학년군으로 구분은 하였지만, 실제적으로는 수준별로 교육과정이 운영되도록 하였다. 학년군의 의미는 〈표 7-4〉와 같다.

표 7-4 학년군 설정

| 초등학교 | | | 중학교 | 고등학교 |
|---|---|---|---|---|
| 1~2학년 | 3~4학년 | 5~6학년 | 1~3학년 | 1~3학년 |

- 학년군은 교육과정 편성 · 운영의 경직성을 탈피하고 학년 간 상호 연계와 협력을 통하여 교육과정 편성 · 운영의 유연성을 갖도록 하기 위한 것이다.

- 초등학교는 1~2학년, 3~4학년, 5~6학년의 3개 학년군으로, 중학교와 고등학교는 3개 학년을 각각 1개 학년군으로 설정한다.
- 초등학교에서는 학년군제에 따라 필요한 경우 담임 연임제를 실시할 수 있으며, 이는 개별 학생에 대한 이해를 바탕으로 학생의 학습 및 제반 영역의 성장 발달을 효과적으로 지원하는 데에 도움이 될 수 있다.
- 학년군 편성을 통해 상대적으로 수업 시수가 적은 교과를 학년별 · 학기별 · 분기별 집중 이수를 하면 학기당 이수 교과 수를 줄여 주는 효과를 얻을 수 있다.

공통 교육과정의 교과는 교육 목적상의 근접성, 학문 탐구 대상 또는 방법상의 인접성, 생활양식에서의 연관성 등을 고려하여 교과군으로 재분류한다(교육부, 2016).

2015 개정 특수교육 교육과정은 2011 특수교육 교육과정에서 설정되었던 교과군을 그대로 유지하였다. 교과군의 의미는 다음과 같다.

### (1) 초등학교 교과군

2008년 특수학교 교육과정의 국민공통 기본교육과정의 10개 교과를 교육 목적상의 근접성, 학문 탐구대상 또는 방법상의 인접성, 실제 생활양식에서의 상호 연관성 등을 고려하여 2011 특수교육 교육과정에서 재분류한 것이다.

교과군 접근은 교육과정의 수평적 연계성을 통하여 교과 간 소통과 교육 내용의 통합 가능성을 증진시키고, 교과 간 및 활동 간 불필요한 내용의 중복 해소와 재구

**표 7-5** 초등학교 교과(군) 설정의 변화

| | | | | | | | | | | |
|---|---|---|---|---|---|---|---|---|---|---|
| (2008년 특수) 10개 교과 | 국어 | 도덕 | 사회 | 수학 | 과학 | 실과 | 체육 | 음악 | 미술 | 외국어 (영어) |

↓

| | | | | | | |
|---|---|---|---|---|---|---|
| (2011년 개정 이후) 7개 교과(군) | 국어 | 도덕/사회 | 수학 | 과학/실과 | 체육 | 예술 (음악/미술)<br>영어 |

성을 촉진함으로써 학습 경험의 통합성, 학습 효과 및 효율성을 높일 수 있다. 교과군 내 혹은 교과군간 비슷한 주제의 교과목을 통합 · 연계 운영하여, 학교가 자체적으로 교과별 수업 시수를 조정하거나 수업 시수 운영에 융통성을 발휘할 수 있다.

교과군 접근은 기존 교과의 운용 방안을 벗어나 학기당 이수 교과 수를 줄이는 방안이 될 수도 있으며, 블록타임제를 통해 집중 학습을 가능하게 하고, 토론과 발표, 실험과 같은 탐구중심 수업을 내실화하는 것을 돕는다.

### (2) 중학교 교과군

2015 개정 특수교육 교육과정에서는 20011 특수교육 교육과정에서 설정되었던 교과군을 그대로 유지하되, 중학교 교육과정의 경우 교과군이 일부 변경되었다. 소프트웨어(SW) 교육 강화의 일환으로 선택 교과의 정보 과목을 소프트웨어 교육내용 중심으로 개편하고 기존의 '과학/기술 · 가정' 교과군에 포함시켜 해당 교과군을 '과학/기술 · 가정/정보' 교과군으로 변경하였다.

표 7-6 중학교 교과(군) 설정의 변화

| | | | | | | | | | |
|---|---|---|---|---|---|---|---|---|---|
| 2011 특수 | 8개 교과(군) | 국어 | 사회(역사 포함)/도덕 | 수학 | 과학/기술 · 가정 | 체육 | 예술(음악/미술) | 영어 | 선택 |

↓

| | | | | | | | | | |
|---|---|---|---|---|---|---|---|---|---|
| 2015 개정 특수 | 8개 교과(군) | 국어 | 사회(역사 포함)/도덕 | 수학 | 과학/기술 · 가정/정보 | 체육 | 예술(음악/미술) | 영어 | 선택 |

선택 중심 교육과정에서는 학생들의 기초 영역 학습을 강화하고 진로 및 적성에 맞는 학습이 가능하도록 4개의 교과 영역으로 구분하고 교과(군)별 필수 이수 단위를 제시한다.

특성화 고등학교와 산업수요 맞춤형 고등학교는 보통 교과의 4개 교과 영역과 전문 교과로 구분하고 필수 이수 단위를 제시한다(교육부, 2016).

2015 개정 특수교육 교육과정의 교과 영역은 2011 특수교육 교육과정과 동일하

표 7-7 고등학교 보통 교과의 교과 영역 및 교과(군) 설정 변화

| | | | | | | | | | |
|---|---|---|---|---|---|---|---|---|---|
| 2011 특수교육 교육과정 | 4개 교과영역 | 기초 | | | 탐구 | | 체육 · 예술 | | 생활 · 교양 |
| | 8개 교과(군) | 국어 | 수학 | 영어 | 사회 (역사/도덕 포함) | 과학 | 체육 | 예술 (음악/미술) | 기술 · 가정 제2외국어 한문, 교양 |

| | | | | | | | | | | |
|---|---|---|---|---|---|---|---|---|---|---|
| 2015 개정 특수교육 교육과정 | 4개 교과영역 | 기초 | | | | 탐구 | | 체육 · 예술 | | 생활 · 교양 |
| | 9개 교과(군) | 국어 | 수학 | 영어 | 한국사 | 사회 (역사/도덕 포함) | 과학 | 체육 | 예술 | 기술 · 가정 제2외국어 한문, 교양 |

며, 일부 교과(군)이 변경되었다. 사회(역사/도덕 포함) 교과군에 포함되어 있던 한국사 과목이 역사교육 강화의 일환으로 기초 영역에 포함되어 교과(군)은 8개에서 9개가 되었다. 또한 예술 교과군에 인성 교육 및 인문학적 소양 함양을 위해 연극 과목이 포함되었으며, 이로 인해 교과군 명칭도 '예술(음악/미술)'에서 '예술'로 변경되었다.

특성화 고등학교와 산업수요 맞춤형 고등학교 교육과정의 단위 배당 기준표를 일반 고등학교(자율 고등학교 포함)와 특수목적 고등학교(산업수요 맞춤형 고등학교 제외)의 단위 배당 기준표와 구분하여 제시한 것은 2011 특수교육 교육과정에서 교육부 고시 제2013-7호(2013. 12. 18.)를 준용하고 있는 것과 동일하다.

> 고등학교 교과는 보통 교과와 전문 교과로 구분하며, 학생들의 기초 소양 함양과 기본 학력을 보장하기 위하여 보통 교과에 공통 과목을 개설하여 모든 학생이 이수하도록 한다 (교육부, 2016).

고등학교의 교과는 보통 교과와 전문 교과로 구분된다. 이것은 2011 특수교육 교육과정과 다르지 않으나 그 세부 내용에 변화가 있다. 2011 특수교육 교육과정에서 고등학교 보통 교과의 심화 과목은 2015 개정 특수교육 교육과정에서 보통 교과가 아닌, 전문 교과로 재배치되었다. 전문 교과는 특수목적 고등학교를 대상으로 하는

전문 교과 I과 특성화 고등학교와 산업수요 맞춤형 고등학교를 대상으로 하는 전문 교과 II, 특수학교를 대상으로 하는 전문 교과 III으로 구분되었다. 모든 과목이 선택 과목으로 구성되었던 2011 특수교육 교육과정의 보통 교과와 달리, 2015 개정 특수 교육 교육과정의 보통 교과에는 기초소양 함양과 기본 학력을 갖추기 위하여 모든 학생이 이수해야 하는 '공통 과목'을 신설하고 선택 과목을 '일반 선택'과 '진로 선택'으로 구분하였다. 일반 선택 과목은 고등학교 단계에서 필요한 교과별 학문의 기본적 이해를 바탕으로 한 과목이라면, 진로 선택 과목은 교과 융합학습, 진로 안내학습, 교과별 심화학습, 실생활 체험학습 등이 가능한 과목으로 구성하였다.

> 학습 부담을 적정화하고 의미 있는 학습 활동이 이루어질 수 있도록 학기당 이수 교과목 수를 조정하여 집중 이수를 실시할 수 있다(교육부, 2016).

학습 부담을 적정화하고 교육의 효과를 높이기 위해 2009 개정 교육과정부터 시행되었던 교과(목) 집중 이수는 시행 과정에서 학교 현장의 요구를 반영하여 학기당 이수 교과목 수 제한을 완화하는 조치가 이루어졌다.

> 창의적 체험활동은 학생의 소질과 잠재력을 계발하고 공동체 의식을 기르는 데에 중점을 둔다(교육부, 2016).

창의적 체험활동은 교과와 함께 우리나라의 교육과정을 구성하는 양대 영역 중 하나로서, 2015 개정 특수교육 교육과정에서도 2011 특수교육 교육과정의 창의적 체험활동의 기본 구조(자율 활동, 동아리 활동, 봉사 활동, 진로 활동의 4개 영역)는 그대로 유지되었으며, 학생의 소질과 잠재력을 계발하고 공동체 의식을 기르는 데에 중점을 두고 있다. 창의적 체험활동의 성격은 다음과 같다.

- 창의적 체험활동은 교과와 상호 보완적 관계 속에서 앎을 적극적으로 실천하고 심신을 조화롭게 발달시키기 위하여 실시하는 교과 이외의 활동이다.
- 창의적 체험활동은 나눔과 배려를 실천함으로써 공동체 의식을 함양하고 개인의 소질과 잠재력을 계발 · 신장하여 창의적인 삶의 태도를 기르는 것을 목표

로 한다. 특히 초등학교의 창의적 체험활동은 공동체 생활에 필요한 기본 생활 습관을 형성하고 개성과 소질을 탐색하고 발견하는 데 중점을 둔다.

- 창의적 체험활동은 핵심역량의 함양을 통해 바른 인성을 갖춘 창의융합형 인재를 양성하는 데 기여한다.
- 창의적 체험활동은 자율활동, 동아리활동, 봉사활동, 진로활동의 4개 영역으로 구성하되, 학생의 발달단계와 교육적 요구 등을 고려하여 학교 급별, 학년(군)별, 학기별로 영역 및 활동을 선택하여 집중적으로 운영할 수 있다.
- 창의적 체험활동 교육과정의 편성 · 운영의 주체는 학교이며, 국가 및 지역 수준에서는 학교와 지역의 특색을 고려하여 전문성을 갖춘 인적 · 물적 자원을 충분히 제공할 수 있는 기반을 마련하도록 한다.

범교과학습 주제는 교과와 창의적 체험활동 등 교육 활동 전반에 걸쳐 통합적으로 다루도록 하고, 지역사회 및 가정과 연계하여 지도한다(교육부, 2016).

2015 개정 특수교육 교육과정에서는 범교과학습 주제를 학교 교육 활동 전반에 걸쳐 통합적으로 다루도록 명시하고 있으며, 학교의 실정에 따라 학교별로 다양하고 특색 있게 운영하도록 하고 있다. 특히 교과 교육과정의 내용을 재구성하여 범교과학습 주제를 교과 내에서 통합적으로 지도하는 것이 권장된다. 또한 주제에 따라서는 창의적 체험활동 중 '자율 활동' 영역의 '창의주제활동'으로 특정 주제를 정하여 학교 실정에 따라 학년별로 운영할 수도 있으며, 특정 시기에 집중적으로 지도할 수도 있다. 범교과학습 주제의 교육적 효과를 극대화하기 위해서는 교과 및 창의적 체험활동 시간뿐만 아니라 지역사회 및 가정과의 연계 지도 등도 적극 고려해야 한다.

2015 개정 특수교육 교육과정은 2011 특수교육 교육과정에 제시되었던 39개 범교과학습 주제를 추가 · 삭제 · 통합 등을 통해 10개 주제로 범주화하였다.

- 안전 · 건강교육은 학생들이 안전하고 건강한 삶을 영위하기 위해 익혀야 할 내용, 즉 자연 재난 상황에서 안전을 지키는 방법, 보건 및 성교육, 건강한 식생활 및 영양교육 등을 체육, 과학, 실과와 같은 관련 교과 또는 창의적 체험활동 시간에 다룰 수 있도록 하였다.

- 인성교육은 학교교육 활동 전반을 통해 부모님께 효도하고 웃어른을 공경하는 우리나라 전통윤리를 몸으로 익힐 수 있게 하면서, 생명을 존중하며 타인과 함께 어울려 살아가는 공동체 의식을 함양할 수 있도록 하였다.
- 진로교육은 자신에 맞는 진로를 탐색하고, 진로 체험 활동 등 관련한 다양한 경험을 하도록 하며, 여가 시간을 활용하는 방법 등을 익혀 궁극적으로 행복한 삶을 영위하도록 하였다.
- 민주시민 교육은 건전한 사회를 위해 청렴 · 반부패 문화를 형성하고, 헌법의 정신 및 법질서를 존중하도록 하며, 생산 활동에 참여하고 있는 근로자의 권리와 의무 등에 대한 교육에 중점을 두고 있다.
- 인권 교육은 아동 및 청소년이 존중받으며 살아갈 수 있게 하고, 장애인이 차별받지 않도록 하며, 양성평등, 노동인권 존중 등과 같이 이 세상에서 함께 살아가고 있는 인간의 존엄성과 인권이 존중받고, 각종 폭력을 예방하도록 한다.
- 다문화 교육은 우리나라에서의 다문화 가정 증가, 외국인 근로자 및 탈북 학생 유입 확대에 따라 다양성을 존중하는 교육활동을 강화하고, 세계시민교육 및 국제이해 등에 대한 학습을 통해 국제 사회 전반에 걸쳐 다문화 이해와 상호 존중의 정신을 함양하도록 하였다.
- 통일 교육은 세계 유일의 분단국가인 우리나라에서 통일이 왜 필요한지 학습하게 하고, 범교과적으로 국가 상징, 한국문화사 교육, 호국보훈 등에 대한 학습을 통해 국가정체성을 명확히 하도록 하였다.
- 독도 교육은 학생들로 하여금 국토에 대한 개념을 인식하게 하고, 우리 땅 독도를 사랑하는 마음을 갖게 하였다.
- 경제 · 금융 교육은 소비자의 책임과 권리, 창업(기업가)정신, 복지와 세금 · 금융생활 · 지적 재산권 등을 학습하여 합리적 경제 활동을 할 수 있게 하였다.
- 환경 · 지속가능발전 교육은 저출산 · 고령화 사회 대비 교육, 물 보호 · 에너지, 해양교육, 농업 · 농촌 이해 교육 등을 통해 지금보다 더 낳은 환경과 지속적으로 발전하는 사회를 만들어 가는 데 기여할 수 있도록 하였다.

학교는 필요에 따라 계기 교육을 실시할 수 있으며, 이 경우 계기 교육 지침에 따른다(교육부, 2016).

계기 교육은 시기별, 계절별로 교육적으로 의미가 있는 주제나 변화하는 사회 현안에 대하여 학생들의 올바른 이해를 돕기 위하여 실시하는 교육을 의미한다. 계기 교육은 교과협의회와 학교 교육과정 위원회를 통해 내용의 적정성을 검토하여 교수-학습 계획과 학습 자료를 학교장의 사전 승인을 받아 실시한다. 또한 계기교육은 교육의 중립성과 교육과정의 정상화를 확보할 수 있는 범위에서 실시되어야 하므로 시 · 도 교육청에서 제시하는 계기교육 지침에 따라야 한다. 다만 사회적 논란이나 교육의 정치적 중립을 훼손하는 등의 경우 교육부와 시 · 도 교육청의 협의를 거쳐 계기교육의 내용을 조정할 수 있다.

일반학급 및 특수학급에 배치된 특수교육 대상 학생의 교육과정은 다음과 같이 편성 · 운영한다.

1) 편제와 시간 배당은 해당 학년군의 교육과정을 따른다.
2) 교과의 내용을 대신하여 생활기능 및 진로와 직업 교육, 현장 실습 등으로 편성 · 운영할 수 있다. 그 영역과 내용은 학생의 장애 특성 및 정도를 반영하여 학교가 정한다(교육부, 2016).

일반학급이나 특수학급에 배치되어 통합교육을 받는 특수교육 대상 학생의 교육과정은 통합교육의 정신과 원칙을 학생들에게 보장해 주기 위하여 통합학급의 교육과정 편제와 시간 배당을 적용하도록 하고 있다. 그러나 이들은 특별한 지원이 없으면 통합학급의 교육과정에 접근하여 학습하는 것이 어려운 경우가 많다. 때문에 특수교육 지원인력이나 보조공학기기 등의 지원으로도 해당 통합학급의 교육과정을 적용하기 어려운 경우 해당 학생의 요구에 적합하도록 교육과정을 조정할 수 있다.

초 · 중등학교 교육과정의 적용이 어려운 경우 교과의 내용을 대신하여 '생활기능 및 진로와 직업 교육, 현장 실습' 등의 내용 대체의 방법으로 조정하여 운영할 수 있다. 그 영역과 내용은 대상 학생의 장애 특성 및 정도를 반영하여 학교가 정하며, 대체할 경우 교수-학습과 평가 내용이 일치될 수 있도록 교육계획 및 평가 계획 수립 시 이를 반영하여 해당 교육과정을 재구성하여 운영하여야 한다. 교과별 대체 예시(안)은 〈표 7-8〉과 같다.

표 7-8 교과별 대체 예시(안)

| 초 · 중등학교 교육과정 | 특수교육 교육과정 | 비고(대상) |
|---|---|---|
| 국어 | • 기본교육과정 국어<br>• 특수교육 공통 교육과정 국어 | • 중도 지적장애학생<br>• 시각 · 청각 장애학생 |
| 영어 | • 기본교육과정 영어<br>• 특수교육 공통 교육과정 국영어 | • 중도 지적장애학생<br>• 시각 · 청각 장애학생 |
| 체육 | • 기본교육과정 체육<br>• 특수교육 공통 교육과정 체육 | • 중도 지적장애학생<br>• 시각 · 청각 · 지체 장애학생 |
| 그 외 교과 | • 기본교육과정 해당 교과 | • 중도 지적장애학생 |
| 중학교 선택 교과의 '진로와 직업' | • 기본교육과정의 '진로와 직업' | • 지적장애학생 |
| 고등학교 보통 교과 일반 선택 과목의 '진로와 직업' | • 선택 중심 교육과정의 특수교육 전문 교과(전문 교과 III) 관련 과목 | • 지적장애학생<br>• 시각 · 청각 · 지체 장애학생 |
| 고등학교 전문 교과 II | • 선택 중심 교육과정의 특수교육 전문 교과(전문 교과 III) 관련 과목 | • 지적장애학생<br>• 시각 · 청각 · 지체 장애학생 |

중도중복장애학생이 포함된 학급을 운영하는 특수학교는 해당 학급 학생의 교육과정을 다음과 같이 편성 · 운영할 수 있다.

1) 교과(군)별 50% 범위 내에서 시수를 감축하여 창의적 체험활동으로 편성할 수 있다. 감축을 할 경우 해당 교과는 학생의 수행 수준에 따라 교육과정을 재구성하여 운영한다.
2) 교과의 내용을 대신하여 관련 생활기능 영역으로 편성 · 운영할 수 있으며, 그 영역과 내용은 학생의 장애 특성 및 정도를 반영하여 학교가 정한다(교육부, 2016).

중도중복장애학생은 장애 특성이나 능력, 교육적 필요가 매우 다양하며, 일상생활에서 집중적이고 지속적인 지원을 필요로 한다. 따라서 해당 학교의 교과 교육과정(공통 교육과정 및 선택 중심 교육과정과 기본교육과정)의 적용이 어려운 중도중복장애학생이 포함된 특수학교는 중도중복장애학생의 수행 수준을 고려하여 해당 학급 학생의 교육과정을 교과(군)별 50% 범위 내에서 시수를 감축하여 창의적 체험활동으로 편성하여 생활기능 중심의 교육과정으로 편성 · 운영할 수 있다.

그 영역과 내용은 학생의 장애 특성 및 정도를 고려하여 학교가 정하며, 감축을 할 경우 해당 교과는 학생의 수행 수준에 따라 재구성하여 운영하여야 한다. 중도중복장애학생의 선정 및 학급별 감축 시수 결정은 학년 시작 전 학교별 선정 절차를 거친다. 감축 시수는 학급별 선정자 수 및 학급 학생의 장애 정도 등을 고려하여 학교교육과정위원회 및 학교운영위원회의 자문(심의)을 거쳐 최종적으로 결정한다. 중도중복장애학생을 위한 교육과정은 중도중복장애학생이 그들의 발달 수준에 적합한 기초적인 기능을 학습할 수 있도록 학생의 장애가 아닌 지원에 초점을 맞추며, 중도중복장애학생이 필요로 하는 기능과 특성에 맞는 교육활동을 지원함으로써 학교 교육과정의 적합화를 지향하도록 구성한다. 학교와 학급은 중도중복장애학생의 인지적 · 정의적 · 신체적 영역에서 그들이 지닌 잔존능력을 개발하도록 돕고, 다양한 사회 · 문화 · 예술 · 놀이를 경험할 수 있는 기회를 부여할 수 있도록 한다. 이때 학생의 요구와 필요에 근거하여 교과를 대체할 수 있는 의사소통, 자립생활, 탐구, 신체활동, 여가활동, 진로활동 등을 관련 창의적 체험활동의 자율 활동 영역으로 편성할 수 있다. 나이스(NEIS)에서 기록은 창의적 체험활동의 '자율 활동(중도중복)'란을 활용하여 기록한다.

## 5. 지체장애학교 특수교육 교육과정

현재 지체장애학교에서 적용되고 있는 특수교육 교육과정의 구체적인 예시를 기술하면 다음과 같다.

### 1) 서울 ○○학교 교육과정(예시)

### (1) 초등부 교육과정

#### ① 교육목표

초등부 교육은 학습과 일상생활에 필요한 기초능력을 기르고, 기본생활습관 형성에 중점을 둔다.

### ② 시간편제(초등학교 1, 2학년군)

<table>
<tr><th colspan="2" rowspan="3">구분</th><th colspan="6">초등학교 1~2학년</th></tr>
<tr><th colspan="2">시간배당 기준</th><th colspan="2" rowspan="2">본교 운영시수</th><th rowspan="2">1학년</th><th rowspan="2">2학년</th></tr>
<tr><th>기준</th><th>조정</th></tr>
<tr><td rowspan="6">교과</td><td>국어</td><td>448</td><td>−78</td><td colspan="2">370</td><td>185</td><td>185</td></tr>
<tr><td>수학</td><td>256</td><td>−108</td><td colspan="2">148</td><td>74</td><td>74</td></tr>
<tr><td>바른 생활</td><td>128</td><td>+20</td><td colspan="2">148</td><td>74</td><td>74</td></tr>
<tr><td>슬기로운 생활</td><td>192</td><td>−44</td><td colspan="2">148</td><td>74</td><td>74</td></tr>
<tr><td>즐거운 생활</td><td>384</td><td>+60</td><td colspan="2">444</td><td>222</td><td>222</td></tr>
<tr><td>소계</td><td>1,408</td><td>−150</td><td colspan="2">1,258</td><td>629</td><td>629</td></tr>
<tr><td rowspan="3">창의적<br>체험활동</td><td>자율 활동</td><td>272</td><td rowspan="2">+154</td><td rowspan="2">490</td><td>416</td><td>208</td><td>208</td></tr>
<tr><td>안전한 생활</td><td>64</td><td>74</td><td>37</td><td>37</td></tr>
<tr><td>소계</td><td>336</td><td>+154</td><td colspan="2">490</td><td>245</td><td>245</td></tr>
<tr><td colspan="2">연간 수업 시수</td><td>1,744</td><td>+4</td><td colspan="2">1,748</td><td>874</td><td>874</td></tr>
</table>

## (2) 중학교 교육과정

### ① 교육목표

중학교 교육은 초등학교 교육의 성과를 바탕으로 학습과 일상생활에 필요한 기본 능력을 기르는 데 중점을 둔다.

### ② 시간편제

학교스포츠클럽(148시간)은 창의적 체험활동 동아리 활동 시수를 순증하여 운영하고, 중학교 2학년 2학기는 창의적 특색활동(자기선택 활동)에서 10시수를 재구성하여 자유학기제로 운영한다.

| 구분 | | | 시간배당기준 기준 | 시간배당기준 조정 | 본교운영시수 | | 1학년 | 2학년 1학기 | 2학년 2학기 | 3학년 |
|---|---|---|---|---|---|---|---|---|---|---|
| 교과(군) | 국어 | | 442 | −217 | 225 | | 75 | 75 | | 75 |
| | 사회 | | 442 | −217 | 225 | | 75 | 75 | | 75 |
| | 수학 | | 374 | −187 | 187 | | 75 | 75 | | 37 |
| | 과학 | | 238 | −90 | 149 | | 37 | 37 | | 75 |
| | 진로와 직업 | | 612 | −273 | 339 | | 113 | 113 | | 113 |
| | 체육 | | 340 | 0 | 340 | | 114 | 113 | | 113 |
| | 예술(음악/미술) | | 306 | +33 | 339 | | 113 | 113 | | 113 |
| | 선택(정보) | | 204 | −93 | 111 | | 37 | 37 | | 37 |
| | 소계 | | 2,958 | −1,039 | 1,915 | | 639 | 638 | | 638 |
| 창의적 체험 활동 | 자율 활동 | 창의적 특색활동 (창의주제활동/ 자기선택활동) | 406 | +1,059 | 1,467 | 1,097 | 341 | 189 (자기 선택) | 189 (자유 학기) | 378 |
| | | 적응행사활동 (자치적응활동) | | | | | 37 | 37 | | 37 |
| | 봉사진로활동 | | | | | 111 | 37 | 37 | | 37 |
| | 동아리 활동 | 부서별 활동 | | | | | | | | |
| | | 학교스포츠클럽 | | | | 148(4) | 74 | 37 | | 37 |
| | 소계 | | 408 | +1,059 | 1,467 | | 489 | 489 | | 489 |
| 연간 수업시수 | | | 3,366 | +29 | 3,386 | | 1,128 | 1,127 | | 1,127 |
| 2018 | | | | | | | – | – | | 1,140 |
| 2019 | | | | | | | – | 1,128 | | 1,127 |
| 2021 | | | | | | | 1,127 | 1,127 | | – |
| 2022 | | | | | | | 1,127 | – | | |
| 학년군 총계 | | | | | | | 3,382 | 3,382 | | 3,394 |

### (3) 고등학교 교육과정

#### ① 교육목표

고등학교 교육은 중학교 교육의 성과를 바탕으로 학생의 적성과 소질에 맞는 진로 개척의 능력 향상에 중점을 둔다.

### ② 시간편제

<table>
<tr><th colspan="3" rowspan="2">구분</th><th colspan="2">시간배당기준</th><th colspan="2" rowspan="2">본교운영시수</th><th rowspan="2">1학년</th><th rowspan="2">2학년</th><th rowspan="2">3학년</th></tr>
<tr><th>기준</th><th>조정</th></tr>
<tr><td rowspan="9">교과<br>(군)</td><td colspan="2">국어</td><td>442</td><td>−217</td><td colspan="2">225</td><td>75</td><td>75</td><td>75</td></tr>
<tr><td colspan="2">사회</td><td>408</td><td>−183</td><td colspan="2">225</td><td>75</td><td>75</td><td>75</td></tr>
<tr><td colspan="2">수학</td><td>340</td><td>−115</td><td colspan="2">225</td><td>75</td><td>75</td><td>37</td></tr>
<tr><td colspan="2">과학</td><td>204</td><td>−93</td><td colspan="2">111</td><td>37</td><td>37</td><td>75</td></tr>
<tr><td colspan="2">진로와직업/영양2, 3</td><td>816</td><td>−372</td><td colspan="2">444</td><td>148</td><td>148</td><td>148</td></tr>
<tr><td colspan="2">체육</td><td>306</td><td>+33</td><td colspan="2">339</td><td>113</td><td>113</td><td>113</td></tr>
<tr><td colspan="2">예술(음악/미술)</td><td>306</td><td>+33</td><td colspan="2">339</td><td>113</td><td>113</td><td>113</td></tr>
<tr><td colspan="2">선택<br>보건−고1,<br>정보통신−고2, 3</td><td>204</td><td>+21</td><td colspan="2">225</td><td>75</td><td>75</td><td>75</td></tr>
<tr><td colspan="2">소계</td><td>3,026</td><td>−893</td><td colspan="2">2,133</td><td>711</td><td>711</td><td>711</td></tr>
<tr><td rowspan="5">창의적<br>체험<br>활동</td><td rowspan="2">자율<br>활동</td><td>창의적 특색활동<br>(창의주제활동/<br>자기선택활동)</td><td rowspan="4">442</td><td rowspan="4">+917</td><td rowspan="4">1,359</td><td>1,137</td><td>379</td><td>379</td><td>379</td></tr>
<tr><td>적응행사활동<br>(자치적응활동)</td><td rowspan="2">111</td><td rowspan="2">37</td><td rowspan="2">37</td><td rowspan="2">37</td></tr>
<tr><td colspan="2">봉사진로활동</td></tr>
<tr><td colspan="2">동아리활동</td><td>111</td><td>37</td><td>37</td><td>37</td></tr>
<tr><td colspan="2">소계</td><td>442</td><td>+917</td><td colspan="2">1,359</td><td>453</td><td>453</td><td>453</td></tr>
<tr><td colspan="3">연간 수업시수</td><td>3,468</td><td>+24</td><td colspan="2">3,492</td><td>1,164</td><td>1,164</td><td>1,127</td></tr>
</table>

〈부록 1〉 **지체장애 특성을 반영한 자유학기제 운영(예시)**

### 기본교육과정 운영 학교의 중도중복장애학생 자유학기제 운영

**1) 개요**

가) 중학교의 장은 자유학기에 학생 참여형 수업을 실시하고 학생의 진로탐색 등 다양한 체험을 위한 체험활동을 운영하여야 한다(2015. 9. 15. 신설, 2016. 1. 1. 시행).

나) 「초 · 중등교육법」 시행령 제48조의 2(자유학기의 수업운영방법 등)에 따라, 중학교 교육과정 중 2학년 1학기를 학생들이 꿈과 끼를 찾을 수 있도록 수업을 운영하며, 수업의 내용을 학생 참여형으로 개선하고 진로 탐색 활동 등 다양한 체험활동이 가능하도록 자유학기제를 실시한다.

**2) 목적**

기본교육과정 및 중도중복장애학생을 위한 교육과정 체제하의 장애학생의 교육적 요구와 특성을 반영한 자유학기제를 제공한다.

가) 학생들이 스스로 꿈을 찾고, 자신의 적성과 미래에 대해 탐색 · 설계하는 경험을 통해 지속적으로 자기 성찰 및 전인교육의 기회를 제공한다.

나) 자기 주도적이고 미래지향적인 역량(창의성, 인성, 사회성 등) 함양이 가능한 교육으로 전환하여 학생이 행복한 학교생활을 제공한다.

**3) 중학교 창의적 체험활동 운영**

이 학교는 중도중복장애학생(뇌성마비, 지체장애 중복)이 82% 이상인 학교로서 '교육과학기술부 고시 제2012-32호'에 의해 2015년부터 교과의 50% 내외를 감축하여 창의적 체험활동 시수를 확보하여 교육과정을 운영하였다. 이를 통해 확보한 중학교 과정의 학년당 629시간의 창의적 체험활동 중 자율 활동, 봉사 활동, 진로 활동, 동아리 활동을 다음과 같은 체험 중심 활동으로 운영하였다.

가) 자율 활동: 학교 행사, 현장체험학습, 주제별 테마학습, 중도중복 자율 활동(영역별 개별화, 안전한 생활, 즐거운 1교시, 학급 창체)

나) 진로 활동: 통합교육, 진로탐색활동, 건강증진활동

다) 봉사 활동: 교내환경정화활동

라) 동아리 활동: 문화예술활동부, 스포츠활동부, 여가활동부, 감각활동부, 체험활동부

#### 4) 자유학기제 운영 방안

2021학년도 교과와 창ㆍ체 시수를 자유학기제에 반영하여 다음과 같이 운영하고자 한다.

가) 대상 학년: 중학교 2학년 1학기

나) 교육과정 편성

| 구분 \ 학년 | | | 중학교 | | | |
|---|---|---|---|---|---|---|
| | | | 1 | 2 | 3 | 증감 |
| 교과(군) | 국어 | | 136(4) | 136 | 136 | −34 |
| | 사회 | | 136(4) | 136 | 102 | −68 |
| | 수학 | | 102(3) | 102 | 102 | −68 |
| | 과학 | | 68(2) | 68 | 68 | −34 |
| | 체육 | | 102(3) | 102 | 136 | |
| | 예술 | 음악 | 34(1) | 34 | 34 | |
| | | 미술 | 68(2) | 68 | 68 | |
| | 진로와 직업 | | 238(7) | 238 | 238 | +102 |
| | 선택 | | 68(2) | 68 | 68 | |
| 창의적 체험활동 | 자율 활동 | | 58 | 56 | 58 | +102 |
| | 동아리 활동 | | 68(2) | 68 | 68 | |
| | 봉사 활동 | | 10 | 10 | 10 | |
| | 진로 활동 | | 34(1) | 34 | 34 | |
| 연간 수업시 수 | 학년별 수업시간 수 | | 1,122 | 1,122 | 1,122 | |
| | 기준 시수 | | 3,366 | | | |

1) 이 표에서 1시간 수업은 40분을 원칙으로 하되, 기후 및 계절, 학생의 발달 정도, 학습 내용의 성격 등과 학교 실정을 고려하여 탄력적으로 운영한다.
2) 이 표에 제시된 시간 수는 34주를 기준으로 한 교과군별 연간 기준 수업시수이며, ( )는 주당 수업 시수이다.
3) 중학교는 자립생활기능 강화를 위해 국어, 사회, 수학, 과학 교과 시간 중 일부를 다음과 같이 주제 중심 통합 교과 시간으로 운영하되 해당 교과 시수로 인정한다.

다) 교육과정 이수단위

| 항목 | 교과 | | | | | | | | | | | | | | | 계 |
|---|---|---|---|---|---|---|---|---|---|---|---|---|---|---|---|---|
| 과목 | 국어 | 사회 | 수학 | 과학 | 체육 | 음악 | 미술 | 진로와 직업 | | 선택 | 창의적 체험활동 | | 예술 체육 프로그램 | 스포츠 활동 | | |
| | | | | | | | | 진로와 직업 | 직업 프로 그램 | | 창의적 체험 | 학년 특색 활동 | | | | |
| 주당 기준 시수 | 12 | 12 | 9 | 6 | 9 | 3 | 6 | 21 | | 6 | 15 | | 0 | 0 | | 99 |
| 증감 | −1 | −2 | −? | −1 | 0 | 0 | 0 | 0 | +3 | 0 | 0 | +1 | +1 | +1 | | 0 |

라) 교육과정 유연성을 통한 자유학기제 운영

(1) 장애학생의 자립생활기능을 강화하기 위하여 국어, 사회, 수학, 과학 교과 일부 시간(주당 1시간)을 주제 중심으로 통합하여 편성한다.

**주제중심 통합교과 운영에 따른 시수 증감표**

| 학년 | 감 | | | | 증 | 비고 |
|---|---|---|---|---|---|---|
| | 국어 | 사회 | 수학 | 과학 | 주제중심 통합교과 | |
| 1학년 | 34(1) | 34(1) | 34(1) | 34(1) | 136(4) | 자립생활 기능 강화 |
| 2학년 | 34(1) | 34(1) | 34(1) | 34(1) | 136(4) | |
| 3학년 | 34(1) | 34(1) | 34(1) | 34(1) | 136(4) | |

**주제 중심 통합교과에 따른 교육과정 재구성 예시**

| 학년 | 주제중심 통합교과 영역 | 관련 교과 내용 | | | |
|---|---|---|---|---|---|
| | | 국어 | 사회 | 수학 | 과학 |
| 1~3 학년군 | • 가정생활 관리<br>• 경제활동 참여하기<br>• 위생 관리<br>• 식생활 관리<br>• 의생활 관리<br>• 지역사회 기관 및 시설 이용하기<br>• 이동하기<br>• 여가생활 | • 마음을 열어요<br>• 알기 쉽게 차근차근<br>• 바른 말 고운 말<br>• 정보를 찾아요<br>• 정보를 나누어요<br>• 꿈을 찾아서<br>• 우리 지역의 자랑 | • 우리 지역의 생활 모습<br>• 우리의 생활과 경제<br>• 현명한 소비자<br>• 우리 생활과 법 | • 규칙과 대응<br>• 화폐의 계산<br>• 생활 속의 측정 | • 영양소와 소화<br>• 날씨의 변화<br>• 편리한 도구 |

(2) 장애학생의 적성 · 소질에 맞는 진로 탐색을 위하여 해 다음과 같이 시간을 20% 내에서 증감하여 운영한다.

**장애학생의 진로 탐색 강화에 따른 시수 증감표**

| 학년 | 감 | | 증 | | 운영 시수 |
|---|---|---|---|---|---|
| | 교과 | 시간 | 교과 | 시간 | |
| 1~3 학년군 | 수학 | 68(2) | 진로와 직업 | 102(3) | 진로 탐색 프로그램 |
| | 과학 | 34(1) | | | |
| | 감 시수 합 | 102(3) | 증 시수 합 | 102(3) | |

진로 탐색 강화에 따른 교육 프로그램 (예시)

| 학년 | 교과(3시간) | 프로그램 내용 | | |
|---|---|---|---|---|
| 1~3 학년군 | 진로 탐색 프로그램 | 1학년(1) | 자아인식 프로그램 | • 자신의 신체상 인식<br>• 자신의 장점과 단점<br>• 자신의 취미와 소질 |
| | | 2학년(1) | 직업 탐색 프로그램 | • 나의 부모님 직업<br>• 이웃의 직업 탐색<br>• 지역사회 직업 탐색 |
| | | 3학년(1) | 진로 탐색 프로그램 | • 다양한 직무 체험 |
| | | 공통 | 나의 꿈 그리기 대회, 나의 장래 직업 발표 | |

(3) 교과 시수를 감축하고 창의적 체험활동 시수를 증배하여 창의적 특색 활동 및 예술 · 체육 프로그램, 스포츠 활동을 운영한다.

다양한 창의적 체험활동을 위한 시수 증감표

| 학년 | 감 | | 증 | | 운영 시수 |
|---|---|---|---|---|---|
| | 교과 | 시간 | 교과 | 시간 | |
| 1~3 학년군 | 사회 | 68(2) | 창의적 체험활동 | 102(3) | 학년 특색 활동(1학년)<br>스포츠 활동(2학년)<br>예술 · 체육 프로그램(3학년) |
| | 국어 | 34(1) | | | |
| | 감 시수 합 | 102(3) | 증 시수 합 | 102(3) | |

학년 특색 활동 예시

| 학년 | 창의적 특색 활동 | 프로그램 내용 |
|---|---|---|
| 1학년 | 학년 특색 활동 | –DIY와 레고 과학에 대해 알기<br>–창의적 특색 활동 시간에 지켜야 할 규칙 정하기<br>–음악 듣기를 통해 다른 반 학생들과 친해지기<br>–학교 주변 산책하기 |
| | | –자신이 만들고 싶은 사물 정하기<br>–도안을 그림으로 그리기<br>–친구들에게 작품 소개하기 |
| | | –우유팩을 이용한 연필꽂이 만들기<br>–양치컵 만들기<br>–민속놀이에 활용할 자신의 말 만들기 |
| | | –팀 정하기<br>–민속놀이 하기<br>–딱지치기 하기 |

### 5) 교육과정 운영 모형

가) 주간 운영 시간표

<table>
<tr><th></th><th>월</th><th>화</th><th>수</th><th>목</th><th>금</th><th>토</th></tr>
<tr><td>1</td><td colspan="5" rowspan="4">국어, 사회, 수학, 과학 일부 주제 중심으로 운영</td><td rowspan="4">토요스포츠클럽</td></tr>
<tr><td>2</td></tr>
<tr><td>3</td></tr>
<tr><td>4</td></tr>
<tr><td>5</td><td></td><td rowspan="2"></td><td rowspan="2">진로 탐색<br>프로그램<br>(창제 진로 활동<br>포함)</td><td rowspan="2"></td><td rowspan="2">동아리<br>(창체)<br>(블록타임)</td><td rowspan="3"></td></tr>
<tr><td>6</td><td rowspan="2">학년 특색 활동<br>(격주 블록타임)</td></tr>
<tr><td>7</td><td>학생 특기적성<br>방과후학교</td><td></td><td>사회 적응</td><td>학생특기적성<br>방과후학교</td></tr>
</table>

나) 자유학기제 교육과정 공통 운영 계획

<table>
<tr><th>차시</th><th>요일</th><th>교과</th><th>세부 내용</th></tr>
<tr><td rowspan="2">1~4교시</td><td>월~금</td><td>국어, 사회, 수학,<br>과학, 선택, 진로와<br>직업 중심</td><td>• 기본 교과 위주로 편성하여 운영<br>• 국어, 사회, 수학, 과학 시수 감을 통한 주제 중심 교과 운영<br>• 수업 방법 개선 방안 연구 적용<br>–체험 중심, 주제 중심, 프로젝트 학습 실시<br>–교과내 융합, 교과간 융합 수업, 협업 수업 실시<br>• 교과 연계 진로 탐색 수업, 교과 연계 창의 인성 수업 전개<br>• 평가 방법 모형 개발 적용<br>–과정 중심의 수행평가, 개별화교육평가안 마련</td></tr>
<tr><td>토</td><td>토요스포츠<br>클럽</td><td>• 희망 학생을 대상으로 한 토요스포츠 클럽 개설, 운영</td></tr>
</table>

다) 자율 과정 운영 계획

| | 구분 | 단위 | 세부내용 |
|---|---|---|---|
| 월 | 학년 특색 프로그램 | 2 | **학년 특색 프로그램 운영**<br>• 6, 7 격주 블록타임으로 진행<br>• 학년 특색을 반영하여 공동 집단으로 운영할 수 있는 프로그램으로 학생의 협업과 사회성을 향상시킬 수 있도록 함 |
| 수 | 진로 탐색 프로그램 | 2 | **진로 탐색 강화를 위한 프로그램 운영**<br>• 수요일 5,6교시 블록타임으로 진행하며 창체 진로 활동 시수를 포함하여 2시간 확보 운영<br>• 체험활동 중심 자아인식 프로그램(1학년) |
| 목 | 사회 적응 | 1 | **지역사회 자원봉사자 연계 사회 적응 활동**<br>• 창의적 체험활동의 자율 활동 시간을 활용<br>• 1:1 맞춤형 사회 적응 활동 실시 |
| 금 | 진로 동아리 | 2 | **창의적 체험활동으로 진로 동아리 활동**<br>• 금요일 5, 6교시 블록타임으로 운영 |
| 토 | 체육 활동 | 1 | **스포츠 클럽활동 운영**<br>• 희망자에 한하여 오전 시간 스포츠클럽 운영<br>• 다양한 체력 단련, 스포츠, 오락 문화를 포함 |

〈부록 2〉 **지체장애학교 교육과정의 변천 과정에 대한 요약**

## 1. 제 1차 지체 부자유 학교 제정 교육과정(1983. 12. 31)

### 1) 초등부 교육과정

(1) 교육 목표

초등부 교육은 장애를 극복할 수 있는 의지와 일상 생활에 필요한 기본 능력을 기르고, 바른 생활 태도를 형성하여, 전인적인 성장을 위한 바탕을 기르는 데 목적이 있다. 그리고 총괄 목표와 이에 따른 구체 목표 7개가 제시되었다.

<table>
<tr><th colspan="2">구분 \ 학년</th><th>1</th><th>2</th><th>3</th><th>4</th><th>5</th><th>6</th></tr>
<tr><td rowspan="10">교과 활동</td><td>도덕</td><td rowspan="3">374(11)</td><td rowspan="3">374(11)</td><td>68(2)</td><td>68(2)</td><td>68(2)</td><td>68(2)</td></tr>
<tr><td>국어</td><td>238(7)</td><td>204(6)</td><td>204(6)</td><td>204(6)</td></tr>
<tr><td>사회</td><td>102(3)</td><td>102(3)</td><td>136(4)</td><td>136(4)</td></tr>
<tr><td>산수</td><td rowspan="2">206(6)</td><td>136(4)</td><td>136(4)</td><td>136(4)</td><td>170(5)</td><td>170(5)</td></tr>
<tr><td>자연</td><td>68(2)</td><td>102(3)</td><td>136(4)</td><td>136(4)</td><td>136(4)</td></tr>
<tr><td>체육</td><td rowspan="3">136(4)</td><td rowspan="3">170(5)</td><td>68(2)</td><td>68(2)</td><td>68(2)</td><td>68(2)</td></tr>
<tr><td>음악</td><td>68(2)</td><td>68(2)</td><td>68(2)</td><td>68(2)</td></tr>
<tr><td>미술</td><td>68(2)</td><td>68(2)</td><td>68(2)</td><td>68(2)</td></tr>
<tr><td>실과</td><td></td><td></td><td></td><td>68(2)</td><td>68(2)</td><td>68(2)</td></tr>
<tr><td>계</td><td>714(21)</td><td>748(22)</td><td>850(25)</td><td>918(27)</td><td>986(29)</td><td>986(29)</td></tr>
<tr><td colspan="2">재활활동</td><td>68~(2~)</td><td>68~(2~)</td><td>68~(2~)</td><td>68~(2~)</td><td>68~(2~)</td><td>68~(2~)</td></tr>
<tr><td colspan="2">특별활동</td><td></td><td></td><td></td><td>34~(1~)</td><td>34~(1~)</td><td>34~(1~)</td></tr>
<tr><td colspan="2">총계</td><td>782~<br>(23~)</td><td>816~<br>(24~)</td><td>918~<br>(27~)</td><td>1,020~<br>(30~)</td><td>1,020~<br>(30~)</td><td>1,020~<br>(30~)</td></tr>
</table>

* ① 이 표에 배당된 총 시간 수는 연간 34주를 기준으로 한 최소 시간이고, ( )안은 주당 평균 시간 수이다.
② 1,2학년의 경우, 2~3교과를 합쳐서 시간을 배당한 것은 해당 교과를 통합 운영하는 것을 나타낸 것이다.
③ 1시간의 수업은 40분을 원칙으로 한다. 다만, 기후, 계절, 학생의 장애상태, 학습 내용의 성격, 학교의 특수한 여건 등을 고려하여 이를 실정에 알맞도록 조절할 수 있다.
④ 학교의 특수한 여건이나 교무 형편상 부득이한 사유로 시간배당 기준에 의한 시간수를 충당할 수 없을 경우에는 교과 활동 총 이수 시간의 5% 이내에 해당하는 시간을 감축, 운영할 수 있다.

### 2) 고등부 교육과정의 교육 목표

고등부 교육은 중학부 교육의 기초 위에 강인한 의지로 장애를 극복하게 하고 원만한 인격을 형성하며, 지신의 진로 개척에 필요한 자질을 길러 사회 성원으로서의 역할을 충실히 수행할 수 있도록 하는 데 목적이 있다.

<table>
<tr><th rowspan="3">교과</th><th rowspan="3">과목</th><th colspan="5">보통교과</th><th rowspan="3">전문교과</th></tr>
<tr><th colspan="2" rowspan="2">공통필수</th><th colspan="3">과정별선택</th></tr>
<tr><th>인문<br>사회과정</th><th>자연과정</th><th>직업과정</th></tr>
<tr><td>국민윤리</td><td>국민윤리</td><td colspan="2">6</td><td></td><td></td><td></td><td rowspan="22">전자<br>요업<br>인쇄<br>시계수리<br>목공<br>공예<br>제화<br>양제 · 한재<br>자수 · 편물<br>축산<br>원예<br>기타</td></tr>
<tr><td>국어</td><td>국어(Ⅰ · Ⅱ)</td><td colspan="2">16~18</td><td>14~18</td><td>8~10</td><td>3~8</td></tr>
<tr><td>국사</td><td>국사</td><td colspan="2">6(4)</td><td></td><td></td><td></td></tr>
<tr><td rowspan="3">사회</td><td>사회(Ⅰ · Ⅱ)</td><td colspan="2">4~6(2~6)</td><td>4</td><td rowspan="3"></td><td rowspan="3">택1<br>2~6</td></tr>
<tr><td>지리(Ⅰ · Ⅱ)</td><td>4~6<br>(2~6)</td><td rowspan="2">택1*</td><td>4</td></tr>
<tr><td>세계사</td><td>2(2)</td><td>2</td></tr>
<tr><td>수학</td><td>수학(Ⅰ · Ⅱ)</td><td colspan="2">8~14</td><td>6~8</td><td>10~18</td><td>4~18</td></tr>
<tr><td rowspan="4">과학</td><td>물리(Ⅰ · Ⅱ)</td><td>4~6</td><td rowspan="4">택2*</td><td rowspan="4"></td><td>4</td><td rowspan="4">택 1~2<br>4~12</td></tr>
<tr><td>화학(Ⅰ · Ⅱ)</td><td>4~6</td><td>4</td></tr>
<tr><td>생물(Ⅰ · Ⅱ)</td><td>4~6</td><td>4</td></tr>
<tr><td>지구과학(Ⅰ · Ⅱ)</td><td>4~6</td><td>4</td></tr>
<tr><td>체육 · 교련</td><td>체육 · 교련</td><td colspan="2">6~8</td><td>8~10</td><td>8~10</td><td>4~8</td></tr>
<tr><td>음악</td><td>음악</td><td>4~6</td><td rowspan="2">택1</td><td rowspan="2">택1<br>4~6</td><td rowspan="2">택1<br>4~6</td><td rowspan="2">택1<br>2~6</td></tr>
<tr><td>미술</td><td>미술</td><td>4~6</td></tr>
<tr><td>한문</td><td>한문(Ⅰ · Ⅱ)</td><td colspan="2"></td><td>8~14</td><td>4~6</td><td>4~6</td></tr>
<tr><td rowspan="6">외국어</td><td>영어(Ⅰ · Ⅱ)</td><td colspan="2">8~10</td><td>14~16</td><td>14~16</td><td>6~16</td></tr>
<tr><td>독일어</td><td colspan="2" rowspan="5"></td><td rowspan="5">택1<br>10~12</td><td rowspan="5">택1<br>10~12</td><td rowspan="5">택1<br>6~12</td></tr>
<tr><td>프랑스어</td></tr>
<tr><td>에스파니아어</td></tr>
<tr><td>중국어</td></tr>
<tr><td>일본어</td></tr>
</table>

| | | | | | | |
|---|---|---|---|---|---|---|
| 실업 · 가정 | 산업기술 | | 택1<br>8~10 | 택1<br>8~10 | 택1<br>4~8 | |
| | 가정 | | | | | |
| | 농업 | | 택1<br>8~10 | 택1<br>8~10 | | |
| | 공업 | | | | | |
| | 상업 | | | | | |
| | 수산업 | | | | | |
| | 가사 | | | | | |
| 자유선택 | | | 0~8 | 0~8 | 0~8 | |
| 이수단위소계 | | 80~94(64~76) | 90~116 | 90~116 | 10~38 | 82~122 |
| 이수단위합계 | | 194~196 | | | | |
| 재활훈련 | | 8~ | | | | |
| 특별활동 | | 12~ | | | | |
| 총계 | | 204~216 | | | | |

### 3) 재활 훈련 활동

(1) 목표

장애 상태를 극복하고 이를 개선하는데 필요한 지식, 기능, 태도 및 사회 적응력을 길러 심신의 조화로운 발달을 도모하게 한다.

(2) 기능 훈련의 목표와 내용

① 목표

- 재활에 필요한 신체 기능을 익숙하게 한다.
- 재활에 필요한 대상 기능을 촉진시킨다.
- 잔존 보유 기능의 퇴화를 예방한다.

② 내용

- 물리적 훈련
- 작업 훈련
- 언어교정 훈련
- 감각 · 지각 기능의 훈련물

(3) 사회 · 심리적 훈련의 목표와 내용

① 목표

- 장애 극복 의지를 가지게 한다.
- 사회 · 심리적 적응력을 가지게 한다.
- 당면한 문제를 스스로 해결할 수 있게 한다.

② 내용

- 심신의 적응
- 사회 · 정서적 적응
- 긍정적 태도

## 2. 제2차 지체 부자유 학교 교육(1989. 12. 29.)

### 1) 유치부 교육과정

유치부 교육과정은 일반교육과정을 준용하다가 문교부 고시 제 89-10호로 제정하였다. 유치부 교육과정은 신체, 언어, 인지, 정서, 사회성 발달 영역을 기초로 하여 편성하고, 지체부자유 유아의 발달, 특성, 요구에 알맞은 재활 훈련을 운영한다.

한편 유치부의 연간 교육 시간수는 540시간 이상으로 하고, 주당 교육시간 및 1일 교육시간, 1단위 시간의 길이 등은 지체부자유 유아의 특성, 발달 수준, 교육 내용의 성격, 유치부의 실정 등에 알맞게 배당한다. 제정된 교육목표는 다음과 같다.

- 건강과 안전 생활 및 장애 상태의 개선에 필요한 기본적인 습관 및 태도를 기르고, 감각 · 운동 기능을 향상시켜 조화로운 발달을 이루게 한다.
- 다른 사람의 말을 이해하고, 자기 생각을 말로 표현할 수 있는 기초기능을 가지게 한다.
- 자기 주변의 여러 가지 현상에 대하여 관심을 가지고, 이를 알아보려는 태도를 가지게 한다.
- 자기의 일에 자부심을 가지며, 생활 주변의 느낌과 생각을 자기 나름대로 표현하게 한다.
- 일상생활에 필요한 기본적인 생활 습관을 기르고, 가족과 이웃을 사랑하는 마음씨를 지니게 한다.

### 2) 초등부 교육과정

일반 학교 5차 교육과정의 구체 목표 6개와 장애 상태 개선에 필요한 기초적인 지식과 가능을 습득하여 재활 의지를 가지게 한다는 목표를 추가하여 제시하였다.

| 구분 \ 학년 | | 1 | | | 2 | | | 3 | | | 4 | | | 5 | | | 6 | | |
|---|---|---|---|---|---|---|---|---|---|---|---|---|---|---|---|---|---|---|---|
| 유형 | | I | II | III | I | II | III | I | II | III | I | II | III | I | II | III | I | II | III |
| 교과활동 | 우리들은 1학년 | 70 | 79 | | | | | | | | | | | | | | | | |
| | 도덕 | | | | | | | 34 | | | 68 | 34 | | 68 | 34 | | 68 | 34 | |
| | 국어 | 240 | 240 | | 238 | 238 | | 238 | 272 | | 240 | 238 | | 204 | 238 | | 204 | 238 | |
| | 사회 | | | | | | | 102 | | | 102 | 102 | | 136 | 136 | | 136 | 136 | |
| | 바른생활 | 60 | 60 | | 102 | 68 | | | 68 | | | | | | | | | | |
| | 산수 | 120 | 60 | | 136 | 102 | | 136 | 136 | | 136 | 136 | | 170 | 170 | | 170 | 170 | |
| | 자연 | | | 240 | | | 238 | 102 | | 408 | 136 | 102 | 510 | 136 | 102 | 578 | 136 | 102 | 578 |
| | 슬기로운 생활 | 60 | 60 | | 68 | 68 | | | 68 | | | | | | | | | | |
| | 체육 | | | | | | | 68 | | | 68 | 68 | | 68 | 68 | | 68 | 68 | |
| | 음악 | | | | | | | 68 | | | 68 | 34 | | 68 | 34 | | 68 | 34 | |
| | 미술 | | | | | | | 68 | | | 68 | 68 | | 68 | 68 | | 68 | 68 | |
| | 즐거운 생 활 | 120 | 120 | | 170 | 136 | | | 170 | | | | | | | | | | |
| | 실과 | | | | | | | | | | 34 | 34 | | 34 | 34 | | 34 | 34 | |
| 재활훈련활동 | | 60 | 120 | 526 | 68 | 170 | 544 | 68 | 170 | 476 | 68 | 136 | 442 | 68 | 136 | | 68 | 136 | |
| 특별활동 | | 30 | | | 34 | | | 34 | | | 34 | | | 34 | | | 34 | | |
| 학교재량시간 | | 30 | | | 34 | | | 34 | | | 34 | | | 34 | | | 34 | | |
| 계 | | 790 | | | 850 | | | 952 | | | 1,020 | | | 1,088 | | | 1,088 | | |

* ① 수업시간은 연간 34주를 기준으로 한 최소 시간량이고 1단위 시간은 40분을 원칙으로 한다(단 1학년은 30주)
② 각 학교는 위의 수업시간 이상을 확보하여야 하며, 교과목별 수업시간, 주간 수업시간, 1단위 시간의 길이 등은 학교의 실정에 맞게 조정하여 운영할 수 있다.
③ 수업시간 배당기준의 유형에 있어서 I, II, III은 지체부자유 학생을 정상적 학습가능(I), 정상적 학습지체(II), 정상적 학습곤란(III)으로 각각 나누어 표시한 유형분류 기호이다.
④ III 유형의 교과활동에 배당된 수업시간은 학생의 실태, 학교의 실정에 알맞게 통합교과의 운영, 관련 장애영역의 교육과정 기준 활용, 학교 특설교과 설정 운영 등에 활용한다.

### 3) 고등부 교육과정

일반 학교 5차 교육과정의 구체 목표 6개와 장애를 극복하고 개선하는 데 필요한 지식과 기능을 습득하여 심신의 조화로운 발달을 도모하고, 강인한 재활 의지를 가지게 한다의 목표를 추가하여 제시하였다.

| 구분 | | 학년 / 유형 | 1 | | 2 | | 3 | |
|---|---|---|---|---|---|---|---|---|
| | | | II | III | II | III | II | III |
| 교과활동 | | 도덕 | 68 | | 68 | | 68 | |
| | | 국어 | 170 | | 170 | | 170 | |
| | | 국사 | 68 | | 68 | | 68 | |
| | | 사회 | 68 | | 68 | | 68 | |
| | | 수학 | 102 | | 102 | | 102 | |
| | | 과학 | 102 | 544 | 102 | 544 | 102 | 544 |
| | | 체육 | 34 | | 34 | | 34 | |
| | | 음악 | 68 | | 68 | | 68 | |
| | | 미술 | 68 | | 68 | | 68 | |
| | | 한문 | 34 | | 34 | | 34 | |
| | | 외국어(영어) | 102 | | 102 | | 102 | |
| | 실업·가정 | 기술 | | | | | | |
| | | 가정 | 68(택1) | | 68(택1) | | 68(택1) | |
| | | 기술·가정 | | | | | | |
| | 직업교육활동 | 전자조립 | | | | | | |
| | | 컴퓨터 | | | | | | |
| | | 조립·포장 | | | | | | |
| | | 판매 | 136(선택) | | 136(선택) | | 136(선택) | |
| | | 시설관리 | | | | | | |
| | | 원예 | | | | | | |
| | | 사육 | | | | | | |
| | | 기타 | | | | | | |
| 재활훈련활동 | | | 68 | 340 | 68 | 340 | 68 | 340 |
| 특별활동 | | | 34 | 170 | 34 | 170 | 34 | 170 |
| 학교재량시간 | | | 34 | | 34 | | 34 | |
| 계 | | | 1,224 | | 1,224 | | 1,224 | |

### 4) 재활 훈련 활동의 목표와 내용

(1) 목표

장애 상태를 극복하고 이를 개선하는 데 필요한 지식, 기능, 태도 및 사회 적응력을 길러 심신의 조화로운 발달을 도모하게 한다.

(2) 내용

- 감각 · 지각 훈련
- 언어 훈련
- 작업 훈련
- 물리적 훈련
- 신체 활동 훈련
- 사회 · 심리적 훈련

## 3. 제7차 특수학교 교육과정

### 1) 편제

- 교육과정은 유치부 교육과정, 기본교육과정, 국민공통 기본교육과정, 고등부 선택 중심 교육과정으로 구성한다.
- 유치부 교육과정은 건강 생활, 사회 생활, 표현 생활, 언어 생활, 탐구 생활 영역으로 구성한다.
- 국민공통 기본교육과정은 교과, 치료 교육 활동, 재량 활동, 특별 활동으로 편성한다.
- 고등부 선택 중심 교육과정은 교과, 치료 교육 활동, 특별 활동으로 편성한다.
- 순회 교육을 필요로 하는 장애 학생에게는 해당 장애 영역 학교 교육과정의 편제를 적용한다.
- 일반 학급, '학습 도움실', 특수학급(전일제, 시간제) 등에 배치된 장애 학생에게는 해당 학교 학년의 편제를 적용하되, 특수학교 교육과정을 고려하여 조정할 수 있다.

## 2) 시간(단위) 배당 기준

### (1) 유치부 및 국민공통 기본교육과정

| 구분 \ 학년 | | 유치부 1 | 유치부 2 | 유치부 3 | 초등부 1 | 초등부 2 | 초등부 3 | 초등부 4 | 초등부 5 | 초등부 6 | 중학부 7 | 중학부 8 | 중학부 9 | 고등부 10 | 고등부 11 | 고등부 12 |
|---|---|---|---|---|---|---|---|---|---|---|---|---|---|---|---|---|
| 교과 | 국어 | 언어생활 | | | 국어 204~306 | | | | (136) | | | | (102) | | 선택 과목 (132 단위) | |
| | 도덕 | | | | | | 238~408 | | (34) | | 204~374 | | (34) | | | |
| | 사회 | 사회생활 | | | 수학 102~136 | | | | (68) | | | | (68) | | | |
| | 수학 | | | | 바른생활 68~102 | | 3 · 4학년 136~272 | | (68) | | | | (68) | | | |
| | 과학 | 탐구생활 | | | | | | | (68) | | 204~408 | | (68) | | | |
| | 실과 | | | | 슬기로운 생활 68~102 | | 5 · 6학년 170~340 | | (34) | | 기술 · 가정 | | (68) | | | |
| | 체육 | 건강생활 | | | | | | | (34) | | | | (34) | | | |
| | 음악 | | | | 즐거운 생활 136~204 | | 102~272 | | (34) | | 68~136 | | (34) | | | |
| | 미술 | 표현생활 | | | | | 34~68 | | (34) | | | | (34) | | | |
| | 외국어 (영어) | | | | 우리들은 1 학년 80 | | 34~68 | | (34) | | 68~136 | | (68) | | | |
| 치료교육활동 | | | | | 30 | 34 | 68 | 68 | 68 | 68 | 68 | 68 | 68 | 34 | 4단위 | |
| 재량활동 | | | | | 60 | 68 | 68 | 68 | 102 | 102 | 136 | 136 | 136 | 238 | · | |
| 특별활동 | | | | | 30 | 34 | 34 | 68 | 68 | 68 | 68 | 68 | 68 | 68 | 8단위 | |
| 연간수업 시간수 | | 180분×180일 (연간) | | | 830 | 850 | 986 | 986 | 1,088 | 1,088 | 1,156 | 1,156 | 1,156 | 1,224 | 144 단위 | |

(2) 고등부 선택 중심 교육과정

<table>
<tr><th colspan="2" rowspan="2">구 분</th><th colspan="3">선 택 과 목</th></tr>
<tr><th>일 반 선 택</th><th>심 화 선 택</th><th>전 문 선 택</th></tr>
<tr><td rowspan="11">교<br>과</td><td>국어</td><td>국어 생활(4)</td><td>화법(4) 독서(8) 작문(8) 문법(4) 문학(8)</td><td rowspan="11">• 직업 교과<br>−공예<br>−포장 · 조립 · 운반<br>−농업<br>−전자 조립<br>−제과 · 제빵<br>−정보 처리<br>−상업 디자인<br>−이료<br><br>• 일반 고등 학교 선택 중심 교육과정의 전문 교과<br><br>• 학교에서 설정한 그 밖의 교과</td></tr>
<tr><td>도덕</td><td>시민 윤리(4)</td><td>윤리와 사상(4) 전통 윤리(4)</td></tr>
<tr><td>사회</td><td>인간 사회와 환경(4)</td><td>한국지리(8) 세계지리(8) 경제지리(6) 한국근 · 현대사(8) 법과 사회(6) 정치(8) 경제(6) 사회 · 문화(8)</td></tr>
<tr><td>수학</td><td>실용 수학(4)</td><td>수학 I (8) 수학 II (8) 미분과 적분(4) 확률과 통계(4) 이산 수학(4)</td></tr>
<tr><td>과학</td><td>생활과 과학(4)</td><td>물리 I (4) 화학 I (4) 생물 I (4)<br>지구과학 I (4) 물리 II (6) 화학 II (6)<br>생물 II (6) 지구 과학 II (6)</td></tr>
<tr><td>기술 · 가정</td><td>정보사회와 컴퓨터(4)</td><td>농업 과학(6) 공업 기술(6) 기업 경영(6)<br>해양 과학(6) 가정 과학(6)</td></tr>
<tr><td>체육</td><td>체육과 건강(4)</td><td>체육 이론(4) 체육 실기(4 이상)*</td></tr>
<tr><td>음악</td><td>음악과 생활(4)</td><td>음악 이론(4) 음악 실기(4 이상)*</td></tr>
<tr><td>미술</td><td>미술과 생활(4)</td><td>미술 이론(4) 미술 실기(4 이상)*</td></tr>
<tr><td rowspan="2">외국어</td><td></td><td>영어 I (8) 영어 II (8) 영어 회화(8)<br>영어 독해(8) 영어 작문(8)</td></tr>
<tr><td>독일어 I (6) 프랑스어 I (6)<br>스페인어 I (6) 중국어 I (6)<br>일본어 I (6) 러시아어 I (6)<br>아랍어 I (6)</td><td>독일어 II (6) 프랑스어 II (6)<br>스페인어 II (6) 중국어 II (6)<br>일본어 II (6) 러시아어 II (6)<br>아랍어 II (6)</td></tr>
<tr><td></td><td>한문<br>교련<br>교양</td><td>한문(6)<br>교련(6)<br>철학(4) 논리학(4)<br>심리학(4) 교육학(4)<br>심리학(4) 교육학(4)<br>생활 경제(4) 종교(4)<br>생태와 환경(4)<br>진로와 직업(4) 기타(4)</td><td>한문 고전(6)<br><br>장애인의 재활과 복지(4)</td><td></td></tr>
<tr><td colspan="2">교과이수단위</td><td>20단위 이상</td><td colspan="2">112단위 이하</td></tr>
<tr><td colspan="2">치료교육활동</td><td colspan="3">4단위</td></tr>
<tr><td colspan="2">특별활동</td><td colspan="3">8단위</td></tr>
<tr><td colspan="2">총 이수단위</td><td colspan="3">144단위</td></tr>
</table>

제8장

# 지체장애학생의 교수-학습 방법

지체장애학생의 교육은 학생 간 개인차가 크고, 장애 정도가 점차 중도중복화 추세에 따라 개개인에 맞는 적합한 지도방법을 수립하여야 한다. 특히 지체장애학생 간의 개인차는 운동장애뿐만 아니라 인지능력의 차이가 크기 때문에 동일한 교육과정이나 교수-학습 방법을 적용한다면 학생 개개인의 변화를 이끌어 내기 어렵다. 이러한 교수-학습을 위해서 원리를 알아보고, 지도방법과 전략을 통해서 지체장애학생의 학습 증진을 모색할 수 있다.

## 1. 지체장애학생의 교수-학습 원리

### 1) 지체장애학생의 교수-학습 지도원리

지체장애학생의 교육은 특별한 교육적 요구 측면을 고려한 개별화 교육 계획을 중심으로 잠재력을 최대한 계발하기 위한 교육목표를 세워야 한다. Delgado와 Combes(2001)는 지체장애학생의 잠재능력 계발을 위한 교육목표를 다음과 같이 제시하였다(전헌선 외, 2003).

첫째, 의사소통 기능을 효율적으로 지도한다. 제스처, 구어, 문어, 쓰기, 보완대체 의사소통(AAC)기구, 보조공학기기 등을 활용하여 의사소통 기능을 극대화한다.

둘째, 운동기능 발달을 최대화한다. 이는 비정상적인 운동, 근력, 자세의 신장, 협응운동, 보조기기 등을 적용해 운동기능을 개선한다.

셋째, 일상생활에서 자립능력을 기른다. 자립능력은 식사, 용변, 옷 입고 벗기, 위생, 이동 등의 기능 발달을 의미한다.

넷째, 1차 장애와 수반되는 문제를 치료하고 예방한다. 수반되는 침 흘리기, 빈혈, 비만, 시각, 청각, 구토, 발작, 불면, 언어, 행동 문제 등이 있다.

지체장애학생 교수-학습에 적용할 수 있는 기본적 원리를 제시하면 〈표 8-1〉과 같다(국립특수교육원, 1995).

표 8-1 지체장애학생 교수-학습 지도원리

- 아동이 할 수 있는 일은 스스로 하게 한다.
- 최대한 많은 것을 직접 경험하도록 기회를 마련한다.
- 아동의 생활연령에 맞는 교재와 지도방법을 사용한다.
- 아동의 현재 환경과 미래 환경을 고려하여 아동교육을 전망한다.
- 아동교육의 방향을 결정하기 전에 가능한 방향을 다 제시한다.
- 교육을 최대한 일반 환경에서 실시하도록 한다.
- 교육에 사용하는 교재와 교구를 변형하여 아동의 장애를 극복한다.
- 아동을 담당하는 다른 전문인들의 조언을 참고한다.
- 아동에게 가장 중요한 교육목표를 향해 전문인들 간의 협조체계를 이룬다.
- 아동에게 가장 필요한 기능적인 능력과 기초적인 지식을 가르친다.
- 아동의 잠재능력을 과소평가하지 않는다.
- 아동이 긍정적인 자아개념을 갖도록 지도한다.
- 아동의 새로운 담임이 될 교사에게 최대한의 정보와 자료를 제공한다.
- 아동에게 정답을 암시해 주거나 알려 주는 것을 삼간다.
- 아동의 동기유발에 힘쓴다.
- 부모의 교육 참여를 격려한다.

박화문(1990)은 지체장애학생의 장애 정도를 고려한 교수-학습 지도원칙을 〈표 8-2〉와 같이 제시하였다.

표 8-2 지체장애학생 교수-학습 지도원칙

- 아동이 교육의 장에서 즐겁게 참여하도록 한다.
- 아동의 실태를 정확하게 파악한다.
- 아동과 교사 간의 신뢰관계를 확립한다.
- 실현 가능한 학습계획을 세운다.
- 교육지도는 가능한 한 조기에 실시한다.
- 전체적인 발달 촉진을 고려하여 지도한다.
- 개별지도와 집단 활동을 조화롭게 한다.
- 발달의 순서를 존중한다.
- 전문가 상호 간의 협력을 존중한다.
- 과제 해결에 스스로 임하도록 동기를 부여한다.

## 2) 지체장애학생의 교수-학습 치료교육 원리

쇼지 사브로(昇地, 1976)는 지체장애학생의 교육에서 지도 원리로 정서안정을 기본으로 하는 치료교육의 10대 원리로 활동(activity)의 원리, 흥미(interest)의 원리, 허용(permission)의 원리, 상찬(admirability)의 원리, 자신(confidence)의 원리, 예견(anticipation)의 원리, 변화(change)의 원리, 집중(concentration)의 원리, 공존(interdepend)의 원리, 체감(attachment)의 원리를 제시하였다. 또한 지체장애학생은 개인차의 배려, 자발성의 환기, 직접 경험의 중시, 교육 기기의 활용을 중시하여 지도해야 한다고 하였다. 과제나 기능을 가르칠 때 기본이 되는 수업원리로 기능적 과제와 자료 활용, 자연스러운 환경과 적절한 단서 제시, 초학문적 서비스나 통합치료 접근, 일반학생과의 상호작용, 자료에 기초한 수업 등이 있다(백은희, 김삼섭, 구본권, 1994).

이외에 심리적으로 안정시키는 방법, 기능에 초점을 맞추는 방법, 자립에 목표를 두는 방법, 팀 간의 상호 협력과 원활한 의사소통에 중점을 두는 방법 등의 지도원리가 있다(전헌선 외, 2003).

## 2. 지체장애학생의 교수–학습 지도방법

지체장애학생의 교수–학습 지도방법은 교육목표를 달성하고 삶의 질 향상을 위한 다양화할 필요가 있다. 일반적인 교수방법으로 교사 주도의 일반적 수업 방법을 극복하기 위한 학습자 중심 교수방법, 학생의 다양한 개인차를 고려한 개별화 교수방법, 철학적 인식론에 뿌리를 둔 구성주의적 교수방법 등이 있다(박성익, 임철일, 이재경, 최정임, 2002).

김삼섭(1996)은 지체장애학생의 개인적 · 사회적 기술을 획득 · 유지 · 일반화하는 데 필요한 세 가지 접근법을 제시하였다. 실제 환경에서 활동계획이 수립되어야 함을 강조하는 환경접근법, 사회적 · 개인적 행동에 대한 결과에 강화를 주는 결과접근법, 어떻게 반응하고, 무엇을 할 것이며, 언제 그 행동을 나타내야 하는가에 초점을 맞춘 반응접근법을 제시하고 있다.

지체장애학생의 교육은 교수 절차, 순서, 교육 자료들의 적합성을 고려하여 결정하고 교수방법의 구체화가 있어야 한다. 여기에는 의료나 특별한 건강에 대한 요구,

**표 8–3** 지체장애학생을 위한 교수방법 단계

| 단계 | 설명 |
|---|---|
| 수업 안내 | • 주의집중, 전시학습 상기, 학습목표 제시, 생활과의 관련성에 대한 토의 |
| 기술/전략의 설명과 시연 | • 교사의 질문/응답을 통해 상위 인지 전략의 활성화<br>• 교사가 질문하고 학생이 응답하여, 공통된 전략을 도출하거나 교사의 시연을 통해 전략을 훈련 |
| 비계(scaffolding) 활용과 상호작용 | • 문제해결 전략을 스스로 적용할 수 있도록 질문<br>• 과정과 결과를 연계시키도록 지속적으로 요구하면서 차츰 단서나 지원을 감소 |
| 완전학습을 위한 독립적인 활동 | • 교사의 도움 없이 다양한 방법으로 문제를 해결하는 시도 |
| 피드백 제공 | • 성공에 초점을 맞추어 피드백하고 오류 분석 실시 |
| 일반화와 전이 | • 새로운 상황에 적용해 보거나 알게 된 지식을 설명 |

출처: 박화문 외(2011), p. 257.

감각적 요구를 자극하기 위한 교구, 교재교구의 수정, 관련서비스 지원, 팀 접근 방법, 특수교육공학 적용방법 등이 구체적으로 고려되어야 한다(전헌선 외, 2003).

지체장애학생을 지도하기 위해서는 일반적으로 체계적인 교수방법(systemic teaching)을 적용해야 하며, 그 단계는 〈표 8-3〉과 같다.

여기에서는 지체장애학생의 교육목적에 따른 교수-학습 지도방법으로 의사소통 지도방법, 일상생활 지도방법, 감각운동 지도방법을 살펴본다(전헌선 외, 2003).

## 1) 의사소통 지도방법

학습에 있어서 다른 사람의 말을 듣고 수용하는 능력과 자신의 의사를 말로 표현하는 능력은 매우 중요하다. 그러나 의사소통 능력이 부족한 지체장애학생은 몸짓, 구어, 문어, 쓰기, 보완대체의사소통(AAC)기구, 컴퓨터를 통한 전자메일(e-mail), 원격통신교육 등을 통해 의사소통 기능을 극대화한다.

### (1) 수용언어 및 표현언어

지체장애학생의 대부분이 언어문제를 가지고 있어서 효율적인 의사소통에 관한 방법이 요구된다. 수용언어란 학생이 듣고 이해하는 언어를 말하며, 표현언어는 학생이 어휘를 구성하는 발어이다. 두 측면의 기능은 동시에 획득되며, 또한 동시적인 지도가 가능하다.

말을 이해하는 능력인 수용언어에 결함이 있는 경우를 살펴보면, 어떤 학생은 무슨 말이든지 전혀 말의 의미를 이해하지 못하고, 어떤 학생은 가정에서 늘 접하는 일상 사물, 가족 이름, 동작들은 이해하지만 문장 전체는 잘 이해하지 못한다. 어떤 일을 시키면 말뜻을 이해하지 못해 "뭐라고?" 하고 반문을 하거나 혼동을 하는 것처럼 행동을 한다면 수용언어 기능에 장애가 있는 것이다. 그래서 소리의 인지, 소리의 변별, 청지각 훈련에 의한 말소리 변별, 시각 및 청각에 의한 낱말의 이해, 구문 이해 등을 지도한다.

표현언어는 구어를 매체로 자신이 전달하고자 하는 의도를 표현하기 위해 적절한 단어, 문장 구조 및 상황에 따른 사용법을 선택하는 능력을 요구한다. 이들에게 단어를 사용하기 이전의 의사소통 기능을 증진시켜서 단어, 구 또는 문장을 사용하는 언어 발달을 촉진하도록 지도한다. 단어 지도는 기본적인 의사소통을 하는 데 충분한 실질적이고 의사소통적인 어휘의 선택이 필요하다. 그리고 습득한 단어들을 연결하여 구나 문자로 표현할 수 있도록 지도한다. 표현을 위해 발성법, 리듬감, 발어법, 회화법 익히기 등을 지도한다.

#### (2) 보완대체의사소통

보완대체의사소통(Augmentative and Alternative Communication)기구는 중복장애 및 지체장애 학생의 의사소통을 확대시키고 보완해 주는 도구로서, 간단한 그림판에서 첨단 디지털 유형으로 음성 출력이 되는 도구까지 다양하다. AAC 체계에는 비도구 체계(unaided system)와 도구 체계(aided system)가 있다.

비도구 체계는 접근을 위해 어떠한 물리적 도움도 필요로 하지 않는 것으로 그 체계를 사용하는 사람에게만 임의적으로 이용되는 제스처 형태에서부터 수화에 이르기까지 그 범위가 다양하다

비도구 체계는 신체적 움직임 외에 어떠한 도구도 필요하지 않으므로 간편하다는 장점이 있고, 일반적으로 전달 속도가 빠르기 때문에 정적 상징들보다 더 많은 어휘를 제공할 수 있으며, 상대와 많은 눈 접촉의 기회를 가질 수 있다. 그러나 상대방에게 의사를 전달하기 위해 신체적 신호에 전적으로 의존하기 때문에 그 체계를 알고 있는 사람하고만 의사소통이 가능하다는 점에서 활동 범위에 제한을 받는다.

도구 체계는 어떠한 형태의 물리적 도구를 요구하는 것으로서 의사소통판, 전기장치 또는 다른 보조장치에 배열되어 이용되는 그래픽 상징(graphic symbol)과 음성합성장치(synthesizers)나 디지털음성장치(digitiger)를 이용한 DigiVox 등의 의사소통 도구들이 있다. 그래픽 상징에는 임의적(arbitrary)인 것으로 Lexigrams, Non-SLIP symbols이 있고, 상형 문자적(picto graphic)인 것으로 Bliss symbol, Pictogram-Ideagram communication까지 다양하게 있다.

음성합성장치나 디지털음성장치를 이용한 전자장치들에 프로그램화된 메시지로 의사를 표현할 수도 있는데, 어떤 장치들은 메시지들을 음성 출력뿐 아니라 프린터로 출력해 내기도 한다. 만약 학생이 신체적 손상으로 손의 사용이 용이하지 않다면 얼굴 가까이에 스위치를 두고 얼굴의 움직임으로 전자장치에 연결된 스위치를 작동시켜 의사를 전달할 수도 있다. 또 어떤 학생은 휠체어에 달린 스위치에 팔을 대

어 스위치를 작동시키며, 또 다른 학생은 휠체어의 머리 받침에 스위치를 장치하고 머리를 움직여 스위치를 작동시키면 불빛이 나와 전자장치의 의사소통판을 따라 움직이면서 메시지를 선택한다. 또 어떤 학생은 녹음된 테이프를 작동시키는 스위치를 눌러 교사의 도움이 필요하다는 메시지를 전달하기도 한다.

AAC 체계의 중재에는 잔존 구어나 발성, 제스처, 몸짓 및 의사소통 보조도구 등 어떠한 것이든지 이용하여 개인의 충분한 의사소통 능력을 활용할 수 있어야 한다는 점이 중요하다. 특히 의사소통에 필요한 AAC기구 사용에는 교사, 언어재활사, 부모, 기타의 사람들과 긴밀히 협력해서 정확한 기구를 선택하고, 학생에게 사용법을 가르쳐 주며, 다른 학생들과 의사소통이 되도록 지도해야 한다.

## 2) 감각운동 지도방법

지체장애학생의 감각 및 운동 지도는 직접적인 감각과 운동을 통해서 많은 학습이 이루어지기 때문에 주변 상황들이 자연스럽게 감각을 자극시키고 탐색하게 하여 감각을 활용할 기회를 가능한 한 많이 제공해야 한다. 특히 감각기능과 운동기능 그리고 관절 가동성 신장을 위해 지속적 · 반복적 방법으로 지도한다.

### (1) 감각지도

감각이란 외부 자극에서 발생하는 신경계의 가장 단순하고 직접적인 인식을 말한다. 감각 및 운동 기능을 기초로 하여 지각운동 기능이 이루어지며, 이를 기초로 하여 개념형성 기능이 발달한다. 일반학생은 물체를 추적하고 귀로 아름다운 소리를 듣고 감각 자극에 적절하게 반응하지만, 지체장애학생은 감각 반응이 미약하여 전형적인 발달과정을 따라가지 못한다. 이들의 감각기능을 개발시켜야 하는 이유이기도 하다.

시각기능은 기능 수준이 낮은 학생에게 빛에 대한 자각이나 반응을 발달시키는 빛에 대한 반응, 물체 주목이나 고정능력을 기르는 시각 고정, 물체를 수평, 수직, 좌우, 대각선 및 원형 등의 이동 형식으로 따라가는 시각 추정, 사람이나 물체와의 시선 맞추기, 손을 내밀어 물건 잡기, 눈-손 협응, 눈-발 협응, 형과 색 그리고 양의 변별 등을 지도한다.

청각기능은 종소리, 음악소리, 휴대폰 벨소리 등 환경음에 대한 소리 변별, 소리의 위치를 확인하는 음원의 확인, 소리에 대한 반응으로 울거나 놀라기, 청각반응 등을 지도한다.

촉각기능은 신체의 여러 부분을 만지거나, 두드리거나, 쓰다듬거나, 문지르는 동작을 하는 신체접촉 활동, 다양한 촉각 자극에의 반응과 식별, 생활 주변의 물건에 대한 감각적 탐색 같은 촉감과 짝 맞추기 등의 촉감활동 등을 지도한다.

### (2) 운동지도

지체장애학생은 유연성, 근력, 순발력, 민첩성, 평형성, 지구력과 같은 운동기능이 일반학생보다 저하되어 있기 때문에 운동지도 시 발달의 개인차를 고려해야 한다.

지체장애학생은 1차 장애인 운동, 자세 불균형이 진행되지 않도록 수반장애를 예방하기 위한 대책이 필요하고, 장시간 휠체어나 침대에 누워 있는 경우에는 욕창이나 자세의 변형이 되지 않도록 적절한 운동을 실시해야 한다. 규칙적인 근육 강화 운동이나 개인적 운동을 통해서 근력 강화를 위한 대근육 · 소근육 운동지도를 한다.

대근육 운동기능은 사지의 운동, 구르기, 기기, 앉기, 서기, 걷기, 달리기, 머리 · 손 · 몸통 · 다리 움직이기, 엎드린 자세에서의 운동, 앉은자세 운동, 무릎자세 운동, 기립자세 운동, 매달린자세 운동 등을 지도한다.

소근육 운동기능은 과제 수행을 위해 시각의 도움을 받아 팔과 손의 운동으로 손을 이용한 여러 가지 물체 잡기, 물체를 한 손에서 다른 손으로 옮기기, 양손으로 손가락을 이용한 물체 잡기, 종이 접기, 쥐기, 뻗기, 놓기 등을 지도한다.

### (3) 감각통합지도

촉각, 전정감각, 고유감각은 학생이 모친의 태내에 있을 때부터 작용하고 있으며 또 서로 영향을 준다. 이러한 감각은 그물과 같이 대단히 복잡하게 얽혀 있지만, 사람이 그때의 상황을 바르게 판단하여 적합한 반응을 하기 때문에 흐트러지지 않는다.

사람의 발달 가운데 뇌가 안팎에서 많은 자극을 유효하게 이용할 수 있듯이 효율적으로 편성하는 것을 감각통합이라 한다. 뇌로 보내 오는 모든 정보를 통합하는 힘이 있기 때문에 우리는 외계의 상황에 대해서 적절하게 반응을 할 수 있다. 뇌가 감각통합되지 않는다면 신경계통의 지체로 몸이 움직이지 않게 된다(박화문 외, 2011).

Ayres(1989)가 제시한 감각통합이란 자신의 신체와 환경으로부터 주어지는 감각들을 조직화하고 그 환경 속에서 신체를 효과적으로 사용할 수 있도록 하는 신경학적 과정으로 보고 있다. 전형적인 감각통합기능은 개개인의 능력에 의존한다. 개개인의 능력이라고 하는 것은 중추신경계(central nervous system)에서 행동을 조직화하고 계획하기 위하여 감각정보를 사용하여 정보처리를 진행 및 통합시키는 것이다. 감각 자극들을 처리하고 통합하는 과정에서의 손상으로 개념을 이해하고 운동을 학습하는 것과 행동을 계획하고 표현하는 것에 문제를 가진다고 할 수 있다.

감각통합은 무언가 새로운 것을 학습하려 할 때 그 방법을 연구하는 데도 도움을 주고 있다. 목적적인 행위수행은 좋은 감각통합 위에서 이루어지는 중요한 능력이다. 행위수행을 위해 무엇을 이룰 것인가를 생각하고, 그것을 위해 계획을 세우고 실행하는 일련의 행위의 근원을 운동기획이라 한다. 과거의 경험과 그 경험에 따라 작용하는 감각에 대해 기억하는 것을 이용하여 우리는 다음의 새로운 계획을 세울 수 있다. 운동기획이 적절하게 준비되는 것이야말로 행동을 잘 편성시켜서 전혀 새로운 행동을 처리할 수 있게 된다.

감각통합은 학생기의 일상생활 놀이나 생활에서 완성되어 가지만 감각에 적합한 방법에서 반응하는 능력, 운동기획 능력도 학생의 발달결과로 자연스럽게 이루어진다. 학생이 때때로 감각통합이 잘되지 않을 때 학습, 발달, 행동 등에 어려운 문제가 발생하게 된다.

지체장애학생을 지도하는 교사나 부모 중에 이러한 운동기능의 저하와 사회적 부적응 행동의 원인을 단순히 지능 발달상의 문제라고 단정해 버리고 새로운 접근을 포기하는 경우가 종종 있다. 지적능력의 부족으로 인해 학습능력이나 언어 발달이 다른 학생에 비해 늦으며, 소근육 운동의 발달에 있어서 지체를 보이기도 한다. 그러나 지체장애학생의 행동을 유심히 관찰해 보면 신변생활기능이나 학습활동의 미숙함은 지적인 면보다 오히려 그 이전의 감각-운동 발달의 문제라고 생각할 수 있다.

## 3. 지체장애학생의 교수-학습 전략

### 1) 지체장애학생의 읽기 및 쓰기 환경

읽기와 쓰기는 기초학습기능 중 가장 핵심적인 기능이며, 정보 획득을 위한 필수 도구이다. 또한 학생의 놀이 중 일부는 읽기와 쓰기를 통하여 이루어지며, 인터넷 등의 정보 수용 활동에서는 반드시 필요한 활동이다(김윤옥, 2001). 학생은 보통 가정에서 이야기책을 통해 최초의 읽기를 시작한다. 이야기책 읽기는 학생의 후속읽기에 있어 중요한 역할을 하는 것으로 나타났다(노선옥, 2001a, 2001b; 노선옥, 전헌선, 2002; 이차숙, 1992).

일반학생의 10~15%는 읽기에 어려움을 겪고 있으며, 특히 학습장애를 가진 학생의 90% 이상은 읽기장애가 있다고 보고되었다(Vaughn, Moody, & Schumm, 1998; 전헌선 외, 2003 재인용). 그러나 지체장애학생 중 읽기와 쓰기에 어려움을 겪고 있는 비율은 정확하게 제시된 자료가 없다. 언어장애 및 지체장애 학생의 학령전 읽기경험을 비장애학생과 비교한 연구(Light & Smith, 1993)에 따르면, 지체장애학생의 초기읽기는 일반학생과 다른 형태로 나타났다. 즉, 뇌성마비학생의 읽기 예측 변인으로 음절인식(박순길, 전헌선, 조증열, 2005)이 나타난 것은 보통 일반학생의 읽기 예측 변인으로 음소인식이 나타난 것과는 다르다. 또한 초등학교 저학년과 고학년의 뇌성마비학생의 읽기, 쓰기 예측 변인도 다르게 나타난 점은 문식성 지도와 교수학습 전략을 다르게 해야 한다는 것을 의미한다(박순길, 2007).

일반학생의 부모는 책을 읽어 주는 동안 학생에게 보다 많은 질문을 하여 학생이 능동적으로 읽기에 참여할 수 있는 계기를 마련해 준다. 그뿐만 아니라 일반학생의 부모들은 글을 반복하여 읽어 주는 일이 많지만, 지체장애학생의 부모들은 한번 읽어 준 책을 다시 읽어 주는 일이 부족한 것으로 나타났다. 이런 일들은 일반학생의 경우 자신이 즐겨 읽을 수 있는 읽을거리들을 스스로 발견할 수 있는 계기를 마련하여 읽기에 흥미를 갖게 해 주는 계기가 될 수 있으나, 지체장애학생의 경우에는 자신이 읽고 싶어 하는 것을 찾을 수 없게 만드는 계기가 될 수도 있다(Bigge, 1991).

음성언어의 특성 역시 지체장애학생의 읽기에 부정적인 영향을 미치는 요인들이라고 할 수 있다. 지체장애학생은 음성언어를 사용할 수 없거나 불완전한 사용을 보이는 경우가 많다(노선옥 외, 2002; 한경임, 1998).

지체장애학생의 대부분을 차지하는 장애 유형인 뇌성마비학생의 읽기와 쓰기 연구는 음성언어의 존재와 읽기와 쓰기 간에 상관이 높다. 읽기와 쓰기 능력은 지능과 언어능력에 비례하여 우수한 성취를 보일 수 있음에도 매우 낮은 성취를 보이는 경우가 있었다(Berninger & Gans, 1986a, 1986b; Koppenhaver et al., 1991; Smith, 1994). 그 이유는 뇌성마비학생이 사물을 다루는 데 어려움이 있고 제한된 세상 지식, 제한된 정보를 갖게 되며, 결국 제한된 어휘를 가지게 되기 때문이었다. 더구나 언어 산출장애는 기능적 의사소통 곤란을 초래하고, 낱말, 단어, 대화의 문제를 가질 가능성이 있기 때문이다.

기질성 조음장애 학생은 외부의 청각적 피드백을 통한 소리 내어 읽기에서 더 좋은 결과를 얻는다. 특정 말 산출이 부호화 기능을 촉진하고(Foley, 1993), 청각적 피드백이 철자기능을 향상시키는 효과(Koke & Nilson, 1987)도 있다.

지체장애학생은 신체의 부자유 외에도 음성언어의 사용이 자유롭지 못하고, 여러 가지 인지적인 어려움을 가지며, 읽기와 쓰기를 발달시킬 수 있는 충분한 환경을 제공받기 어렵다. 따라서 학생의 요구에 적합한 교수-학습 전략을 고려하여 지도하여야 한다.

## 2) 읽기 및 쓰기 교수-학습 전략

### (1) 음성 피드백 주기 전략

음성 피드백은 음성언어가 결여된 학생을 위한 지원이라고 할 수 있다. 음성언어의 사용이 자유롭지 못한 학생일수록 음운지각이 어려운 것으로 나타났다(Bishop, Brown, & Robson, 1990). 음성 피드백은 학생의 음성을 외적으로 지원하는 활동으로서 학생의 내적 언어와 교사언어의 대응적 결합 활동이라고 할 수 있다(전헌선 외, 2003).

음성 피드백을 위해서 고려되어야 할 점은 학생의 발성과 상지의 사용 기능이다. 학생의 발성은 음성 피드백에서 중요한 의미를 갖는다. 학생이 비록 글자에 맞는 소리를 발음하지는 못하지만 학생 나름대로 목소리를 낼 수 있는 기회를 갖도록 해 주

표 8-4 음성 피드백 단계

| 단계 | 학습 내용 | 유의점 |
|---|---|---|
| 새 낱말<br>(글자)의 제시 | 교사: 오늘 우리가 새로 배울 글자는 '가'란다. 선생님이 읽어 볼게.<br>'가'(빠르게), 'ㄱ-ㅏ'(느리게) | 일반적인 속도와 음운들이 분리되어 들릴 수 있도록 느리게 읽어 주는 일을 3~4회 반복하여 제시한다. |
| 같이 읽기 | 교사: 선생님과 같이 읽어 보자. 너도 같이 읽는 거야.<br>아동: 같이 소리 내어 읽는다.<br>'가'(빠르게), 'ㄱ-ㅏ'(느리게) | 아동의 조음에 대해서는 지나치게 지적하지 않고 소리를 내려는 노력을 중시한다. |
| 마음속 읽기 | 교사: 선생님이 소리를 내어 읽을 때 너도 같이 읽어 보자. 그런데 소리를 내기가 힘이 들면 마음속으로 읽어 보자.<br>'가---' '가-----'<br>아동: 교사의 입을 보며 마음속으로 읽는다. | 소리를 내는 경우 이를 막지는 않는다. |
| 음운 구분 | 교사: 우리가 읽은 글자 '가'는 'ㄱ'과 'ㅏ' 가 만나서 이루어진 글자란다. 그래서 천천히 소리들을 읽어 보면 '/그-아/' '/그-아/' '/ㄱ-ㅏ-/' /가/가 된단다. | 교사가 소리를 내어서 읽을 때 귀 기울여 듣도록 한다. |
| 쓰며 읽기 | 교사: 그러면 우리가 읽은 글자 '가'를 쓰면서 다시 읽어 볼까? 네가 쓸 때 선생님이 읽어 볼게.<br>아동: 'ㄱ-ㅏ'를 쓴다(아동이 쓸 수 없는 경우 교사가 천천히 서 주거나 컴퓨터 그래픽 등을 사용하여 천천히 글자가 완성되는 모습을 보면서 익히게 한다). | 아동이 쓰는 속도가 느릴 경우 교사는 아동이 그 글자를 쓰는 동안 음운을 길게 발음하며 참여한다. |
| 일반화 | • '가' 글자가 들어가는 낱말을 보여 주며 '가'를 읽어 보게 한다. | 아동이 소리 낼 수 없을 경우 아동은 마음속으로 읽고 교사가 반복읽기를 한다. |
| 평가 | • 여러 글자 속에 들어 있는 '가'를 찾아 보게 한다.<br>• 교사가 글자 '가'를 나, 가, 다 등으로 읽고 바르게 읽은 것을 아동이 찾도록 한다. | 보완대체의사소통 방법을 사용할 수 있다. |

출처: 전헌선 외(2003), p. 455.

어야 한다. 읽기에 익숙해지면 소리는 마음에서 이루어지며 특별한 의도를 가지지 않는 한 밖으로 표현되지 않는다. 학생의 상지 기능은 음성 피드백에서 반드시 고려되어야 할 사항이다. 상지의 기능이 약하여 쓰면서 읽기가 어려운 경우 학생의 쓰기는 교사의 대필이나 컴퓨터 그래픽 등으로 이루어질 수 있다. 이때 학생은 단어의 초성과 중성, 종성의 소리와 글자의 모습을 찬찬히 살피면서 기억할 수 있도록 해 주어야 한다.

### (2) 자모음 색깔 주기 전략

자모음 색깔 주기 전략은 낱말의 지도보다 낱자의 지도에 유용하며 글자 입문 초기에 사용할 수 있다. 자모음의 색깔을 구분하여 제시하는 방법은 학생이 혼자 힘으로 쓰지 못할 때 특히 효과적이다. 왜냐하면 초성과 중성, 종성이 구분되는 글자로 되어 있는 경우 학생은 각 색깔별로 소리 내는 방법에 관심을 갖는 일이 자연스럽고, 또 이것들을 더하여 한 가지 색깔의 글자가 되는 모습에서도 자모음의 구분을 분명히 할 수 있기 때문이다.

자모음 색깔을 주는 방법은 다음과 같이 실시될 수 있다.

첫째, 한 가지 색으로 완성된 글자를 먼저 학생에게 제시하고 읽어 준다. 이 단계는 앞서 설명한 음성 피드백을 주는 단계에서와 같다. 그러나 글자의 자모음은 퍼즐과 같이 분리될 수 있는 것을 이어 붙여 다음 단계에서의 분리가 쉽게 해 주는 것이 좋다.

둘째, 학생에게 각각의 자모음을 분리시킨다. 이때 분리하는 일은 학생이 스스로 하게 하거나 학생의 운동능력이 부족하여 이를 할 수 없는 경우라면 교사가 학생이 보는 가운데 실시할 수 있다.

셋째, 분리된 자모음을 이어 가며 천천히 읽어 준다. 이 단계는 음성 피드백을 주는 단계와 같이 실시될 수 있다.

넷째, 분리된 자모음과 같은 색깔 자모음으로 대치한다. 학생은 이 과정에서 소리뿐만 아니라 각 자모음의 위치를 구분할 수 있다. 따라서 읽기뿐만 아니라 쓰기에 있어서도 유용한 경험을 갖게 되는 것이다.

다섯째, 색깔 있는 자모음을 다시 이어 가며 글자를 완성하고 음운으로 읽어 준다. 이때 학생은 소리를 내어 읽는다.

여섯째, 색깔이 없이 처음에 보여 주었던 완성된 글자로 대치하여 읽게 하고 일반화 및 평가를 실시한다.

### (3) Fernald 읽기교수법

Fernald 읽기교수법은 대표적인 다감각교수법으로 시각, 청각, 촉각, 운동감각을 모두 사용하는 프로그램이다(김동일, 이대식, 신종호, 2016). 이 교수법은 음운분석 방법이 아닌 전체 단어로서 단어학습이 이루어지도록 구성되는 것이 특징이며, 4단계 수준별 학습활동으로 이루어진다.

1단계는 학생이 불러 주는 이야기를 교사가 받아 적고, 적은 이야기에서 학습하고자 하는 단어를 선택하도록 한다. 교사는 선택된 단어를 단어장에 크게 쓰고 학생은 손가락으로 단어를 따라 쓰면서 소리 내어 읽는다. 이때 시각, 청각, 촉각, 운동감각을 활용한다. 선택한 단어를 학생이 보지 않고 쓸 수 있을때까지 계속 진행하고, 학습된 단어를 가지고 글을 직접 쓰도록 요구한다. 이 과정에서 새로운 단어가 출현하면 이전의 단어학습을 병행한다. 학생이 이야기를 다 쓰면 교사는 워드프로그램을 이용해서 다시 작성하도록 지도한다. 교사는 출력해서 학생이 이야기를 읽어 보게 한다.

2단계는 1단계에서와 동일한 교수-학습 활동을 하지만 손가락을 이용해서 글을 쓰게 하는 활동은 제외한다. 대신 제시된 낯선 단어를 단순히 보고 말하도록 하는 활동을 한다. 3단계에서는 학생들이 흥미를 가지고 읽기자료를 선택한 후 읽기자료에 포함되어 있는 단어 중 자신이 모르는 단어를 학습한다. 낯선 단어에 대한 학습과 글쓰기 활동을 한다. 4단계는 단어학습 과정에서 문맥 및 이전에 학습한 단어와의 유사성을 통해 단어의 의미를 학생 스스로 추론해 보는 활동을 한다.

### (4) Gillingham 읽기교수법

Gillingham 읽기교수법은 대표적인 다감각교수법으로 음운분석 방법으로 읽기 문제를 지도하기 위한 프로그램이다(김동일 외, 2016). 즉, 문자와 음소의 대응관계에 대한 지식을 다감각적 방법을 통해 획득하도록 구성되며 3단계로 이루어져 있다.

1단계는 학생이 문자에 대한 지식과 문자와 음소의 대응관계를 배우도록 진행된다. 'ㄱ'을 소개하기 위해서 '가구'를 같이 제시한다. 문자에 대한 소개가 끝나면 문자가 적혀 있는 연습카드를 이용해 문자의 이름, 문자, 음소를 학습한다. 이때 자음과 모음을 구별하는 연습카드는 색깔이 달라야 한다. 2단계는 음운혼합 활동을 통해 단어 만들기 활동을 한다. 배운 문자를 단어카드에 기록하고 따로 보관한다. 단어카드가 어느 정도 만들어지면 문자에 대한 복습을 실시하고 단어카드에 쓰인 단어를 쓰면서 문자가 무엇인지 말하도록 활동을 한다. 3단계는 지금까지 작성된 단어카드를 이용해 문장을 작성하거나 이야기를 작성하는 활동을 한다. 이 단계는 글쓰기 활동이 주요 활동이 된다.

### (5) Hegge-Kirk-Kirk 읽기교수법

Hegge-Kirk-Kirk 읽기교수법은 대표적인 다감각교수법으로 교정적 읽기훈련 프로그램이다(김동일 외, 2016). 이 교수법은 많은 연습 기회를 통해 문자와 음소의 대응관계를 파악하도록 하는 학습활동으로서 4단계로 구성된다.

1단계는 교사는 자음 또는 모음을 쓰고 그 문자가 어떤 소리를 가지고 있는지 말해 준다. 2단계는 칠판에 적힌 문자를 지우고 학생들에게 방금 본 문자를 적어 보게 한다. 3단계는 이 문자가 가지고 있는 음소를 말해 보게 한다. 문자와 음소의 관계를 완전히 습득할 때까지 반복한다. 4단계는 이 음소들을 결합하여 전체 단어를 말하도록 한다. 불규칙한 단어(신록-/실녹/)가 있는 경우 통단어로 기억하도록 지도한다.

### (6) 상호교수법

상호교수법은 학습전략보다는 교수전략이라고 할 수 있다. 사회적 상호작용은 학습과정에서 중요한 역할을 한다(Brown, Black, & Downs, 1984). 상호교수법은 학생에게 네 가지 전략, 즉 글의 내용 요약하기, 잠정적인 질문하기, 애매한 부분을 명료화하기, 다음 내용을 예측하기를 가르침으로써 독해력을 향상시키도록 하고 있다.

상호교수법은 독해라는 단일 영역의 능력 향상을 도모하기보다는 학생의 문제해결 능력을 향상시키는 데 그 목적이 있다(Palincsar, 1987). 왜냐하면 상호교수법의 목적은 학습 환경과 상호작용하는 방식에 관한 학습전략이기 때문이다.

학생이 묵독으로 읽은 글의 내용에 관하여 교사는 학생과 대화를 통해 전략을 가르쳐야 한다. 교사는 학생에게 읽은 글을 요약하도록 하면서 시작한다. 첫 학생이 반응하면 다른 학생이 그것을 세련되게 하고, 줄이거나 새진술한다. 그다음 교사는

표 8-5 상호교수법의 수정

| 단계 | 활동내용 | 수정된 전략 |
|---|---|---|
| 묵독하기 | • 묵독 | – |
| 내용 요약 | • 읽은 글을 요약하여 대화 | • 읽은 글을 요약한 글에 맞는 요약문을 고르기(2~3개 제시) |
| 잠정적인 질문하기 | • 글의 내용에 관한 질문 | • 글의 내용을 문단 등으로 나눈 후 질문하기<br>• 답할 내용을 종이에 적어 맞는 내용 고르기 |
| 명료화 하기 | • 단어나 개념을 명료화<br>• 유용한 선수 학습 전략 사용 촉구 | • 컴퓨터를 활용한 자료 찾기<br>• 교사의 자료 제시 |
| 다음 내용 예측하기 | • 다음에 올 이야기를 상상하여 발표 | • 다음에 올 내용을 간단히 적은 글 3~4개 중에 아동이 직접 고르기 |

출처: 전헌선 외(2003), p. 459.

학생에게 글의 정보에 관한 질문을 하도록 촉구한다. 한 학생이 반응하면 다른 학생은 질문에 세련된 답을 하기 위해 서로 의견을 주고받는다. 다음으로, 학생은 이해하지 못한 단어나 개념을 명확하게 파악하려는 노력을 기울이며, 교사는 단어 의미 파악에 유용한 이전 학습한 전략들을 적용하도록 한다. 끝으로, 학생은 앞에서 읽은 글의 내용을 기초로 하여 다음 글의 내용을 예측한다(정동빈, 1995).

지체장애학생을 위한 상호교수법의 적용은 수정된 방법이 필요하다. 학생이 구어를 사용할수 없다는 점은 교사의 입장에서 학생의 말을 대신할 수 있는 자료를 제공해야 할 필요가 생기기 때문이다. 상호교수법은 일반학생을 대상으로 하는 경우에도 교사에게 의존하는 면이 상당히 많은 방법이며, 교사의 훈련이 중요하다고 할 수 있다. 또한 지체장애학생에게 적용하기 위해서는 교사의 노력이 많이 요구되는 방법이기도 하다.

### (7) 전략중재모형

전략중재모형은 원래 학습장애학생을 가르치는 데 목적을 둔 교수방법으로 3단계로 구성된다.

1단계는 읽기활동으로 문어 정보의 획득기능에 초점을 두며, 교수전략으로는 낱말의 인식, 심상, 자문, 부연하기, 시각적 보조자료를 해석하는 일 등이 포함된다.

2단계는 주요 정보를 식별하고 저장하는 데 초점을 두며, 듣고 노트하기, 첫 문자 기억술, 쌍연합 전략 등을 포함한다. 3단계는 보고서 작성이나 시험 치르기와 같은 교과서상의 능력을 기르기 위한 활동으로 문장 쓰기, 단락 쓰기, 주제 쓰기, 오류 조절하기, 과제물 완성 및 시험 보기 전략 등을 포함한다(Deshler & Schmaker, 1986).

이 3단계들을 학습하기 위해 학생은 자기교시 학습을 실시한다. 전략중재모형은 상호교수법에 비하여 교사의 능동적인 언어 자극을 강조하며 교수-학습 과정에서 교사는 능동적인 피드백을 제공하도록 하고 있다.

이 방법은 지체장애학생이 기억술과 학교에서 보다 능률적이며 독립적인 학습자가 될 수 있도록 한다. 그러나 지나치게 많은 언어 자극과 노력은 학습 부담을 증가시키고 학습과정에서 학습의 흥미를 잃어버리게 할 위험을 갖는다. 따라서 각 단계별로 교사가 적절한 시각적 보조자료와 요약된 글, 여러 개의 모범안 중에서 학생이 지시만으로 선택할 수 있도록 하는 노력이 필요하다.

### (8) 바꾸어 말하기 전략

바꾸어 말하기 전략은 글을 읽고 그 내용을 스스로 해석하여 자신의 말로 바꾸어 이해하게 하는 독해전략이다. 이 전략을 사용하는 목적은 학생이 단순히 글자만 읽고 넘어가는 오류를 정정하여 내용 이해를 촉진하려는 데 있다. 바꾸어 말하기 전략의 사용은 처음에는 짧은 단문에서 점차 큰 단락, 많은 단락을 읽고 그 내용을 자신의 말로 바꾸어 표현하는 과정을 거친다. 이 방법은 교재에 대한 학습자의 번역 활동이라고 할 수 있다. 따라서 학습자가 가진 지식이 많을수록 번역의 내용도 충실하고 유연할 수 있을 것으로 생각할 수 있다.

바꾸어 말하기 전략은 음성언어를 필요로 하는 활동이다. 그러나 음성언어가 자유롭지 못한 경우에 교사는 다른 방법으로 그들이 어느 정도 이해하고 있는가를 알아볼 수 있다. 그 구체적인 예는 기초학습기능검사(박경숙, 윤점룡, 박효정, 2001)의 읽기 II(문장이해력검사)를 참조할 수 있다. 즉, 학생이 읽은 글의 내용을 그림으로 제시한 후 바른 내용을 찾아보게 하는 것이다.

읽기에 문제가 있는 학생의 경우 수학과의 문장제를 해결하는 데 어려움이 있을 수 있다(Montague, 1997). 이런 어려움은 바꾸어 말하기 전략을 통하여 다소 극복될 수 있다. 바꾸어 말하기를 통하여 학생은 자신이 원하는 답이 무엇이며 주어진 조건이 무엇인지를 확인할 수 있다.

#### (9) 심상회상 전략

심상회상 전략은 마음속에 기억해야 할 내용을 장소나 물건 혹은 개인이 기억하기 용이한 어떤 대상 등에 반영하여 기억한 후 다시 재현하기 쉽도록 하는 방법이다. 즉, 독자가 글에 등장하는 상황이나 낱말 등을 시각적인 상이나 청각적인 상 등과 결합하여 기억하는 방법을 말한다. 이러한 방법으로는 마인드맵이나 표, 그림 등을 활용할 수도 있다.

#### (10) 모방(복사) 전략

모방 전략은 쓰기 지도 전략으로 복사하기(copy) 방법이라고도 하며, 이 방법을 통해 읽기도 향상될 수 있다.

지체장애학생이 문자를 쓰는 일은 일반학생에 비해 간단하지 않다. 그 이유는, 첫째, 지체장애학생은 상지의 움직임이 자유롭지 못하여 일반학생이 흔히 사용할 수 있는 필기도구에 접근하기가 어렵다. 둘째, 문자쓰기를 도와줄 수 있은 반복적인 소리 발성과 발성된 소리를 다시 필기하는 일에 어려움이 따르기 때문이다. 지체장애학생이 비록 인지적인 어려움이 없이 사물의 명칭과 낱말을 알고 있다고 하더라고 쓰기과정에 관한 접근은 어렵다. 쓰기지원 전략으로는 모방법, 상품화된 철자 프로그램 활용, 컴퓨터 활용 프로그램 등을 들 수 있다.

모방 전략은 교사가 소리 내며 쓰는 모습을 보여 주고 그 과정을 학생이 모방하여 재생하게 하는 방법이다. 이 방법의 사용은 상지의 움직임이 자유롭고 구어능력을 가진 학생에게는 비교적 접근하기 쉬운 방법이라고 할 수 있다. 그러나 음성언어가 부족한 학생을 위해서는 앞에서 제시한 교사의 음성 피드백 주기가 필요하다. 특히 교사는 피드백과 더불어 글자를 쓰는 순서를 학생이 지켜보게 하여 학생이 글자를 완전히 익히게 될 때까지 반복해 준다. 이와 같은 교사의 어려움을 해결할 수 있는 방법으로 컴퓨터 프로그램을 활용할 수 있다.

상품화된 프로그램은 크게 종이에 제작된 프로그램과 컴퓨터를 활용한 프로그램을 들 수 있다. 상품화된 철자 프로그램은 각종 가정 방문용 학습교재를 비롯하여 특수교육용 교재 및 교구 제작 업체에서 생산 · 판매하고 있다. 상품화된 프로그램은 일반적으로 운동능력에 장애가 없는 학생을 위하여 제작된 것으로서 지체장애 학생에게 수정 없이 적용하기는 어렵다. 따라서 구매 및 사용에 세심한 주의가 필요하며, 학생에게 적합한 용도로 사용 시에는 수정 및 변형이 필요하다.

특히 컴퓨터를 사용하기 위해서는 특별한 자판이나 지시기가 요구될 수 있다. 손의 떨림이나 운동이 부자유스러운 경우 넓은 글자판이나 머리 지시기 등으로 학생의 자료에 대한 접근성을 높일 수 있도록 한다.

제9장

# 지체장애학생을 위한 전환교육 및 서비스

고등학교에서 성인으로의 전환 시기는 가족 생애 주기에 커다란 영향을 미치는 중요한 변화의 시기이다. 이 시기는 성장과 변화뿐 아니라 불확실성과 도전성도 같이 따라오기에 학생 및 가족 모두에게 스트레스가 많은 시기이다. 특히 이 시기는 장애학생 및 부모에게 훨씬 더 스트레스로 다가오며 혼란스럽다고 할 수 있다. 장애학생 및 부모의 혼란과 어려움을 줄이고 가족 전체의 삶의 질에 영향을 미치는 전환 시기를 성공적으로 이끌기 위해서는 적절한 전환교육 및 서비스가 필요하다. 이 장에서는 지체장애학생의 졸업 후 결과를 살펴보고, 전환교육 및 서비스의 법적 정의를 이해함으로써, 지체장애학생에게 필요한 전환교육 및 서비스를 생각해 보고자 한다.

## 1. 졸업 후 결과

### 1) 졸업 후 결과

「장애인 등에 대한 특수교육법」에 따르면, 지체장애는 기능 · 형태상 장애를 가지고 있거나 몸통을 지탱하거나 팔다리의 움직임 등에 어려움을 겪는 신체적 조건이나 상태로 인해 교육적 성취에 어려움이 있는 사람으로 정의한다. 2021년 기준으로, 전체 특수교육 대상자 98,154명 중 지체장애학생은 9,695명으로 9.9%를 차지하고 있으며, 3,826명(39.5%)은 특수학교에서, 3,425명(35.3%)은 특수학급에서, 2,376명(24.5%)은 일반학급에서, 68명(1.0%)은 특수교육지원센터에서 교육을 받고 있다(교육부, 2021).

특수교육 통계에서 장애 유형별로 졸업생 진로 현황을 제공하고 있지 않아 지체장애학생의 졸업 후 진로 현황을 알 수 없으나, 2021년 기준 장애학생의 고등학교 졸업 후 진로 현황을 살펴보면(교육부, 2021), 전체 2,108명 특수학교 졸업생 중 상위 학교로 진학한 학생은 졸업한 학생의 절반이 넘는 58.6%(1,235명)였으나, 이 중 대부분(1,158명)이 전공과에 진학한 학생들이었다. 실제로 특수학교 졸업생의 3.6%(77명)만이 2년제 전문대학이나 4년제 대학에 입학하였다. 특수학급과 일반학급은 특수학급 졸업생 중 15.4%(555명), 일반학급 졸업생 중 58.9%(651명)가 전문대학이나 4년제 대학에 진학하였다. 그러나 비장애학생의 대학 진학률 73.7%와 비교해 봤을 때(교육부, 교육통계서비스, 2021), 여전히 장애학생의 대학 진학률은 낮다고 할 수 있다. 한편, 고등학교 장애졸업생의 취업률(교육부, 2021)을 살펴보면, 특수학교 고등부 졸업생 중 취업한 학생은 7.0%(61명)이고, 특수학급 졸업생 및 일반학급 졸업생의 취업률은 각각 33.8%(617명)와 13.2%(54명)였다. 그리고 대부분의 고등학교 장애졸업생은 제품 · 제조, 식품가공 · 제과제빵과 같은 반숙련직의 생산업이나 단순 노동직에 종사하였다.

미국전환종단연구-2(the National Longitudinal Transition Study-2; NLTS-2)에 따르면, 지체장애학생의 취업률은 비장애학생의 취업률과 비교했을 때 상당히 낮았으며, 비장애학생 82.8%가 경쟁고용을 한 반면, 뇌성마비학생 33%만이 경쟁고용으로 채용되었다. 고등교육은 고등학교 졸업 후 4년이 지난 후 시각장애학생 78%가 대학에서 교육을 받고 있었으나 지체장애학생은 54%만이 고등교육을 받고 있었다. 지체장애 및 중복장애 학생은 다른 유형의 장애학생들보다 독립적으로 일상생활하는 데 더 어려움을 보였으며, 고등학교 졸업 후 친구를 만난다거나 집을 나가 독립적으로 살 거라는 부모 기대도 훨씬 낮았다(Wagner, Newman, Cameto, & Levine, 2005).

서울에 소재한 중증지체장애 특수학교 졸업생 진로 현황을 3년 동안 추적 조사한 결과를 살펴보면, 장애인종합복지관, 직업훈련시설 등과 같은 단기직업훈련 또는 직업재활시설에 취업한 학생은 3명(6.8%)이었고 나머지 41명(93.2%)은 특별한 일 없이 집에 머물고 있었다(박경옥, 박은송, 박희찬, 2010). 또한 여가 및 취미활동과 관련하여 2017년 장애인실태조사에 따르면(보건복지부, 2017), 지체장애인 41.8%와 뇌병변장애인 82.8%는 집 밖의 활동을 하는 데 불편함을 느끼고 있었으며, 지체장애인 47.9%와 뇌병변장애인 71.9%는 문화 및 여가활동에 만족하지 못하고 있었다.

이처럼 지체장애학생은 고등학교 졸업 후 진학하거나 취업하는 경우는 적었으며, 특히 중증일수록 졸업 후 집에 머무는 경우가 많음을 알 수 있었다. 아쉽게도 이러한 빈약한 졸업 후 결과는 지체장애학생의 삶뿐 아니라 가족의 삶에도 영향을 미치게 된다.

## 2) 졸업 후 결과에 영향을 미치는 예측 요인

장애학생은 고등교육, 취업, 독립생활에서 빈약한 졸업 후 결과를 지속해서 경험하고 있었다. 장애학생의 빈약한 졸업 후 결과를 개선하고자 연구자들은 성공적인 졸업 후 결과를 가져올 수 있는 증거 기반의 교육적 실제(evidence based educational practices)를 찾고자 하였다. 장애학생의 졸업 후 결과를 향상하게 하는 효과적인 교육 전략과 방법을 최선의 실제(best practices)라고 불렀으며, 전환교육 및 서비스를 제공할 때 최선의 실제를 최대한 포함하고자 하였다.

Kohler 외(1996)는 미국 특수교육 및 재활서비스 부처(Office of Special Education and Rehabilitation Services)에서 지원받은 전환프로그램을 분석하여 전환교육 및 서비스를 5개 영역으로 분류하여 제시하였다. 분류된 5개 전환 영역은 학생 중심 계획, 학생 개발, 가족참여, 프로그램 구조, 기관 간 협력이었다. 테스트 외(Test et al., 2009)는 1984년부터 2009년 3월까지 상관연구 방법을 이용한 문헌을 조사하여 장애학생의 고등교육, 직업, 독립생활 결과를 증진하게 만드는 예측 변인(predictor)을 도출하고자 하였다. 그 결과, 세 영역에 모두 영향을 미치는 예측 변인은 일반교육으로의 접근, 유급 직업 경험, 신변자립 기술, 학생 지원이었다. 고등교육과 직업에 영향을 미치는 변인은 진로 인식, 기관 간의 협력, 진로과정, 자기옹호/자기결정,

사회 기술, 전환프로그램, 직업교육이었다. 또한 지역사회 경험, 부모 참여, 직업체험학습, 고등졸업 요건은 직업영역에서만 밀접한 상관관계가 있었다. Landmark 외(2010)는 Kohler의 전환프로그램 분류 기준에 따라 29개의 문헌 연구를 분석한 결과, 유급 또는 무급 직업 경험, 취업 준비, 부모 참여, 통합학급 경험, 사회기술훈련, 일상생활기술훈련, 자기결정훈련, 기관 간 협력이 전환교육의 최선의 실제라고 보고하였다. Mazzotti 외(2016)는 2009년 이후로 NLTS-2 이차분석을 시행한 문헌을 체계적으로 분석한 결과, Test 외(Test et al., 2009)의 연구 결과에서 도출한 졸업 후

표 9-1 졸업 후 결과에 영향을 미치는 예측 요인

| 예측 요인 | 고등교육 | 고용 | 독립생활 |
|---|---|---|---|
| 진로 인식 | ○ | ○ | |
| 지역사회 경험 | | ○ | |
| 고등학교 졸업장 | | ○ | |
| 목적 설정 | ○ | ○ | |
| 일반교육과 통합교육 | ○ | ○ | ○ |
| 기관 간의 협력 | ○ | ○ | |
| 직업 과목 | ○ | ○ | |
| 유급 직업 경험 | ○ | ○ | ○ |
| 부모 기대 | ○ | ○ | |
| 부모 참여 | | ○ | |
| 진로 과정 | | ○ | |
| 자기옹호/자기결정 | ○ | ○ | ○ |
| 자기 관리/신변자립 기술 | ○ | ○ | ○ |
| 사회 기술 | ○ | ○ | |
| 학생 지원 | ○ | ○ | |
| 전환프로그램 | ○ | ○ | |
| 이동 기술 | | ○ | |
| 직업교육 | ○ | ○ | |
| 직업체험학습 | | ○ | |
| 학생 자주성 및 의사결정 | ○ | ○ | |

출처: NACT: C(https://www.transitionta.org/sites/default/files/Pred_Outcomes_0.pdf).

영향을 미치는 요인에 다섯 가지 예측 요인(부모 기대, 자주성, 의사결정, 이동 기술, 목적 설정)을 추가하였다.

이와 같은 졸업 후 결과 영역과 각 영역에 영향을 미치는 예측 요인을 정리하면 〈표 9-1〉과 같다.

## 2. 전환교육 및 서비스의 법적 보장

전환의 개념은 학문마다 다른 의미로 쓰일 수 있으나 특수교육에서의 전환(transition)은 사람의 일생 측면에서 바라보아야 한다(Szymanski, 1994). 예를 들면, 유아에서 아동으로, 아동에서 청소년으로, 청소년에서 성인으로, 성인에서 노후의 전환으로 말이다. 이러한 관점은 고등학교에서 성인의 삶으로 의미 있는 전환을 이루기 위한 결과가 무엇인지 파악하는 데 도움을 줄 수 있다. 전환의 여러 정의 중 현재까지 유용한 정의는 1994년에 미국특수교육협회(Council for Exceptional Children)의 진로계발 및 전환교육협회(Division of Career Development and Transition)의 정의로, "전환이란 학생 역할을 떠나 지역사회에서 성인역할을 감당하게 되는 지위의 변화"(Halpern, 1994)이다. 일반적으로 성인역할은 직장 다니기, 고등교육 받기, 독립적으로 생활하기, 지역사회에서 적절한 활동하기, 만족스러운 개인적 및 사회적 관계 맺기 등을 포함한다. 따라서 장애학생이 성공적인 성인역할을 감당할 수 있도록 준비하게 하기 위해서는 이 모든 영역에 장애학생 개인의 흥미, 관심, 특성을 고려해야 하며 조정된 전환교육 및 서비스가 필요하다. 조정된 전환교육 및 서비스는 학교뿐 아니라 가족, 성인서비스 기관, 지역사회의 적극적인 참여와 협력을 요구한다(Halpern, 1994; Sitlington & Clark, 2005).

### 1) 미국 전환교육 및 서비스에 대한 법적 보장

1975년에 제정된 미국「특수교육법(Education for All Handicapped Children)」의 교육적 혜택을 받고 졸업한 특수교육 대상자들이 사회에 얼마나 잘 적응하고 있는지에 대한 의문은 졸업생 추적연구를 하게 만들었고, 그 연구 결과는 실로 많은 관련 당사자를 우려하게 만들었다. 이로 인해 1990년에 개정된 「미국특수교육법(Individuals with Disabilities Education Act: IDEA)」에는 전환교육 및 서비스 조항이 삽입되었다. 조항을 살펴보면, 학교는 만 16세 또는 그 이하의 장애학생을 위해 개별화교육계획(Individualized Educational Plan: IEP)에 "필요한 전환서비스 진술(a statement of needed transition services)"을 제공해야 한다고 명시하였다. 즉, 이는 장애학생을 위해 졸업 후 목표 및 활동을 포함한 개별화교육계획 또는 개별화전환계획(Individualized Transiton Plan: ITP)을 세우는 것을 뜻하였다.

1990년대 전환교육 및 서비스가 교육과정과 분리되어 마치 따로 제공되어야 하는 교육 및 서비스처럼 간주되는 흐름을 비판하고 교육과정 내에 전환교육 및 서비스를 제공해야 한다는 목소리가 점점 커지면서 전환교육 정책 변화를 촉구하였다. 따라서 1997년 개정된 IDEA는 교육과정에 더 많은 중점을 두어, 학교에다 만 14세 또는 필요시 더 어린 장애학생을 위한 고등학교 교육과정 초점을 둔 '전환서비스 요구 진술(a statement of transition service needs)'과 만 16세 또는 필요시 그 이하의 장애학생을 위한 '필요한 전환서비스 진술(a statement of needed transition services)'을 만들게 하였다. 즉, 1997년 개정된 IDEA는 고등학생으로의 전환계획과 성인으로의 전환계획을 둘 다 요구하였으며, 교육과정이 전환계획에 들어오게 하였다. 또한 1997년 개정된 IDEA는 장애학생이 만 18세가 되기 한 해 전, 즉 성인이 되기 전에 부모에게 있던 IEP 관련 모든 권한을 장애학생에게 이전되도록 제정함으로써 장애학생의 자기결정 필요성을 강조하였다.

2004년 개정된 IDEA(IDEA 2004 또는 Individuals with Disabilities Education Improvement Act: IDEIA)는 전환서비스(transition services)의 정의를 수정하여 교육과정에 중점을 두었다. 수정된 정의를 살펴보면, "전환서비스란 장애학생을 위한 다음과 같은 조정된 활동(a coordinated set of activities)을 의미한다. 첫째, 장애학생이 학교에서 고등교육, 직업교육, 통합 고용(지원고용 포함), 평생교육, 성인서비스, 독립생활, 지역사회 참여 등과 같은 졸업 후 활동으로 이동할 수 있도록, 장애학생의 학업 및 기능적 성취 향상에 중점을 두며 결과 지향적인 과정이 될 수 있도록 설계되어야 한다. 둘째, 장애학생의 강점, 선호도, 관심사를 고려한 학생의 개별적 요구에 근거하되, 교수, 관련서비스, 지역사회 경험, 고용 및 기타 중등 이후 성인생활 목표 개발, 적절한 경우 일상생활기술 습득과 기능적 직업평가 제공까지 포함하여야 한다."(Johnson, 2005) 장애학생의 전환서비스 내용은 반드시 IEP에 포함해야 하며, 장애학생이 만 16세 또는 필요시 그 이전에 전환계획을 시작하도록 하였다. 전환서비스 내용을 포함한 IEP 또는 ITP는 매년 갱신되어야 하며, 훈련, 교육, 직업 그리고 필요하다면 독립생활 부분까지 측정할 수 있는 졸업 후 목표를 설정하되 반드시 연령에 적합한 전환평가에 근거해야만 한다. 장애학생의 졸업 후 목표를 설정할 때 반드시 학생의 강점, 선호도, 관심사가 반영될 수 있도록 고려해야 한다. ITP 회의에는 장애학생, 부모 및 가족, 특수교사, 학교관리자, 일반교사, 직업재활상담사, 성인서비스 제공자, 학생의 졸업 후 목표와 관련 기관 담당자 등이 참석해야 한다.

### 2) 우리나라 전환교육 및 서비스에 대한 법적 보장

우리나라는 「특수교육진흥법」에 직업교육이 명시되어 있었다. 1990년대 중반 이후부터 '전환교육'이라는 용어가 '전환과정, 직업전환, 전이, 전이서비스' 등의 용어와 더불어 사용되면서 전환교육 및 서비스 관점으로 바라보려고 노력하기 시작하였다(조인수, 전보성, 2007).

2008년 5월 26일에 시행된 『장애인 등에 대한 특수교육법』 제2조에서 진로 및 직업교육이란 특수교육 대상자의 학교에서 사회 등으로의 원활한 이동을 위하여 관련 기관의 협력을 통하여 직업재활훈련 · 자립생활훈련 등을 실시하는 것으로 정의하고 있다. 또한 제23조에서 진로 및 직업교육 지원을 위해, 첫째, 중학교 과정 이상의 각 급 학교의 장은 특수교육 대상자의 특성 및 요구에 따른 진로 및 직업교육을 지원하기 위하여 직업평가 · 직업교육 · 고용지원 · 사후관리 등의 직업재활훈련 및 일상생활적응훈련 · 사회적응훈련 등의 자립생활훈련을 실시하고, 대통령령으로 정하는 자격이 있는 진로 및 직업교육을 담당하는 전문 인력을 두어야 하며, 둘째, 중학교 과정 이상의 각 급 학교의 장은 대통령령으로 정하는 기준에 따라 진로 및 직업교육의 실시에 필요한 시설 · 설비를 마련하여야 하며, 셋째, 특수교육지원센터는 특수교육 대상자에게 효과적인 진로 및 직업교육을 지원하기 위하여 대통령령으로 정하는 바에 따라 관련 기관과의 협의체를 구성하여야 한다고 명시하고 있다.

과거 「특수교육진흥법」에서는 진로교육과 직업교육을 분리해서 생각했던 것과 달리, 현재 새롭게 제정된 「장애인 등에 대한 특수교육법」은 진로 및 직업교육을 하나의 조항으로 제시함으로써 진로교육과 직업교육이 상호 보완 및 연계 속에서 이루어지도록 하였으며(박희찬, 2016), 진로 및 직업교육 용어를 정의하고 기관과의 협력에 대한 법적 근거를 제시하였다. 하지만 성인 삶으로의 전환이라는 생애적인 관점으로 전환교육을 제시하지 못하였다. 향후 전환교육과 관련해서 법을 개정한다면 생애적 관점을 고려한 전환교육 및 서비스 정의, 특수교육 대상자의 특성, 요구, 선호를 반영하여 측정 가능한 졸업 후 목표 수립, 졸업 후 목표 수립 시 나이에 적합한 전환평가에 근거, 주요 협력 기관의 책임 명시 등과 같은 내용을 고려해 볼 수 있을 것이다. 법은 학생의 일반교육에서 분리된 전환교육 및 서비스가 아닌, 의미 있는 성인의 삶으로 전환이 될 수 있도록 연속적인 진로교육의 확장 개념으로 보장해야 할 것이다.

## 3. 지체장애학생을 위한 전환교육 및 서비스

일반적으로 비장애학생은 고등학교 졸업 후 성인 삶으로 이동하기 위하여 진로를 선택하고, 선택한 진로 목표를 향해 계획을 수립하고 실행한다. 이때 필요하다면 주위 성인의 도움을 요청하기도 한다. 지체장애학생도 마찬가지로 고등학교 졸업 후 의미 있는 성인 삶으로 이동할 수 있도록 학교는 지체장애학생의 졸업 후 목표를 설정하고 목표에 도달할 수 있도록 전환교육 및 서비스를 제공해야 한다.

### 1) 전환평가

미국 진로개발 및 전환교육 협회(Division on Career Development and Transition)의 정의에 따르면, 전환평가란 "미래의 직업, 교육, 생활, 개인 및 사회적 환경으로 이동할 수 있도록 장애학생의 요구, 선호, 흥미에 관한 정보를 지속해서 수집하는 과정"이다(Sitlington, Neubert, & Leconte, 1997). 전환평가는 진로평가(career assessment: 평생 진로 개발과 관련된 평가), 직업평가(vocational assessment: 취업과 고용과 관련된 평가), 기능적 평가(functional assessment: 환경 내에서 학생의 기능에 대한 평가)를 아우르는 용어라고 할 수 있겠다. 전환평가는 일 년 단위이며, 현재의 장단점에 초점을 두며, 기술 중심의 일반적인 평가와 달리 지속적이고, 미래 중심적이며, 사람 중심적이라고 할 수 있다.

전환평가는 장애학생의 전환계획을 세울 수 있도록 기본 토대를 제공해야 한다. 전환평가를 통해 장애학생은 제공받은 정보를 바탕으로 진로를 선택하고, 졸업 후 환경에 필요한 기술이 무엇인지 이해할 수 있어야 한다. 따라서 전환평가 결과는 장애학생의 강점, 선호, 흥미, 요구에 대한 정보와 장애학생의 진로 흥미, 적성, 졸업 후 목표, 교육과정 요구 등의 정보를 제공해야 한다. 또한 전환평가는 직업평가, 고등교육 평가, 지역사회 적응, 독립생활 등 장애학생의 졸업 후 성인 삶과 관련한 모든 영역이 포함되어야 한다.

전환평가는 4단계로 구성되었으며, 이는 다음과 같다. 첫째, 졸업 후 목표와 관련하여 장애학생의 요구, 흥미, 선호가 무엇인지 평가한다. 둘째, 졸업 후 목표와 관련하여 장애학생의 요구, 흥미, 선호가 결정되면, 개별화전환계획에 연간 및 단기 목표를 수립한다. 셋째, 개별화전환계획이 수립되면, 이에 맞춰 교수(instruction)를 제공한다. 넷째, 수립된 목표와 실행계획에 맞춰 잘 달성되었는지 재평가한다.

〈표 9-2〉는 지체장애학생의 성인 삶으로 전환 시 고려되어야 할 영역과 지원에 대한 전환평가 필요 내용을 제시하고 있다(Targett, Wehman, West, Dillard, & Cifu, 2013).

표 9-2 성인의 삶으로 전환 시 고려해야 할 기능 영역 및 내용

| 영역 | 내용 |
|---|---|
| 화장실 사용 | 사용 일정, 화장실 이용 요건, 배변 사고 해결 계획, 활동보조원 지원 등 |
| 작업 지속성 | 휴식 없이 작업을 지속할 수 있는 시간, 과제 유형, 휴식 공간 접근성, 눈에 띄지 않거나 작업을 중단하지 않고 잠깐 휴식을 취할 수 있는 능력, 휴식 요구, 잡코치(job coach) 필요 등 |
| 먹고 마시기 | 식사 일정, 특별한 식단, 음식 저장, 식사공간 접근, 활동보조원 지원 등 |
| 의사소통 | 학생의 주 의사소통 도구에서 새로운 설정이 작동되지 않을 때 사용될 수 있는 보조 의사소통 도구, 효과적인 의사소통을 위한 관계자(예: 동료, 감독자 등) 교육 등 |
| 몸단장 | 개인위생, 옷차림, 목욕실 및 세탁실 접근, 쇼핑으로의 접근 등 |
| 손 사용 | 작거나 큰 물건을 조작하거나 잡을 수 있는 능력, 들어 올리기와 관련된 손과 팔의 힘, 손과 팔의 통제 정도 등 |

| | |
|---|---|
| 시각 및 청각 | 일반 환경에서 보고 들을 수 있는 능력 등 |
| 의학적 필요 | 현재 건강 및 제한사항, 지속적인 의학 모니터링 필요, 약을 복용할 수 있는 능력, 의료적 서비스 접근, 소아과 및 성인 건강 서비스를 연결 계획 |
| 이동성 | 환경 안팎의 다양한 영역에 대한 접근, 안전하고 자유롭게 이동할 수 있는 거리, 횡단보도 건너기 등 |
| 교통 | 집에서부터 다양한 장소(예: 직장, 쇼핑몰, 생활체육관 등)로 가고 올 수 있는 능력, 운전을 위해 개조된 차 운전, 장애인전용 교통수단 접근 등 |
| 사회적 교류 | 사회적 교류 기회, 스트레스에 대한 반응, 비난, 실행에 대한 압박, 친구를 사귈 수 있는 능력, 타인에게 인사 등 |
| 학업 기술 | 현재 읽기 · 쓰기 · 산수 수행 능력(기능적 학업능력 고려) 등 |
| 학습 | 학생이 새로운 정보를 배울 수 있는 가장 최상의 방법, 새로운 학습에 대한 환경적 자극 및 기타 조건의 영향 등 |
| 보조공학 | 사용해본 보조공학 유형, 관리 방법 등 |
| 기타 지원 | 유형, 시기, 장소, 목적 등 |

전환평가는 기능적으로 접근되어야 한다. 기능적 전환평가(functional transition assessment)는 정보 수집을 통해 지체장애학생의 전환 관련 의사결정 시 도움이 되어야 한다. 기능적 전환평가는 지체장애학생의 현재 또는 미래 환경(예: 일반학급, 특수학급, 지역사회, 직장 또는 집 등), 과제(예: 기본적으로 직장과 관련된 읽고 쓸 수 있는 능력, 집 관리 및 개인위생, 컴퓨터 마더보드에 집적회로 땜질하기 등), 행동(예: 약물 주의사항 따르기, 안전 예방책 준수하기, 버스 올바르게 타기)에 관련된 유용한 정보를 제공함으로써, 전환계획 시 학생의 전환 결과와 직접적으로 연결되도록 해야 한다.

## 2) 보조공학

보조공학(assistive technology)은 1980년대 후반부터 미국에서 사용되기 시작한 용어로 "장애인이 직면한 문제를 공학적 기술을 응용하여 개선하는 기술"(Johnson, 1997)을 의미하며, 일상생활과 사회활동에서 독립적이고 적극적으로 참여할 수 있도록 돕는 데 있다. 특히 보조공학기기는 지체장애학생의 신체 한계를 최소화할 수 있고 교육 및 생활에서 독립성 향상을 높이는 데 중요한 수단이라고 할 수 있다. 또한 보조공학기기는 고등학교 졸업 후 진학이나 취업에도 긍정적인 역할을 할 수 있으므로 지체장애학생에게 보조공학을 필수적으로 고려할 필요가 있다. 보조공학은 지체장애학생의 필요에 따라 컴퓨터 마우스처럼 매우 단순한 보조공학기기부터 전동휠체어, 로봇 팔다리, 목소리 또는 시선 활성화 컴퓨터 등 복잡한 보조공학기기에 이르기까지 매우 다양할 수 있다. 이러한 다양한 보조공학기기가 지체장애학생의 졸업 후 성인 생활로 성공적인 전환을 할 수 있도록 돕기 위해서는 전환과정에서 보조공학이 필요한 곳이 어디인지 평가하고 탐색할 필요가 있다. 〈표 9-3〉은 지체장애학생에게 보조공학이 필요할 수 있는 기능적인 영역과 시도할 수 있는 보조공학 유형의 예를 제시하고 있다.

표 9-3 기능적 영역 및 보조공학 요구

| 기능적 영역 | 기능적 기술 영역 | 보조공학의 실례 |
|---|---|---|
| 존립(existence) | 개인 건강 관리<br>음식 준비 | 조립 손잡이가 달린 빗<br>음식 절단기(food chopper) |
| 의사소통 | 수용적 이해<br>표현적 이해<br>대화식 기술 | 어휘지도교사 프로그램(Vocabulary tutor)<br>토크 보드(Talk board)<br>이메일 |
| 신체 지지 · 조절 · 자세 | 지원 옵션에 대한 지식 | 팔걸이, 단단한 골반 안정 장치 등 |
| 여행과 이동성 | 걸음<br>대중교통 이용<br>자전거 | 접을 수 있는 케인(지팡이)<br>스텝 리프트(Step lift)<br>핸들 사이클 |
| 환경적 지원 | 시간 관리<br>안전 절차<br>횡단보도 건너기 | 기억을 돕는 자료(memory aids)<br>그림 신호 표시<br>음성 또는 시각 지원 횡단보도 신호기 |
| 학습, 교육, 재활 | 노트 필기<br>읽기<br>쓰기 | 녹음기<br>독서기<br>미끄럼 방지 펜 |
| 운동, 여가, 레크리에이션 | 수업<br>취미<br>그룹활동 | 전자 달력<br>한 손으로 할 수 있는 보조도구<br>인터넷 단톡방 |

출처: Blackhurst, A. E., Lahm, E. A., Harrison, E. M., & Chandler, W. G. (1999).

### 3) 취업으로 전환에 대한 준비

취업(employment)의 의미는 독립적인 생활을 가능하게 하며 개인의 자존감 및 사회적 위치에 영향을 미친다. 취업은 졸업 후 결과 중 가장 중요한 결과로 인식될 정도로 성인의 삶 다른 영역에도 지대하게 영향을 미친다.

학교는 장애학생의 장애 특성, 흥미, 및 선호를 고려한 다양한 직업교육 프로그램을 개발하여 졸업 후 취업과 연결되게 하거나 준비할 수 있도록 노력해야 한다. 특히 중·고등학교에서의 직업 준비는 지역사회에서 의미 있는 취업으로 이어질 수 있어야 한다. 효과적인 직업 준비를 위해서는 초등학교에서부터 시작되어야 하며, 책임감 기르기, 교사 신호에 주의집중하기, 일정 따르기, 사회적 기술, 적절한 의사소통 기술, 자기 모니터링(self-monitoring), 주어진 정보를 바탕으로 선택하기, 진로 이해하기 등의 교수(instruction)도 같이 이루어져야 한다. 점차 장애학생이 상급학교로 올라가면서, 직업 준비는 더 구체적으로 직업 관련 과제, 지역사회 내에서 이동, 기능적 학업 기술 등을 배울 수 있도록 지역 중심 프로그램으로 이동해야 한다. 직업훈련은 고등학교에서 시작되어야 하며, 직업 관련 학업 기술, 사회적 기술, 연령에 맞는 일반학생에게 준하는 교과목 내용 등이 균형 있게 구성되어야 한다(김경화, 김수현, 2013).

학교는 지체장애학생을 위한 직업 준비를 위해 다음과 같이 구성요소를 고려할 수 있다(Moon & Inge, 1999).

- 다양한 장소(예: 교실, 작업장, 지역사회)에서 지속적인 직업 관련 기술을 가르친다.
- 학생의 직업 선호 및 흥미는 중학교 때부터 평가되어 지속해서 사정해야 하며, 학생의 개별화교육계획에 기록해 둔다.
- 지역사회 중심의 직업훈련은 지역 경제에 근거한다. 학교 직업훈련 프로그램은 지역사회에 맞춰 구체적이고 학생 흥미에 기본을 둔다. 그러기 위해서 지역사회 내에서 가장 일반적인 취업 유형은 무엇인지, 고용주가 누구인지 파악할 수 있도록 지역 노동 시장을 조사한다.
- 직업훈련은 학생이 실제로 고용될 수 있는 실제 직업 현장에서 이뤄지도록 한다. 지역사회 중심 직업훈련 개발 단계는, 첫째, 적합한 사업장 찾기, 둘째, 사

업장 사장 또는 인사책임자에게 연락하기, 셋째, 노동법 준수하기, 넷째, 사업 내 적합한 작업을 찾고 분석하기, 다섯째, 현장 중심의 수업 일정 짜기를 포함한다.

- 학생에게 작업기술을 가르칠 때 체계적인 행동 절차와 자연적 지원(natural support)을 제공한다. 사업장이 결정되고, 학생의 배치 일정이 결정되면, 교사는 학생에게 직업과 관련된 직업훈련 및 관련 기술(예: 사회 기술)을 가르치는 방법을 포함한 교육 프로그램을 개발한다. 교육 프로그램에는 업무장소 알기, 일상 업무(work routine) 정하기, 업무 현장에서 업무 지원을 도와줄 수 있는 동료 또는 멘토 찾기 등의 내용을 포함한다.
- 독립적으로 활동을 할 수 있도록 필요하다면 보조공학기기를 이용한다. 학생은 졸업 전에 독립생활과 취업과 관련된 필요한 도움이 무엇인지 파악한다. 특히 졸업 전 직업훈련 기회가 있다면, 어떤 보조공학기기가 필요한지 같이 탐색한다.

고등학교에서 성공적인 취업으로의 전환에 대해 지속적으로 언급되는 예측 요인은 지체장애학생이 학교에 있는 동안 지역사회에서 직업 경험을 가능한 한 많이 해보는 것이라고 말하고 있다(Wehman et al., 2015). 〈표 9-4〉는 학교가 제공할 수 있는 장애학생의 졸업 후 결과에 영향을 미치는 일곱 가지 유형의 직업 경험의 예를 제시하고 있다.

**표 9-4** 직업체험의 유형

| 유형 | 내용 |
|---|---|
| 진로 탐색 | 학생은 직업 및 직업에서 요구되는 기술을 배우기 위해 직장을 방문한다. 일반적으로 방문 후에 학생은 보고, 듣고, 배운 것에 대해 토론을 한다. |
| 직업 맛보기 (job-shadowing) | 학생은 일정한 시간(하루 또는 며칠에 걸쳐서) 동안 직원 옆에서 그들이 수행하는 업무를 살펴본다. 많은 회사는 '부모 직장 방문하기' 또는 '직업 맛보기' 등과 같은 행사를 제공하고 있다. |
| 작업 샘플링 (work sampling) | 학생은 월급을 받지 못하지만, 실제 직업 환경에서 요구되는 작업과 대인관계기술을 배울 수 있다. 진로/직업 담당교사는 이러한 작업 샘플링 활동을 위해 노동법을 잘 아는 것이 중요하다. |

| | |
|---|---|
| 서비스-학습 | 서비스-학습이란 지역사회 자원봉사와 연계해서 제공되는 직접 체험 학습이다. 학생은 봉사 경험을 통해 자신을 바라볼 수 있는 기회를 가진다. |
| 인턴십 | 사업체와 공식적인 협약을 맺고 정해진 기간에 특정 업무를 수행하는 것이다. 인턴십은 계약 및 업무 특성에 따라 유급일 수도 있고 무급일 수도 있다. 많은 고등교육기관은 전공 교육과정에 인턴십을 포함하고 있으며, 지역사회 사업체와 연결되어 제공하는 경우도 있다. 인턴십은 다른 말로 '산학협력'이라고도 부른다. |
| 견습직 | 목공, 재단과 같은 특정 작업기술을 장기간 배울 수 있도록 마련된 공식적으로 인가를 받은 직업 경험이다. 견습직은 유급 작업을 포함하고 있어 학생은 급료를 받으며 일할 수 있다. |
| 유급 고용 | 유급 고용은 회사 내에서 일반적인 일자리 또는 고용주와 협상하여 만들어진 맞춤 고용일 수 있다. 이런 고용은 학생이 임금을 받는 것을 특징으로 한다. 근무는 학교 시간 또는 방과 후에 할 수 있다. 유급 고용은 학생의 교육과정에 포함된 프로그램이거나 또는 분리 프로그램을 통해서 제공될 수 있다. |

출처: Wehman et al. (2011) (김경화, 김수현 역, 2013).

### 4) 고등교육으로 전환에 대한 준비

역동적으로 변화하는 사회에서 전문적이고 경쟁력 있는 기술 및 지식을 얻고자 많은 장애학생은 고등교육(postsecondary education)을 받고자 하며, 실제로 2년제 전문대학, 기술대학, 4년제 대학에 재학 중인 장애학생들의 장애 영역, 가족 수입, 성별 등이 다양해져 가고 있다.

장애학생을 위한 고등교육 준비란 장애학생이 대학에서 학업 수행 및 사회적 관계의 어려움을 잘 해결할 수 있도록 필요한 기술을 습득할 수 있게 도와주는 것을 말한다(김경화, 2014). 부모와 교사는 학생이 학업적으로 고등교육에 들어갈 수 있는 능력만 되면 체계적인 고등교육 준비가 필요하지 않다고 생각한다. 그러나 효과적인 계획 및 준비 없이는 지체장애학생은 대학 환경에 압도되거나 적응하는 데 어려움을 겪을 수밖에 없다(김경화, 2015; deFur, Getzel, & Trossi, 1996; Getzel, Briel, & Kregel, 2000; Getzel, McManus, & Briel, 2004). 현재 대학에서는 장애학생을 위한 지원 및 도움이 증가하고 있지만, 여전히 대학에서의 성공은 대부분 장애학생의 개인 특성(individual qualities)에 달려 있기 때문이다(Brinckerhoff, Shaw, & McGuire, 2002; Getzel et al., 2004). 고등학교와 달리 대학은 장애학생 본인이 자신의 장애를 교수에게 직접 말하여 필요한 도움을 요청해야 하며, 고등학교에서 과제가 매일 있던 것과 달리 대학에서는 적은 과제를 학기 내 시간에 맞춰서 제출해야 한다. 이렇게 대학생활은 장애학생 스스로가 시간 관리, 과목 선택, 시간표 짜기 등과 같은 전반적인 사항을 독립적으로 결정해야 한다.

고등교육으로의 성공적인 전환을 위해 중등교육에서부터 고등교육 준비를 시작하는 것이 좋다. 가령 중학교에서 고등학교 선택(예: 인문고등학교, 특성화고등학교, 고등부 특수학교)을 통해 장애학생은 학업 및 진로 흥미에 대해서 좀 더 배울 수 있을 것이다. 또한, 중학교에서부터 체계적인 공부기술 및 학습전략을 신장시킬 수 있는 교육에 중점을 둘 수 있을 것이다.

Getzel과 Briel(2006)은 장애학생의 고등교육기관으로 성공적인 전환을 돕기 위해서, 전환계획을 세울 시 다음 여섯 가지 부분을 고려해야 한다고 제시하였다.

- 고등교육기관에 방문하기
- 대학입학을 위해 학업 준비하기
- 대학입시시험 준비하기
- 재정지원자원(예: 장학금)을 알아보기
- 성공적인 전환을 위해 학생이 갖춰야 할 기술을 파악하기
- 진로 목표 세우기

장애학생이 성공적인 고등교육으로 전환하기 위해 장애학생은 대학 진학 준비, 학업기술 향상, 심리 · 사회적 적응 기술 향상을 위해 노력해야 하며, 학교는 이러한 기술이 개발될 수 있도록 노력해야 한다. 〈표 9-5〉는 장애학생이 성공적으로 대학으로의 전환을 위해서 대학 진학 준비, 학업 기술, 심리 · 사회적 적응 기술 영역에 필요한 지식 및 기술의 예를 제시하고 있다(김경화, 2014).

고등교육 선택 시 학생의 능력이나 전공 관심에 따라 선택하는 고등교육 유형이나 기관이 다양할 수 있을 것이다. 사이버대학이 아닌 캠퍼스가 있는 대학을 선택할 경우 고등교육기관에서 지체장애학생에게 어떤 유형의 지원을 제공하는지 알아볼

표 9-5 성공적인 대학 진학을 위한 필요 지식 및 기술

| 영역 | 지식 및 기술 |
|---|---|
| 대학 진학 준비 | 나는 대학교육의 필요성에 대해서 이해하고 있다(예: 전문가 초청, 대학에 재학 중인 선배, 상담을 통해). |
| | 나는 고등학교와 대학의 차이점(예: 학업적 기대, 과제, 성적, 교실 크기 등)에 대해서 알고 있다. |
| | 나는 다양한 직업 경험, 직업 소개 또는 적성 검사 등을 통해 내 적성이 무엇인지 알고 있다. |
| | 나는 다양한 유형의 대학(예: 전문대학, 4년제, 교원대학, 사이버대학, 산업대학 등)에 대해서 알고 있다. |
| | 내가 관심이 있는 대학에 대해서 알고 있다(예: 대학 전공, 입학전형, 학비, 위치, 동아리 활동 등). |
| | 내가 관심이 있는 전공에 대해서 알고 있다(예: 전공 이수과목, 전공 전망, 전공 활동 등). |
| | 나는 대학교에 설치되어 있는 장애학생지원센터 또는 장애학생지원전담부서에서 제공하는 지원 및 서비스에 대해서 알고 있다. |
| | 나는 대학 교내 지원 그룹(예: 성상담센터, 취업준비센터, 교수학습지원센터 등)에 대해서 알고 있다. |
| | 나는 대학에서 성공하기 위해서 내게 필요한 교수 수정 및 편의 지원이 무엇인지 알고 있다(예: 앞자리 배치, 큰글씨 프린트물 제공, 시험시간 연장 등) |
| | 나는 대학에서 이용 가능한 지원들(예: 행정적 지원, 학사 정보, 자료 복사 등)을 어디서 얻는지 알고 있다. |
| | 나는 내가 관심이 있는 대학들의 입학 전형 방법 및 절차에 대해서 알고 있다(예: 정시, 수시, 입학사정 지원자격 등). |
| | 나는 내가 관심이 있는 대학들의 입학 전형에 필요한 서류들(예: 입학지원서, 장애인등록증 사본 등)에 대해서 알고 있다. |
| | 나는 내가 관심이 있는 전공의 대학수능시험의 선택 과목이 무엇인지 알고 있다 |
| | 나는 고사장에서 제공하는 지원서비스(예: 고시시간, 휴식시간, 시험문제가 녹음된 테이프 등)가 무엇인지 알고 있다. |
| | 나는 대학에서 주최하는 진학 관련 프로그램(예: 대학교 방문, 예비대학입학사정프로그램 등)에 대해서 알고 있다. |
| | 나는 대학진학을 위해 학교에서 제공하는 학습지원(예: 교육방송, 자원봉사자의 개인교습, 보충학습, 야간자율)을 활용할 줄 안다. |
| | 나는 입학 전형에 맞춰 진학 준비(예: 면접 인터뷰, 논술 대비 등)를 할 줄 안다. |
| | 나는 대학 등록금 지원을 위한 재정적 지원을 받을 수 있는 정보 또는 자원들에 대해서 알고 있다. |
| | 나는 대학 재학을 위해 필요한 교통수단과 주거조건(예: 기숙사, 자취, 하숙 등)의 장단점에 대해서 알고 있다. |

| | |
|---|---|
| 학업기술 향상 | 나는 공부 전략 및 기술(예: 중요 단어를 이용한 내용 암기법, 읽기전략, 정신집중 등)을 가지고 있다. |
| | 나는 스스로 시간 관리를 할 줄 안다. |
| | 나는 시험 기술(예: 시험 준비를 위한 시간 안배, 중요 내용 이해 및 암기, 시험 치는 기술 등)을 가지고 있다. |
| | 나는 컴퓨터 및 공학(예: 인터넷, 이메일, 워드 프로세서 등)을 다룰 줄 안다 |
| | 나는 목표를 설정하고 수행계획을 세워 실천할 수 있다. |
| | 나는 나의 장애와 관련된 학습 보조 도구[예: 스크린 리더, 한소네(점자정보단말기)]를 사용할 줄 안다 |
| | 나는 대학 학업을 따라갈 만한 기초학업능력(예: 국어, 영어, 한자, 수학)을 가지고 있다. |
| 심리 사회적 기술 개발 | 나는 나의 장점과 단점을 알고 있다. |
| | 나는 나의 장애를 긍정적으로 받아들이고 있다. |
| | 나는 내 장애가 내 학습과 생활에 어떻게 영향을 미치는지 알고 있다. |
| | 나는 필요시 자기옹호(자신의 요구를 주장해서 얻을 수 있는 능력)를 할 수 있다. |
| | 나는 남에게 의존하지 않고 자기결정과 선택(자신의 통제 및 자율성 아래 선호하는 것을 선택하고 결정하는 능력)을 할 수 있다. |
| | 나는 대학에서 요구되는 대인관계 기술(예: 교수와의 관계, 선배와의 관계, 동기와의 관계 등)을 가지고 있다. |
| | 나는 부정적인 감정(예: 불안, 우울, 소외감 등)에 대한 대처기술을 가지고 있다. |
| | 나는 다른 사람들과 의사소통할 수 있는 기술(구어, 제스처, 수화, 컴퓨터 활용 등)을 가지고 있다. |
| | 나는 타인에게 협력할 수 있다(예: 학업 활동, 동아리 활동, 기타 사회적 활동). |
| | 나는 독립해서 살 수 있는 생활기술(예: 식사 준비, 청소, 세탁 등)을 가지고 있다. |
| | 나는 자신을 보살필 수 있는 기술(예: 영양적 균형이 맞는 식사하기, 아플 때 약을 먹거나 병원 가기, 몸청결/단장 등)을 가지고 있다. |
| | 나는 적절한 대중교통을 이용해서 약속된 장소를 찾아갈 수 있다. |
| | 나는 신체적·성적·환경적 안전에 대해서 알고 주의를 기울일 줄 안다. |
| | 나는 어려울 때 상담해 줄 또는 멘토가 되어 줄 만한 사람/단체들을 알고 있다. |
| | 나는 개인적인 재정관리(예: 현금 및 신용카드 관리, 물건 구입 등)를 할 줄 안다. |
| | 나는 새로운 상황이나 생각하지 못했던 상황에서 일어난 문제들을 해결할 수 있다(예: 여러 해결책을 생각해 보기도 하고 좋은 방안이 없을 때에는 다른 사람에게 도움을 요청). |
| | 나는 여가 및 오락 활동을 찾아서 즐길 줄 안다(예: 동아리, 헬스, 지역사회 체육관, 도서관 등). |

출처: 김경화(2014).

필요가 있다. 대학마다 특수교육 대상자 특별전형이 있는 학교들이 많아지고 있으며, 장애학생지원센터나 장애학생지원전담부서를 설치하고 편의 및 지원 서비스를 제공하고자 노력하고 있다. 고등교육기관마다 편차가 있지만, 일반적으로 제공되고 있는 편의 및 지원 서비스는 다음과 같다.

- 조기 수강 신청
- 강의 녹화, 강의 대필
- 오디오 교재 또는 다른 읽기자료
- 확대 글씨
- 시험 또는 과제에 대한 시간 연장
- 조용한 곳에서 시험 치르기
- 보조공학기기 대여

### 5) 자기결정기술 기르기

자기결정기술(self-determination skills)은 긍정적인 성인의 삶의 결과와 밀접한 관련이 있다. 연구에 따르면 자기결정기술이 높은 학생은 자기결정기술이 낮은 학생보다 졸업 후 직장뿐 아니라 삶의 만족도도 더 높다고 보고하였다(Wehmeyer & Schwartz, 1997, 1998). 자기결정은 고등학교에서 성인의 삶으로 성공적으로 전환하는 데 중요한 역할을 담당하고 있으므로, 학교는 반드시 장애학생에게 자기결정기술을 가르칠 필요가 있다.

자기결정기술에는 선택 및 결정, 문제해결, 목표 설정 및 달성, 독립성, 자기 인식 및 자기 지식 등이 있다(Wehmeyer, 1996). 특히 자기결정기술 구성요소 중에서 '선택 및 결정'의 구성요소는 성인의 삶으로 전환에 있어서 핵심적인 요소로서, 개별화전환계획의 근간이 된다. 그러나 안타깝게도 개별화전환계획에 장애학생이 참여하거나 끌고 가는 경우가 적으며, 이는 자기결정기술을 연습할 수 있는 최상의 기회를 놓치는 것이라 할 수 있다. 교사는 학생이 자신의 개별화전환계획에 참여하도록 격려해야 하며, 학생이 선택 및 결정 기술을 연습해 볼 수 있도록 기회를 제공해야 한다.

선택 및 결정 기술을 증가시킬 수 있는 한 예로, Benjamin(1996)은 부모와 학교가 장애학생의 자기결정을 발달시키는 데 도울 수 있는 네 가지 문제해결 과정을 다음과 같이 추천하였다.

첫째, 역할놀이(role playing)와 모의 활동(simulated activities)을 통하여, 학생에게 상황 문제를 제시하여 학생이 상황을 관찰하고 분석하게 한다.

둘째, 제시된 상황 문제 해결을 위해서 학생에게 여러 가능성 있는 선택을 도출해 보게 한다. 만약 학생이 도출해 내지 못할 경우, 해결책을 도와줄 수 있는 수단(예: 가능성 있는 해결책을 만드는 데 자신을 도와줄 수 있는 사람)에 접근할 수 있는 방법을 가르쳐 준다.

셋째, 학생이 생각해 낸 잠재적 해결책 중 하나를 선택하게 하고, 선택한 해결책에 어떤 문제가 있는지를 살펴보게 한다. 살펴보던 중 문제를 발견했을 경우, 학생에게 어떻게 변경해서 문제를 해결하기를 원하는지를 물어본다.

넷째, 학생에게 이와 비슷한 상황을 만났을 때 자신이 선택한 전략을 어떻게 사용할지에 대해서 생각해 보게 한다.

〈표 9-6〉은 자기결정기술을 증진시킬 수 있는 교수모델이다. 교사는 학생에게 교육과정 내에서 자기결정기술을 가르침으로써 학생 자신이 주도한 학습 기회를 증진시킬 수 있으며, 또한 이는 궁극적으로 졸업 후의 성공에 대한 전망을 높여 줄 것이다(Mithaug et al., 1998). 학교 역할의 한 부분으로 자기결정기술을 다루었지만, 실상 자기결정기술은 하루아침에 만들어지지 않기 때문에 어릴 때부터 가르치는 것이 매우 중요하다.

표 9-6 자기결정 학습 모델

**단계 1: 학습 목표 설정하기**

- 학생 질문
  - 나는 무엇을 배우기를 원하는가?
  - 나는 지금 그것을 알기를 원하는가?
  - 내가 알지 못하는 것을 배우기 위해서는 무엇이 변화되어야만 하는가?
  - 그러한 변화를 만들어 내기 위해서 나는 무엇을 할 수 있는가?

- 교사의 단기목표(일부 발췌)
  - 특정 영역에서 학생 본인의 구체적인 장점과 필요한 교수가 무엇인지 알 수 있게 한다.
  - 그 영역과 관련해서 학생 본인의 선호, 흥미, 믿음 그리고 가치를 평가하고 표현할 수 있게 한다.
  - 신체적 · 사회적 환경에서 기회 및 장벽에 관한 정보를 수집하는 것을 도와준다.
  - 학생 본인에게 필요한 일들을 우선할 수 있도록 가르친다.
  - 목표를 설정하게 하고 그 목표를 달성하기 위해 필요한 준거가 무엇인지 파악할 수 있도록 가르친다.

**단계 2: 학습 계획 세우기**

- 학생 질문
  - 내가 알지 못하는 것을 변화시키기 위해 지금 당장 내가 무엇을 할 수 있는가?
  - 그러한 변화를 만들어 내기 위한 행동을 취하는 데 있어서 나를 가로막는 것은 무엇인가?
  - 이러한 장벽을 제거하기 위해 내가 무엇을 할 수 있는가?
  - 행동을 실행하고 이러한 장벽을 언제 제거할 것인가?
- 교사의 단기목표(일부 발췌)
  - 학생이 목표 달성에 대한 진척(progress)을 평가할 수 있게 한다.
  - 비교 시 자신이 평가한 현재 상태와 자신이 세운 목표 상태의 간격을 줄일 수 있도록 실행 계획을 결정할 수 있게 한다.
  - 학생이 가장 최선의 교수 전략이 무엇인지 발견할 수 있게 한다.
  - 학생이 장벽 및 어려움을 극복할 수 있는 전략을 찾아내고 실행할 수 있게 한다.
  - 학생이 주도한 학습 전략을 실행할 수 있게 한다.
  - 실행 계획이 얼마만큼 실행되고 있는지 자신이 점검할 수 있게 한다.

**단계 3: 행동 조정하기**

- 학생 질문
  - 내가 취한 행동은 무엇인가?
  - 어떤 장벽이 제거되었는가?
  - 내가 알지 못하는 것을 얼마나 알게 되었는가?
  - 내가 알고자 하는 것을 알고 있는가?
- 교사의 단기목표(일부 발췌)
  - 목표를 향한 진척을 학생이 스스로 평가할 수 있게 한다.
  - 실행 계획이 원하는 목표에 적합한지를 학생과 같이 결정한다.
  - 학생이 목표를 그대로 둘지 아니면 바꿀 것인지에 대해 결정하는 것을 보조한다.
  - 만약에 실행 계획을 바꿀 필요가 있다면, 실행 계획을 변경하는 것을 도와준다.

※출처: Mithaug, D. E., Wehmeyer, M. L., Agran, M., Martin, J. E., & Palmer, S. (1998).

제10장

# 지체장애 및 뇌성마비 학생을 위한 특수교육공학

## 1. 지체장애학생을 위한 공학과 접근성

### 1) 지체장애와 공학

지체장애 및 뇌성마비 학생은 다양한 병변으로 인해 운동이나 자세를 유지하는 것이 원활하지 못하다. 특히 지체장애 학생의 약 80% 이상이 뇌성마비 학생인데, 학생이 지닌 독특한 장애 특성으로 인해 발생하는 이동 및 자세 유지 등의 어려움을 지원하기 위해 다양한 보조공학 기기를 활용함으로써 신체기능을 보상 혹은 향상시킬 수 있다(옥민욱, 박경옥, 김지연, 2021). 지체장애 및 뇌성마비 학생의 신체적 제한에서 오는 기능의 제한은 학습 및 일상생활, 더 나아가 성인기 직업생활에도 적지 않은 영향을 미칠 수 있으므로, 학생들의 요구에 맞는 교수-학습 지원의 방법과 보조공학의 역할과 기능을 살펴 적용하는 것이 필요하다.

옥민욱, 박경옥과 김지연(2021)은 장애학생을 위한 공학의 활용은 크게 교수공학(instructional technology)과 보조공학(assistive technology)으로 나누고 있다. 교수공학은 학습을 위한 과정과 자원의 설계, 활용 및 평가 등에 대한 이론과 실제로, 다양한 공학기기와 소프트웨어를 활용하여 장애학생의 학습을 돕는 컴퓨터 보조 교수나 스마트러닝 등을 포함한다. 보조공학은 장애학생의 교육과 생활에의 접근성을 높이고 이들의 기능적 능력을 개선·유지·향상을 돕는 도구로(Individuals with Disabilities Education Act: IDEA, 2004), 연필잡기 교정기, 쓰기 경사대와 같이 간단한 기능을 가진 로우테크(low tech)부터 음성합성 보완대체의사소통(Augmentative and Alternative Communication: AAC) 기기, 전동휠체어와 같은 고급기능을 가진 하이테크(high tech)에 이르기까지 다양한 범주의 도구를 포함한다. 하지만 최근 출시된 많은 기기는 보조공학의 기능이 포함하고 있어 과거에 분명하게 구분되었던 교수공학과 보조공학의 경계는 점차 모호해지고 있다(Ok, 2018). 예를 들면, 아이패드는 보조공학 기능인 스크린리더, 음성인식(speech-to-text), 음성합성(text-to-speech), 글자크기 조절 기능 등을 포함하고 있다. 이러한 교수공학과 보조공학의 중첩 현상은 장애학생의 보조공학 접근성을 높이고 사용을 보다 용이하게 하여, 장애학생을 포함한 다양한 교육적 요구를 지닌 학생을 위한 보편적 학습도구로서 사용이 가능하게 하였다.

지체장애 및 뇌성마비 학생의 운동기능은 선천적·후천적 손상의 정도에 따라 다양한 양상으로 나타나며, 인지적·정서행동적·의사소통적 문제를 수반하는 경우도 있다. 지체장애 및 뇌성마비 학생이 원만하게 학교생활과 일상생활을 수행하는 데 공학기기의 도움으로 훨씬 수월하게 그리고 보다 독립적으로 생활할 수 있어 타 장애 영역의 학생보다 유용하다 할 수 있다.

공학은 과학적이고 조직화된 지식을 체계적으로 적용하여 실제 문제를 해결하는 것이다. 문제해결이라는 측면에서 공학을 기계류와 관련된 하드웨어나 소프트웨어를 포함할 수도 있고 포함하지 않을 수도 있는 것으로, 어떤 특정한 과제를 수행할 때 요구되는 실천적 문제해결 기법이라 할 수 있다. 즉, 공학을 단순히 기술, 기계, 산출물로 보는 것이 아니라 실제 사고하는 과정이 포함되는 광범위한 개념이며 문제를 해결하는 개념과 과정을 포함한다고 할 수 있다.

지체장애 및 뇌성마비 학생에게 특수교육공학을 적절히 잘 활용하면 얻을 수 있는 장점이 많다. 김남진과 김용욱(2017)은 지체장애 및 뇌성마비 학생에게 특수교육공학이 적용되었을 때의 장점을 다음과 같이 제시하였다.

- 지체장애 및 뇌성마비 학생에게 특수교육공학은 개별적 교수를 가능하게 하여

학습 관련 수행능력을 향상시킬 수 있다. 각 학생에게 개별적인 컴퓨터나 스마트 기기를 제공하여 개별 학습을 할 수 있으며, 또래와 공유할 수 있다. 이때 제공되는 학습내용 프로그램은 교수자가 지체장애 및 뇌성마비 학생의 학습 수준에 맞게 학습 내용, 학습 난이도 등을 조절하거나 인공지능 기반의 수준별 수업을 제공해 줄 수 있다. 이러한 첨단의 공학기술을 활용한 학습용 단말기와 프로그램을 활용하여 지체장애 및 뇌성마비 학생에게 적절하고 적합한 수준의 학습 프로그램을 제공할 수 있으며, 학생의 학습적 요구에 맞게 학습용 프로그램을 설계 · 제작할 수 있다.

- 지체장애 및 뇌성마비 학생에게 특수교육공학은 동기부여와 학습 태도를 향상시킬 수 있다. 컴퓨터 기반의 교수–학습이 이루어지는 경우, 공학기기는 지체장애 및 뇌성마비 학생에게 새로운 교수–학습 도구이자 방법으로 흥미를 유발할 수 있으며, 즉각적인 상호작용적 반응에 학생의 학습 동기와 연결지을 수 있다.
- 지체장애 및 뇌성마비 학생에게 특수교육공학은 교수학습 및 일상생활에 참여할 때 장애를 보완하거나 이전에 하지 못했던 것을 할 수 있도록 하는 독립성을 향상시킬 수 있다. 지체장애 및 뇌성마비 학생은 신체적 장애로 인하여 학습이나 생활에서 상당한 기능적 제한을 받는다. 그러나 기능적 장애를 보완 · 보상할 수 있는 보조공학기기 및 서비스를 제공함으로써 비장애 학생과 동일한 환경에서 같은 학습 경험을 할 수 있다.
- 지체장애 및 뇌성마비 학생에게 특수교육공학은 장애로 인한 형성된 낮은 자아존중감과 자신이 무엇인가를 스스로 할 수 있다는 자기 효능감을 향상시킨다. 지체장애 및 뇌성마비 학생은 자신의 외모와 능력 때문에 비장애 학생이 할 수 있는 것을 잘하지 못하거나 뒤떨어져 부정적인 자아상을 갖고 자존감이 낮을 수 있다. 부정적인 자아상과 자신감은 학습능력에 영향을 미쳐 자신이 가진 능력이나 소질을 개발하지 못하는 경우가 많다. 그러나 적절히 공학 서비스를 제공하면 이전에 하지 못했던 것들을 할 수 있거나 비장애 학생과 같이 학습이나 생활의 많은 면을 공유할 수 있어 자아존중감을 회복할 수 있다.

이와 같이 특수교육공학은 지체장애 및 뇌성마비 학생의 능력을 신장시키고 긍정적 자아상과 자존감을 회복시켜 주며, 더 많은 학습기회를 얻을 수 있다.

그러나 특수교육공학이 모든 것을 해결해 주는 것은 아니다. 지체장애 및 뇌성마비 학생은 장애의 정도와 유형이 다양하기 때문에 특수교육공학이 접근하지 못하는 부분도 있으며, 관련 보조공학기기 및 도구들이 상당한 고가이기 때문에 접근이 용이하지 않은 경우도 적지 않다. 경우에 따라서는 공학기기의 잘못된 적용이 오히려 장애를 악화시킬 수도 있다. 그러므로 공학의 활용은 다양한 관점에서 검토하여 지체장애 및 뇌성마비 학생이 가장 성공적인 경험을 할 수 있도록 신중하게 접근해야 한다.

## 2) 지체장애 및 뇌성마비 학생의 접근권 보장

장애인에 대한 접근권은 비장애인과 똑같이 장애인도 시설 및 설비 그리고 정보에의 접근을 보장한다. 이는 1997년 제정된 장애인·노인·임산부 등의 편의증진 보장에 관한 법률을 통해 "장애인 등은 인간으로서의 존엄과 가치 및 행복을 추구할 권리를 보장받기 위하여 장애인 등이 아닌 사람들이 이용하는 시설과 설비를 다른 사람의 도움 없이 동등하게 사용하고 장애인 등이 아닌 사람이 접근할 수 있는 정보에 다른 사람의 도움 없이 자유롭게 접근할 수 있는 권리를 가진다."(제4조)라고 천명하였다.

운동기능의 장애를 가진 지체장애 및 뇌성마비 학생은 다른 장애에 비하여 정보접근이나 시설과 설비에 독립적으로 접근하는 데 많은 어려움이 있다. 여기에서는 지체장애 및 뇌성마비 학생을 위한 정보접근권과 시설 및 설비에 대한 접근권에 대해 알아보고 이를 보편적 설계의 관점에서 가능성을 살펴보고자 한다.

첫째, 정보접근권은 지체장애 및 뇌성마비 학생의 정보격차를 줄이고 최소화하기 위한 권리이다. 정보격차 해소에 관한 법률에는 정보격차를 경제적·지역적·신체적 또는 사회적 여건으로 인하여 정보통신망을 통한 정보통신 서비스에 접근하거나 이용할 수 있는 기회의 차이라고 정의하고 있다. 이에 따르면, 지체장애 및 뇌성마비 학생은 대표적인 정보소외계층으로서, 정보격차의 과정에서 개인적인 삶의 여건을 악화시키고 사회적으로도 유용한 자원을 낭비하는 결과를 가져온다. 이를 방지하기 위해서는 지체장애 및 뇌성마비 학생에 대한 정보화교육과 컴퓨터 및 인터넷 보급을

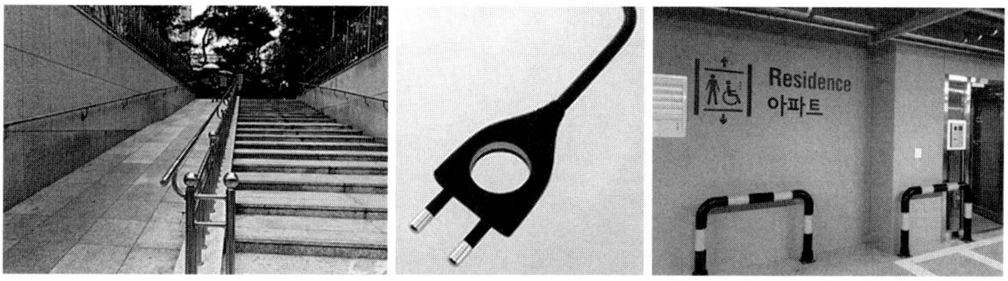


경사로와 계단 수정된 전원장치 지각하기 쉬운 안내

[그림 10-1] 보편적 설계에 근거한 환경 및 제품

늘이며, 정부기관 및 공공기관의 웹사이트의 웹접근성을 보장하여 최대한 정보화 흐름에 참여할 수 있도록 지원해 나가야 한다.

둘째, 시설 및 설비에 대한 접근권은 지체장애 및 뇌성마비 학생이 학교 통학, 학교 건물 등의 접근, 교재 및 교수의 접근 가능한 지원을 받을 권리이다. 「장애인 등에 대한 특수교육법」은 특수교육기관의 설치 · 운영 및 시설 · 설비의 확충 · 정비 그리고 특수교육에 필요한 교재 · 교구의 연구 · 개발 및 보급을 국가 및 지방자치단체의 의무(제2장 제5조)로 규정하고 있다. 특수교육 대상자를 배치받은 기관장은 대통령령으로 정하는 시설 · 설비 및 교재 · 교구를 갖추도록 명시하고 있다(제21호 제3항).

「장애인 차별 및 권리구제 등에 관한 법률」에서도 교육분야의 차별금지 내용과 교육기관의 편의제공 내용을 보다 구체적으로 제시하고 있다. 즉, 장애인의 편의제공 요청에 대해 정당한 사유 없이 거절할 수 없으며 보조공학기기, 지원인력 배치, 접근성 및 이동성 보장, 수어통역 등과 같은 의사소통 수단 등의 편의를 제공해야 함은 물론, 원활한 교수 또는 학습 수행을 위한 지도 자료를 제공하도록 규정하였다(김남진, 김용욱, 2017 재인용). 이는 신체기능에 어려움이 있는 지체장애 및 뇌성마비 학생에게는 꼭 필요한 조치라고 할 수 있다.

셋째, 보편적 설계는 건축에서 나온 개념으로 모든 사람이 직접 사용 가능한 제품 및 서비스와 보조공학과 함께 사용할 수 있는 제품과 서비스에 적용된다(「Assistive Technology Act of 1998」 재인용). 1998년 미국 노스캐롤라이나주립대학교의 보편적 설계센터가 제시한 보편적 설계의 원리는 공평한 사용, 사용상의 융통성, 단순하고 직관적인 사용, 지각할 수 있는 정보, 오류에 대한 관용, 낮은 신체적 수고, 접근과 사용에 적절한 크기와 공간의 원리가 포함된다. 이 원리들은 지체장애 및 뇌성마비 학생만을 위한 접근이 아니라 모든 이의 편리한 사용을 위해 건축이나 제품, 서비스 등을 설계하는 단계부터 고려해야 하는 보편적 개념이다.

## 2. 지체장애 및 뇌성마비 학생의 컴퓨터 활용

### 1) 컴퓨터 보조수업

다가오는 미래 사회에서의 교육환경은 인간과 공학이 융합된 고도의 기술 형태의 교육이 주류가 될 수 있다. 이미 코로나19를 겪으면서 우리 교육현장의 변화는 가속화되고 있으며, 개인의 학습도구는 컴퓨터 또는 스마트 기기 기반의 온라인 학습이 주류화되고 있다. 이와 같이 학교 교육환경의 변화는 개인이 지닌 능력과 학습 특성을 고려한 개별 학습이 더욱 강조되고 있다. 학습의 장소도 교실이라는 물리적인 공간에 한정되는 것이 아니며, 학습의 시간 또한 자유로워지고 있다. 그동안 수업 중에 활용해 왔던 컴퓨터 보조 수업의 개념도 이제는 보다 포괄적이고 다른 차원으로 재생산될 필요가 있다.

컴퓨터 처리의 고속성, 정확성, 재생성, 용량성, 변인 통제의 다양성 및 애니메이션과 시뮬레이션 등의 교육적 잠재력을 인공지능 등의 기술을 적용하여 데이터 기반의 모듈을 활용하는 경우, 개인의 학습능력과 학습 속도에 알맞은 학습을 제공할 수가 있다.

컴퓨터 보조수업(Computer-Assisted Instruction: CAI)은 컴퓨터를 직접 수업매체로 활용하여 교과 내용의 지식, 태도, 기능 등을 학습자에게 가르치는 학습 방법이다(김남지, 김용욱, 2017). 컴퓨터 보조수업은 반복연습형, 개인교수형, 시뮬레이션형, 게임형, 문제해결형의 다섯 가지 유형으로 나눌 수 있다. 각각의 유형에 대한 정의와 교사의 역할을 제시하면 〈표 10-1〉과 같다.

지체장애 및 뇌성마비 학생에게 반복연습형이나 개인교수형을 적용할 경우에는 개개인에 맞는 수준과 속도로 학습을 할 수 있게 해 주며 학습 내용을 흥미 있는 방식으로 제시함으로써 동기유발이 쉽고 학습에 대한 주의집중 수준을 높일 수 있다.

표 10-1 컴퓨터 보조수업의 유형

| 유형 | 정의 | 교사의 역할 | 컴퓨터의 역할 |
|---|---|---|---|
| 반복연습 | 이미 학습한 내용, 기본적인 사실이나 용어, 반복적인 질의와 응답을 통한 연습 실시 | 학습에 필요한 수업계획과 준비, 교수 자료 선택, 프로그램을 학습자에 맞게 배정하며 진도를 점검하는 역할을 수행 | 질문 제시, 학습자의 반응 평가, 즉각적인 피드백 제공, 학습자의 진도 기록 |
| 개인교수 | 새로운 정보를 제시, 개념과 원리를 가르치고 교정학습 제공 | 교수 자료 선택, 필요에 따라 적응적 수업 실시, 학습 상황 점검 등을 실시 | 정보와 질문 제시, 응답 점검, 교정 피드백 제공, 주요 내용 요약, 기록 |
| 시뮬레이션 | 실제 상황 묘사, 실제적인 모형에 입각, 개별 또는 모둠 활동 | 배울 내용 소개, 배경 설명, 전체적인 사용 안내 | 역할 수행, 결과 통보, 모형과 데이터베이스 관리 |
| 게임 | 경쟁, 높은 학습 동기하에서 반복 연습, 개별 또는 모둠 학습 | 제한사항 결정, 학습과정 관리, 학습 결과 점검 | 경쟁 상대, 심판, 기록자의 역할을 병행 |
| 문제해결 | 임의의 문제를 제시하여 학생이 시행착오를 통해 문제해결 기술을 익힘 | 체계적인 사고할 수 있게 순서 및 절차를 안내한 후 단계별로 수행할 수 있게 안내 | 문제해결 절차가 잘 드러나도록 과제분석하여 제시하는 프로그램 실행, 학생의 수행 결과를 데이터 베이스화 |

그리고 시뮬레이션형은 조작이 서툴러 위험한 과제를 수행하기 힘든 지체장애 및 뇌성마비 학생에게 안전한 학습 환경에서 과제를 제시하고 다감각적인 교수 자료를 제공할 수 있다.

컴퓨터 보조수업이 가지는 장점은 다양하지만 개별 학생에게 맞는 학습을 할 수 있다는 점이 가장 매력적이다.

그 장점을 살펴보면 다음의 네 가지로 요약할 수 있다.

- 개별 학생의 학습 특성을 고려하여 개별학습을 할 수 있다. 개별학습은 지체장애 및 뇌성마비 학생의 신체적 기능과 인지 수준 등에 맞춰 학습 경험을 제공하고 학습자의 능력 수준에 맞는 학습 속도를 정하여 학습할 수 있도록 학습 환경과 학습 내용 등을 제공하여 학습 효과를 높일 수 있다.

- 컴퓨터와 학생 간에 정보를 주고받으면서 능동적인 상호작용을 한다. 컴퓨터 보조수업(CAI)을 할 때 지체장애 및 뇌성마비 학생의 개별적인 학습 속도와 반응에 따라 그에 맞는 반응이 나타나면서, 학생이 보다 능동적으로 참여하게 되고, 컴퓨터 프로그램과의 상호작용 과정 자체가 강화제의 역할을 하게 되면서 학습동기를 촉진할 수 있어 학습의 성과 또한 높일 수 있다.
- 컴퓨터 보조수업은 자신의 속도에 맞는 학습을 할 수 있어서 보다 편안한 상태로 학습할 수 있다. 이러한 안정성은 개인이 선택한 학습 내용을 공부한다는 측면에서 학습 동기를 촉진할 수 있다. 또 학습 내용이나 수준, 학습 경로, 반응 양식들을 학생의 취향대로 선택할 수 있게 하여 개인의 선호도가 반영된 학습을 할 수 있게 되면 학생은 보다 적극적으로 학습에 참여할 수 있다.
- 컴퓨터 보조수업은 즉각적인 피드백이 가능하다. 컴퓨터 보조수업은 학생의 반응에 대해 즉각적으로 반응함으로써 개인 스스로 학습에 대한 결과를 확인할 수 있고, 이는 바로 학생의 학습 성취도로 기록됨으로써 학습의 숙달과 오류의 데이터를 누가 관리할 수 있다. 이는 학생 학습에 대한 평가로, 학습 특성을 진단하는 것은 물론, 데이터 기반의 적절한 처방을 제공할 수 있다. 지체장애 및 뇌성마비 학생이 학습의 과정에서 보인 오답이나 실수가 평가의 결과에 바로 반영되는 것이 아니라 다시 학습하며 반복학습을 할 수 있다는 점에서 학생은 실패에 대한 두려움을 감소시키는 효과가 있다. 학생이 보인 반응에 대해 칭찬을 제공하여 학습 성과에 대한 자긍심을 가질 수 있게 하거나 오류에 대해 다시 설명하는 자료를 보거나 다시 문제를 풀어 볼 수 있게 하는 다양한 유형의 피드백도 제공할 수 있어, 동기가 부족하고 주의집중 수준이 낮은 지체장애 및 뇌성마비 학생에게 적용하기에 유용할 수 있다.

## 2) 멀티미디어 활용

멀티미디어는 두 가지 이상의 매체가 조합되어 구성된 복합매체로 주로 컴퓨터에서 활용되는 것이다. 문자 정보(text), 정지된 화상 혹은 그래픽(graphic), 애니메이션(animation), 동영상, 소리 및 음악 등을 포함하는 다양한 형태의 정보 제시와 활용을 의미하며, 학습자는 제공되는 정보와 기기의 통제권을 가지고 상호작용할 수 있어야 한다(윤광보 외, 2008).

멀티미디어를 이용한 학습과 수업은 이동의 제한성으로 인해 직간접 경험을 통해 필요한 개념형성이나 학습에 어려움이 있는 지체장애 및 뇌성마비 학생에게 실제와 유사한 간접 경험의 기회를 제공할 수 있다. 풍부한 멀티미디어 자료를 제공하고 학습의 개별화를 촉진하여 지체장애 및 뇌성마비 학생의 동기유발과 자신감을 갖게 할 수 있다. 더불어 안정성을 높이고 훈련 시간을 단축하고 비용을 절감할 수 있다. 그러나 멀티미디어 시스템을 구축하기 위한 많은 비용이 들며, 구입하였다 해도 장비의 사용 연한이 짧아 지속적인 교체가 필요하며, 효율적인 교육에의 활용을 위해 교사는 새로운 하드웨어와 소프트웨어를 다루는 기술을 지속적으로 습득해야 하는 단점이 있다.

### 3) 정보통신기술 활용교육

정보통신기술(Information & Communication Technology: ICT)는 정보 기술과 통신 기술의 합성어로 정보의 공유 및 의사소통 과정이 포함된 의미를 가진다. 하드웨어 운영과 정보 관리에 필요한 소프트웨어 기술과 이들 기술을 이용하여 정보를 수집, 생산, 가공, 보존, 전달, 활용하는 모든 방법을 의미한다(한국교육학술정보원, 2001).

지체장애 및 뇌성마비 학생을 위한 교수-학습 과정에서 ICT 활용의 가장 큰 목적은 학습자의 창의적 사고와 다양한 학습활동을 촉진하여 학습목표를 효과적으로 달성할 수 있도록 지원하는 데 있다. ICT 활용교육이 지체장애 및 뇌성마비 학생 교육에 가지는 장점들을 김용욱(2002)의 주장에 근거해 살펴보면 다음과 같다.

- 지체장애 및 뇌성마비 학생에게 다양한 교수-학습 방법을 적용할 수 있다. 지체장애 및 뇌성마비 학생에게는 일정한 시간과 공간에서 교육하는 것이 불리할 수 있다. 웹의 장점을 활용하면 정보를 수집하거나 제공하고 다른 학습자 및 전문가와의 교류와 같은 활동 유형을 선정하여 학습을 전개할 수 있다.
- 지체장애 및 뇌성마비 학생이 필요한 정보에 접근하거나 활용할 수 있다. 활동이 원활하지 못한 지체장애 및 뇌성마비 학생도 인터넷을 통해 공공기관을 이용하거나 필요한 물건을 구입하는 방법을 학습할 수 있다. 정보에 대하여 다양

한 형태로 접근하는 것은 지체장애 및 뇌성마비 학생에게 구체적 경험을 통한 학습 정보의 인지 기회를 제공할 수 있으며, 자신감을 높일 수 있다.

- 정보화 매체 활용으로 지체장애 및 뇌성마비 학생에게 학습동기를 부여하고 주의집중력을 높일 수 있다. 지체장애 및 뇌성마비 학생의 학습 활동에서 가장 어려운 부분은 학습 동기 부족과 이에 따른 주의집중력 저하이다. 따라서 수업에서 멀티미디어나 인터넷 등 다양한 테크놀로지를 이용한 수업은 학생의 수업 태도와 흥미를 높여줄 수 있다.
- ICT 활용교육을 통해 정보를 탐색하고 찾은 정보를 정리하여 필요에 따라 활용할 수 있는 방법을 익히는 학습은 지체장애 및 뇌성마비 학생이 정보 활용 경험의 부족으로 겪는 이중적 불이익을 방지할 수 있다. 교사는 지체장애 및 뇌성마비 학생와 ICT를 활용한 정보 검색 및 의견 교환을 통해 학습목표와 방법 수립, 평가 등 일련의 학습과정을 같이 설계할 수 있으며, 어떤 부분에 있어서는 학습자에게 정보 검색의 주도적인 역할을 부여함으로써 지체장애 및 뇌성마비 학생에게 정보 활용 능력을 신장시켜 줄 수 있다.

물론 ICT 활용교육을 한다고 무조건 좋은 결과를 산출하는 것은 아니다. 박경옥과 오정숙(2021), 김용욱 등(2001)은 교육정보화 관련 인프라의 부적절성, ICT 활용교육 프로그램의 양적 · 질적 부족, 교육과정과 ICT 활용교육 프로그램과의 연결성 희박, 교사 연수의 제한성 등의 이유로 특수교육 현장에서 ICT 지원이 효율적으로 활용되지 못하고 있음을 지적하였다.

특히 지체장애 및 뇌성마비 학생의 경우, ICT를 활용하기 위한 기자재 접근성에서 많은 어려움이 있다(옥민욱, 박경옥, 김지연, 2021). ICT 관련 인프라가 잘 구축되어 있다고 해도 지체장애 및 뇌성마비 학생의 운동기능적인 특성을 보완해 줄 보조공학기기의 접근성을 충분히 확보해 주지 못한다면 실제 사용이 효율적으로 이뤄지지 않을 가능성이 높다. 지체장애 및 뇌성마비 학생에게 컴퓨터를 활용한 교수-학습이 잘 이루어지게 하기 위해서는 운동기능을 보조할 수 있는 하드웨어적 환경(예: 스위치 적용, 터치 스크린 등)과 소프트웨어(예: 직접선택 및 간접선택 기능)가 구축과 함께 접근성을 확보해 줄 준비가 필요하다.

## 4) 메타버스 활용

최근 코로나19 팬데믹으로 인한 언택트(untact), 온택트(ontact) 사회로 전환되며 메타버스 활용에 대한 논의가 가속화되고 있다. 코로나19 확산으로 인해 대면 소통이 어려워지자, 오프라인에서만 벌어질 만한 활동을 가상세계에서 할 수 있게 사고가 전환되면서 교육은 물론, 화상 진료를 위한 의료나 패션, 관광 등 여러 분야로 빠르게 확장되고 있다(고현석, 2021). 특히 비대면 교육이 장기화되어 감에 따른 수요 증가로 메타버스는 교육 분야에 먼저 활용되기 시작하였다. 메타버스에 기반을 둔 가상공간 활용 수업은 비대면 원격 교육의 한계를 극복할 수 있는 대안으로 기대를 모으고 있다. 가상현실 등 실감 기술로 몰입도를 높이고 학습효과를 극대화할 수 있다. 본인의 아바타를 활용하여 가상공간에서 수업을 받고 질문을 하는 것은 기본이다. 특수효과로 현장감을 살리고 제작 툴로 직접 콘텐츠를 제작할 수도 있다(한국교육학술정보원, 2021).

여기에서는 메타버스의 교육적 활용의 가능성과 한계를 논의하고, 각각 제안한 개념과 유형을 살펴보고자 한다. 메타버스(Metaverse)는 1992년 미국 소설가 닐 스티븐슨의 『스노우 크래시(Snow Crash)』라는 SF 소설에서 처음 소개되었다. 스노우 크래시 속 등장인물이 아바타가 되어 3차원의 가상세계에서 미션을 완성해 나가는 것을 메타버스라고 지칭했다.

메타버스는 현실을 넘어 구현된 가상의 세계를 의미하며 초월, 가상을 의미를 담은 메타(Meta)와 세계(우주)를 뜻하는 유니버스(Universe)의 합성하여 만든 용어이다. 이 메타버스는 스마트폰, 스마트 기기, 인터넷을 활용한 PC 등 다양한 디지털 미디어를 통해 표현되는 새로운 세상으로, 디지털화된 지구라고 할 수 있다. 메타버스 속의 아바타는 현실의 나와 동일시되고, 나를 표현하는 아바타가 메타버스 속에서 교육 · 사회 · 경제 · 문화 활동을 한다. 이 메타버스를 지체장애 및 뇌성마비 학생 교육에도 적극적으로 활용할 수 있다. 이에 메타버스의 개념을 구체적으로 살펴볼 필요가 있다.

미국미래가속화연구재단(Acceleration Studies Foundation)에서는 메타버스 로드맵에서 메타버스의 유형을 두 가지 축으로 제시하여 설명하였다. 하나는 '증강(augmentation)과 시뮬레이션(simulation)'이고, 다른 하나는 '내부(intimate)와 외부

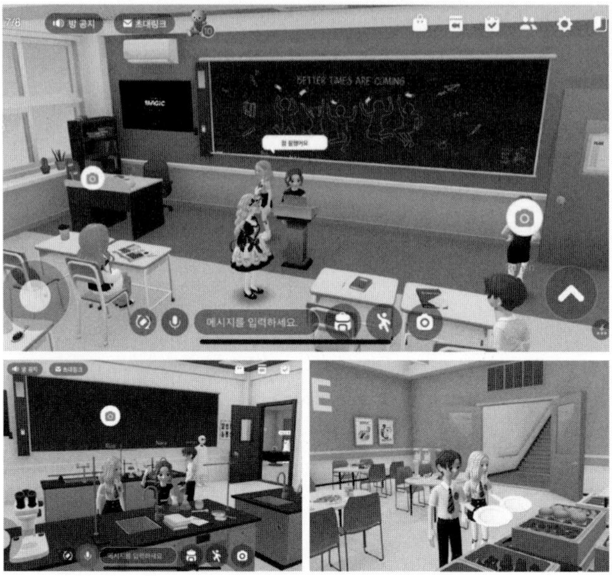

[그림 10-2] 제페토의 교실2 맵

출처: 한국교육학술정보(2021).

(external)' 세계이다.

- 증강(augmentation) 기술은 실재 현실의 시스템에 새로운 기능을 추가하는 기술을 의미한다. 메타버스상에서 증강 기술은 우리가 인식하는 물리적 환경에 새로운 정보를 겹쳐 보여주는 기술을 의미한다.
- 시뮬레이션(simulation) 기술은 현실을 모델링하여 새로운 환경을 제공하는 기술을 가리킨다. 메타버스에서 시뮬레이션은 상호작용을 위한 장소로서 시뮬레이션된 세계를 구현하기 위한 각종 기술들을 포함하고 있다.
- 내부(intimate) 세계는 개인이나 사물의 정체성과 행동에 초점을 맞춘다. 메타버스에서 내부 세계의 완성은 개인이나 사물이 아바타 또는 디지털 프로파일을 사용하여 활동하거나 시스템에서 직접 행동하여 사용자가 그 환경에 대리자(agency)를 갖는 기술을 통해 이루어진다.
- 외부(external) 세계는 대체로 관심을 메타버스상의 주체인 사용자를 중심으로 그 외부 세계에 초점을 둔다. 따라서 사용자의 주변 세계에 대한 정보를 어떻게 보여 주고, 어떻게 제어하는가와 관련된 기술을 포함한다.

내부 · 외부의 프레임워크는 메타버스의 기술이 사용자의 내부 세계에 집중되는지 아니면 주변 세계에 집중되는지를 기준으로 하는 또 다른 구분 축이 된다. 메타버스 로드맵은 이러한 두 가지 축을 통해 증강현실(augmented reality), 라이프로깅(life logging), 거울세계(mirror worlds), 가상세계(virtual worlds)의 네 가지 유형으로 분류된다(이승환, 2021). 각 유형의 정의와 특징, 활용 분야, 사용 사례는 〈표 10-2〉에 제시된 바와 같다.

증강기술과 시뮬레이션은 물리적인 실제 현실에 정보들이 구현되는지, 아니면 가상의 세계에 징보가 구현되는지에 따라 구분된다. 고가의 시뮬레이션 프로그램의 활용보다는 이미지, 주변 배경, 객체 모두를 가상의 이미지로 만들어 보여 주는 가상현실이나 내비게이션 시스템에서 실제 장면에 필요한 정보를 추가하여 보여 주는 증강현실 등이 메타버스를 활용하여 제공됨으로써 다양한 상황 학습 및 기술 교육이 가능해졌다(박경옥, 백종남, 서선진, 이양원, 2016). 특히 주의집중력이 부족하고 흥미와 동기가 부족한 지체장애 및 뇌성마비 학생의 학습효과를 위해서는 시각

**표 10-2** 메타버스의 네 가지 유형과 교육적 활용 효과

| 구분 | 증강현실 | 라이프로깅 | 거울세계 | 가상세계 |
|---|---|---|---|---|
| 정의 | 현실 공간에 가상의 2D 또는 3D 물체를 겹쳐 보이게 하여 상호작용하는 환경 | 사물과 사람에 대한 일상적인 경험과 정보를 캡쳐, 저장, 공유하는 기술 | 실제 세계를 그대로 반영하되, 외부 환경 정보를 통합하여 제공 | 디지털 데이터로 구축한 가상세계 |
| 특징 | 위치 기반 기술과 네트워크를 활용해 스마트 환경 구축 | 증강기술을 활용해 사물과 사람의 정보를 기록 | 가상지도, 모델링 GPS 기술 활용 | 이용자의 자아가 투영된 아바타 간의 상호작용 활동에 기반 |
| 활용 분야 | • 스마트폰, 차량용 HUD | • 웨어러블<br>• 디바이스<br>• 블랙박스 | • 지도기반 서비스 | • 온라인<br>• 멀티플레이어<br>• 게임 |
| 사용 사례 | • 디지털 교과서<br>• 실감형 콘텐츠<br>• 포켓몬 Go | • 페이스북<br>• 인스타그램<br>• 에플워치<br>• 삼성 헬스<br>• 나이키플러스 | • 구글어스<br>• 구글맵<br>• 네이버지도<br>• AirBnB | • 세컨드 라이프<br>• 마인크래프트<br>• 로블록스<br>• 제페토 |

| | | | | |
|---|---|---|---|---|
| 교육적 효과 | • 가상의 디지털 정보를 통해 실제 보이지 않는 부분을 시각적 · 입체적으로 학습, 효과적으로 문제를 해결할 수 있음<br>• 직접 관찰이 어렵거나 텍스트로 설명하기 어려운 내용을 심층적으로 이해하고, 학습자 스스로가 체험을 통해 지식을 구성해 나갈 수 있음<br>• 학습 맥락에 몰입된 상태에서 읽고, 쓰고 말하는 등의 상호작용을 경험할 수 있음 | • 자신의 일상을 돌아보고 성찰하며, 적절한 방향으로 정보를 표상하고 구현하는 능력 향상, 소셜 네트워크상에서 타인의 피드백이 강화와 보상으로 연결됨<br>• 라이프로깅 플랫폼에서 다양한 정보를 비판적으로 탐색하고, 집단지성을 통해 정보를 창조적으로 재구성함<br>• 학습과 관련된 분석 데이터(예: 대시보드)를 바탕으로 학습을 성찰 · 개선할 수 있음<br>• 교사는 학생들의 학습 로그 데이터를 바탕으로 맞춤화된 방향으로 학습을 촉진하고 적절한 지원을 하며, 중도탈락을 방지함 | • 교수-학습의 공간적 물리적 한계성을 극복하고, 거울세계의 메타버스 안에서 학습이 이루어짐<br>• 대표적인 거울세계인 온라인 화상회의 툴 및 협력 도구(Zoom, Webex, Google Meets, Teams)를 통해 온라인 실시간 수업을 진행할 수 있음<br>• 거울세계를 통해 학생이 만들면서 학습하기(learning by makingk)를 실현할 수 있음(예: 마인크래프트상에서 학생들이 역사적 건축물—불국사, 경복궁, 첨성대, 타지마할, 에펠탑—을 지어 보고, 복원된 디지털 유산을 체험하며, 역사와 문화에 대한 이해를 깊이 있게 함) | • 고비용, 고위험의 문제로 연출하기 어려운 환경(예: 화재 현장, 항공 조종, 위험한 수술 됨에서 가상 시뮬레이션을 통해 실습을 할 수 있음<br>• 과거 혹은 미래 시대 등 현실에서 경험할 수 없는 시공간을 몰입적으로 체험할 수 있음<br>• 3D 가상세계 기반의 게임을 통해 (설계된 개임의 특성과 유형에 따라) 전략적 · 종합적 사고력, 문제해결력을 향상, 현실 세계에 필요한 능력을 배움 |

출처: Acceleration Studies Foundation(2006); 이승환(2021), 김상균(2021)에서 일부 발췌하여 요약함.

적 정보와 언어적 정보를 동시에 제시하는 멀티미디어 자료를 메타버스를 통해 접근가능하다. 그 외에도 다양한 교육용 학습 콘텐츠를 활용하여 직접 대면하지 않으면서 미래 사회에 쓰게 될 다양한 기술을 익히기 위해 실제 장소에서 또는 기술 습득의 연습을 가상의 공간에서 연마하고, 그 과정에서 발생할 수 있는 위험이나 불편을 최소화하며 반복 훈련하고 연습할 수 있다는 장점을 가질 수 있다. 다만, 학생들의 신체기능의 제한 정도를 고려한 접근성을 고려하여 보조공학기기의 지원이 필요할 수 있다.

## 3. 지체장애 및 뇌성마비 학생을 위한 보조공학

### 1) 보조공학 활용의 중요성

교수공학과 보조공학 모두 장애학생의 교육을 위해 그 중요성이 강조되고 있다. 특히 교수–학습 환경에의 접근성과 학습권 보장을 위한 보조공학의 활용이 강조되고 있다. 보조공학의 활용은 장애학생의 학습뿐 아니라 독립성, 의사소통, 건강 등에 이르기까지 많은 영역에서 긍정적인 영향을 미칠 수 있다(Bryant & Seok, 2017; Dell et al., 2016). 또한 장애학생의 장애로 인한 제한을 보완하거나 개선해 줌으로써 통합교육 기회를 확대하고 나아가 성공적인 사회통합과 직업생활을 지원할 수 있다(정동훈 외, 2017). 무엇보다 보조공학의 활용은 지체장애 및 뇌성마비 학생이 장애로 인해 제한된 경험의 경계를 확장하고 자신의 능력을 온전히 발휘할 수 있도록 하여 궁극적으로 이들의 삶의 질 향상에 기여할 수 있다(Bender et al., 2011). 이를 고려해 볼 때 지체장애 및 뇌성마비 학생 교육을 위한 보조공학의 활용은 매우 중요하며, 반드시 고려해야 할 사항이라 할 수 있다.

그 중요성으로 인해 앞서 언급한 바와 같이, 국내외 여러 법률은 장애학생 교육을 위해 보조공학을 활용할 것을 명시하고 있다[예: 「미국 장애인교육법(IDEA)」(2004), 「보조공학법(Assistive Technology Act)」(1998), 「미국장애복지법(Americans with Disabilities Act: ADA)」(1990) 등]. 특히 IDEA(2004)는 학령기 장애학생 교육을 위한 보조공학 활용에 지대한 영향을 주었는데, 학생의 개별화 교육계획(Individualized Education Plan: IEP) 시 IEP 팀은 의무적으로 학생이 보조공학기기와 서비스가 필요한지 판단하고, 필요한 경우 학생의 특성과 요구에 적합한 보조공학기기와 서비스를 무상으로 제공하도록 하였다.

우리나라도 「장애인 등에 대한 특수교육법」에서 특수교육 관련서비스의 일종으로 각종 학습보조기기와 보조공학기기의 지원을 규정하고 있으며, 특수교육지원센터에 각종 기기를 구비하고 각급 학교장이 장애학생에게 필요한 기기를 제공할 수 있도록 규정하고 있다. 또한 「장애인 차별금지 및 권리구제 등에 관한 법률」의 교육에 대한 차별금지 규정 중 제14조에는 장애학생의 통학 및 학교 내에서 이동하고 시설에 접근함에 있어 불이익이 발생하지 않도록 다양한 보조기기 및 교육 지원인력의 배치와 공간의 확보 등에 대한 지원을 보장하도록 규정하고 있다. 그 외에도 「장애인 복지법」과 「장애인 고용촉진 및 직업 재활법」은 장애인의 국민으로서의 권리를 보장하고 이들의 직업생활을 유지할 수 있도록 정보접근, 편의 시설, 장애인의 보조기구 등의 지원을 제공해야 함을 명시하고 있다.

앞에서 제시한 법적 근거뿐만 아니라 교육 현장에 수업방식의 다양한 변화도 보조공학의 중요성이 더욱 강조되고 있는 요인이다. 최근 과학 기술 정보화 기본계획(2010~2014)과 스마트교육 추진전략(2011~2015)을 통해 모든 학교와 교실에 PC와 무선 인터넷 보급, 이러닝(e-learning) 체계 도입, 디지털 교과서 개발 및 적용 등을 통해 디지털 교육혁신을 수행해 왔다.

특히 2020년 코로나19로 인해 수십년간 이어 왔던 대면수업은 최근 3년 동안 온라인 원격수업으로 대대적인 전환기를 맞이하여 운영되어 오고 있다. 익숙한 대면수업이 원격수업으로 전환됨에 따라 교사들이 생소한 원격수업 준비와 운영으로 많은 어려움을 경험했으며, 더욱이 특수교사들은 장애학생의 개별적 특성과 필요에 맞는 개별화된 교육을 온라인으로 제공해야 했기에 더 큰 어려움을 경험할 수밖에 없었다. 코로나19 상황 속 특수교사의 원격수업 경험과 지원요구에 대해 조사한 연구들(예: 박경옥, 오정숙, 2021; 이해란 외, 2020; 최진혁, 김대용, 2020; 함미애, 2020; Garet et al., 2020)은 특수교사들이 장애학생을 위한 원격수업을 계획·준비하고 진행의 전 과정에서 많은 어려움이 있었음을 보고하였다. 무엇보다 원격수업을 통해 학생 개별적 특성과 능력에 맞춘 교육을 제공하기 위한 적절한 교수적 수정을 제공하기가 쉽지 않았고, 장애학생의 다양한 특성과 수준에 적합한 학습 콘텐츠의 부족과 실제적 조작 활동을 통해 제공되던 교수·학습 활동과 특수교육 관련서비스(예: 언어치료, 물리치료) 지원이 어려웠으며, 동시에 학생들의 원격수업에의 접근성과 보조공학기기 지원의 제한 등으로 수업에의 접근이 어려운 경우도 있다(최진혁, 김대용, 2020; Garet et al., 2020).

## 2) 보조공학의 정의 및 유형

### (1) 보조공학의 정의

보조공학(assistive technology)은 장애인의 기능 향상을 위해 부가적으로 제공되는 장치 및 서비스로 장애인의 기능적 능력을 향상시키거나 유지시키는 데 사용될 수 있는 모든 물건, 장비 또는 생산체제(IDEA, 2004)이다. 보조공학은 보조공학기기(assistive technology devices)와 보조공학 서비스(assistive technology service)를 모두 포함한 개념이다. 보조공학기기의 정의는 장애인의 기능적 수행능력을 향상 · 유지 · 지속시키기 위해 활용되는 모든 도구, 장비와 시설을 의미한다. 보조공학 서비스는 보조공학기기를 선택 · 제공 · 사용하는 것과 관련된 모든 서비스를 의미한다. 미국의 경우, 보조공학기기 제공뿐 아니라 서비스 제공까지 법적으로 의무화되어 있다(IDEA, 2004). 이 정의에 따르면, 보조공학은 매우 광범위한 적용이 시도되어야 하고, 물리적 · 장치적 도구뿐 아니라 적절히 제공하기 위한 서비스까지도 포함된다(Cathy, 2003). 보조공학은 물리적 환경에 대한 접근은 물론 생활과 학습에 대한 지원을 가능하게 하므로 개인의 경쟁력과 독립성을 증진시킬 수 있어 전반적인 삶의 질을 향상시킬 수 있다. 그러나 보조공학기기의 사용이 무한한 이점만을 산출해 내는 것은 아님을 명심해야 한다(김남진, 김용욱, 2017). 특히 지체장애 및 뇌성마비 학생은 일상생활의 많은 부분에서 보조공학을 활용되곤 하는데, 자신의 잠재력이 있음에도 지나치게 보조공학에 의존하는 경우에는 오히려 기능 개선을 방해하거나 오히려 신체 기능의 약화나 변형을 초래할 수 있다.

보조공학 장치는 기술력의 정도에 따라 하이테크놀로지(high-technology), 미드테크놀로지(midium-technology), 로우테크놀로지(low-technology), 노테크놀로지(no-technology)의 연속선상에 구성된다.

- 하이테크놀로지는 컴퓨터, 상호작용 멀티미디어 시스템 등의 첨단 공학이 적용된 장치 및 시스템이다.
- 미드테크놀로지는 비디오 장치, 휠체어 등 덜 복잡한 전기장치 혹은 기계장치이다.
- 로우테크놀로지는 덜 정교화된 기기 혹은 장치이다.

• 노테크놀로지는 전기적인 장치나 기기를 포함하지 않는 체계적인 교수절차의 사용 혹은 물리치료사나 작업치료사와 같은 관련서비스나 그림의사소통 판이나 카드 등을 일컫는다.

보조공학 장치의 연속적인 접근은 비용, 융통성, 내구성, 훈련의 요구 정도, 세밀성, 이동 가능성, 유지 요구 등과 같은 보조공학 장치의 특징을 고려하여 노테크놀로지에서 하이테크놀로지로 증가된다.

보조공학은 보편적 설계와는 달리 개별 학생을 위하여 특별히 고안된 경우가 많다. 따라서 다양한 신체능력을 가지고 있는 지체장애 및 뇌성마비 학생에게는 많은 보조공학 기기가 활용되고 있다. 지체장애 및 뇌성마비 학생이 활용하고 있는 보조공학 분야는 자세 지지, 이동, 여가생활, 컴퓨터 접근성 등 일상생활 전반에 걸쳐 있다.

### (2) 보조공학의 유형

보조공학의 유형에 대해, 브라이언트와 브라이언트(Bryant & Bryant, 2011)는 보조공학을 자세 잡기(positioning), 이동성(mobility), 보완대체의사소통(AAC), 컴퓨터 접근장치(computer access), 적응 장난감 및 게임(adapted toys & games), 적응환경(adaptive environment)과 수업보조도구(instructional aids)의 총 7개 유형으로 범주화하여 제시하였다(권충훈, 김훈희, 2007 재인용). Wisconsin Assistive Technology Initiative(WATI, http://www.wati.org/)에서는 앉기, 자세, 이동(seating, positioning and mobility), 의사소통(communication), 컴퓨터 접근(computer access), 레크리에이션과 여가생활(recreation and leisure), 일상생활의 활동(activities of daily living), 쓰기(writing), 읽기(reading), 수학(mathematics), 조직(organization), 시각(vision), 청각(hearing)으로 총 11개 유형으로 범주화하고, 범주별로 구체적인 보조공학기기의 유형을 제시하였다.

이 장에서는 최근 새롭게 등장한 신기술 적용 보조공학 및 원격수업 활용에 중요하게 활용되고 있는 보조공학기기를 보완하여 보조공학 범주 및 유형을 수정하여 제시하고자 한다.

신기술 적용 보조공학의 경우, 선행연구나 자료분석을 통해 도출하였지만 아직 현장에서 상용화되었다고 보기 어려운 경우(예: 입는 형태의 걷기 보조 로봇)의 예도 포함하여 제시하였다. 원격수업에서 활용이 강조되는 보조공학의 유형은 '컴퓨터 및 스마트기기 접근성' 관련 보조공학과 '학습보조' 영역에서 온라인 학습환경에서의 접근성을 높이는 보조공학(예: 음성합성, 음성인식, 가상조작물)이다. 우리나라의 경우, 장애학생의 원격수업을 위해 '컴퓨터 및 스마트기기 접근성' 영역의 보조공학(예: 시각장애-화면읽기시스템, 점자정보단말기, 확대시스템; 지체장애-대체키보드, 대체 마우스, 스위치)을 활용하는 것으로 조사되었다. 이와 관련하여 옥민욱, 박경옥과 김지연(2021)은 국내외 보조공학 분류 유형에 대한 선행연구 조사를 바탕으로 벅(Bouck, 2016)과 공진용 외(2020)가 제시한 교육용 보조공학 유형을 바탕으로 학교현장에서 사용할 수 있는 교육용 보조공학으로 제한하여 보조공학 범주 및 유형을 재정립하였다(〈부록 3〉 참조).

## 2) 자세 유지 보조기기

지체장애 및 뇌성마비 학생은 근 긴장도 이상, 신체정렬 이상, 비정상적인 자세반사 등으로 안정적인 자세를 유지하기 어렵다. 교육 및 생활 장면에서 학생의 자세를 지지할 수 있는 보조도구를 사용함으로써 올바른 자세를 유지하게 하고 수반장애를 예방할 수 있고 일상생활 활동에 참여도를 높일 수 있다.

### (1) 앉기 자세 보조기기

지체장애 및 뇌성마비 학생은 생활의 대부분을 앉거나 누운 자세로 지내게 된다.

| | | |
|---|---|---|
| 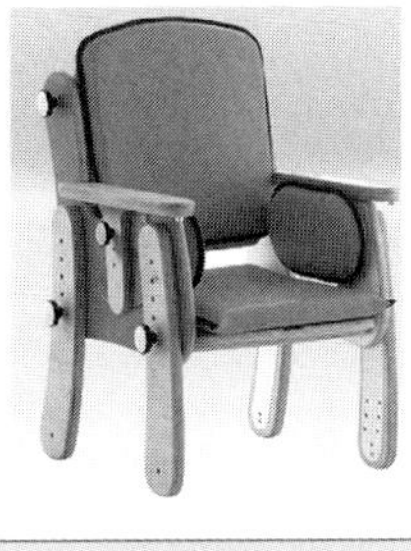 |  |  |
| 다기능 조절 의자 | 코너체어 | 피더 시트 |

**[그림 10-3]** 앉기 자세 보조기기

출처: https://www.adaptivemall.com/seating.html?p=2; https://gbatc.daegu.ac.kr

바른 앉기 자세를 유지하게 함으로써 독립성과 사물 및 사람과의 상호작용을 증가시킨다. 바른 앉기 자세를 위한 보조기기는 많은 종류가 있다. 신체의 크기에 따라 선택하여 각도를 조절할 수 있는 피더 시트, 의자 또는 휠체어에 개인의 특성에 맞게 적용하여 올바른 착석 자세를 유지할 수 있도록 지지하는 맞춤형 자세 유지 기구, 다기능 조절 의자 등이 있다.

### (2) 누운 자세 보조기기

누운 자세 보조기는 지체장애 및 뇌성마비 학생에게 주로 적용되는 기기이다. 중도의 지체장애 및 뇌성마비 학생은 앉기, 서기 등의 수행이 어려울 정도의 근 긴장이나 균형 유지 능력이 없기 때문에 누운 자세를 보조하는 기기를 사용한다. 누운 자세 보조기는 자세교정용 쿠션을 이용하여 눕기, 목 가누기, 균형 유지, 엎드리기 등 다양한 자세를 편안하게 취할 수 있도록 도와준다.

[그림 10-4] 누운 자세 보조기기

출처: www.ablemall.com

### (3) 서기 자세 보조기기

다양한 서기 자세를 취한다는 것은 지체장애 및 뇌성마비 학생에게 직립에 대한 체감각을 경험하게 하고 몸통, 팔, 손의 사용이 원활해지게 한다. 학생에게 서기 자세 유지용 보조기기를 활용하여 자세를 유지하게 한다는 것은 항중력을 경험하게 하고, 신체 정렬을 바르게 유지할 수 있게 됨으로 건강을 증진시킬 수 있다. 지체장애 및 뇌성마비 학생이 서기 경험이 신체 및 사회성 발달에 어떤 영향을 미치는지 확인하고, 이에 맞는 다양한 경험과 기회를 갖게 하는 것이 필요하다.

이와 같은 서기 자세 경험의 이점을 학생이 가질 수 있도록 서기 자세 유지를 할

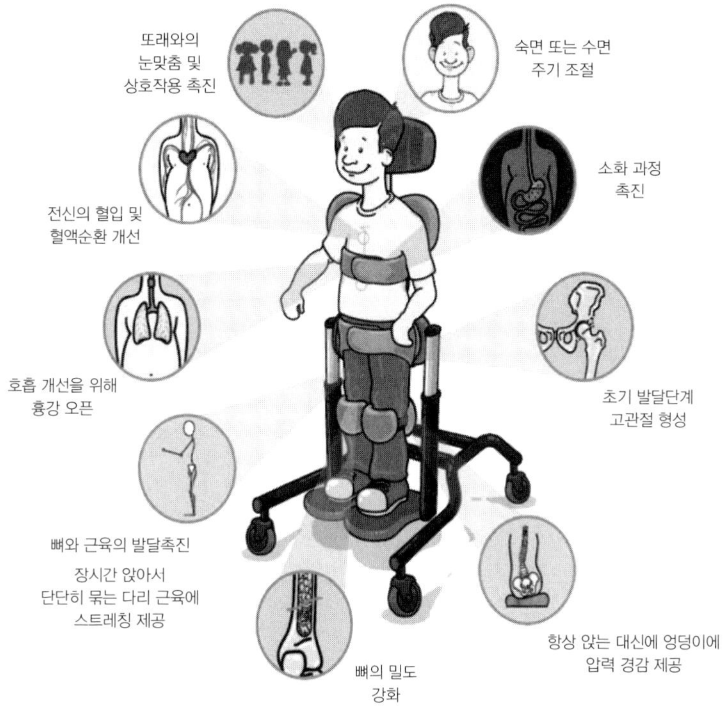


[그림 10-5] 서기 자세를 통해 얻을 수 있는 이점
출처: https://www.adaptivemall.com/therapeuticbenefits-standing

수 있는 다양한 보조기기를 제공하여 주기적으로 재활운동을 해 나가야 한다. 서기 자세를 지원한다는 것은 신체의 기립을 유지할 수 있게 돕는 것으로, [그림 10-5]에 제시된 것과 같은 보조기기를 활용할 수 있다. 최근에는 전동식으로 사용자 및 지원

| | | |
|---|---|---|
|  | 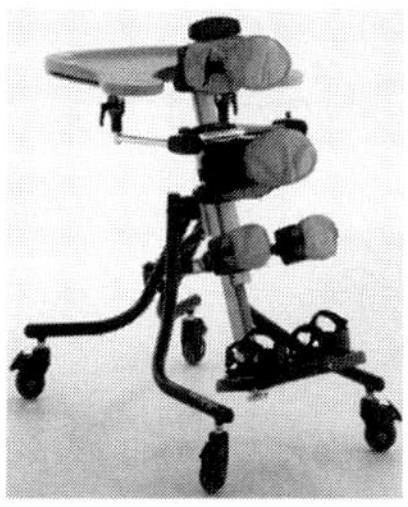 | 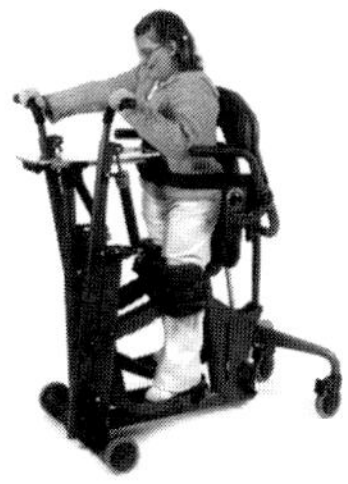 |
| 수파인 스탠더 | 프론 스탠더 | 이지 스탠더 |

[그림 10-6] 서기 자세 보조기기
출처: https://www.adaptivemall.com/

자가 편리하고 수월하게 작동시킬 수 있는 기기가 개발되어 보급되고 있다.

## 3) 이동용 보조기기

이동능력은 독립적인 사회생활을 하기 위한 중요한 부분이다. 지체장애 및 뇌성마비 학생는 이동을 통해 자신이 사는 물리적 세계를 탐색하고 사회적인 공간으로 다가설 수 있다. 독립적인 이동이 가능하게 됨으로써 사회적 상호작용을 촉진하고 환경에서의 경험을 확대하여 지역사회의 일원으로 살아가게 되는 중요한 계기가 된다. 이동 능력을 도와주는 보조기기로는 목발이라고 불리는 클러치부터 전동휠체어, 스쿠터까지 다양하다.

### (1) 걷기 보조기기

걷기는 사지 결손의 경우에는 의수나 의족을 이용하기도 하지만, 대표적인 걷기 보조기기는 클러치이다. 최근에는 클러치의 재질로 나무 소재보다는 가볍고 견고한 알루미늄을 많이 사용한다. 클러치 이외의 걷기 보조기기로는 밑받침에 균형을 잡기가 용이하게 4개의 발이 달려 있는 지팡이, 안정적인 보행을 도와주는 워커, 바퀴가 달려 있는 보행차가 있다. 보행차의 일종인 롤레이터는 좌식의 용도로 쓸 수 있는 보행기로 앉은 판과 U자형 등받이, 장바구니 등이 있어 산책 및 쇼핑 등 다양한 용도로 사용할 수 있다. 그 외에도 몸통 지지를 하며 이동할 수 있는 기립형 보행기도 활용할 수 있다.

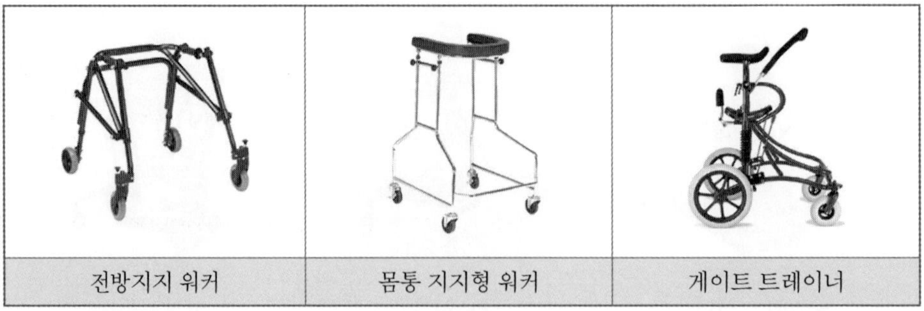


**[그림 10-7]** 걷기 보조기기

출처: https://www.adaptivemall.com/

### (2) 휠체어

지체장애 및 뇌성마비 학생을 상징하는 대표적인 이동 보조공학기기는 휠체어이다. 휠체어의 종류는 사용 장소, 용도, 재질 및 무게에 따라 다양하다. 구동 방식에 따라서도 전동과 수동 휠체어로 나눌 수 있다.

#### ① 수동 휠체어

일반적인 수동 휠체어는 이용자가 앉을 수 있는 의자에 타이어로 된 바퀴를 달아 손으로 돌려 이동이 가능하도록 되어 있다. 수동 휠체어의 재질은 알루미늄 프레임으로 되어 있으며, 등받이를 접을 수 있고 팔걸이 높낮이를 조절할 수 있어서 지체장애 및 뇌성마비 학생의 장애 정도와 유형에 따라 편리하게 사용할 수 있다. 여기에 다양한 등받이와 쿠션 등을 의자에 장착해서 편의성을 높일 수 있다. 차량을 이용하거나 보관을 용이하게 하기 위해서 바퀴, 발걸이 등도 분리되게 되어 있는 경우가 많다. 휠체어에 특수 장치를 더해 장애의 정도와 유형에 따른 편의성을 높인 기립형, 침대형, 높낮이 조절형 등의 다양한 형태가 있다. 사용 장소에 따라서도 스포츠용, 산악용, 마라톤용 등이 있으며, 이들의 재질은 항공기에 사용되는 최첨단 소재를 사용하는 경우도 있다.

| | | |
|---|---|---|
| 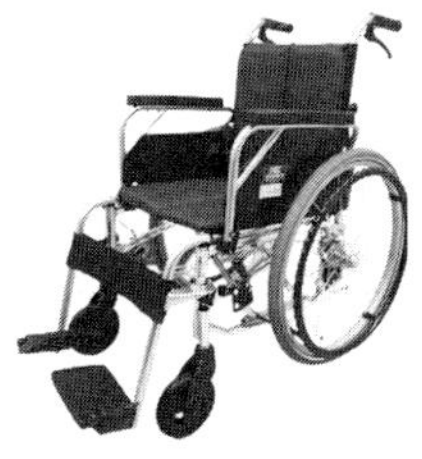 | 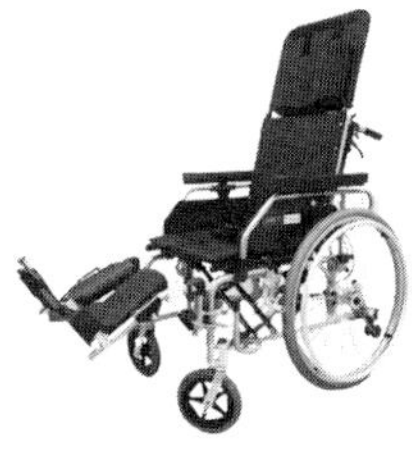 | 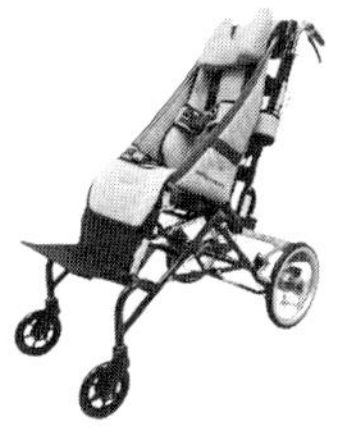 |
| 기본형 휠체어 | 침대형 휠체어 | 유모차형 휠체어 |

[그림 10-8] 수동 휠체어

출처: https://gbatc.daegu.ac.kr/

#### ② 전동 휠체어

전동 휠체어는 수동 휠체어 사용이 용이하지 못한 경우에 동력으로 전기를 이용하는 것이다. 동력을 전기로 이용하기 때문에 근력이나 지구력에 문제가 있는 지체장애 및 뇌성마비 학생에게 유용한 장비로 가치가 있다. 전동 휠체어의 조종은 주로 팔걸이에 부착된 조이스틱을 이용하기 때문에 조작에 힘이 많이 들지 않고 간편하다. 손의 사용이 어려운 경우는 조이스틱의 위치를 바꾸거나 편의장치를 덧붙여서 입 또는 발을 이용하여 사용할 수도 있다.

전기의 힘을 이용하기 때문에 앉은 자세에서 서거나 수직이동 등의 기능을 간편한 조작으로 가능하여 지체장애 및 뇌성마비 학생의 독립적인 생활과 이동에 유용한 장비이다. 프레임도 항공 알루미늄 재질을 사용하여 가볍고 견고하며, 수동 휠체어에 사용되는 자세 유지 기기를 부착하여 탑승의 편이성을 높일 수도 있다. 휠체어와는 모양이 다르지만 이동 기능의 목적을 취하기 위해서는 비장애인이 이용하는 스쿠터형을 우선 고려하여 볼 수 있다 최근에는 탈부착형 모터를 활용하여 필요할 때마다 활용할 수 있는 수전동 변환 휠체어가 빠르게 보급되고 있다.

| | | |
|---|---|---|
| 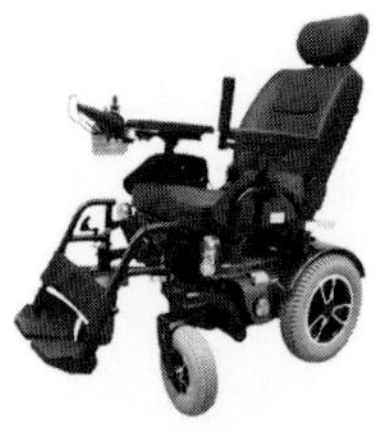 | 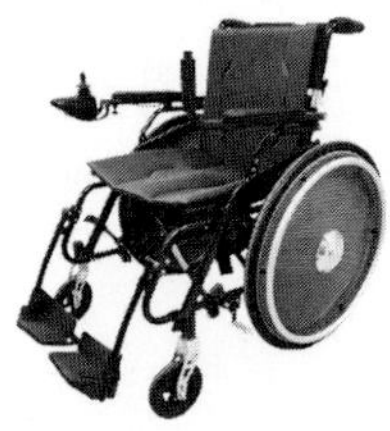 |  |
| 전동 휠체어(기본) | 수전동 변환 휠체어 | 스쿠터 |

[그림 10-9] 전동 휠체어와 스쿠터

출처: https://gbatc.daegu.ac.kr/

## 4) 일상생활 보조기기

지체장애 및 뇌성마비 학생은 신체 기능이 원활하지 못하기 때문에 독립적인 일상생활에 어려움이 있다. 기본적인 욕구인 식사, 용변처리, 몸단장 등을 도와주기 위해서 일생생활 보조기기를 이용하여 자립생활에 도움을 줄 수 있다.

### (1) 식사 보조기기

식사 보조기기는 손의 기능이 원활하지 못한 지체장애 및 뇌성마비 학생의 식사를 돕기 위한 것이다. 먹는 것과 관련된 기기이기 때문에 장애 정도에 따라 다양하게 변형 가능하고 편리한 사용과 안전성이 있어야 한다. 특히 인체에 유해하지 않은 재질을 이용하여 제작된 것을 사용해야 한다. 최근에는 개별 학생의 신체적 요구에 맞춰 3D 프린터로 제작하여 활용할 수 있다.

| | | |
|---|---|---|
|  |  |  |
| 수정된 숟가락과 포크 | 스쿠퍼 볼(scooper bowl) | 코컵(nosey cup) |

[그림 10-10] 식사 보조기기

출처: https://gbatc.daegu.ac.kr/

### (2) 착탈의 보조기기

몸단장 보조기는 지체장애 및 뇌성마비 학생이 혼자서 옷, 신발 등을 입고 벗을 수 있도록 도와줄 수 있는 보조기기이다. 이러한 보조기기를 활용함으로써 타인의 도움을 최소화하고, 개인의 독립성을 향상시킬 수 있다. 이를 위해 많은 사용 경험을 가질 수 있게 기회를 제공해야 한다.

| | | |
|---|---|---|
|  | 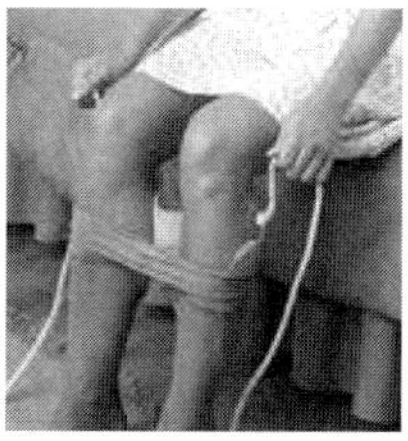 | 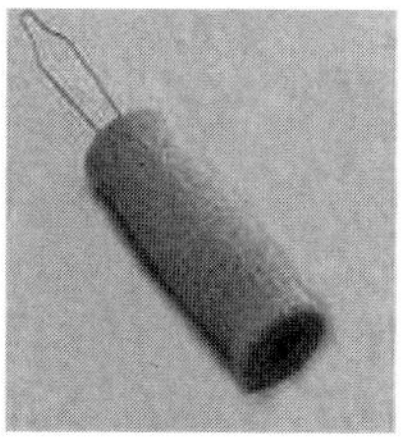 |
| 신축성 있는 운동화끈 | 양말 신기 보조기기 | 단추 채우기 도구 |

[그림 10-11] 착탈의 보조기기

출처: https://gbatc.daegu.ac.kr/

### (3) 욕실 및 화장실용 보조기기

지체장애 및 뇌성마비 학생이 독립적인 신변처리에 어려움을 호소하는 부분이 용변처리다. 타인에게 도움을 요청하기 민감한 부분이 있기 때문에 신변처리를 스스로 할 수 있는 보조기기를 마련해 두는 것이 필요하다. 세면대, 욕실 등에 손잡이를 설치하거나 수도꼭지 길게 연장하는 등 환경을 바꿔 주는 노력이 필요하다.

| | | |
|---|---|---|
| 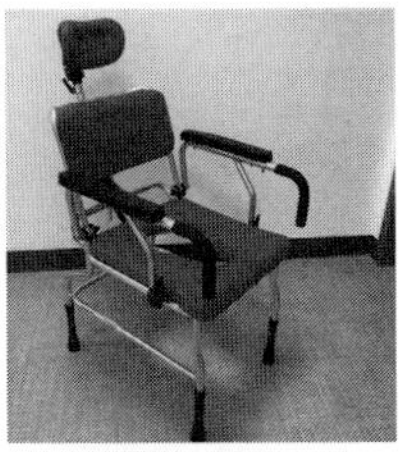 |  |  |
| 이동용 변기 | 장애인 화장실 편의시설 | 손잡이 연장 수도 |

[그림 10-12] 욕실 및 화장실용 보조기기

출처: https://gbatc.daegu.ac.kr/

### (4) 기타

일상생활 전반에 다양한 보조기기가 사용될 수 있다. 독립생활을 가능하게 할 수 있는 많은 아이디어 용품들이 개발되어 상품화되고 있다.

| | | |
|---|---|---|
| 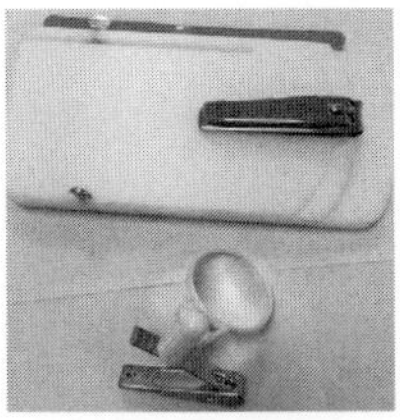 |  | 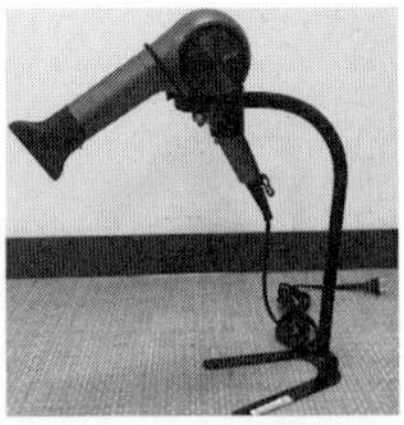 |
| 수정된 손톱깍기 | 한손잡이용 가위 | 헤어 드라이기 |

[그림 10-13] 다양한 일상 보조기기

출처:https://gbatc.daegu.ac.kr/

## 4) 여가생활을 위한 보조기기

보조공학기기는 지체장애 및 뇌성마비 학생이 여가활동에 직접 참여 또는 관람하는 활동을 원활하게 할 수 있도록 도와준다. 견고하고 회전력과 주행성이 뛰어난 농구 전용 휠체어, 가볍고 견고한 공간 튜브 프레임이 장착된 테니스용 휠체어, 고도의 완충 장치와 폭넓은 셋팅으로 회전 활강에서 다운힐, 모굴(mogul)에 이르기까지 고속 안정성과 정확한 반응을 고려한 스키 전용 휠체어, 직진 시 신체를 안정적으로 높은 속도를 유지시켜 주는 마라톤용 휠체어, 산악용 타이어를 장착한 산악용 휠체어 등으로 여가문화생활의 편의를 제공할 수 있다.

| | | |
|---|---|---|
|  |  | 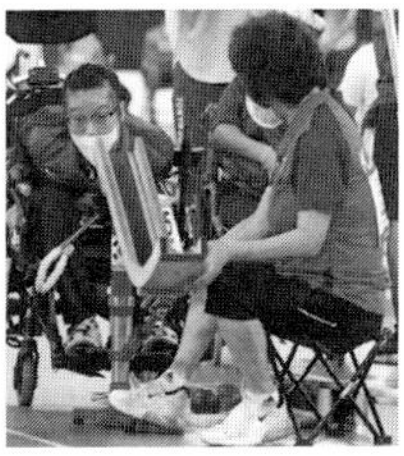 |
| 알파인스키 | 휠체어 농구 | 보치아경기 |

[그림 10-14] 여가생활을 위한 보조기기

출처: 대한장애인체육회

## 5) 컴퓨터 접근성을 돕는 보조공학기기

지체장애 및 뇌성마비 학생은 컴퓨터와 인터넷을 사용해서 정보를 입력·출력하는 데 어려움을 많이 겪는다. 자세의 유지 및 소근육의 미세한 조정을 도와줄 수 있는 입력, 조정 장치를 사용하거나 실수를 보완할 수 있는 프로그램 등을 적용해서 정보를 입력하거나 출력하게 할 수 있다.

### (1) 눈 응시 또는 헤드 마우스

눈 응시나 헤드 마우스는 지체장애 및 뇌성마비 학생에게 일반 마우스 사용에 어려움이 있는 경우에 손을 사용하지 않고 머리나 눈의 움직임만으로 편리하게 컴

| | |
|---|---|
| 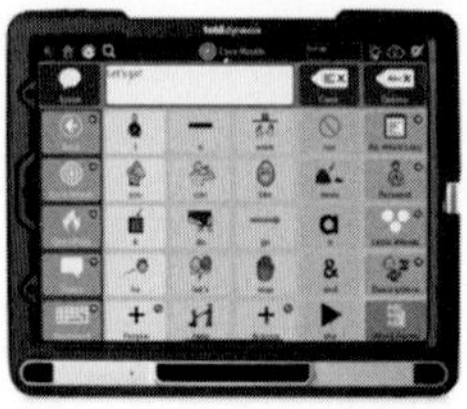 |  |
| 아이트래커 | 헤드 마우스 |

[그림 10-15] 눈 응시 또는 헤드 마우스

출처: 경상북도 보조기기센터

퓨터 작업을 할 수 있도록 지원하는 특수 마우스이다. 헤드 마우스는 헤드 트래킹(head tracking) 시스템을 이용한다. 이마에 스티커를 붙이거나 안경형의 장치를 이용하여 모니터 위의 센서가 이를 감지하게 함으로써 마우스 커서를 작동하는 것이다. 최근에는 눈동자의 위치를 인식하는 첨단 기술이 적용된 눈 응시 시스템(eyegaze system)을 모니터에 부착하여 눈 응시 기기가 사용자의 눈동자의 움직임을 감시하여 마우스 커서를 움직여 컴퓨터를 작동시킨다. 사지의 기능이 현격하게 낮은 학생이 의사소통 및 학습활동에 유용하게 활용할 수 있다.

### (2) 조우스틱과 발 마우스

조우스틱은 손을 대신해서 입이나 턱, 볼 등 움직일 수 있는 부위를 이용하여 조절할 수 있는 마우스이다. 튜브를 간단하게 불고 빨아서 마우스 버튼을 작동하게 할

| | | |
|---|---|---|
| 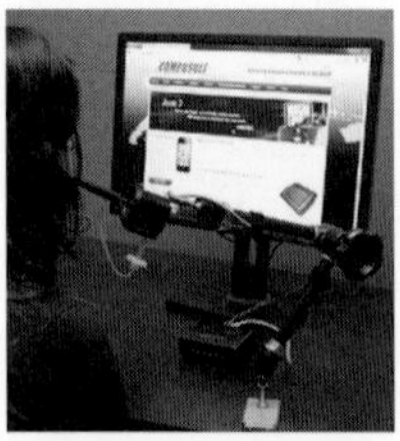 |  | 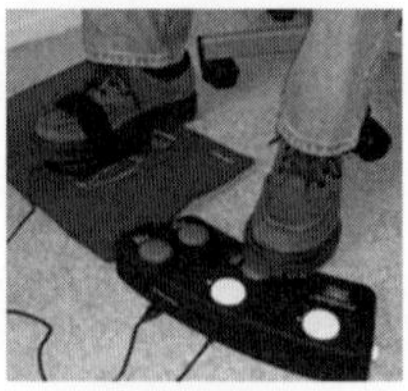 |
| 조우스틱(흡기호기) | 버튼형 마우스 | 발 마우스 |

[그림 10-16] 조이스틱과 발 마우스

출처: 경상북도 보조기기센터

수도 있다. 화상키보드를 통해 문자 입력을 지원할 수도 있다. 발 마우스는 휠체어 발판 또는 발을 원활하게 사용할 수 있는 곳에 장치하여 마우스 커서를 움직이게 하는 장치이다. 이외에도 버튼을 활용하여 사방으로 마우스를 움직이는 버튼형 마우스도 지체장애 및 뇌성마비 학생에게 유용하게 사용된다.

(3) 키보드

컴퓨터 입력기기 중 가장 대표적인 것이 키보드이다. 키보드도 지체장애 및 뇌성마비 학생의 상지기능에 맞게 수정되어서 제공될 수 있다. 근 긴장 조절이 어려운 지체장애 및 뇌성마비 학생을 위해서는 키가드를 사용할 수 있으며, 한 손만 사용할 수 있는 학생은 한 손 키보드를 이용하여 원활한 정보 입력을 도와줄 수 있다. 키보드를 물리적으로 키를 더 크게 만든 확장키보드나 손의 위치를 수정할 수 있는 분리형 키보드를 이용할 수도 있다. 인텔리 키는 키보드의 키를 사용자가 편리한 데로 바꾸어서 사용할 수 있도록 고안된 장치이다. 이외에도 스크린 화상키보드를 이용할 수 있다.

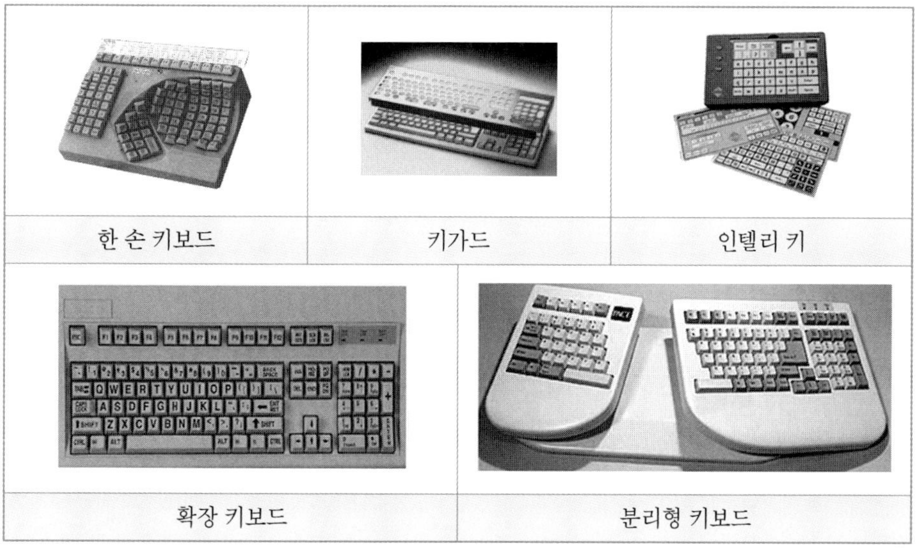


[그림 10-17] 키보드

출처: 경상북도 보조기기센터

### (4) 트랙볼과 스위치

트랙볼(trackball)은 쉽게 볼을 굴려 작동할 수 있는 대체 마우스이다. 볼 마우스를 뒤집어 놓은 형태로, 볼의 크기에 따라 사용하는 손의 근력이 다르므로 지체장애 및 뇌성마비 학생의 장애 상태에 맞게 선택해서 사용할 수 있다. 대체로 볼의 크기가 크면 정교한 손놀림이 필요 없다. 스위치는 표면 어디를 눌러도 작동될 수 있는 장치이다. 자발적 통제가 가능한 경우, 손목이나 손가락에 끈을 묶어 사용하는 스트링 스위치도 유용한 장치이다. 이외에도 최근에는 블루투스 기능을 활용한 무선 마우스(예: 스윙에모 등)도 활성화되어 다양한 곳에서 사용할 수 있도록 하고 있다.

[그림 10-18] 트랙볼과 스위치

출처: 경상북도 보조기기센터

### (5) 보완대체의사소통기기

지체장애 및 뇌성마비 학생 중에서는 음성언어 산출에 어려움을 가지고 있는 경우가 많다. 특히, 뇌성마비학생은 특유의 불수의적인 운동으로 구어를 산출하고 문어를 표현하는 데 어려움을 가지고 있다. 이들을 위해 보완대체의사소통(Augmentative and Alternative Communication: AAC) 체계를 사용할 수 있다. 이 체계는 독립적인 의사표현에 어려움이 있는 혹은 수월하지 못한 이들에 대한 지원 방법

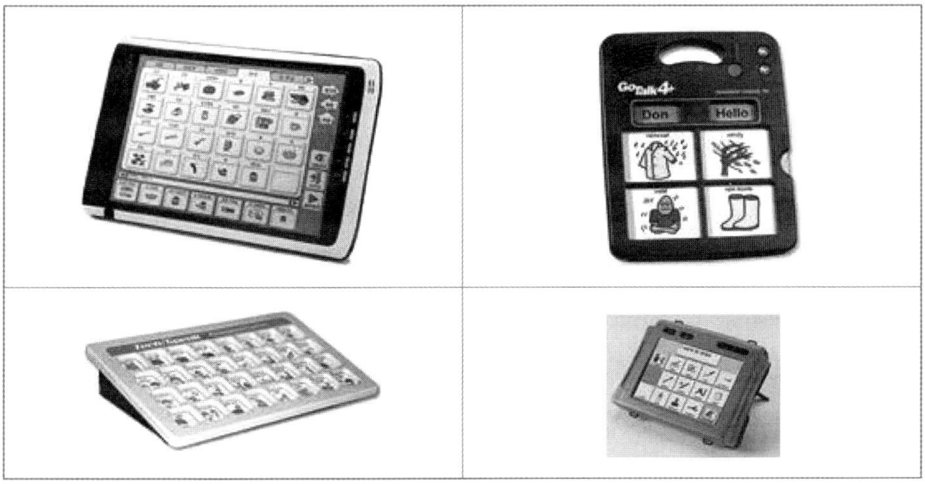


[그림 10-19] 보완대체의사소통기기

출처: 경상북도 보조기기센터

이다.

AAC는 실제 사진이나 그림, 그림상징, 문자 등을 화면에 표시하여 사용자가 터치하면 녹음된 소리가 나도록 하여 의사소통을 대체할 수 있다. 컴퓨터 공학기술의 발달로 자신이 자주 사용하는 문장이나 어구를 즐겨찾기 기능에 녹음하거나 별도의 폴더를 만들어 사용할 수 있으며, 다양한 그림상징을 사용자 편의에 맞게 추가 · 삭제 · 편집하여 재배열할 수도 있다. 터치스크린 지원을 통해 사용이 편리하고 컴퓨터와 연결하여 대체 입력 및 출력 장치로 사용될 수도 있다. 이와 같이 지체장애 및 뇌성마비 학생에게 특수교육공학은 삶의 자연스러운 부분이다. 개인의 요구에 맞는 보조공학기기 지원을 통해 시설 및 설비에의 접근과 정보에의 접근을 도모할 수 있으며, 이를 통해 보다 독립적인 생활과 기능적 향상을 도모할 수 있도록 꾸준히 노력해야 한다.

〈부록 3〉 **교육용 보조공학의 범주 및 유형**

| 대분류 | 중분류 | 소분류 |
|---|---|---|
| 앉기/<br>자세 잡기 | 앉기 자세 | • 수정된 학습 책상(예: 높낮이 조절 책상)<br>• 수정된 의자(예: 킨더의자, 자세지지 의자, 부스터)<br>• 자세 잡기 방석/베개, 지지대(예: 팔, 머리/목, 다리/발, 몸통)<br>• 욕창 방지 방석 및 커버<br>• 휠체어 • 카시트 |
| | 서기 자세 | • 스탠더(예: 슈파인스탠더, 프론스탠더)<br>• 전방/후방 기립 훈련기 |
| | 눕기 자세 | • 눕기 보조 웨지(wedges)<br>• 침대형 휠체어 |
| 이동성 | 보행 | • 워커/보행 트레이너<br>• 지팡이(지체장애인용/시각장애인용)<br>• 목발<br>• 이동 시 잡을 수 있는 바(bar)나 핸드레일<br>• 특수 승강기<br>※ 신기술 적용<br>• 스마트 워커/스마트 시각장애인 보조 지팡이<br>• 입는 형태의 걷기 보조 로봇 |
| | 휠체어/<br>스쿠터 | • 수동휠체어(아동용, 청소년용, 성인용)<br>• 전동휠체어(아동용, 청소년용, 성인용, 기립형)<br>• 전동 스쿠터, 접이식 스쿠터 |

| | | |
|---|---|---|
| | 그 외<br>이동성<br>보조기구 | • 기립보조기구<br>• 카시트<br>• 자세이동 보조도구(자세 바꾸거나 다른 장소로 이동 시 사용)<br>• 휠체어 견인장치(위급 상황 시 휠체어 이동)<br>• 휠체어 부착형 보조장치(휠체어의 안전한 이동 보조)<br>• 휠체어에서 차량으로 이동 가능한 카시트<br>• 이동고정판(휠체어에서 침대, 의자 등 다른 곳으로 이동)<br>• 휴대용 경사로(휠체어 차량 탑승 시 사용)<br>• 리프팅 크레인 |
| 의사<br>소통 | 로우테크놀로지<br>AAC(저기술) | • 눈 응시판<br>• 의사소통 카드, 의사소통 책, 의사소통 보드, 시각 스케줄[실물, 참조물(reference objects), 그림, 사진 상징] |
| | 미드테크놀로지<br>AAC(중기술) | • 단일 수준 음성 녹음장치(예: BIGmack, Able Talker)<br>• 다중 수준 음성 녹음장치(예: Go Talk, 스마트 오케이 톡톡)<br>• 촉각용 AAC(예: Tactile symbol communicator) |
| | 하이테크놀로지<br>AAC(고기술) | • 스마트 기기 탑재형 음성합성 장치(예: 마이토키)<br>• AAC 앱(예: 진소리, 스마트, AAC, 나의 AAC)<br>• 고기술 AAC 사용을 위한 보조기기[예: 휠체어 부착/각도 조절 등을 위한 마운팅 장치, 접근성을 위한 보조 스위치, AAC 상징선택 보조 키가드(keyguard)]<br><br>※ 신기술 적용<br>• AI 수화 인식/통역 프로그램(예: Hand Talk Translator)<br>• 3D 프린터 제작 AAC 상징선택 보조 키카드 |
| 컴퓨터<br>및<br>스마트기기<br>접근 | 대체 키보드 (원) | • 한손형 키보드<br>• 축소형 키보드<br>• 온스크린(화면) 키보드<br>• 고대비 키보드<br>• Big 키 키보드<br>• 분리형 키보드<br>• 슬라이딩 키보드<br>• 점자정보단말기 |

| | | |
|---|---|---|
| 컴퓨터 및 스마트기기 접근 | 키보드 타이핑 보조 기구 및 프로그램 (원) | • 키보드 타이핑 보조기구<br>–키보드 스탠드<br>–팔 지지대<br>–타이핑 보조스틱(예: 손/헤드/마우스 스틱)<br>–키보드 키가드<br>–고대비/큰 글자 저시력 키보드 부착 스티커<br>• 키보드 타이핑 보조 프로그램<br>–단어예측(word prediction) 프로그램<br>–음성인식(speech recognition) 프로그램<br>※ 신기술 적용<br>• 3D 프린터 제작 타이핑 보조스틱 및 키가드 |
| | 대체 마우스 (원) | • 트랙볼 마우스<br>• 조이스틱 마우스<br>• 안구 마우스<br>• 발/입술/헤드 마우스<br>• 터치패드 마우스<br>• 조우스 마우스<br>• 스위치(예: 손가락, 발, 움직임 감지)와 스캐닝 |
| | 컴퓨터/스마트 기기 화면 읽기지원 (원) | • 스크린 리더<br>• 음성합성(text-to-speech) 프로그램<br>• 재생가능 점자 디스플레이<br>• 화면확대 프로그램<br>• 화면읽기 환경조정 기능(예: 글자 크기/색, 배경화면 색, 화면 확대)<br>• 모니터 높이 각도 조절기기 |
| 학습 보조 | 읽기 | • 접근성을 위해 개조된 책(예: 페이지 넘기기 쉬운 책, 고대비 색/큰 글자 책, 점자/그림상징 추가 책, 쉬운 어휘/짧은 길이 수정된 책)<br>• 광학문자판독기(OCR 기능) 스캐너 + 음성합성 (원)<br>• 디지털 텍스트(예: 전자책) + 음성합성 (원)<br>• 오디오 북, 데이지(DAISY) 북<br>• 독서확대기(CCTV), 확대기(예: 막대/시트/휴대용 비디오 확대기)<br>• 음성 전자사전<br>• 읽기 펜(예: 세이펜)<br>• 읽기 강조 스트립(highlighter strips)<br>• 책 놓는 각도를 위한 경사보드<br>• 자동 책장 넘기기 보조도구 |

| | | |
|---|---|---|
| 학습 보조 | 쓰기 | • 개조된 종이(예: 촉각/색으로 강조된 줄)<br>• 쓰기 가이드(writing guide)<br>• 쓰기 경사보드<br>• 쓰기 틀, 그래픽 조직자<br>• 디지털 그래픽 조직자 (웹)<br>• 필기 보조도구<br>–잡기 쉽게 개조된 펜(예: 무게를 더한 펜, 스테디 펜)<br>–펜/연필에 끼워 쓸 수 있는 빅 그립<br>–글자/단어 스탬프<br>• 오디오 녹음도구(예: Vocaroo) (웹)<br>• 쓰기 보조기능(예: 단어예측, 철자검사) 보유 워드프로세싱 프로그램 (웹)<br>• 온라인 철자/문법 검사기 (웹)<br>• 노트 필기를 위한 디지털 펜(예: Echo pen)<br>• 점판 및 점필<br><br>※ 신기술 적용<br>• 3D 프린터 제작 개조된 펜 및 끼워 쓸 수 있는 빅 그립<br>• AI 음성인식 프로그램(예: Siri) 및 AI 스피커(예: KT 기가지니)를 활용한 철자 확인 |
| | 수학 | • 개조된 수학 종이(예: 큰 글자, 그래프 종이)<br>• 조작물<br>• 가상 조작물 (웹)<br>• 큰 버튼/음성/디지털 계산기<br>• 촉각/점자 숫자 카드 및 도형<br>• 촉각/음성 측정기기(예: 각도기, 자)<br>• 촉각/음성 시계<br><br>※ 신기술 적용<br>• 3D 프린터 제작 도형<br>• 증강현실을 이용한 가상 측정도구(예: Virtual ruler)<br>• AI 음성인식/음성합성 수학 프로그램(예: EquatIO) |

| | | |
|---|---|---|
| 학습 보조 | 실행기능 | • 포스트 잇<br>• 강조를 위한 도구(예: 형광펜, 색 테이프)<br>• 시각 스케줄<br>• 시간 추적기(예: Revibe, 시계/핸드폰 알람 기능)<br>• 종이 달력/플래너<br>• 플래너/시간 추적 기능 앱(예: Time Timer, Choicework)<br>※ 신기술 적용<br>• 시간 추적기(예: 인공지능 스피커 활용 알람) |
| | 시각 | • 안경<br>• 독서확대기(CCTV), 확대기(예: 막대, 시트, 휴대용 비디오 확대기)<br>• 라이트박스(lightbox)<br>• 촉각 모형/그림/지도<br>• 점자 전환 소프트웨어 및 점자 프린터<br>※ 신기술 적용<br>• 3D 프린터 제작 촉각 모형/그림/지도<br>• AI 기반 텍스트/얼굴/물건/사진 인식하는 앱(예: SeeingAI, 설리번+) 및 웨어러블 보조장치(예: OrCam's MyEye) |
| | 청각 | • 보청기<br>• 인공와우<br>• FM 시스템<br>• 자막 (원)<br>• 음성증폭기 (원)<br>※ 신기술 적용<br>• AI 실시간 자막(예: 파워포인트/Zoom + Web captioner) |
| 레크레이션 및 여가생활 | 장난감 및 조작놀이 | • 스위치 작동 장난감<br>• 벨크로, 자석, 핸들 등을 이용해 수정된 장난감<br>• 점자/촉각 장난감<br>• 다감각(시각, 청각, 촉각) 자극 장난감<br>• 기술학습 장난감(예: 옷 단추 잠그기) |

<table>
<tr><td rowspan="3">레크레이션 및 여가생활</td><td>미술/<br>음악 활동</td><td>• 미술/창작활동 보조도구 및 프로그램<br>  • 경사보드, 개조된 가위, 휠체어 부착용 그리기 도구<br>  • 그리기 앱<br>• 음악 활동 보조도구 및 프로그램<br>  • 개조된 악기(예: 스위치로 조절하는 트럼펫)<br>  • 악기연주/노래 만들기 앱<br><br>※ 신기술 적용<br>• 3D 프린터 제작 붓/크레용에 끼울 수 있는 빅 그립<br>• 3D 프린터 활용 미술작품 제작 활동</td></tr>
<tr><td>게임</td><td>• 큰 글자/촉각/점자 포함 게임(예: 카드, 빙고, 루미큐브, 바둑판, 체스판, 촉각/점자 주사위)<br>• 스위치 작동 게임(예: 게임 앱, XBOX)<br><br>※ 신기술 적용<br>• 가상현실 게임</td></tr>
<tr><td>스포츠/운동</td><td>• 개조된 운동 장비 및 시설(예: 스키, 자전거, 볼링, 높이 조절 농구대, 소리 나는 공, 달리기를 위한 의족, 스포츠용 휠체어)<br><br>※ 신기술 적용<br>• 가상현실 운동게임(예: 닌텐도 Wii)</td></tr>
<tr><td rowspan="2">일상생활</td><td>위생</td><td>• 개조된 화장실 장비 및 시설(예: 자동 물 내림 변기, 변기 높임 시트, 이동식 변기, 휠체어 사용자를 위한 바, 높낮이 조절되는 세면대, 쉽게 물 조절 가능 수도꼭지)<br>• 배변 알림 앱<br>• 개조된 칫솔(예: 빅그립 손잡이 칫솔, 전동칫솔)<br><br>※ 신기술 적용<br>• 3D 프린터 제작 빅그립 칫솔 손잡이</td></tr>
<tr><td>식사</td><td>• 섭식을 위한 개조도구(예: 깊게 파인 흡착그릇, 빅 그립 수저, 굽은형 식사도구, 다용도 홀더)<br>• 마시기를 위한 개조도구(예: 역류방지컵, 흘림방지컵, 손잡이/빨대 컵)<br><br>※ 신기술 적용<br>• 식사 보조 로봇(예: Obi)<br>• 3D 프린터 제작 섭식 및 마시기를 위해 개조된 도구</td></tr>
</table>

| | | |
|---|---|---|
| 일상생활 | 요리 | • 시각적 지원 요리책<br>• 음성지원 온도계/저울<br>• 개조된 요리 칼/도마/계량컵 |
| | 환경조절 | • 환경조절 장치<br>※ 신기술 적용<br>• 인공지능 환경조절 장치(예: 스마트 홈 AI 스피커 및 앱 연동) |

※ 신기술 적용: 인공지능, 로봇, 증강/가상현실, 사물인터넷, 3D 프린터 등 새로운 기술 적용 AT

㉯: 원격수업의 접근성 향상을 위해 적용 가능한 AT

제11장

# 지체장애 및 뇌성마비 학생의 의사소통 지도

이 장에서는 지체장애학생을 지도하는 특수교육 현장에서 출현빈도가 높은 뇌성마비 학생을 중심으로 한 의사소통의 특성과 이들의 의사소통을 지원하기 위한 중요한 교수방법 중 하나인 보완대체의사소통을 중심으로 살펴보고자 한다.

## 1. 뇌성마비 학생의 언어 및 의사소통 발달 저해 요인

뇌성마비는 중추신경계 손상에 의한 것으로 뇌에서 메시지를 형성하여 그 메시지를 척수를 통해 신체 전 분야에 보내고 행하는 데 결함을 보인다. 이러한 손상으로 메시지의 형성 자체가 어렵고, 그 메시지가 전달되는 과정에서 왜곡되어 운동, 감각, 인지 전 분야에 영향을 미치게 된다. 따라서 운동장애 외에 많은 수반장애를 갖게 된다. 말(구어, speech)은 입, 혀, 입술을 조절하는 근육의 움직임과 호흡의 협응을 통해 이루어진다. 뇌성마비의 경우 중추신경계의 손상으로 이러한 기관을 움직이는 근육 조절에 문제를 가져와 말이 느리고 왜곡되는 특성을 보인다. 더욱이 인지능력에 결함을 보이는 경우에는 정보를 수용하고 표현하는 언어(language) 면에서도 문제를 갖게 된다. 만약 학생이 말로 의사소통하기 어려운 경우 보완대체의사소통(Augmentative and Alternative Communication) 체계를 필요로 할 수도 있다(정해동 외, 1999; 한경임, 1993, 1998a, 1998b).

## 1) 뇌성마비의 신경근 운동 장애

정상적인 운동 활동을 위해서는 근 긴장도(muscle tone)의 일정한 유지가 필요하며, 외부 환경에 대한 감각운동 체계의 탐색과 분석에 이은 운동의 협응이 중요하게 작용한다. 그리고 정상 운동 활동에 작용하는 또 다른 요인으로 반사활동(reflex)을 들 수 있다. 반사활동을 명확히 정의하기는 어렵지만 보통 자극에 대한 근육의 어느 정도 자동적인 반응을 이끌어 내는 근육 활동으로 정의된다. 즉, 반사활동은 조직적인 반응이 아닌 무조건적인 반응으로서 비정상적인 반사활동은 이후 정상적인 운동 발달 및 호흡이나 발성 발화를 방해하는 요소로 작용하기도 한다. Shames와 Anderson(2002)은 뇌성마비와 같은 신경운동장애학생은 일반적으로 근 긴장도, 움직임, 협응 면에서 비정상적인 반응이나 비정상적인 반사활동이 많이 관찰되며, 이는 비정상 운동이나 움직임의 근본적인 원인으로 지목되기도 한다.

### (1) 비정상적인 반사 행동

중추신경계에서는 흥분과 억제 기제가 운동 활동 조정에 도움을 준다. 흥분과 억제 기제는 대뇌 성숙에 따라 적절히 조정되어야 한다. 하지만 중추신경계 손상을 입은 뇌성마비 학생은 억제 기제가 제 기능을 하지 못하면 흥분 기제가 부적절하게 작용하면서 더 많은 근육 활동을 야기한다. 반대로 흥분 기제가 손상받으면 저긴장성(hypotonia)과 같은 불충분한 근육 활동을 하게 된다. 비정상적인 반사 행동은 뇌성마비 학생에게 자주 관찰되는데, 대체로 신경운동체계에서 억제 기제의 손상에 의한 것으로 보고되고 있다. 전통적으로 볼 때 이러한 비정상적인 반사 행동에 대한 처치는 뇌성마비의 구어장애(speech disorder)를 비롯한 다른 운동장애를 치료하는 방법으로 활용되어 왔다.

뇌성마비 학생의 상태를 이해하는 데 중요한 것이 정상 발달과정에서 발견되는 원시반사이다. 예를 들어, 신생아의 흡철반사(sucking reflex)는 신생아의 입술 근처에 자극이 가하질 때 자극이 있는 쪽으로 입을 돌리고 그 자극을 세차게 빨기 시작한다. 이러한 빨기 행동은 영양분 섭취에 도움이 되는 것으로 생존을 위한 매우 이상적인 행동이다.

이러한 원시반사는 중추신경계의 성숙과 정상 발달을 위한 반사 억제 기제에 의해 정상적 발달과정에서 자연스럽게 사라지게 된다. 그러나 뇌성마비 학생의 경우 원시반사가 성인이 될 때까지 남아 과장된 반응을 일으키게 되는 경우가 많은데, 흡철반사의 경우 아주 작은 자극에도 지나치게 심하게 빨기 반응을 유아기가 지나서도 보일 수 있다. 또 다른 예로, 비정상적인 원시반사가 그대로 남아 있는 경우, 근긴장도의 정상적인 변화에 따라 팔이 움직이는 것이 아니라 머리가 좌우로 움직이는 불수의적인 움직임을 보일 수도 있다. 이러한 특징을 지닌 뇌성마비 학생은 원시반사가 오랫동안 남아 있어서 과긴장 패턴을 일으켜 정상적인 운동능력을 발달시킬 수 없게 된다. 이는 긴장성 반사활동을 억제하고, 운동 발달 순서에 적합한 고도로 통합된 정위반응과 평형반응으로 숙련된 동작이 일어나도록 촉진해야 한다. 뇌성마비 학생의 호흡이나 조음, 언어 발달에 영향을 미치는 원시반사 활동과 소실 시기를 〈표 11-1〉에 제시하였다.

**표 11-1** 뇌성마비 학생의 언어 및 의사소통에 영향을 미치는 원시반사

| 원시 반사 | 특성 | 소실 시기 |
|---|---|---|
| 흡철반사<br>(sucking reflex) | • 영아가 생존을 위해 영양공급을 받기 위해 본능적으로 행하는 행동<br>• 비정상적인 경우, 입 주위의 감각 상실, 혀 운동 발달 방해, 소리 내는 데 장애를 가짐 | 생후<br>2~5개월에<br>소실 |
| 입술반사<br>(lip reflex) | • 입술에 주는 자극에 대해 입술을 둥글게 앞으로 내밀어 입술을 동그랗게 만드는 것<br>• 비정상적인 경우, 조음 발달에 영향을 줌 | 생후<br>3~4개월에<br>소실 |
| 탐색반사<br>(rooting reflex) | • 이 반사에 의해 머리 돌리기가 가능해짐<br>• 비정상적인 경우, 정상적인 빨기 기능의 장애, 섭식 장애 | 생후<br>3개월 경<br>소실 |
| 물기반사<br>(biting reflex) | • 입의 측면에서 들어오는 자극을 처리하기 위해 턱을 다물어버리는 것<br>• 비정상적인 경우, 턱의 개폐 운동 및 섭식 장애 | 생후<br>2~3개월에<br>소실 |

| | | |
|---|---|---|
| 긴장성미로반사 (tonic labyrinthine reflex) | • 공간에서의 머리 조절과 관련<br>• 바로 누운 자세에서 신근 긴장이 현저하고, 엎드린 자세에서 굴근 긴장이 현저하여 호흡에 문제<br>• 비정상적인 경우, 머리 조절, 돌아눕기 방해 | 생후 4~6개월 소실 |
| 대칭성긴장성경반사 (symmetrical tonic neck reflex) | • 중심선에서 균형을 유지하는 머리 조정 능력 발달시킴<br>• 비정상적인 경우, 앉기, 기기 발달 방해, 머리 조정의 어려움으로 언어 발달 장애 | 생후 8~12개월 소실 |
| 비대칭성긴장성경반사 (asymmetrical tonic neck reflex) | • 비정상적인 경우, 머리 조절이 어렵고, 눈과 손의 협응력 문제로 글씨를 가로 질러 읽거나 쓰기 어렵고, 근육조절의 비협응으로 언어장애 | 생후 4~6개월 소실 |

뇌성마비 학생은 여러 가지 장애 때문에 손가락 빨기나 장난감을 핥을 수 없어 흡철반사나 입술반사, 물기반사와 같은 포유반사의 일부가 계속 남아 있게 되는 경우가 많다(윤병환, 1997). 따라서 손을 몸의 중심선에 모아 자신의 손을 탐색하게 해 주는 것은 긴장성 반사의 억제와 함께 포유반사의 소멸에도 도움을 준다. 이러한 원시반사 활동의 중요성 때문에 뇌성마비학생의 언어 진단 시 반사 활동의 유무에 대해 진단할 필요가 있다(오정희, 강세윤, 1990; Shanes & Anderson, 2002). 원시반사의 억제를 위해서는 뇌성마비학생이 나타내는 전형적인 이상 자세를 잘 관찰해서 이 자세와 정반대의 자세로 몸을 바꾸어 놓게 해야 한다고 하였다. 즉, 구부러진 것은 펴고, 회내운동(pronation)은 회외운동(supination)으로, 몸통 쪽으로 모아지는 내전(adduction)은 몸통에서 멀어지는 외전(abduction)으로 바꾸어 자세를 취하게 하는 것인데, 이것을 반사억제자세(reflex inhibiting postures)라고 한다(박혜숙, 나은우, 1991).

### (2) 비정상적인 근 운동 기능

뇌성마비학생은 후천적인 뇌 손상으로 인한 신경근운동장애보다 훨씬 더 많은 운동 기능 부전을 나타내는데, 그러한 운동 기능 부전은 사지, 체간과 구어 산출을 위한 근육 조직의 여러 가지 부분에서 나타난다. 경직형 뇌성마비의 경우 상지나 구강 근육 조직에는 어떠한 기능 부전이 없이 하지에만 장애가 나타나는 경우가 있는

데, 대마비(paraplegia)인 경우가 그러하다. 양마비(diplegia)의 경우에는 상지보다는 하지에 심한 장애를 보이면서 구강 조직 면에서는 경도의 기능 장애를 보이기도 한다. 그러나 사지마비(quadriplegia)의 경우 체간과 사지 전체의 근육 조직과 구강 근육 조직 전체에 기능 부전을 나타낸다.

## 2) 뇌성마비 학생의 의사소통 발달 저해 요인

### (1) 뇌성마비 학생의 의사소통 발달

뇌성마비로 인하여 가장 영향을 많이 받는 부분이 구어(speech)이다. 그리고 인지능력과 학습장애 등으로 인해 수용언어도 영향을 받으며, 자신이 무엇을 말하고 싶은지, 어떻게 말해야 할지 프로그램하는 것이 어렵다. 이러한 문제들은 수용언어 문제에 의한 이해능력의 부족, 인지 결함에 의한 의사결정의 응용력 부족, 적절한 어휘 사용의 결함, 구어 반응의 결함 등으로 나타난다.

보통 의사소통은 전적으로 구어에만 의존하는 것은 아니다. 제스처를 이용한 의사소통 발달이 훨씬 더 일찍 발달하는데, 유아가 "안녕"을 표현하기 위해 손을 흔드는 모양을 떠올리면 이해가 될 것이다. 유아는 "빠이 빠이"라는 말에 해당하는 일정 형태의 손 흔들기를 배우기 훨씬 전에 다양한 감정과 욕구 표현을 위해 얼굴 표정을 사용한다. 울기를 가장 많이 사용하며, 호흡 상태도 자신을 표현하는 데 이용된다. 그리고 여러 가지 만족도에 대해 반응하기 위해 피부색이 변하기도 한다. 울기나 호흡과 피부색의 변화와 같은 생리적 반응은 보호자가 여러 가지 전략(우유를 주거나, 기저귀를 살펴보거나, 아기를 흔들어 주거나, 달래는 말을 하는 등)으로 반응하도록 하는 신호가 된다. 이러한 행동들은 너무나 빨리 자연스럽게 교류가 되어서 아기와 보호자는 곧 서로의 신호에 익숙해지고 자신의 반응을 수정해 나간다.

하지만 뇌성마비 학생의 경우 이러한 정상적인 의사소통 경로가 왜곡되거나 아예 나타나지 않기도 한다. 웃으려고 짓는 표정은 얼굴을 찡그리게 되고, 그것은 곧 보호자에게 거부의 신호로 받아들여진다. 저긴장형이든 과긴장형이든 두 유형 모두 보호자의 팔에 안겨 있을 수가 없다. 섭식 문제 또한 갖고 있어서 음식을 내뱉어 버리거나, 구토를 하기도 하고, 혀를 자꾸 밀어내는 행동은 보호자로 하여금 아기가 음식을 먹기 싫어하는 것으로 해석하게끔 한다. 이러한 문제로 인하여 뇌성마비학생이 보이는 중요한 의사소통 단서들이 잘못 해석된다. 이로 인하여 보호자는 부적절하게(예: "아기가 나를 싫어하나 봐.") 반응하거나, "나는 아기를 돌보기에는 부족하다."는 위축된 반응을 보인다. 즉, Light(1989)가 지적한 것처럼, 중요한 초기 의사소통 고리가 끊어지는 것이다.

McDonald와 Schultz(1973)에 따르면, 이와 같이 뇌성마비 학생이 보이는 자신을 표현하는 데 대한 무능력은 아동의 사회적 · 정서적 · 지적 발달에 손실을 주는 행동과 반응의 한 형태를 굳혀 버린다. 그 이유는 학생이 보호자의 구어에 대한 음성적 반응이 거의 없게 되면 보호자가 종종 자신이 제공하는 구어 자극을 감소시켜 의사소통 상호작용이 중단되며, 더욱이 말할 때 수반되는 신체적 긴장과 자신을 이해시키려는 데 대한 어려움을 말하려는 시도를 약화시켜 학생으로 하여금 조용하고 비의사소통적인 상태가 되도록 하기 때문이다. 이러한 의사소통장애로 인해 뇌성마비학생은 자주 의존적 · 수동적으로 변하며, 효과적인 사회적 상호작용의 발달에 필요한 언어능력과 실제적인 경험을 갖지 못하게 된다.

Hanzlik(1990)은 뇌성마비유아와 어머니 열 쌍, 일반유아와 어머니 열 쌍 간의 상호작용을 비교한 연구에서 뇌성마비유아들은 일반 유아보다 순응적이며, 비자발적인 반응을 보이고, 어머니의 신체적인 지시와 안내에 과도하게 의존하는 경향을 보였으며, 사회정서적 발달에 중요한 영향을 끼치는 얼굴 마주보기 또는 눈 접촉도 일반유아보다 50% 정도 덜 빈번하게 나타났음을 보고하였다.

이러한 뇌성마비학생의 의사소통 문제는 이후 발달기에 계속 영향을 미치게 되고, 말을 통해 효과적으로 의사소통을 하지 못하는 문제로 지적 발달에도 문제를 가져오게 된다. 대부분의 공식적인 지능검사는 언어와 운동 기능에 의존한다고 해도 과언이 아니다. 이러한 검사를 통해 뇌성마비학생을 진단하려 할 때 목적성이 없는 듯한 움직임을 보이고 알아들을 수 없는 소리를 웅얼거리는 아동은 흥미도 없고, 위축되어 있으며, 지능도 낮은 것으로 간주된다. 따라서 뇌성마비학생과의 대화는 '예/아니요' 반응만으로 간단히 이루어지고, 어휘 습득과 복잡한 언어 사용은 더욱 제한된다.

보통 뇌성마비학생의 70~80%가 언어장애를 갖고 있다(박경옥 외, 2018; 안병즙 외, 1995)고 하는데, 특히 병형과 무관하게 중증 뇌성마비학생에게 수반되는 언어발달 지체, 음성 이상, 조음장애, 리듬 이상 등의 언어장애는 당연히 의사전달 능력에 제한을 가져오고, 말하는 태도의 장애를 가져와 결국 학습활동 전반의 지체를 가져오게 된다. 이러한 심한 뇌성마비학생 중에는 각각의 언어 발달단계 사이에 불균형이 일어난다. 청각 · 언어 수용 기능 영역에서도 대부분 연령에 맞는 발달을 하기도 하지만 유아기의 구강 반사가 잔존하거나 조음 발달을 방해하여 비구어 상태로 남게 되는 경우가 많다(박은혜, 김정연, 표윤희, 2018; 윤병완, 1995).

중증 뇌성마비 학생의 의사소통은 조음기관의 운동 기능 장애나 날숨과 들숨의 강약을 조율하는 호흡 조정의 어려움으로 인해 발성 자체가 곤란하기도 하며, 뇌성마비학생이 이상 긴장 상태에서 나타나는 특유의 표정(얼굴의 근육들의 불균형적인 긴장으로 나타남)이나 자세를 취하게 되기 때문에 상대방이 이들이 하는 말을 알아듣지 못하는 경우가 많아서 뇌성마비의 언어장애는 그들의 사회적 상호작용에 커다란 장벽이 되기도 한다(박경옥, 2012). 이러한 특성에 대해 한경임(1998b)도 뇌성마비 학생의 의사소통은 심리적 문제뿐 아니라 사회활동의 폐쇄성과 의사소통 과정에서 주변 사람에게 과도하게 의존하거나 주변의 사람이 알아서 대변해 주는 일이 자주 발생하면서 발생할 수 있도 있다고 지적하였다. 박경옥(2012)은 뇌성마비학생들에게 관찰되는 비구어적 의사소통을 〈표 11-2〉와 같이 요약하여 제시하였다.

**표 11-2** 지체장애 및 뇌성마비 학생의 비구어적 의사소통 행동

| 요인 | | 의사소통 행동 |
|---|---|---|
| 동작형 | 몸짓 | 대화에 필요한 자기만의 제스처(예: 손짓이나 몸짓)를 만들어 보여 준다. |
| | 가리키기 | 물건/사람을 손가락으로 가리킨다. |
| | | 물건/사람을 손으로 직접 잡는다(예: 옷자락을 잡거나 사물을 잡음). |
| | 행동 묘사 | 사물을 요구하기 위해 직접 사물을 조작하는 흉내를 낸다(예: 더울 때 손으로 부채질하는 몸짓을 하거나 손으로 가위질하는 몸짓을 함). |
| | | 실제 연관된 사물을 보여 준다(예: 물을 마시고 싶을 때 컵을 들어 보임). |
| | | 하고자 하는 것을 행동(예: 농구를 하고 싶을 때 드리블하는 흉내를 냄)으로 보인다. |
| | 접촉 요구 | 원하는 것이 있을 때 성인의 신체 일부(팔, 손, 옷자락)를 건드리거나 잡는다. |
| | | 행동으로 어떤 행위를 해 줄 것을 요구한다(예: 모자를 자신에게 씌워 달라는 신호를 보냄). |

| | | |
|---|---|---|
| 안면형 | 응시 | 관심 있는 사물(또는 사람, 행위)을 계속 응시한다. |
| | | 눈을 깜박이거나 눈동자를 돌려서(예: 정면 응시는 긍정의 표현, 측면 응시는 부정의 표현 등) 일관성 있는 반응을 보인다. |
| | | 원하는 것(사람, 사물 등)이 있는 곳으로 눈길을 돌린다. |
| | | 원하는 것이 있을 때 그것을 요구하기 위해 성인과 눈을 맞춘다. |
| | 표정 | 부정적인 반응이나 불만스러운 상황에 대해 일관성 있는 표정(예: 얼굴을 찡그림)을 짓는다. |
| | | 자신의 의사가 적절하게 제대로 전달되지 않았을 때 화나 짜증내는 표정을 짓는다. |
| | | 특정 물건이나 행동 또는 상황에 대한 일관성 있게 공포의 반응을 표정으로 짓는다. |
| 성인 의존형 | 물리적 거리 | 성인에게 다가간다. |
| | | 성인을 밀어내거나 기댄다. |
| | | 있던 곳에서 멀리 가거나 움직여서 다른 곳으로 이동한다. |
| | 음성 표현 | 성인에게 안달을 부린다(칭얼댐). |
| | | 성인을 토닥거리거나 포옹하며 자신의 감정을 표현한다. |
| 신체 긴장도 변화형 | 긴장도 변화 | 근육의 긴장 상태가 변화한다(예: 경직이 심해지거나 불수의적 행동을 보임). |
| | | 몸의 자세나 경계의 정도에 변화가 나타난다. |
| | 행동 증가 | 신체 행동이 증가된다(예: 발을 버둥거리는 빈도가 잦아지거나 격해짐). |

다행히도 보조공학의 발달이 뇌성마비 학생에게 새로운 기회를 창출해 주고 있다. 보완대체의사소통(Augmentative and Alternative Communication) 체계는 구어로 의사소통하는 것이 적절하지 못한 뇌성마비학생이 다른 대체된 수단을 복합적으로 활용하여 의사소통할 수 있도록 하고 있다(박은혜, 김정연, 표윤희, 2018; Beukelman & Mirenda, 1992; Glennen & DeCoste, 1997). 하지만 보완대체의사소통 체계로 비구어 뇌성마비학생의 의사소통 문제를 완전히 해결해 주지는 못한다. 의사소통 상대방 역시 효과적으로 듣는 기술을 익혀야 하고, 학생의 이해도 촉진을 위해 특별한 상호작용 전략을 익혀 보완대체의사소통을 원만히 해낼 수 있도록 대화상대자로서의 역할 훈련이 필요하다. 김정연과 박은혜(2003), 박경옥(2006)과 한경임(1998a, 2001a)은 보완대체의사소통을 사용하는 뇌성마비학생의 대화상대자 훈련의 중요성과 효과성

에 대한 긍정적인 연구 결과를 꾸준히 보고해 오고 있다.

### (2) 호흡 특성

많은 뇌성마비학생이 말을 하기 위해 필요한 호흡의 흐름을 적절히 조정하는 데 어려움을 보인다. Hardy(1983)는 뇌성마비학생이 호기와 흡기 양의 감소를 가져오는 전체 근육의 위축을 보이고, 폐의 용적에 제한이 있어 구어 산출에 필요한 호기 압력의 유지가 어렵다는 점을 밝혔다. 이러한 호흡의 문제로 인하여 뇌성마비 학생은 조음장애를 보이게 된다. 뇌성마비학생은 구어 메커니즘이 정상인 사람보다 한 음절을 산출하는 데 대해 더 많은 공기를 내보내야 하는데, 이는 조음기관을 느리고 부정확하게 움직임으로써 공기의 흐름이 비효율적으로 이루어지고, 결과적으로 공기를 조음에 모두 쓰지 못하고 낭비하게 되기 때문이다.

이와 같이 뇌성마비학생은 말을 산출하기 위해 사용할 수 있는 공기 양이 제한되어 있기 때문에 재빨리 말을 하려 하고, 말을 할 때 한 번의 호기에 단지 몇 음절밖에 말하기 못하게 되는 특성을 보이게 된다. 특히 뇌성마비학생의 호흡 특성으로 역호흡이 지적되곤 하는데, 이러한 역호흡으로 호흡주기가 불규칙하고, 호흡이 얕고 빨라 숨을 빠르게 들이쉬고, 천천히 조금씩 내쉴 수가 없어 결국 구어 산출에 문제로 이어진다고 보고 있다(윤병완, 1995; 정진자, 1995). 이와 같이 뇌성마비학생이 지닌 비연속적이거나 부적절한 호흡은 발성에 영향을 미치게 되어 음성장애를 가져오기도 하는데, 숨찬 소리에서부터 지나친 성대 접촉에 의한 긴장된 음성까지 다양한 방식으로 나타난다.

### (3) 후두 기능 장애

구어가 어느 정도 가능한 뇌성마비학생 중에는 후두 메커니즘의 신경운동 부전을 나타내는 발성 특성을 보이는 경우가 많다. 이러한 특성에는 숨찬 음성을 나타내는 경우에서부터 말을 하려 할 때 단지 공기가 새어나가는 듯한 약간 비정상적인 경우를 보이는 것으로 나타나기도 한다. 이러한 양상은 발성을 위해 움직이는 성대의 부적절한 내전(adduction)과 긴장도 때문이다.

또 다른 발성 특성으로 뇌성마비학생은 말을 하려 할 때 호기에 의해 이루어져야 할 성대 진동이 형성되지 않아 긴장되거나 귀에 거슬리는 불쾌한 소리를 내기도 한다. 이것은 성대의 지나친 긴장에 의한 것으로 성대가 너무 과도하게 닫혀지는 과내전(hyperadduction) 현상이 나타나기 때문이다. 뇌성마비학생이 나타내는 마비성 조음장애(dysarthria)는 무성자음을 유성음으로 대치시키는 경우가 많이 관찰되는데, 이것은 무성음 산출을 위해 필요한 빠른 외전(abduction)이 신경운동 장애로 인해 방해를 받기 때문이다(박혜숙, 나은우, 2001). 윤병완(1995)은 뇌성마비학생은 의도적으로 발성하려고 노력할 때 성대의 긴장으로 성문이 강하게 닫히기 때문에 날숨조차 나오지 않거나 날숨은 나오는데 소리가 나오지 않는 경우도 있다고 하였는데, 이러한 특성은 뇌성마비 본인의 의도가 강할수록 악화되는 경향이 있다.

대부분의 조음장애의 원인이 되는 후두 메커니즘의 신경학적 손상 정도를 결정하기란 매우 어렵다. 뇌성마비학생은 구강 조직의 비효율적인 기능으로 자음을 산출하려는 경우 성대(vocal tract)를 통해 과도한 공기를 억지로 밀어내는 경향을 보인다. 이것은 구강 조직의 문제로 나타날 수 있는 비정상적인 음질을 보상하기 위해 성대를 통해 과도하게 공기를 내보내기 때문으로 결국 숨찬 소리를 발생시키게 되는데, 이러한 숨찬 소리가 성대의 신경학적 문제가 원인이라고는 할 수 없다. 마찬가지로 무성음을 유성음으로 대치하는 것도 무성음을 산출할 만큼 재빨리 공기를 공급하지 못한다는 점에서 생리학적으로 유성음을 발성하기가 더 쉽기 때문으로 성대의 신경학적 문제라고 할 수 없다. 이와 같이 후두 메커니즘의 신경학적 손상 정도를 알아내기는 어렵지만 그러한 손상이 기반이 되어 기능적으로 과도하게 공기량을 배출시키려고 하기 때문에 문제가 발생한다고 볼 때 기질적인 손상의 정도를 가려내려 하기보다 증상에 맞는 중재 방법을 찾아 언어훈련을 하는 것이 필요하다.

### (4) 연인두 기능 장애

연인두 메커니즘의 기능 부전은 신경학적 손상으로 인한 마비성 조음장애를 나타내는 학생들의 구어 산출 문제의 주요한 요인으로 작용한다. 뇌성마비의 경우 구어 장애를 일으키는 다른 생리학적 문제와 함께 나타나곤 한다.

Hardy(1983)는 연인두 기능 부전이 성대를 통해 과도하게 공기를 내보내는 주요 원인으로 보고 있다. 즉, 연인두 기능 부전은 과대 비음(hypernasality)과 조음 산출의 어려움을 가져올 뿐 아니라 조음 산출 시 뇌성마비 학생의 호흡 체계에 과중한 부담을 주게 된다. 연인두 메커니즘의 기능 부전은 삼키기 장애에도 영향을 미치며

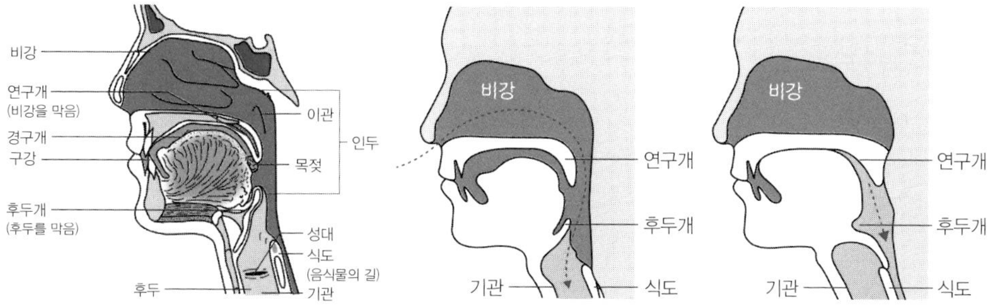


전체 구강 구조　　　　호흡 시 연인두 구조　　　　음식 섭취 시 연인두의 구조

[그림 11-1] 구강 및 비강과 연인두 구조

출처: 인체구조의 학습도감(https://blog.naver.com/core7278/222223544852).

(권도하, 2001; 윤병완, 1997), 과대비음을 나타내는 공명장애를 일으킨다. 그리고 자음의 명확한 산출을 위해서는 성대에서 공기 압력의 유지가 중요한데, 비강의 폐쇄 불능은 공기 압력의 감소를 가져와 조음장애에까지 영향을 미친다(전헌선 외, 2002). [그림 11-1]은 연인두 기능을 이해하기 위해 구강 및 비강 구조와 연인두 폐쇄를 보여 주고 있다.

### (5) 조음기관의 장애

조음은 조음기관을 통해 말소리가 만들어지는 움직임 과정으로서 조음기관에는 혀, 입술, 턱, 치아, 경구개, 연구개 등이 속한다. 뇌성마비학생은 구강 근육 조직의 움직임이 원활하지 못한데, 혀와 입술, 턱의 제한된 움직임은 같은 장애인에게서도 다양한 수준의 기능 부전을 나타낸다. 예를 들어, 연인두 기능 부전이 어떠하든 상관없이, 또는 장애로 인해 입술과 턱의 움직임이 원활하지 못하다 하더라도 혀는 비교적 좋은 기능을 나타낼 수도 있다.

혀의 움직임이 제한되어 있는 경우에 혀는 하나의 전체적인 단위로 움직인다. 따라서 여러 가지 자음을 조음하기 위해 혀끝을 독립적으로 움직이기보다 혀의 앞 부분이나 전체를 구부려 조음하려는 경향을 보인다. 김영태(2014)는 뇌성마비학생이 지닌 혀 운동의 문제는 혀끝을 조음 위치에 이동시켜 소리를 산출해야 하는 치경음이면서 마찰음에 해당하는 /s/, /z/나 유음에 해당하는 /r/, /l/과 같은 음의 산출을 어렵게 한다고 하였다.

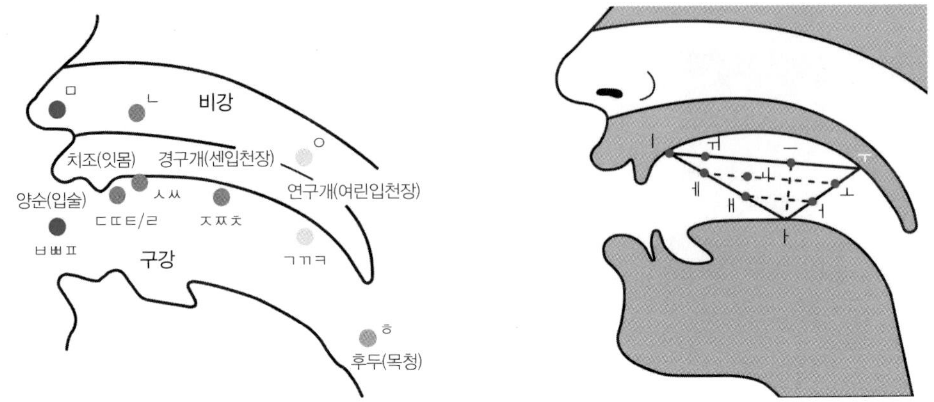


자음의 조음 위치　　　　모음의 조음 위치

[그림 11-2] 올바른 자모음의 조음 위치

출처: 혜윰아동청소년발달센터

뇌성마비학생은 입술의 움직임 또한 느리고 탄력성이 매우 제한되어 있는 특성을 보이고, 턱 움직임 또한 매우 느리다. 혀와 턱의 움직임은 서로 아주 밀접히 연관되어 있어, 혀를 구강 위쪽으로 올리려고 하면 턱 또한 위로 올리는 것이 가능해야 한다. 이처럼 턱의 문제는 조음 산출에 매우 중요한 역할을 한다. 하지만 뇌성마비 학생 턱의 움직임 특성을 보면, 근 긴장도의 좌우 불균형으로 아래턱의 부정교합을 보이기도 하고, 강한 신전 반사 때문에 아래턱이 정상 위치로 교합되지 않고 계속 열린 채로 있는 경우도 있다. 이러한 문제로 조음뿐 아니라 섭식에도 문제를 가져오게 된다(김영태, 2016; 윤병완, 1995).

앞에서 살펴본 이러한 형태의 구강 조직의 기능 부전은 당연히 오조음을 유발하게 된다. 어떠한 경우에는 단지 몇 개의 자음만이 영향을 받기도 하지만 보다 심한 경우에는 알아들을 수 있는 자음을 전혀 산출하지 못하며, 명확한 구어 산출에 필요한 모음조차 산출하는 능력이 제한되기도 한다.

### (6) 구어 장애의 특성

앞에서 제시한 호흡 및 연인두와 후두 그리고 조음기관 장애는 뇌성마비 학생의 구어(말, speech) 장애에 큰 영향을 미치게 된다. 이러한 장애가 뇌성마비 학생에게 공통적으로 나타나기는 하나 그 양상이 모두 같은 것은 아니며, 학생마다 다양한 구어 장애의 특성을 보인다는 것을 염두해 둔 지도가 필요하다. 그렇다 하더라도 뇌성마비 학생들이 나타내는 구어 장애의 공통된 특성을 살펴보면 다음과 같다. 뇌성마비 학생의 성대 진동의 빈도에 의한 음도 조절이 어렵고, 소리의 강도(소리의 크기)와 음절 산출의 타이밍 조절이 어려워 억양 패턴이나 운율에 장애를 가져온다. 운율에 맞는 구어 산출에 여러 가지 근육이 빠르고 세밀하게 협응되도록 해야 한다는 것은 너무나 당연하다. 그러나 뇌성마비 학생의 경우 경계 손상에 의해 조음과 관련된 수의적 근육조절이 원활하지 못하므로 조음장애와 함께 운율장애가 나타날 수 있다. 즉, 뇌성마비 학생은 신경계 손상에 따른 운동 패턴의 다양성으로 인해 구어장애의 특징 또한 다르게 나타난다.

여러 문헌(박경옥, 2012; 박순길, 2019)에서는 뇌성마비의 운동 패턴에 따라 언어장애의 특성이 다름을 보고하는데, 경직형은 일반적으로 억양이 없고 단조롭고 느리게 말하며, 노력성으로 후두에서 쥐어짜서 내는 것과 같은 소리가 특징적이며, 소리의 크기 · 높이의 조정이 나쁘다. 불수의 운동형은 말에 명료도가 낮고 조음장애가 많으며, 기식성의 가성대 발성을 나타내기도 하고, 헐떡이는 모양의 잡음을 수반

표 11-3 운동 패턴별 뇌성마비 학생의 구어 특성

| 분류 | 중추신경계 손상 부위 | 특성 |
|---|---|---|
| 경직형 | 대뇌피질 | • 약간의 공기를 억지로 밀어내기 위해 복부를 지나치게 압착하여 가슴 근육을 수축하는 경향이 있음<br>• 전신 긴장에 비정상을 초래하여 비정상적인 멈춤과 헐떡거림이 나타나고 실성증적인 음성을 보이기도 함<br>• 지나친 성대 긴장으로 말더듬과 비슷한 특성을 보임<br>• 연인두폐쇄 능력 부전으로 과대비성이 나타남<br>• 치조음(ㅅ, ㄹ, ㄴ) 발성이 어려움 |
| 불수의 운동형 | 기저핵 | • 목소리의 크기가 약해 속삭이는 듯한 소리를 냄<br>• 성대의 진동이 매우 빠른 가성음질이 나타나기도 함<br>• 호흡이 거칠고 불규칙적임<br>• 목쉰 음성이나 기식성의 소리가 나타남 |
| 운동 실조형 | 소뇌 | • 로봇이 말하듯 끊어지는 듯한 소리로 음절이 단절되는 발성을 나타냄<br>• 소리의 크기와 높낮이가 단조로워 리듬이 없는 특징을 보임<br>• 조음이 불명확하고 말하는 속도가 느림 |

한 호흡이 나타나는 수도 있다. 〈표 11-3〉은 운동 패턴의 유형에 따라 나타나는 구어 장애의 특성을 제시하고 있다.

#### (7) 언어 장애의 특성

언어(language)는 의사소통에 쓰이는 부호와 기호 체계(김선희 외, 2002; 박은혜, 김정연, 표윤희, 2018)로서 음운론, 형태론, 구문론, 의미론, 화용론적 요소로 구성되어 있는 반면, 구어(speech)는 음성 체계를 통한 의사소통에 한정되어 있다. 따라서 학생들이 보이는 구어장애는 의사소통을 위해 언어학적 상징을 활용하는 능력이 제한되어 있거나 무능한 것으로, 의미 있는 언어가 표현되기는 하지만 내용이 제한될 수 있고, 또는 최소한의 구문의 문제를 보이는 것까지 그 범위가 매우 넓다. 그에 비해 구어장애는 주어진 환경에서 받아들여지는 범위를 벗어나는 구어의 일탈을 보이는 것으로 특정한 소리 산출에 곤란함을 보이거나 대화할 때 리듬이나 강세의 부족 등이 나타나곤 한다.

뇌성마비학생 중에는 표현언어 발달에만 지체를 보이는 경우가 많다. 이것은 마비성 조음장애로 인해 구어 표현능력이 제한되기 때문이다. 따라서 뇌성마비학생의 지능검사가 필요할 수 있는데, 이것은 지체된 언어 발달의 잠재적인 원인을 설명하는 데 도움이 될 뿐만 아니라 언어 및 의사소통 교육 프로그램을 구안하고 실행하기 위해서도 필요하다.

음운인식이나 조음이 기초가 되어 어휘, 통사, 의미, 화용과 같은 언어체계를 구성하게 되므로 뇌성마비학생의 음운장애는 자연히 언어 발달 지체로 이어지기는 하지만 심한 음운 발달 장애 자체가 문장 구조의 습득과 문해 능력의 낮은 이해력으로 직결된다고 과잉해석을 해서는 안 된다(최성규, 2001). 이것은 뇌성마비학생의 언어 발달 지체는 지적장애학생의 언어 발달 및 의사소통장애와 질적으로 같지 않다. 이는 교육적 접근방법에 있어서도 차별화된 프로그램이 필요함을 의미한다.

뇌성마비학생 중에서도 특히 말로 의사소통하기 어려운 비구어(nonverbal) 뇌성마비 학생은 표준화 지능검사에의 참여가 어려워 지적장애나 낮은 수행 수준을 지닌 학생으로 간주되어 교육환경에 배치되거나 의사소통적 상호작용에서 배제되는 경향이 적지 않다. 그러나 이들 중에는 수용언어 능력에 문제가 없고, 학습능력이 우수한 학생도 많다. 따라서 이러한 학생의 언어 및 의사소통 능력에 대한 연구는 음운론이나 구문론의 관점에서보다는 화용론적 관점에서 이루어져야 할 필요가 있음을 기억해야 한다.

뇌성마비 학생의 경우 기능적 의사소통(functional communication)이라는 화용적 측면에서의 활동 참여를 독려하는 것이 필요하다. 예를 들어, 다양한 맥락 속에서 질문을 하거나 어떤 물건을 요구하거나, 다른 사람의 행동을 통제하거나, 주장을 하거나 또는 주위의 일들에 대해 단순히 진술을 하는 등 환경을 통제할 수 있고 맥락 속에서 사회적 상호작용을 이끌어 낼 수 있도록 하는 것이 주요한 관점이다(변관석, 2016).

## 2. 뇌성마비 학생의 의사소통 지도의 실제

뇌성마비 학생의 의사소통 지도에서 항상 염두에 두어야 할 것은 구어 기능을 완전히 정상으로 개선하는 데는 한계가 있다는 점이다. 그래서 언어 및 의사소통 교육을 하면서 교사는 학생이나 가족에게 매우 중요한 결정을 내려야 할 때를 자주 직면하게 된다. 이때 가장 중요한 두 가지는, 첫째, 구어를 통해서는 더 이상 기능적인 의사소통 기술의 발전이 어렵다고 판단됨에도 불구하고 구어중심의 교육을 계속할 것인지, 둘째, 학생이 구어를 통한 의사소통 기술을 계속 발달시킬 수 있을 것인지를 판단해야 한다.

학생에게 적합한 구어 및 의사소통과 관련한 장단기 목표를 설정하고, 교육 및 연습을 통해 장기적으로 가장 현실적 · 효율적인 결과를 얻기 위해서는 학생의 의사소통 교육 및 성과에 대한 내력과 현재 수행능력 등에 관해 다른 전문가들로부터 많은 정보를 얻고 함께 논의하여 결정할 수 있어야 한다.

### 1) 뇌성마비 의사소통장애의 진단

뇌성마비학생의 언어장애를 진단하기 위해서는 앞에서 제시한 뇌성마비학생의 언어 장애에 영향을 미치는 여러 가지 분야에서 광범위한 진단을 할 필요가 있다. Alper와 Manno(1996), Arvedson과 Lefton-Greif(1998) 그리고 McCurtin(1997)

은 말을 할 때뿐 아니라 음식을 먹을 때나 음료를 마실 때 호흡 상태나 입술과 혀 움직임의 상태, 몸을 움직일 때의 자세 등 여러 가지 측면에서의 관찰을 통해 간단한 진단을 한 뒤 좀 더 세밀한 진단과 함께 언어훈련을 실시해야 한다고 하였다. 〈표 11-4〉는 뇌성마비 학생의 의사소통 지도를 위한 준비도를 진단하기 위해 구어 발성 및 발화와 관련된 영역의 관찰도 중요하지만 의사소통의 화용적 측면에서 학생들의 의사소통 의도를 평가한 발달과정을 진단하는 것 또한 중요하다.

뇌성마비학생의 언어 및 의사소통장애에 대해 좀 더 세밀하게 진단하기 위해서는 신체적인 준비도 검사, 조음기관의 형태 및 기능 검사, 음성장애의 정도 등을 종

**표 11-4** 뇌성마비 학생의 의사소통 의도성 발달

| 전의도적 의사소통 | 의도적 비도구 의사소통 | 상징적 의사소통 |
|---|---|---|
| • 비도구(예: 표정, 제스처) 형태나 도구(예: 그림카드, 사진카드 등)을 이용하여 의사소통 상대자와 자발적으로 의사소통할 수 있도록 지도한다.<br>• 이때 의사소통자가 보이는 다양한 표정이나 제스처, 소리 등을 상황 맥락에서 해석 가능한 의미를 부여하여 몸짓 사전으로 제작하여 활용한다.<br>• 의사소통자가 보이는 행동을 의사소통 대상자들이 의도적이고 차별적으로 의미를 부여해 주고 즉각적으로 정확하고 일관성 있게 반응해 주면 의사소통자도 이를 소통의 신호로 인식(학습)하고 의사소통할 목적으로 그 몸짓을 사용한다. | • 이 단계의 의사소통자는 의사소통적 의도를 가지고 비도구적 상징(표정, 발성, 몸짓 등)을 사용하고 있는 단계이므로, 비도구적인 행동과 함께 도구적 상징(예: 그림카드, 사진)을 사용할 수 있도록 지도한다.<br>• 이들에게 그림상징 등이 낯설 수 있으므로 사물이 있는 곳에 그림카드를 놓거나 시각 스케줄 등을 이용하여 자연스럽게 그림카드나 사진 등을 소개하는 것이 바람직하다.<br>• 자연스럽게 도구적 상징에 익숙해지도록 한 후에 이를 활용하여 의사소통할 수 있도록 지원할 수 있다. 이때 비도구적 상징과 도구적 상징 모두를 사용하여 효율적인 의사소통을 하도록 돕는 것이 좋다. | • 이 단계의 의사소통자는 상징을 활용하여 의사소통 하는 단계이므로 AAC 사용자가 현재 사용하고 있는 상징을 파악하여 인지적으로 높은 단계에 있는 상징으로 전환시켜 줄 수 있도록 지도한다.<br>• 사진으로 의사소통하고 있는 사용자에게는 선화나 그림으로, 그림으로 소통하고 있다면 글로 의사소통할 수 있게 지도할 수 있다.<br>• 또한 어휘 나열된 구조의 의사소통판으로 의사소통하고 있다면 문법적 구조나 어휘 범주적인 접근의 어휘 구성 방식으로 전환이 필요할 수 있다.<br>• 비전자적 도구의 어휘 제한을 극복하기 위해 전자적 도구를 이용할 수 있도록 기기 전환도 지도한다. |

합적으로 살펴야 한다. 이를 위해 학생의 언어 샘플을 수집하여 화용론, 형태론, 의미론, 구문론 측면에서 꼼꼼한 분석이 필요하다.

신체적인 준비도 면에서 머리 조절 능력이 나쁜 경우 후두가 정상 위치를 유지하는 것이 어렵고, 성대의 내전, 외전 운동이 곤란하므로 반사 활동 검사를 통해 원시반사의 유무를 알아보고, 반사 억제 훈련을 위해 물리치료사, 작업치료사와 협력 관계를 유지할 필요가 있다. 그리고 혀, 구개, 입술 등 조음기관의 기능 검사가 필요하며, 조음 오류의 특성을 알기 위해 한국말 조음-음운 평가(김영태, 신문자, 2004), 한국 표준어음검사(최성규, 1996) 등을 이용할 수 있다.

현재 특수학교에서는 뇌성마비 학생의 언어 및 의사소통 교육은 주로 담임교사를 중심으로 실시되고 있다. 뇌성마비 학생의 언어 발달을 토대로 관련서비스 영역에서 언어재활훈련 등을 받고는 있으나 선택적으로 실시되고 있으므로 특수교사는 관련서비스를 담당하고 있는 전문가들과의 협업이 중요하다.

## 2) 뇌성마비학생의 의사소통 지도

뇌성마비학생은 신경계 손상으로 인하여 호흡 및 조음과 관련된 근육 조절이 어려우므로 호흡 훈련과 조음기관의 훈련이 필요하다. 윤병완(1995) 및 강수균 등(1996)에 따르면, 뇌성마비 학생의 호흡 패턴은 발성을 곤란하게 하는 이상 패턴이 나타나는 경우가 많은데, 호흡 속도가 너무 빠르거나 역호흡이 그 특징이라 할 수 있다. 따라서 뇌성마비 학생은 안정된 호흡 자세를 확립하고 호흡 범위를 증대시키는 훈련이 필요하다. 여기에는 구강과 비강을 통한 호흡로 인식 방법 익히기, 빠른 흡기와 느린 호기 방법 익히기 등의 훈련이 필요하며, 여러 가지 도구를 이용한 불기 활동으로 호기 시간을 연장하는 훈련 또한 필요하다. 이러한 호흡 훈련 후에는 호흡 훈련과 발성을 연합하여 훈련해야 하는데, 최대한 흡기한 뒤 복근에 압력을 주어 소리를 크게, 가능한 길게 발성하도록 훈련한다. 이 호흡과 발성을 연합하여 훈련할 때에는 먼저 쉬운 단모음 내는 것부터 촉진하고, 그다음에 모음을 연장 발성하도록 훈련한 뒤 자음을 연합하여 1음절 발성하기 훈련 후 2음절, 3음절을 발성하도록 훈련한다.

표 11-5 뇌성마비 학생의 조음 훈련 단계

| 단계 | 활동 내용 |
|---|---|
| 준비 | 조음기관 훈련을 시작하기 전 신체 전반의 긴장과 이완을 유도하는 준비 운동 |
| 조음기관 훈련 | 저항력 및 근력을 향상시켜 혀, 입술과 같은 조음기관의 운동능력을 개선 |
| 발성 훈련 | 쉽고 부드러운 성대 접촉을 유도하여 발성하는 연습 |
| 호흡 훈련 | 흡기와 호기 훈련을 통해 호흡 조절 및 유지 능력을 증진시 |

혀는 구어 산출을 위해 매우 중요한 조음 기관으로서 혀끝을 올리는 훈련은 /t/, /d/, /n/, /ts/ 발음을 위해 필요하다. 혀끝을 올리는 훈련을 할 때는 혀 전체가 올라가지 않도록 설압자로 혀 중앙부를 아래로 누르면서 혀끝만 올라가도록 도와주어야 한다. /r/ 조음을 위해서는 혀끝을 위로 올려서 말려진 형태에 가깝도록 하여 상하 치아 사이에 유지하도록 훈련한다. /k/, /g/ 발음을 위해서는 혀의 뒷부분이 연구개와 밀착하도록 훈련해야 하는데, 바로 누운 자세에서는 혀의 뒷부분을 연구개 쪽으로 밀어 올리기가 쉬워지므로 초기에는 바로 누운 자세로 훈련해 보는 것도 좋다. 조인비와 안종복(2012)은 경직형 뇌성마비 학생의 조음 훈련 개선을 위해 다음의 훈련 방법을 제안하였다.

이와 같이 뇌성마비 학생의 언어 및 의사소통 지도는 구어 표현력 향상을 위한 조음 지도 이외에도 발성 및 발어 능력 향상과 함께 고려되어야 하는 부분이 보완대체의사소통이다. 지체장애 및 뇌성마비 학생이 지닌 신체 움직임 및 자세 유도 등의 제한으로 인해 말하기, 쓰기 등에 어려움을 가지고 있어 구어로 의사소통하기 어려운 학생이 사회의 구성원으로 학교 및 사회활동과 사회적 상호작용에 참여할 수 있도록 자신이 지닌 언어 및 의사소통 능력을 보완하거나 대체하여 의사소통할 수 있도록 지원하는 방법이다(Blackstone, 1986). 다음 절에서는 보완대체의사소통에 대한 상세하게 살펴보고자 한다.

## 3. 보완대체의사소통의 이해

국가인권위원회(2018)에서 전국 지체장애 특수학교 15개교를 대상으로 조사한 재학생의 의사소통 발달 정도에 대한 조사 결과, 구어로 의사소통하는 데 어려움이 있어 전의도적 의사소통 발달단계나 의도적 비상징 의사소통 발달단계에 해당되는 학생의 수가 조사 인원 중 69.3%에 이르고 있어 지체장애 학교에 재학생 중 구어나 문어로 원활하게 의사소통하지 못하는 학생이 상당수 있음을 확인할 수 있다. 국립특수교육원(2018)에서도 특수학교(급)에 재학하고 있는 학령기 보완대체의사소통(AAC) 잠재 수요자 조사에서 뇌성마비학생 3,154명 중 48.16% 학생이 대상이 될 수 있다고 하였다. 이러한 요구를 바탕으로 지체장애 및 뇌성마비 학생에게 필요한 보완대체의사소통(AAC)에 대한 살펴보고자 한다.

### 1) 보완대체의사소통 지도의 목적

뇌성마비학생은 상호 의사전달 능력의 기초 그 자체가 이루어지지 못하여 일상적으로 사용되는 언어가 행동의 조정과 사고의 유효한 수단으로 기능을 다 하지 못하고 있음을 알 수 있다. 따라서 뇌성마비학생의 의사소통을 지원하기 위해 보완대체의사소통 체계(Augmentative and Alternative Communication System: AAC 체계)의 적용이 필요하다. 하지만 한경임(2001c)은 보완대체의사소통 체계를 필요로 하며 학생들 중 10.8%만이 ACC 체계를 적용받고 있음을 지적하였다. 박은혜, 김정연과 김주혜(2005)는 학생들 중 제스처나 얼굴표정 사용, 부정확한 발음으로 말을 하여 알아듣기 어려운 경우가 과반수가 넘어 AAC 체계가 필요하다고 하였으나, 그림카드나 그림의사소통판을 사용하는 사례는 24.37%에 불과하다고 보고하였다. 이처럼 뇌성마비학생 중 많은 학생이 AAC 체계 지원에 대한 요구에 비해 실제 지도나 적용은 매우 낮은 수준에서 행해지고 있다.

ACC 체계 사용의 주 목적이 중증 뇌성마비 학생과 주변 사람들 간의 효과적인 상호작용의 촉진에 있지만 의사소통 장치를 단순히 제공하는 것만으로 상호작용을 효과적으로 할 수 있는 기능적인 의사소통 능력이 증진시킬 수 있는 것은 아니다(박경옥, 2012). ACC 도구를 이용하여 기본적인 생각과 욕구를 표현하고 주위에서 일어나는 일들에 참여하고 영향을 끼치면서 다른 사람과 효과적으로 상호작용할 수 있도록 하기 위해서는 의사소통 기능(communicative function) 훈련이 필요하다. 이러한 의사소통 기능 훈련은 또래친구 등 많은 사람과 오랜 시간을 보내는 학교생활 중에 교사가 다양하게 교수 기회를 만들어 줄 수 있다. 최근의 많은 연구를 통해 그림의사소통판이나 의사소통 도구 사용을 언어 발달을 촉진할 뿐 아니라(Schlosser, 2003) 문제행동을 대체하여 AAC 체계를 활용하는 문제행동 감소시키는 효과(Beukelman & Mirenda, 2012)가 있음을 밝히고 있다. 이를 요약하여 제시하면 〈표 11-6〉과 같다.

**표 11-6 보완대체의사소통 지도의 목적**

- 다양한 상호작용을 촉진시켜 사회성을 향상시키고 일반 활동에의 참여도를 높인다.
- 의사표현의 기회를 제공함으로써 말과 언어 발달을 촉진시킨다.
- 의견을 표현하고 질문하며 대답하는 등 학습 활동에의 참여도를 높인다.
- 의사소통의 기회를 질적 · 양적으로 확대시켜 줌으로써 의사소통의 실패로 인해 발생하는 문제행동을 줄여서 정서적으로 바람직한 성장을 돕는다.
- 의사소통을 함으로써 독립적인 생활을 촉진시켜 취업기회의 확대에도 도움을 준다.

이처럼 AAC 체계 적용을 통해 얻을 수 있는 의사소통 기능을 화용론적으로 설명할 때에는 요구하기, 거절하기, 질문하기, 코멘트하기 등으로 구분하기도 한다. Light(1988)는 AAC 상호작용에 관한 연구 분석을 통해 의사소통 상호작용의 목적을, 첫째, 필요한 것을 요구하기, 둘째, 정보를 전달하기, 셋째, 사회적 친밀성 표현하기, 넷째, 사회적 에티켓 표현하기 등 네 가지로 제시하였다. AAC 체계를 학생에게 지도하는 목적은 의사소통 능력 증진을 통해 사회적 통합을 위해서이고, 가장 핵심적인 교육목표 중 하나이다. AAC를 필요로 하는 학생들을 위해서는 이러한 의사소통 교육목표를 IEP에 구체적으로 명시하여 학교 교육 전반에서 체계적이고 일관성 있게 이루어질 수 있도록 해 나가야 한다.

[그림 11-3] 보완대체의사소통 구성 요소

출처: 박경옥(2021, 2022).

## 2) 보완대체의사소통의 구성 요소

ACC 중재가 뇌성마비로 인해 의사소통 지원이 필요한 학생 삶의 질에 큰 영향을 끼친다는 연구(박은혜 외, 2005; Bryen et al., 1995) 등을 고려해 볼 때 특수교육 현장에 적용할 수 있는 실질적인 ACC 중재에 관한 연구가 활성화되어야 한다.

Beukelman과 Mirenda(2012)에 따르면, AAC 체계란 개인의 의사소통을 증진시키기 위해 사용되는 상징(symbol), 보조도구(aid), 전략(strategy) 및 테크닉(technique)을 포함하는 요소들의 통합군이다. 여기에서 상징은 도구를 이용하지 않는 상징(unaided symbol)과 도구를 이용하는 상징(aided symbol)으로 구분되며, 보조도구에는 상징을 구성하여 사용하는 의사소통판이나 음성합성장치가 포함된다. 그리고 전략에는 의사소통을 증진시키기 위한 역할놀이, 점진적인 촉구 방법 등이 포함되며, 기술(기법)에는 보조도구를 이용하여 메시지를 전달하기 위한 직접선택, 스캐닝(scanning), 부호화하기(encoding) 등이 포함된다.

ACC 중재를 위해서는 아동에 대한 신체 기능과 인지 기능을 진단한 후 아동에게 적절한 의사소통 상징 체계를 선택해야 한다. 도구를 이용하지 않는 상징 체계는 접근을 위해 어떠한 물리적 도움도 필요로 하지 않고, 전달 속도가 빨라 많은 어휘를 제공할 수 있다는 장점이 있지만 신체적인 운동 기능에 문제를 많이 보이는 중증 뇌성마비 학생에게는 적용하기가 어려운 경우가 많다. 도구를 이용하는 상징 체계는 의사소통판이나 전자식 음성합성장치 등의 물리적 도구를 필요로 하지만, 장애가 심한 경우 이동의 어려움 없이 도구에 배열되어 있는 것을 지적하여 선택함으로써 보다 쉽게 사용할 수 있다는 이점이 있다.

### 3) 보완대체의사소통 사용자 능력

뇌성마비 학생의 의사소통 지원을 위해 AAC 체계를 지원할 때 뇌성마비 학생의 의사소통 지원을 통해 향상시키고자 하는 영역을 언어능력, AAC 도구 조작 능력, 사회적 능력, 의사소통의 효율성과 관련된 전략적 능력으로 구분할 수 있다. 제시한 AAC 체계 사용자 능력은 학생의 현행 수행능력을 토대로 장단기 교육의 목표로 삼을 수 있다(박경옥, 2022).

첫째, 언어능력은 수용언어 및 표현언어를 구사할 수 있는 기술을 갖추어야 함을 의미한다. AAC 체계에서는 선화, 낱말, 신호 및 그 밖의 언어적 부호에 대한 지식을

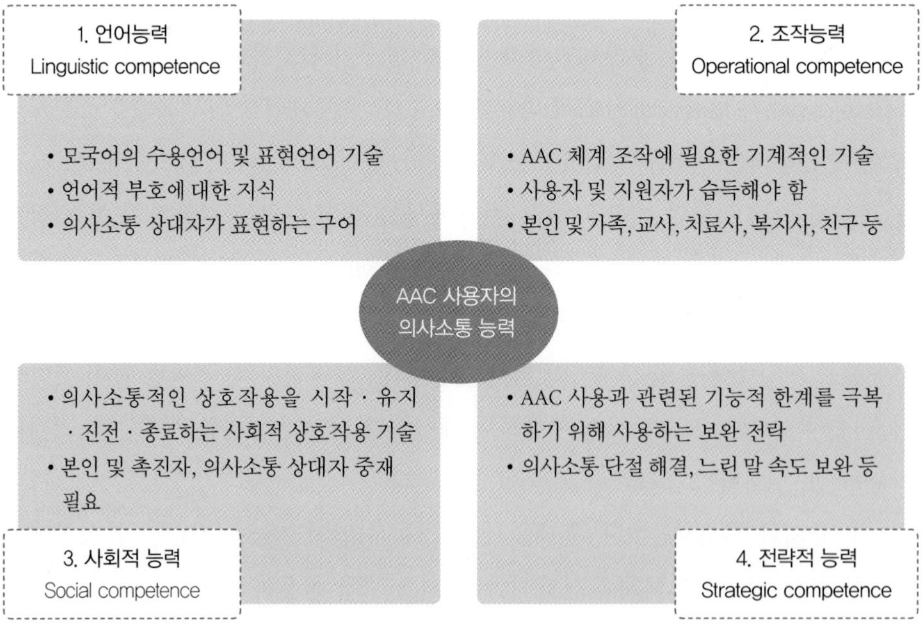


[그림 11-4] 보완대체의사소통 사용자 능력

출처: 박경옥(2021, 2022).

포함한다. AAC 사용자 입장에서는 이들이 사용하는 부호나 기호에 관계없이 다른 사람들이 하는 말을 이해하기 위해서는 의사소통 상대자가 표현하는 구어를 배워야 한다는 것이다. 즉, AAC 사용자는 신체적 · 감각적 · 인지적 제약 속에서 이들의 언어를 배워야 한다. 따라서 의사소통 상대자는 AAC 사용자들이 이러한 과업을 습득할 수 있도록 주요한 역할을 수행해야 하고, 필요하다면 자연스러운 상황에서 표현 언어를 연습할 수 있는 기회를 지속적으로 마련해 주어야 한다(Bates, 2014).

둘째, 조작능력은 AAC 체계를 정확하고 효율적으로 조작하는 데 필요한 기계적인 기술을 구사할 수 있는 능력을 의미한다. AAC 사용자와 이들을 지원하는 교사는 가능한 한 빨리 AAC 도구 조작능력을 습득할 수 있도록 지도해야 한다. AAC 사용자에게 교수의 책임을 물을 수 있는 영역이 아니므로 지도를 담당하고 있는 촉진자 또는 의사소통 상대자가 주도적인 역할을 해야 한다. 이때 의사소통 촉진자(또는 교수자)가 중점을 두고 지원해야 하는 사항은 도구에 들어가는 어휘를 지속적으로 개정하고, 필요한 경우 오버레이나 다른 디스플레이들을 구상하며, 고장, 파손 또는 다른 문제가 생기지 않도록 AAC 도구를 관리하고, 필요하다면 수리해야 한다. 또한 앞으로의 학생 요구에 맞게 그 체계를 수정하고, 도구를 날마다 이용하거나 작동되게 확인하는 역할을 해야 한다.

셋째, 사회적 능력은 의사소통 상호작용을 시작하고, 유지하며 진전시키고 종료하는 기술을 의미한다. 이는 AAC 중재의 가장 핵심적인 요인이 되기도 하는데, AAC 사용자들에게 의사소통의 사회언어적인 또는 사회 관계적인 측면에서 지식, 판단, 기술을 갖거나 언제 말을 하고, 언제 말을 하지 말아야 하는지, 무엇에 대해 말하고, 누구와, 언제, 어디서 어떤 방식으로 말해야 하는지를 판단하는 능력을 습득하도록 하고 있다(Light, 1989). 따라서 AAC 사용자와 촉진자가 자연스러운 상황에서 사회적 능력과 관련된 기술을 연습할 수 있는 기회를 갖는 것이 매우 중요하다.

- 개인의 요구와 바람을 표현하는 것
- 정보를 전달하는 것
- 사회적 친밀감을 형성하기 위함
- 사회적 에티켓을 형성하는 것
- 자신과 의사소통하거나 내적인 대화를 나누는 것

넷째, 전략적 능력은 AAC 사용자가 AAC 사용과 관련된 기능적 한계를 극복하기 위해 사용하는 보완전략을 의미한다. 즉, AAC 사용자와 의사소통을 할 때 대화에 필요한 어휘를 선택하거나 입력하는 동안 상대방이 기다리는 시간공백 해결하기, 느린 말 속도 보완하기 등이 포함된다. 사용자 입장에서 가장 효과적이라고 판단되는 AAC 도구조차 상호작용 과정에서 문제가 발생할 수 있으므로 AAC 사용자가 그 한계를 효과적으로 극복할 수 있는 지식, 판단력, 기술 등의 능력이 필요하다는 것이다.

AAC 사용자의 의사소통 능력을 구성하는 요인을 갖춘다는 것은 결국 앞서 제시한 능력을 갖추었을 때 학생 자신이 의사소통 상대방에게 긍정적인 자아상을 보여줄 수 있게 되고, 타인에게 관심을 보이면서 상호작용을 이끌어 낼 수 있게 된다. 또한 의사소통 상대자와 동등한 방식으로 대화의 차례를 주고받으며 적극적으로 대화에 참여할 수 있고, 질문하고, 장소에 맞게 볼륨을 조절하고, 공유된 화젯거리를 찾아 의사소통 상대방에게 반응을 할 수 있는 유능한 의사소통자가 된다는 것을 의미한다.

## 4. 효과적인 보완대체의사소통 중재의 실제

학생들에게 필요한 보완대체의사소통 체계를 실제 수업이나 생활 속에서 적용하기 위해서는 학생의 언어 및 의사소통 능력뿐만 아니라 인지, 시청각 및 지각 능력, 자세 및 움직임 등의 능력을 평가하고, 이를 바탕으로 세밀한 중재를 실시해야 한다. 이 절에서는 보완대체의사소통 중재에 선행하는 학생의 능력에 대한 진단평가를 포함한 중재방법에 대해 살펴보고자 한다.

### 1) 보완대체의사소통 지원 절차

#### (1) 현행 수준 측정과 목표 설정

의사소통 지도의 첫 단계는 현행 수준을 측정하는 것이다. 현행 수준은 일상생활 장면과 상황을 관찰하여 의사소통 행동의 특징과 수행능력에 대한 자료를 수집한

표 11-7 현행 수행수준 평가 영역 및 방법

| 영역 | 방법 |
|---|---|
| 현재 의사소통 능력 | • 직접 관찰 또는 교사 및 부모 면담 |
| 구어사용 능력 | • 부모나 교사의 면담을 통해 구어 사용의 효율성<br>• 구어 산출 정도 평가 |
| 자세 및 운동능력 | • 관찰을 통해서 아동의 자세와 운동능력<br>• 지적 시 움직임, 지적의 정확성 및 속도 평가 |
| 인지능력 | • 심리검사 및 발달평가, 관찰평가 |
| 언어능력 | • 수용, 표현언어 평가<br>• 교사, 가족의 면담 및 직접 관찰 |
| 감각능력 | • 시 · 청각 능력 및 시 · 청지각 능력 평가 |
| 일상생활습관 | • 일상생활 습관에 대한 정보를 수집 |

다. 현행 수준을 파악할 때 교사는 대화상대자, 대화 환경, 기초선을 측정했던 활동의 종류, 시간 등 학생의 수행에 영향을 미칠 수 있는 다양한 변인을 고려하여 정보를 수집하는 것이 필요하다.

정보를 수집할 때는 지체장애 및 뇌성마비 학생의 신체적 특징을 고려하여 다양한 영역을 진단평가해야 한다. 이때 학생의 의사소통 의도를 파악하고 관찰하기 위해서 교사의 민감성이 요구된다. 이때 활용할 수 있는 전략이 하넨 프로그램(Hanen Program)에 적용되었던 올빼미 전략이 유효할 수 있다. 이 전략은 교사가 학생을 진단평가할 때, 먼저 눈앞에 있는 학생을 관찰하고(observe) 학생의 의도를 파악하거나 의도를 표현하게끔 기다리고(wait), 무엇을 말하고 싶은지, 무엇을 말하고 있는지 듣는(listen) 것이다.

학생의 현재 수행 수준이 파악되면 이를 바탕으로 목표를 설정한다. 의사소통 지도의 목표는 기능성을 전제로 실생활 안에서 가치 있는 목표를 설정한다. 의사소통 기술이 현재 생활에 유익함을 주는 기술인지 고려한다. 목표로 선정한 기술은 생활연령 기준에 적합하고 실생활에서 사용할 수 있는 기회가 제공되어 성공적으로 습득 가능한지 점검한다. 예를 들어, 또래와의 상호작용을 증진시키거나, 스스로 필요한 물건을 요구하거나, 입고 싶은 옷을 표현하는 등 학생이 현재 처해 있는 상황에서 학생의 지위를 향상시킬 수 있는 목표를 설정한다. 목표 기술을 선정하는 기준은

**표 11-8** 목표 기술의 선정 기준

- AAC사용자에게 가치 있는 기술인가?
- 실생활 안에서 가치 있는 기술인가?
- 실생활에서 개인의 기능을 증진시키는가?
- 개개인의 현재 생활에 유익함을 주는 기술인가?
- 실생활에서 사용할 기회가 주어지는가?
- 개개인이 성공적으로 습득 가능한 기술인가?
- 지역사회에서 개인의 지위를 향상시키는가?
- 개인의 어려움이나 요구를 설명할 수 있는가?
- 생활연령기준에 적합한가?

은 〈표 11-8〉과 같다(박은혜, 김정연, 표윤희, 2018).

### (2) 어휘 선정

현행 수준과 목표가 설정되면 다음 단계는 어휘를 선정하는 것이다. 어휘를 선정할 때는 여러 가지 고려해야 할 사항이 있다. 학생의 발달적 관점과 사회적 관점, 의사소통 맥락을 고려하여 어휘를 선정하는 것이 바람직하다(Beukelman & Mirenda, 2005).

먼저, '여기'과 '지금'을 반영하여 자주 사용할 수 있는 어휘를 선정한다. 특히 언어 발달이 지체된 뇌성마비 학생의 어휘 목록은 동기를 유발하고 일반화를 도울 수 있어야 한다. 초기에 지도해야 할 어휘 목록은 상황을 표현할 수 있도록 개념이 쉽고 잠재적인 유용성이 있어야 하며, 사용하는 학생의 연령과 문해력 수준을 고려하는 것이 좋다. 읽기 · 쓰기 능력의 습득 여부에 따라 어휘 선택이 달라지기 때문이다. 어휘는 학생의 흥미를 고려하여 의미 있고 주목할 만한 상황의 활동과 관심 사항을 반영한다(박은혜, 김정연, 표윤희, 2018).

어휘 선정은 환경 분석, 기존의 어휘 목록 사용, 일화 기록이나 체크리스트 등을 활용한다. 환경 분석을 통한 어휘 선정 방법은 환경적 목록이나 생태학적인 목록을 활용한 가장 효율적인 방법이다. 어휘 목록은 사용자의 생활연령을 고려한 생태학적 목록에 따라 활동 중심으로 선정하여 지도할 수 있으며, 목적에 따라서는 범주별 어휘를 선정하여 지도할 수 있다.

의사소통판의 어휘는 핵심어휘와 부수어휘(situational vocabulary) 또는 부수어휘(fringe vocabulary)로 구분된다(박은혜, 김영태, 2003). 핵심어휘는 간단한 인사말이나 여러 의사소통 상황에서 공통적이고, 빈번하게 사용되는 어휘로 기능적인 단어나 구절이 포함된다. 상황어휘 또는 부수어휘는 특정한 개인이나 활동, 상황에 관련된 어휘로, 상황에 맞는 의사소통을 풍부하게 하는 데 사용된다(McGinnis & Beukehnan, 1989). 즉, 보완대체의사소통에서 상황어휘는 다양한 활동에서의 참여와 상호작용을 증진시킬 수 있는 다양한 어휘를 포함해야 한다. 이와 같은 핵심어휘와 상황어휘를 파악하기 위해서는 표준화된 어휘 목록과 생태학적 목록(echonological inventory)을 주요한 어휘 수집 방법으로 수집할 수 있다(박은혜, 김영태, 2003).

## 2) 상징 및 도구의 선택

로우테크 의사소통 도구란 낱말, 글자, 숫자, 그림, PCS 등과 같은 상징과 코드로 구성하여 제작된 물리적 도구를 의미하며, 직접 제작하는 그림판과 도구를 말한다.

[그림 11-5] 상징 및 도구의 예

출처: 박경옥(2021).

의사소통 도구에 사용되는 상징은 학생의 인지 및 생활연령을 고려하여 선정한다. 의사소통판은 제작이 용이하고 저비용으로 학생의 필요와 요구에 따라 다양하게 접근할 수 있어 가장 보편적으로 사용된다. 의사소통 지도를 처음 시작하거나 몇 개의 어휘만을 필요로 할 경우 제작과 휴대, 이용이 편리하다. 사용하는 어휘 수가 확장될 경우 의사소통책이나 다면 의사소통판 등 다양한 크기와 주제별로 제작하여 사용한다.

최근에는 스마트기기의 뛰어난 접근성, 이동성, 편의성으로 인해 스마트기기를 활용한 AAC 중재가 확장되고 있다. 기존의 AAC 기기를 사용하는 것보다 일반 스마트기기에 AAC 소프트웨어를 설치하여 사용할 수 있기 때문에 사회적 낙인을 최소화할 수 있다는 장점을 가진다. 또한 활용할 수 있는 다양한 AAC 앱이 많이 개발되고 있어서 과거에 비해 교수적 접근이 훨씬 용이해졌다.

| | | |
|---|---|---|
| 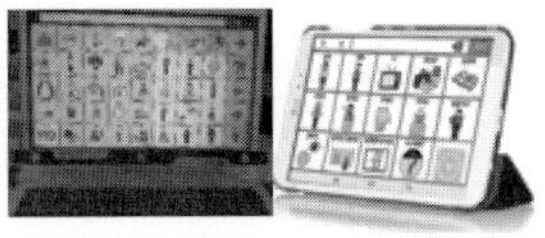 | 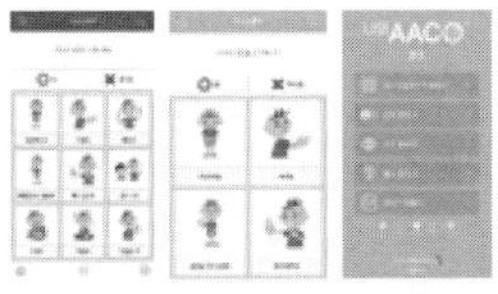 | 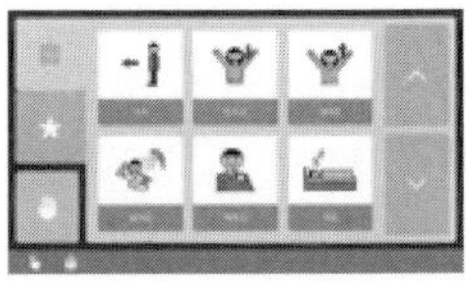 |
| 마이토(스마트, 윈도우, 보드) | 나의 AAC | 삼성 스마트 AAC |

[그림 11-6] AAC 앱의 예

출처: 박경옥(2021).

### 3) 어휘 구성

AAC를 사용하는 학생들의 언어 발달을 촉진하기 위해서는 선정된 어휘 목록을 일정한 체계에 따라 조직화하여 제공한다. 어휘 목록을 효율적·효과적으로 의사소통할 수 있도록 조직하고 배열해 주어야 언어학습을 촉진할 수 있으며 언어 사용의 기능성을 높일 수 있다. 어휘 목록의 구성은 문법적 범주, 의미론적 범주, 환경/활동 중심으로 구성할 수 있다(Beukelman & Mirenda, 2005).

환경/활동 중심의 구성은 초기 의사소통 방법을 지도하기에 용이한 구성 방법이다. 하나의 활동에 필요한 어휘들을 하나의 매트릭스에 모아서 구성해 주는 방법이

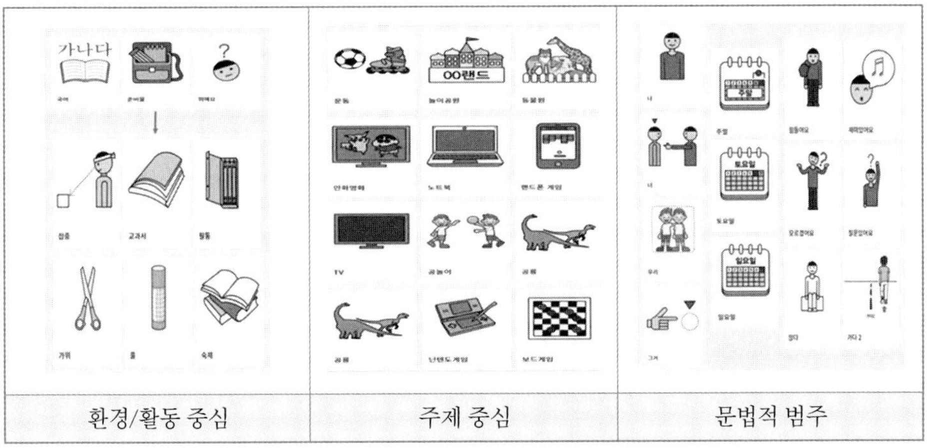


[그림 11-7] 어휘 구성의 예

출처: 박경옥(2021).

다. 그러나 하나의 구성 전략을 계속 사용하기보다는 학생의 언어능력의 발달에 따라 어휘 목록의 구성 전략을 수정해 주는 것이 좋은데, 예를 들어 초기 의사소통 지도 시기가 지나면 문법적 범주를 활용하여 구문론적 발달을 유도하는 것이 바람직하다. 이러한 어휘목록 구성 방법은 서로 혼합하여 사용할 수도 있다.

## 4) 의사소통 기술 지도

의사소통 지도 시 우선적으로 가르쳐야 하는 것은 선택하기 기술이다. 선택하기는 개인생활의 양적 · 질적 측면의 향상과 직접적으로 연관이 있다. 초기에는 선택

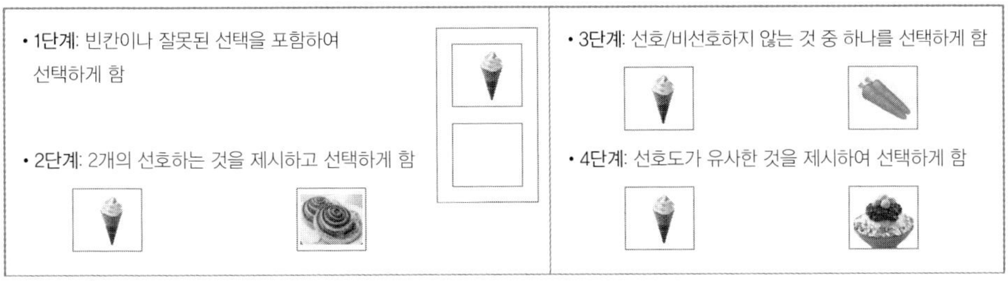


[그림 11-8] 선택하기 지도의 예

출처: 박경옥(2021).

의 기회를 제공하여 선택하기의 개념을 학습할 수 있도록 지도한다. 선택하기를 지도하기 위해서는 어떤 음식을 먹고, 어떤 음악을 듣고, 어떤 TV 프로그램을 볼지, 어떤 옷을 입을지 등을 명확한 활동을 통해 지도하는 것이 효과적이다.

선택하기는 학생의 자발적인 의사표현을 강화하고 읽기활동에 있어서의 적극적인 참여를 이끌어 낼 수 있다. 선택하기의 교수전략은 다음과 같은 단계로 지도한다. 선택하기에 어려움이 있는 학생은 2개의 항목 중 어느 하나만을 손에 닿을 수 있게 제시하거나, 수평적 또는 수직적으로 배열하여 선택하게 하고, 항목 간의 간격은 멀게, 혹은 손에 닿기 쉽도록 가까운 곳에 배치하는 전략을 사용할 수 있다(Beukelman & Mirenda, 2005).

## 5) 의사소통 기술 교수

의사소통 기술을 지도한다는 것은 다른 사람과의 상호작용에 대한 동기를 돋우는 일이다. 그림 의사소통판이나 AAC 기기를 사용하는 방법을 지도하되 의사 표현을 해야 하는 이유를 인식시킨다. 스스로 표현하고자 하는 의지에 따라 처음에는 단순한 상황, 과제에서 시작하여 점차 확장하여 지도한다. 의사표현을 지도할 때는 자연적인 환경에서 실제의 상호작용이나 역할놀이 중 다양한 기회를 제공하여 기술을 사용하여 연습하게 하며 능숙하게 사용할 수 있을 때까지 지속적인 연습의 기회를 제공한다. 최소촉진법, 최대촉진법, 자연적 단서 제시, 시간지연 전략, 신체촉진, 모델링 등의 방법으로 기술을 습득하도록 도와준다(Downing, 2005).

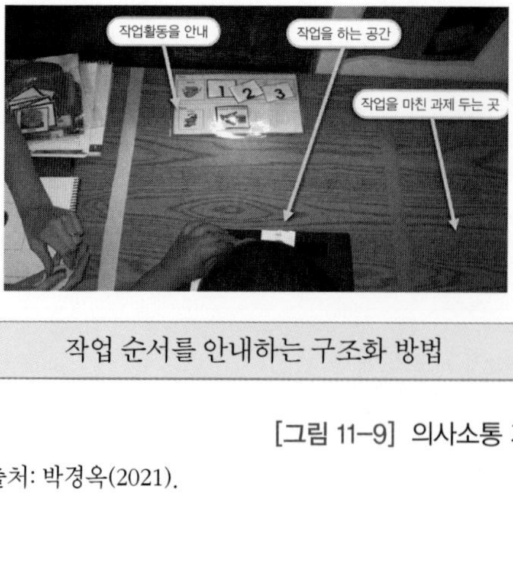

작업 순서를 안내하는 구조화 방법

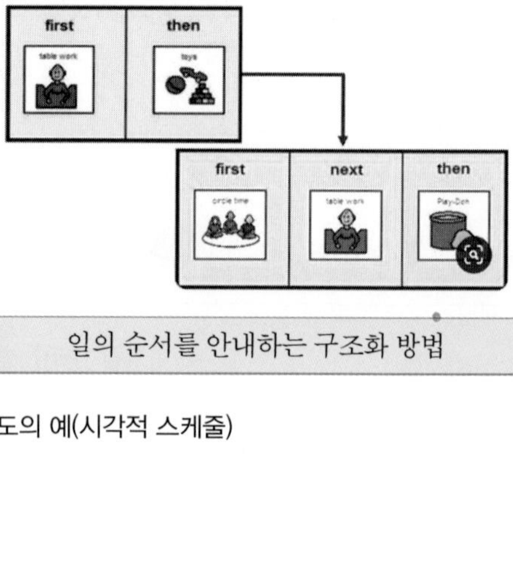

일의 순서를 안내하는 구조화 방법

[그림 11-9] 의사소통 지도의 예(시각적 스케줄)

출처: 박경옥(2021).

### 6) 일반화 점검

일반화 단계는 학교, 가정, 그 밖의 지역사회의 다양한 실제 상황에서 지도한다. 교사가 아닌 다른 사람과도 의사소통 방법을 이용하여 하고 싶은 말을 표현하고 있는지 관찰한다. 교사는 실생활에서 효과적으로 사용하고 있는지 관찰하고 수행에 대한 피드백을 제공한다. 새로운 상황에서도 의사소통 상호작용을 하는지 지속적으로 평가한다. 만약 의사소통 기술을 실생활에서 사용하는 것이 효과적이지 못하다면 의사소통 방법이나 어휘 목록, 구성 방법 등을 수정한다.

### 7) 성과 측정

AAC 중재가 학생의 삶과 실생활에서 유용한지를 평가한다. 질문지, 평정척도, 인터뷰, 형식적인 토론 시간, 관찰 등의 자료를 통해 알아본다. 또한 학생의 의사소통 능력의 변화, 학생의 만족도, 사회성이나 또래와의 관계 등에 미치는 영향, 그 밖의 기대효과 등을 평가한다. 의사표현 능력의 향상 정도는 정기적으로 점검한다(박은혜, 김정연, 표윤희, 2018). 만약 성과가 부진하다면 다음의 요인을 검토할 필요가 있다.

- 학생이 AAC 기기를 사용하여 도움이나 요구를 표현할 필요조차 없을 정도로 주변에서 모두 다 도와주거나 일처리를 대신해 주지는 않는가?
- 학생이 의사소통을 할 수 있을 것이라고 기대조차 안 하는 것은 아닌가?
- 학생이 AAC 기기를 사용하여 의사소통하는 방법을 숙달하지 못하였는가?
- 대화상대자들이 학생의 의사소통을 촉진하는 방법을 모르는 것은 아닌가?
- 대화상대자에게 학생의 의사소통 방식에 대한 충분한 안내를 하였나?

### 8) 유지 · 점검

학습된 의사소통 능력이 유지되고 있는지 체크하기 위해 교수를 마친 후 2주, 4주, 8주 후에 꾸준히 관찰한다. 학생이 자연적인 상황에서 의사표현을 하지 못한다면 목표 기술을 가르치는 과정으로 돌아가서 의사소통 기술을 다시 지도하고, 대화상대자의 문제라면 AAC 촉진 전략에 대해 다시 안내한다.

제12장

# 지체장애학생의 가족 문제 및 상담

## 1. 지체장애학생의 가족 심리 특성

### 1) 지체장애학생 가족의 특성과 심리적 변화 및 단계

지체장애학생을 자녀로 두고 있는 대부분의 가정은 그 학생의 처한 장애와 관련하여 특별한 상황을 경험하게 된다(이영호 외, 2015). 이러한 상황은 일반학생의 부모와 가족이 겪는 상황과는 다르며, 보다 깊고 다양한 갈등과 스트레스, 부담감, 불안감, 우울감, 가족 와해 등의 특정한 문제들이 나타난다.

지체장애학생의 부모는 장애를 바로 수용하기보다는 충격, 부인, 원망, 홍정, 좌정, 낙담과 같은 정서반응의 과정을 겪게 된다. 이러한 과정에 대해 Kuebler와 Ross(1929)의 장애아동 부모의 장애 수용에 대한 다섯 단계를 제시하였는데, 첫째, 충격 · 불신 · 부정 단계, 둘째, 분노 · 분개 단계, 셋째, 타협 단계, 넷째, 우울 · 좌절 단계, 다섯째, 수용 단계이다. 〈표 12-1〉은 각 단계의 특성과 전문가의 지원방법(김동일 외, 2013)을 제시하고 있다.

또한 지체장애학생의 부모 및 가족은 지체장애에 대한 이해의 부족뿐 아니라, 지체장애학생의 특별한 행동과 발달의 특징을 명확하게 인지하지 못하여 훈육 및 소

표 12-1 장애 수용 단계의 특성과 전문적 지원을 위한 제안

| 단계 | 특성 | 전문가 지원 |
|---|---|---|
| 충격 · 불신 · 부정 | • 죄책감 혹은 수치심을 경험할 수 있다.<br>• 장애가 있음을 부인하려고 할 수 있다.<br>• 의료진단을 받으러 여러 병원을 전전할 수 있다.<br>• 진단을 수용하거나 필요한 지원의 제공을 완전히 거부할 수 있다. | • 수용하는 태도로 경청하라.<br>• 가족이 감정을 표현하도록 격려하라.<br>• 가족에게 그 감정이 자연스러운 것임을 확인시켜라.<br>• 아동과 관련하여 가족이 공유할 수 있는 강점을 찾아라.<br>• 가족이 준비가 되었을 때 필요한 자원과 서비스를 제공하라. |
| 분노 · 분개 | • 도움을 주려는 이들(배우자, 전문가, 가족)에게 화를 낼 수 있다.<br>• 비장애아동을 키우는 친구들에게 분개할 수 있다.<br>• 진단의 정확성에 대해 전문가와 논쟁을 벌이려고 할 수 있다. | • 사려 깊은 경청의 태도를 취하라.<br>• 가족의 분노와 분개를 표현 · 표출할 수 있도록 격려하라.<br>• 가족의 '느낌'에 대해 논쟁하지 마라.<br>• 공격적인 말에 방어하지 마라. |
| 타협 | • 장애가 없어질 수만 있다면 무엇이든 하려는 믿음을 갖는다.<br>• 신과 협상하려고 한다. "장애를 사라지게 해 준다면 무엇이든 하겠다." | • 적극적인 경청을 하라.<br>• 지지를 보여라.<br>• 전문적인 견해를 부모에게 강요하지 마라.<br>• 비평을 삼가라. |
| 우울 · 좌절 | • 현실을 수용하기 시작하고 기대했던 아동을 잃어버렸음에 대해 슬퍼하게 된다.<br>• 아동의 잠재력을 볼 수 없고 단지 아동의 결함만을 보려 할지 모른다. | • 적극적이고 반영적인 경청을 하라.<br>• 부모지원집단과 같은 자원을 제안하라.<br>• 우울증이 만성적으로 나타난다면 상담을 받을 수 있도록 의논하라.<br>• 아동의 강점에 대해 지속적으로 의논하라. |
| 수용 | • 아동의 요구에 초점을 맞추는 대신 아동의 강점을 보기 시작한다.<br>• 아동의 삶을 향상시키기 위해 긍정적이고 주도적인 입장을 견지한다. | • 경청을 계속하라.<br>• 진보에 대해 격려하라.<br>• 아동의 강점에 대해 지속적으로 강조하라.<br>• 가족에게 사례관리 역할을 양도하기 시작하라.<br>• 가족의 역량강화를 위해 지원하라. |

출처: Kübler-Ross (1969); 박지연 외 공역(2006), p. 163.

통에 많은 어려움을 겪게 된다. 이에 지체장애에 대한 가족문제에 대한 이해와 해결 방안의 필요성이 요구되고, 더 나아가 지체장애학생의 가족상담 서비스의 연계와 실행 또한 중요한 내용으로 인식되어 가고 있다.

## 2. 지체장애학생 부모의 일반적 학습 특성과 욕구

자녀의 성장 시기에 따라 장애자녀의 출생 또는 장애가 의심되는 시기부터 장애 자녀가 부모에게서 독립하여 스스로 살아가야 하는 시기까지 여섯 단계로 구분하여 볼 수 있다.

표 12-2 자녀의 성장 시기에 따른 부모의 욕구

| 자녀의 성장 시기 | 부모욕구(부모욕구에서 요구되는 내용) |
|---|---|
| 자녀의 출생 또는 장애가 의심되는 시기 | 정서적 이해와 지지 |
| 장애 상태에 대한 진단 및 치료 시기 | 장애와 관련된 정보 및 지식 획득 |
| 자녀의 취학준비 시기 및 학령기 | 교육활동에 적극적인 참여, 훈육 및 교육방법 습득 |
| 자녀의 사춘기 | 자아개념 및 성교육에 대한 정보 및 지식 획득 |
| 자녀의 직업 선택 시기 | 직업교육에 대한 정보 습득 및 장애자녀 능력에 대한 이해 |
| 부모로부터 독립하여 살아가야 하는 시기 | 부모 사망 후 미래 계획 및 준비 |

출처: 이영호 외(2015), p. 59.

표 12-3 확장된 역할에 대한 부모의 욕구

| 욕구 | 내용 |
|---|---|
| 정보교환에 대한 욕구 | 부모-교사 협의회, 프로그램에 대한 정보, 비공식적 피드백, 아동의 상태에 대한 정보, 부모의 권리 및 책임에 대한 정보, 지역사회 및 교육기관의 자원 이용에 대한 정보 |
| 가정에서 프로그램 수행 훈련에 대한 욕구 | 행동지도 방법, 양육기술, 일상생활 기술 |
| 상담, 치료, 자문에 대한 욕구 | 개별상담, 집단상담, 갈등해결 방법 |

| | |
|---|---|
| 부모가 협력하는 서비스 프로그램에 대한 욕구 | 부모모임 참여, 자원봉사자로서의 참여, 지지집단 결성 |

출처: 이영호 외(2015), p. 59.

표 12-4 장애자녀 가족의 실제적 욕구

| 욕구 | 내용 |
|---|---|
| 정보에 대한 욕구 | 아동에 대한 정보, 아동과의 상호작용 또는 교수방법, 현재와 미래에 유용한 서비스에 대한 도움 제공 |
| 지원에 대한 욕구 | 교육전문가들로부터의 지원 및 상담, 다른 장애아동 부모와의 상호작용 및 만남의 기회, 배우자 · 가족 · 친척 · 이웃 등으로부터의 비공식적 지원 |
| 타인에게 설명하기 | 장애자녀의 상태 및 이로 인한 문제에 대해 형제, 배우자, 조부모, 이웃 낯선 사람들에게 설명할 수 있는 도움 제공 |
| 지역사회 서비스 | 이용 가능한 지역사회 서비스에 대한 정보 제공 |
| 재정적 욕구 | 일상생활부터 직업상담, 자녀의 장애와 관련된 경제적 비용에 대한 정보 제공 |
| 가족기능 | 가족문제 해결, 가족내적 지원체계, 여가 선용 등과 관련된 도움 제공 |

출처: 이영호 외(2015), p. 60.

## 3. 지체장애학생의 가족문제

지체장애학생으로 인해 초래되는 가족갈등은 1차적으로는 부모에게 나타난다. 학생의 부모는 다른 취약계층의 가족보다 부부간의 불화를 많이 경험하게 된다(김홍준, 2003).

- 재활과 교육에 대한 지속적인 비용부담으로 원가족(시가, 처가)과의 불화
- 장애자녀를 돌보는 것과 관련한 역할부담의 문제
- 직업생활의 유예
- 사회생활의 철회

장애 형제자매로 인해 발생하는 형제간의 문제는 다음과 같다(김홍준, 2003).

- 자기비하와 수치감
- 제대로 보살피지 못할 것이란 죄책감
- 부모의 보상심리에 따라 장애형제를 대신하여 성공해야 한다는 과잉기대로 느끼는 심리적 부담감
- 자신의 결혼 시 장애형제 공개 여부에 대한 심리적인 부담감
- 부모 사후의 장애형제 보호 비용 및 양육 부담

### 1) 경제적 문제

지체장애학생의 가족은 자녀의 장애로 인해 재활에 관련된 비용과 함께 교육진학 시기로 전환되면 추가적인 비용 지출이 발생하므로 많은 경제적인 부담을 경험한다(김홍준, 2003).

- 지체장애학생을 위해 지출되는 직접 비용
  - 재활을 위한 진단, 의료, 특수교육, 수술, 약물, 보조기
  - 보육, 자립생활지원, 가옥 구조 변경
  - 이동을 위한 차량 구입, 재활치료 기구 구입
- 지체장애학생을 위해 지출되는 간접 비용
  - 어머니의 직업기회 상실
  - 사회활동 포기

또한 장애학생의 사회적 편견과 신체적 불편으로 미취업 및 비정규직 취업으로 인한 경제적 독립이 어렵다. 이로 이해 가족의 경제적 부담은 비장애인의 가족보다 많다(김홍준, 2003). 경제적 자원의 부족, 즉 '경제적 안녕감'은 가족의 상호작용, 아동의 건강상태, 건강한 양육을 위한 가족의 역할이다. 가족의 물리적 환경의 질, 가족 스트레스 수준, 가족의 휴식활동 그리고 장애아 등을 포함한 가족 구성원의 성취감과 발달 등에 분명한 상관관계가 있다.

### 2) 정서적 문제

지체장애학생의 가족은 다음과 같은 정서적 문제를 경험한다.

- 장애학생 출생 시부터 상실감, 충격, 부인, 슬픔, 분노
- 독립보행 시작 후 비장애아동과 비교
- 슬픔, 스트레스 고조
- 소극적인 대인관계
- 수치심 자존감 저하
- 만성적인 스트레스, 불안, 무기력감
- 죄의식과 자기비난

### 3) 사회적 문제

Beckman과 Bell의 연구에 따르면, 일반아동에 비해 더 많은 양육시간이 장애학생에게 필요한 것으로 나타나, 부모가 가족의 일상적인 기능을 유지하는 데 많은 제한이 생긴다(박화문 외, 2011).

- 자녀의 반응 결여와 발달 지체로 인한 실망감, 좌절
- 사회적인 관계나 가족으로부터의 소외
- 미래 발전에 대한 불안과 염려
- 부모나 형제의 사망 이후 장애학생의 보호 불안
- 후견인제도, 위탁보호, 그룹홈 등의 주거보호 서비스 부족

### 4) 가족내적 관계 문제

#### (1) 부모 문제

지체장애학생의 부모는 비장애학생의 부모보다 역할 수행에 있어서 많은 심리적 부담을 가진다.

표 12-5 장애 자녀에 대한 부모의 부정적인 반응

| 반응 | 내용 |
|---|---|
| 부정과 불신이 계속됨 | 의사나 전문가를 불신함으로써 계속적인 진단과 치료 방법을 찾는다. |
| 장애의 원인을 지속적으로 찾음 | 원인을 찾음으로써 누구의 잘못인지를 밝히거나 원인을 찾으면 완치할 수 있는 치료방법을 또한 찾을 수 있다고 생각한다 . |
| 가정 불화 | 불안한 마음과 죄책감으로 인해 계속적인 가정 불화를 일으킨다. |
| 우울증, 열등감, 무력감 | 아무런 시도도 하지 않으려고 한다. |
| 유아에 대한 과잉보호 | 죄책감과 유아에 대한 분노의 표현으로 자녀를 과보호하거나 헌신적인 태도를 취한다. |
| 무관심과 학대 | 때로는 과잉보호와 무관심이라는 비일관적인 태도를 보이면서 신체적 혹은 언어적인 학대를 한다. |
| 지속적인 스트레스 | 실제 문제를 해결하려는 과정에서의 스트레스보다는 문제 자체만으로 심한 스트레스를 계속 느낀다. |

- 특수학교와 일반학교의 결정
- 재활프로그램 적용과 선택
- 재활기관에서 수혜 요구에 대한 제한
- 치료의 지속 여부
- 학습에 대한 시기로 다양한 교육의 선택
- 가정의 경제적 지원
- 물리적 이동

지체장애학생의 부모는 다음과 같은 내적 갈등과 외적 갈등을 가진다.

- 내적 갈등
  - 자녀의 장래에 대한 불확실성: 지식 · 정보 부족, 생소함과 모호함
  - 낮은 자아감과 좌절감: 자녀의 보행, 이동, 대중시설 이용시 민감한 반응
  - 내재된 슬픔: 거듭되고 지속되는 슬픔 경험
- 외적 갈등
  - 육체적 부담

– 전문가와의 의사소통의 어려움: 열등감, 죄의식, 혼란, 좌절감
– 직장과 양육 병행으로 시간 부족
– 경제적 부담

(2) 형제자매 문제

부모와 마찬가지로 지체장애학생의 형제자매에게도 문제가 발생한다(김홍준, 2003).

① 세부 문제

• 부모의 시간과 에너지가 장애형제자매로 인해 소모
• 친구 또는 이웃의 호기심이나 부정적인 질문과 반응에 대응
• 자신도 장애인이 되지 않을까 하는 두려움
• 부모의 교육방법의 차이
• 놀이 시 장애형제자매를 돌봐야 하는 당위
• 여가 선용을 가족과 함께하기 어려움
• 이동의 제한

② 장애형제자매에 대한 비장애형제자매의 태도

• 적대감과 당황의 부정적인 감정

③ 비장애형제자매의 태도에 영향을 주는 변인

• 지체장애학생의 장애 정도
• 비장애형제자매의 연령 및 연령 터울
• 부모의 장애형제자매에 대한 태도
• 가정의 분위기
• 비장애 형제자매 및 부모가 겪는 어려움
  – 비장애형제자매의 돌봄 부족과 정서적인 문제
  – 형제자매 간 상호작용 부족
  – 가족 안에서 형제자매에게 과도한 책임이 부과되며, 부모에게 교사로서 역

할이 강조되면서 자연스러운 상황보다는 치료적 상황에서 부모와 아동 간 상호작용이 이루어지게 됨

- 비장애형제자매의 어려움
  - 비장애형제자매는 장애형제자매로 인해 자기비하와 수치감을 겪으며, 제대로 보살피지 못할 것이란 죄책감을 가짐
  - 자신의 결혼문제와 관련되어 장애형제자매를 공개할 것인지의 여부에 대한 심리적인 갈등
  - 부모 사후의 장애형제자매에 대한 보호 부담
  - 장애형제자매를 대신하여 성공해야 한다는 과잉기대로 인한 심리적 부담감

### 4) 신체적 문제

장애학생 부모의 신체적 부담은 일반학생의 부모보다 심각하다(김홍준, 2003). 특별히 주 양육자인 어머니는 장애학생 양육에 많은 시간과 노력을 요구받는다(김홍준, 2003).

- 수면 부족 등으로 인한 육체적 피로
- 만성적인 신체적 부담
- 소진
- 불안과 우울 등에 따른 심리적 부담이 심화시키는 신체적인 문제

### 5) 가족생활 주기의 문제

지체장애학생의 가족은 장애학생의 생활주기가 변하는 전환기에 스트레스를 더 많이 경험한다(김홍준, 2003).

- 물리치료, 작업치료, 언어치료, 특수교육, 집단조기교육, 사회심리재활 프로그램 적용
- 의수족, 이동을 위한 보행기기, 수술, 약물치료, 대처의학 적용에 대한 선택

- 진학 시 새로운 환경에 대한 적응
- 형제자매의 공동장소 생활에 대한 적응

**표 12-6** 장애아동의 생애주기에 따른 가족의 어려움과 과제

| 생애주기 / 대상 | 유아기(0~5세) | 아동기(6~12세) | 청소년기(12~21세) | 성인기(21세 이후) |
|---|---|---|---|---|
| 부모의 어려움과 과제 | • 정확한 진단받기<br>• 형제자매와 친척에게 아동의 장애를 알리기<br>• 조기중재서비스 선정하기<br>• IFSP/IEP 회의에 참석하기<br>• 장애의 의미 알기<br>• 의사결정을 하기 위해 자신의 생각을 명료하게 표현하기<br>• 가족이 처한 어려움을 알리기<br>• 장애의 긍정적 측면 인식하기 | • 가족기능을 수행하기 위한 일과 확립하기<br>• 교육적 개입을 위한 정서 조절하기<br>• 통합 또는 특수학급 배치 문제 명백히 하기<br>• 완전통합 기회 주장하기<br>• IEP 회의에 참석하기<br>• 지역사회의 자원 알아두기<br>• 과외활동 준비하기<br>• 아동의 장래 가능성 개발하기 | • 장애의 만성적 영향에 대한 정서 조절하기<br>• 성 정체감 확립시키기<br>• 사춘기의 신체 및 정서적 변화에 대처하기<br>• 또래로부터의 고립이나 거부에 대처하도록 돕기<br>• 경력/직업을 개발하는 계획하기<br>• 여가활동 준비시키기<br>• 자기결정 기술 확립시키기<br>• 중등 이후의 교육 계획하기 | • 직업과 생활을 위해 필요한 것에 대해 설명해 주기<br>• 의존 가능한 성인으로부터 정서적 지원 받기<br>• 가족 외의 사회생활을 할 기회를 가질 필요성 설명해 주기<br>• 직업을 선택하고 직업교육 프로그램 참여하기<br>• 보호 가능성에 대해 계획하기 |
| 형제자매의 어려움과 과제 | • 부모와의 시간 부족<br>• 관심 부족으로 인한 질투심<br>• 장애와 관련된 오해로 인한 공포 | • 신체적 보살핌에 대한 책임 분배<br>• 휴식과 여가를 위한 가족자원의 제한성<br>• 친구들과 교사에게 장애형제를 알리기<br>• 장애형제에게 관심 갖기<br>• 같은 학교 내 장애형제의 통합 문제 다루기<br>• 장애에 대한 기초 정보 얻기 | • 장애형제와 과잉 동일시<br>• 사람들 간 차이점에 대해 이해하기<br>• 직업 선택 시의 장애 영향을 받음<br>• 정신적 충격, 당황스러움에 대처하기<br>• 형제 훈련 프로그램에 참여하기<br>• 형제지원집단에 소속할 기회 갖기 | • 재정적 지원을 위한 책임<br>• 유전적 관계에 대한 관심 설명<br>• 장애에 대한 새 법률 소개<br>• 직업/생활에 대한 정보 요구<br>• 형제 변호 역할<br>• 보호문제 |

출처: Turnbull & Turnbull (1997); Turnbull & Turnbull (2001).

### 6) 특수교육 및 사회복지서비스 문제

지체장애학생의 가족은 자신들의 특별한 요구를 반영한 가족상담 프로그램 부족 및 서비스 전달체계의 미비로 스트레스를 경험한다(김홍준, 2003).

- 사회복지서비스의 절대적 부족
- 사회복지서비스의 정보나 관련서비스 부족
- 세부 서비스 부족
  - 병원치료, 의료재활, 교육, 방과 후 프로그램, 단기 · 주간 보호, 그룹홈, 보육서비스, 재정적 지원, 법률서비스, 교통수단 제공, 사례관리, 부모교육, 학생상담, 가족상담, 의수족 보조기 적용

장애아와 가족은 조기교육 프로그램 · 방과 후 프로그램 · 재가복지 서비스 · 단기보호서비스(respite) · 보육 서비스 · 법률 서비스 · 재정적 지원 · 교통수단 · 개별 상담 · 부모교육 · 집단 상담 · 가족상담 서비스 등이 절대적으로 필요하지만 사회서비스의 부족으로 가족의 성장 및 적응을 더욱 어렵게 하고 있다(김홍준, 2003).

## 4. 지체장애학생의 가족상담

### 1) 가족상담

#### (1) 상담의 정의

상담이란 "내담자와 상담자가 일대일의 개인적이고 전문적인 인간관계를 맺음으로써 내담자가 자신의 문제를 해결하거나 환경에 보다 유능하게 대처할 수 있는 새로운 행동을 익히는 체계적인 활동"(이동렬, 박성희, 2000)으로 정의하기도 하고, "내담자가 상담자와의 관계에서 촉진적인 의사소통을 통하여 내담자가 개인적인 문제에 대한 자기 이해와 자기 지도력을 터득하도록 도와주는 과정"(홍경자, 2001)으로 정의 하기도 한다. 따라서 일반적으로는 '전문적 훈련을 받은 상담자가 언어적 · 비

언어적 방법으로 여러 가지 부적응 문제를 가지고 있는 내담자의 적응능력을 향상시키는 일'이라고 정리할 수 있다. [그림 12-1]은 내담자(도움이 필요한 사람)와 상담자(전문 훈련을 받은 사람)가 대면관계(만나서)에서 내담자의 인지, 정서, 행동 및 생활상의 문제를 해결(성장, 학습)해 나가는 과정이다.

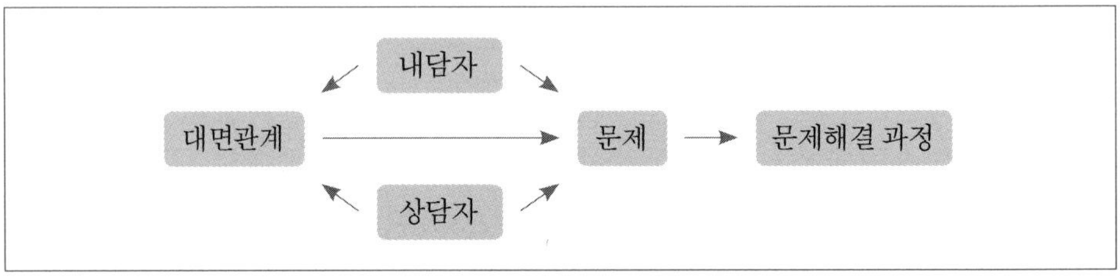


[그림 12-1] 내담자와 상담자의 문제해결 과정

## (2) 상담과정

① 초기과정

상담 신청, 즉 접수 면접에서 내담자를 이해할 수 있다. 내담자가 원하는 과제가 무엇인지를 구체적으로 정리할 필요가 있으며, 상담 진행과정의 방향과 예상되는 성과를 미리 알려 줌으로써 상담의 동기를 높게 할 수 있다. 그리고 일반적인 인간관계와 상담관계의 차이를 부모나 내담자에게 가르쳐야 하는데, 이러한 것을 상담에서는 상담의 구조화라고 일컫는다. 상담은 내담자의 과제를 해결하기 위한 조건부 만남의 관계이므로 시간, 장소, 기간, 상담료 등을 알려 주어 상담의 효율성을

표 12-7 초기과정

| 초기과정 | |
|---|---|
| 내담자 이해 | • 호소문제의 원인, 문제유지현황, 상담동기 파악<br>• 내담자의 장점, 자원, 실현가능성 파악 |
| 신뢰관계 형성 | • 친밀한 상담관계(라포) 형성<br>• 공감, 무조건적 수용, 성실하고 일관적인 태도 |
| 상담목표 설정 | • 상담에서 기대하는 것, 도움을 받고자 하는 것<br>• 달라지길 바라는 사항 |

높여야 한다.

② 중기과정

상담의 목표를 달성하기 위해 구체적인 상담 활동을 하게 된다. 내담자는 자신에 대해 더 깊은 이해를 하게 되며, 자기 탐색이 이루어지면서 통찰력을 통한 문제해결 능력이 이루어지는 과정을 겪게 된다. 내담자에게 적절한 상담방법이 선택될 수도 있고, 내담자의 환경과 주변인을 대상으로 상담방법이 선택될 수도 있으며, 주로 합의된 상담목표 또는 상담과제가 중점적으로 다루어진다.

표 12-8 중기과정

| 중기과정 |
| --- |
| • 상담목표 달성을 위한 다양한 시도: 작은 것, 실천 가능한 것부터 시작<br>• 통찰, 훈습, 반복학습, 행동의 변화 유도<br>• 상담목표 재설정: 상담진행 중 필요 시 목표 변경 |

③ 종결과정

상담의 종결은 목표 달성이 이루어졌다고 확인될 경우 종결 여부에 대한 평가를 한다. 성취된 목표에 대해서는 어떻게 성취되었는지 달라진 방식으로 무엇을 얻게 되었는지 등을 확인한다. 한편, 성취되지 않은 목표에 대해서는 상담을 더 지속하는 것이 바람직하다. 문제에 따라서는 한꺼번에 종결하는 것이 아니라 상담회기의 간격을 1주에서 2주 혹은 3주로 늘리다가 서서히 종결에 이른다.

표 12-9 종결과정

| 종결과정 |
| --- |
| • 상담목표의 달성과 학습의 평가<br>• 감정 및 관계에 관한 문제 다루기<br>• 상담종결 후의 자신감 및 학습의 전이 |

### (3) 상담기법

#### ① 관심 집중, 경청, 감정의 이해

- 관심 집중: 내담자를 향한 개방적인 태도, 시선을 통한 접촉
- 경청: 내담자의 언어적 · 비언어적 메시지 경청
- 감정의 이해: 공감(감정, 정서), 이해(지적인 측면)

#### ② 질문기법

- 생략 부분 채우기(예: 내담자가 "나는 무서워요."라고 하면, 상담자는 '무엇'이 혹은 '누가' 무서운지 물음)
- 과정을 사건으로 왜곡시키는 내담자에게 질문기법을 통해 비합리적 신념(인식)을 스스로 수정하게 한다.

> 내담자: 나는 학교에 가지 않을 것입니다.(사건)
>
> 상담자: 네가 학교에 가는 것을 방해하는 것은 무엇이니?(과정)

- 겉구조, 속구조, 경험과의 관계 인식
  - 겉구조: 내담자의 입을 통해 표현된 언어(생략 발생)
  - 속구조: 개인이 경험한 것에 대한 '완전한 언어적 표상'

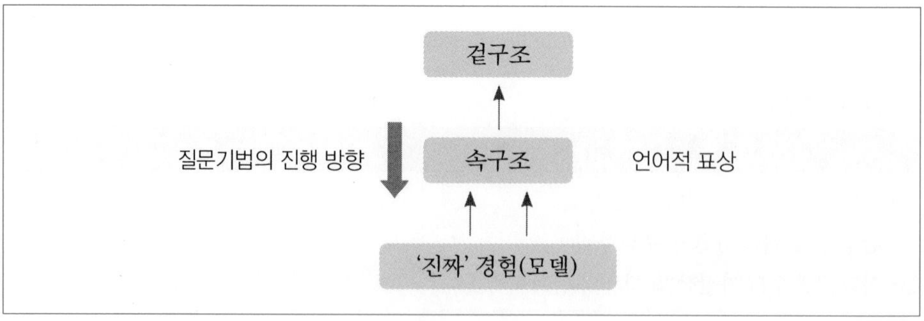


[그림 12-2] 질문기법의 구조

• 일반화(generalization)

–명사의 일반화

내담자: 나는 무서워요.

상담자: 무엇이 무서운데?

내담자: 사람들이요.

상담자: 누가 특히 뭐가 무서운데? "나는 아버지가 무서워요."라고 말해 보자. 그리고 네가 느끼기에 그 말이 맞는지 생각해 보자.

–동사/형용사의 일반화

내담자: 아버지가 무서워요. (또는 아버지가 무섭게 해요.)

상담자: 아버지가 널 어떻게 무섭게 하니?

③ 조언과 지시

• 효과적 조언 · 지시: 상담자의 조언, 지시를 내담자가 따라서 행동하는 것
• 효과적 시기: '해결 지향적' 방향 모색(쉽게 변화할 수 있는 상황적 · 행동적 변화 모색)으로 문제를 구체화한 후 제시

## 2) 지체장애학생 가족 지원

### (1) 지체장애학생 부모의 자녀관

지체장애학생의 재활은 자녀가 독립적인 일상생활을 영위하도록 지속적인 재활을 받도록 해야 한다(김홍준, 2003). 이를 위해 재활담당자와 지속적인 연계로 자녀에 대한 정확한 신체 특성을 알고 향후 변화에 대한 가능성과 잠재성을 예상(김홍준, 2003)할 계획을 수립해야 한다.

• 가정교육과의 연계 필수
• 가정의 재활치료 지속 및 교육 병행

- 담임과 수시로 상담
- 자녀에 대한 문제 발생 예방을 위한 교사 협조체제 유지

### (2) 가족참여

#### ① 가족참여

가족참여는 가족과 학생 간의 상호관계 향상을 의미한다(김홍준, 2003). 모리슨(Morrison, 1978)은 "부모 참여는 부모가 지니고 있는 잠재력을 현실화시키는 과정이다."라고 정의하였으며, "이것은 부모들이 그들의 힘과 능력과 가능성을 발견하도록 도와주고 이러한 것들을 그들 자신과 그 가족들을 위해서 사용할 수 있도록 도와주는 과정을 의미한다."라고 하였다.

- 가족은 스스로의 필요를 충족시킬 수 있는 환경 구성임
- 장애학생의 독립적인 문제해결 능력을 지니고 있음을 깨닫게 해 주는 조력자 역할

#### ② 가족참여를 위한 지원 및 중재

일반적으로 지체장애학생 가족이 필요로 하는 것은 학생의 장애와 필요를 이해하고 현실적인 기대 수준을 설정하는 것이다(김홍준, 2003). 또한 가족 각자의 역할에 도움이 되는 자료를 찾을 수 있는 정보를 필요로 한다(김홍준, 2003).

- 치료, 재활, 교육, 보육, 이동, 일상생활 활동의 지원체계

#### ③ 부모의 바람직한 역할

효과적인 중재에 있어서 부모참여의 중요성(김홍준, 2003)이 점점 확대되고 있다. 부모의 참여가 학생의 조기중재에 효과가 있다면 다음은 어떤 형태로 부모를 참여시키느냐 하는 것이 중요하다(김홍준, 2003).

- 학생 양육에 대한 일반 지식을 듣는 경청자

- 사무적인 일을 돕고, 프로그램을 위한 기금을 모으며, 학생에 관한 정보를 주는 지원자
- 학생 발달, 양육에 관한 학습자
- 학생의 문제를 분석하고 해결점을 모색하는 교사, 치료사

#### (3) 유관기관과의 상호협력을 위한 의사소통 기술

가족과 전문가와의 효과적인 의사소통은 지체장애학생의 전환시점에 대한 요구를 충족시키기 위해 적합한 서비스를 제공함은 물론 학생의 행동중재에도 필수적인 요소이다(김홍준, 2003).

- 가족의 문제해결에 직접 동참하여 적극적으로 듣기
- 효과적으로 질문하기
- 심사숙고하기
- 명백하게 설명하기
- 정보 제공하기
- 재구성하기

### 3) 지체장애학생의 부모를 위한 상담

#### (1) 지체장애학생 부모에 대한 상담

지체장애학생의 부모가 겪는 어려움은 자녀가 성장하면서 보이는 여러 문제와 접하면서 대인관계 형성의 문제, 언어문제, 환경의 변화에 대한 적응문제 등 매우 다양하게 나타난다(김홍준, 2003). 재활치료의 지속성과 전환교육에 대한 고민 속에 있는 부모에게는 전문적인 상담이 필수적이다.

##### ① 부모상담의 정의

부모상담은 부모교육, 부모지원, 부모참여, 부모역할 등을 포함하는 포괄적 의미이다(김홍준, 2003). 부모는 부모상담을 통해 지체장애에 대한 기본적인 지식 및 특성을 이해하게 되고, 본인의 양육방식과 방향성에 대해 전문가의 조언을 듣게 된다. 또한

예방적 차원에서의 부모역할과 태도와 문제를 해결하는 치료적 입장에서의 부모역할을 구분하여 준비 및 대응하는 체제 형성에 도움을 받게 된다. 장애를 가진 자녀의 가족이 건강한 기능을 유지하기 위해서 내적 · 외적 지원이 요구된다(김홍준, 2003).

부모상담은 부모의 참여 · 지원을 위한 전략으로서 부모의 역할 기능을 향상시키는 것을 의미한다(김홍준, 2003). 지체장애가족 중 부모역할의 변화의 필요성과 보육 및 교육에 대한 질의 재고를 만드는 장치로 볼 수 있다.

### ② 부모상담의 필요성

Seligman(1985)은 장애학생 부모들이 겪게 되는 다양한 문제점에 대해 상담가의 도움을 받아야 할 필요가 있음을 주장한다(김홍준, 2003).

- 장애자녀가 가족 내에 존재하는 데서 오는 스트레스
- 장애학생 이외의 형제자매 자녀들이 겪는 심리적 문제로 인한 가족 갈등
- 장애자녀 문제에 대한 부모의 차별화된 역할과 반응
- 전문가의 무성의한 상담으로 인한 상처
- 학생 주위의 모든 가족 및 친지의 반응

하지만 학생의 과보호 및 잘못된 경쟁심리 등은 부모상담으로 수정이 가능하지만, 재활문제 및 교육적 가치관의 수정 등은 매우 어렵다(김홍준, 2003).

일반적인 사회화의 의미와 달리 지체장애학생 부모의 사회화는 지체장애학생 부모로서 재활치료에 대한 문제해결을 수행하는 역할뿐 아니라 일반자녀의 학부모 역할 수행도 의미하므로 일반적 교육 및 가족활동에 대한 상담도 요구된다.

최근에는 장애인에 대한 사회적 인식이 전환되고 있어 일반적인 장소에서 함께하는 사회구성원으로 인식되는 사회로 전환하고 있다. 이에 상담을 통해 부모가 가족의 환경의 변화를 모색하거나, 새로운 경험을 가족 및 장애학생에게 제공하려는 계획의 수립을 구축할 수 있을 것이다.

### ③ 부모상담의 효과

지체장애학생의 전환을 위한 학교 선택, 교육방법, 향후 진로 등을 위한 상담이

반드시 요구되는데, 이 상황에서의 부모상담은 가족의 성장과 발전을 위한 보다 적극적인 활동에서의 의미를 가지게 된다. 특히 장애학생 부모의 장애와 교육, 치료에 대한 잘못된 가치관 및 비합리적 신념 등을 상담을 통해 점검하게 되고, 변화 및 수정의 필요성을 가질 수 있게 된다. Zigler와 Anderson(1979)이 장애학생 통합의 효시인 헤드스타트 프로그램이 학생 교육에 미친 영향을 보고한 내용을 살펴보면(김홍준, 2003), 결국 부모에 대한 상담 및 교육을 통해 지체장애학생의 사회화 미치 통합을 이룰 수 있다는 가능성을 보여 준다고 할 수 있다.

현대사회의 상담은 가족에 보다 직접적이며 실용적인 부분에 도움이 되는 방향으로 변화하고 있다. 단순히 전통 심리학과 상담학에 머무는 것이 아니라, 사회적 관계에서 오는 지체장애에 대한 인식 변화까지에 이르기까지 상담이 다루고 있는 주요한 내용이 된다. 특히 지체장애학생의 부모가 자녀를 올바로 이해하고 받아들일 수 있는 지식 습득에 대한 상담(김홍준, 2003)의 기회를 통해 재활 및 사회화의 방향을 이끌 수 있을 것이다.

최근 지체장애학생 부모에 대한 상담의 효과는 재활 및 교육적 측면을 강조하고 있다(김홍준, 2003).

- 학생의 신체적 능력이나 발달에 미치는 부모역할의 중요성 자각
- 재활 적용과 관련된 요인의 학습 및 실행 기회 마련
- 가족 구성원 간의 유대 및 기능 강화를 통한 장애 자녀의 재활 효과 증진
- 자녀의 인지 및 신체 발달 정도에 맞는 가정교육환경조성

**표 12-10** 부모와의 대화를 저해하는 부적절한 대화 기술

| 구분 | 내용 |
|---|---|
| 명령하기 | • 이렇게 하셔야 돼요.<br>• 이렇게 하세요.<br>• 부모는 이렇게 할 책임이 있습니다. |
| 강의하기 | • 제 설명을 이해하시겠어요?<br>• 제가 그때 설명하였듯이……. |

| | |
|---|---|
| 판단하기 | • 잘못하셨어요.<br>• 그렇게 하시면 안 돼요!<br>• 어머니의 문제는…….<br>• 그것은 나쁜 방법이에요.<br>• 이해를 잘 못하시네요! |
| 캐묻기 | • 언제, 누가, 어디서, 어떻게, 왜 그랬어요? |
| 위협하기 | • 제 제안을 받아들이시지 않는다면…….<br>• 그렇게 하시지 않는다면…….<br>• 계속 그렇게 하신다면 저는……. |
| 피상적으로 위로하기 | • 잘될 거예요.<br>• (어머니가) 잘하실 거예요.<br>• (학생이) 잘할 거예요. |
| 진단하기 | • 아직 어머니는 ……단계에 계신 거예요.<br>• 그 행동을 하신 것은 ……가 요인인 것 같아요. |
| 빈정대기 | • 너무 모르시고 하셨네요.<br>• 잘하시는지 아시네요.<br>• 여태껏 그것도 모르셨어요?<br>• 너무 심하시네요. |

출처: 이창미, 장혜성, 김수진(2003), p. 366.

**표 12-11** 장애아동에게 도움이 되는 부모의 조건

- 자녀의 무능력을 책망하지 않는다.
- 장애자녀와 함께 생활하는 것을 좋아한다.
- 자녀 스스로 하는 일에 극성스럽게 간섭하지 않는다.
- 장애자녀를 특별대우하지 않는다.
- 항상 자녀의 처지에서 생각한다.
- 부모 자신의 사회적 체면을 앞세우지 않는다.
- 자녀 앞에서 그 장래에 대한 우려를 표시하지 않는다.
- 자녀의 앞날(생계)을 위한 장기 대책을 마련하고 추진한다.
- 항상 명랑하게 자녀를 대한다.
- 자녀의 발달을 장기적으로 지켜본다.
- 여러 사람 앞에서도 장애 자녀를 떳떳이 데리고 다닌다.
- 자녀에게 지나친 요구를 하지 않는다.
- 자녀를 주로 칭찬한다.

- 작은 변화와 발전에도 감탄하고 만족한다.
- 다른 자녀와 비교하여 남의 자녀를 질투하지 않는다.
- 자신이 장애자녀를 가진 뜻을 나름대로 발견하고 장애아동들을 위한 일에 앞장선다.
- 부모의 활동에 적극적으로 참여한다.
- 자녀 앞에서 학교나 교사의 좋은 점을 자주 이야기한다.
- 자녀가 할 수 있는 일을 많이 시킨다.
- 일관성 있는 말과 행동으로 자녀의 좋은 모델이 되도록 노력한다.
- 장애인의 교육에 관한 연수 등을 통해 끊임없이 자기성장을 도모한다.
- 이미 닥쳐 온 불행을 긍정하고 이를 높은 차원으로 승화시키려고 한다.

제13장

# 지체장애학생을 위한 순회교육 및 관련서비스

## 1. 순회교육

특수교육이란 특수교육 대상자의 교육적 요구를 충족시키기 위하여 특성에 적합한 교육과정 및 특수교육 관련서비스 제공을 통하여 이루어지는 교육을 말한다. 특수교육 대상자는 특수교육을 필요로 하여 선정된 사람으로, 유치원, 초 · 중 · 고등학교 과정의 교육은 의무교육으로 하고, 전공과와 만 3세 미만의 장애영아교육은 무상으로 하고 있다. 특수교육 대상자는 장애 정도, 능력, 보호자의 의견 등을 종합적으로 판단하여 일반학교의 일반학급, 일반학교의 특수학급, 특수학교에 배치되고 있으나, 장애가 중도이거나 중복되었기 때문에 취학할 수 없어 장기간 교육의 울타리 밖에 놓여 있는, 소위 미취학한 장애아동이 여전히 존재하고 있다. 따라서 중도장애학생에 대한 공교육의 책무성을 강화하고, 어떠한 장애학생도 교육 받을 권리로부터 배제하지 않기 위한 실질적으로 교육의 기회를 제공하고자 '순회교육'이 도입되었다.

모든 사람은 교육을 받을 권리가 있음에도 불구하고 중도장애로 인해 배제되어 왔던 학생들에 대한 교육기회를 부여하는 측면에서 순회교육이 중요한 대안으로 대두되었다. 또한 학교 여건상 특수학급을 갖추기 힘들거나, 3세 미만의 장애영유아를 위해서도 순회교육이 이루어지고 있다. 이러한 순회교육은 가정, 시설, 병원에서 이루어지는 '분리형 순회교육'과 일반학교에서 주로 이루어지는 '통합형 순회교육'으로 구분될 수 있는 폭넓은 개념이기도 하다. 따라서 순회교육의 대상자는 장애로 인하여 통학이 곤란한 중도의 장애학생에서 일반교육을 받으면서 제한적인 특수교육의 요구를 가지는 경도의 장애학생에까지 다양할 수 있다.

중도장애학생에게 학교 교육은 공간적 한계를 가진다는 선입견에서 탈피하면서 순회교육이 중요한 방법으로 시행되고 있다. 학교 교육이 건물, 시설, 설비, 교육내용, 교육방법 등 학교라는 시설적 고정관념이 가지는 경직성에서 벗어나, 시간적·공간적 한계를 탄력적으로 운영하여 교사의 전문성에 기초한 학교라는 건물 밖에서의 교육, 학교 밖에서 활동하는 교직을 제도화하는 것이다.

학교라는 교육의 장에서 학생은 또래 및 교사들과 접촉함으로써 풍부한 인간관계를 경험하게 된다. 그러나 분리형 순회교육에서는 교사 한 사람이 전부인 경우가 많다. 따라서 순회교육에서는 교사의 전문성과 더불어 폭넓은 인간성이 요구된다. 이는 순회교육의 장이 그 학생에게는 오직 한 사람의 선생님만이 있을 뿐이며 교사에게도 오직 한 사람의 학생만의 있을 뿐이라는 두 사람만의 긴밀한 인간관계 때문일 것이다. 그러므로 학생의 가족으로부터 나오는 평가도 깊고 날카롭고 엄격하기도 하다.

## 1) 순회교육의 개념 및 법적 근거

### (1) 순회교육의 개념

순회교육이라는 말은 비교적 오래전부터 사용되어 왔으나 그 개념은 나라에 따라 다소 다른 듯하다. 우리나라에서는 '재택교육' '방문교육' '순회교육' '순회방문교육' '지원·순회교육' 등 다양한 용어가 혼잡하게 사용되어 왔다. 이러한 용어들은 교육의 장 또는 교육 대상자의 범위와 관련하여 그 의미하는 바가 다소 다를 수 있지만, 명확한 개념을 가진 용어로서 서로 구분될 수 있는 것은 아니었다. 따라서 이러한 용어 대부분이 좁게는 가정에서 넓게는 특수교육이 이루는지는 모든 장면에까지, 그 대상자를 좁게는 중도중복장애학생에서 넓게는 특수교육의 요구를 가지는 모든 학생에까지 적용될 수 있는 애매하면서도 폭넓은 개념으로 사용되어 왔다.

우리나라에서 통용되는 순회교육과 유사한 개념을 가지는 영어를 살펴보면, 'itinerant education(or instruction)' 'peripatetic education(or instruction)' 'home schooling' 'homebound education(or instruction)' 'visiting education(or instruction)' 'hospital education(or instruction)' 'residential and itinerant education(or instruction)' 'homebound and itinerant education(or instruction)' 등이 있다. 이 중 미국의 '홈스쿨링home schooling' 제도는 공립학교 시설에 대한 불만족(25.6%)이나 공립학교보다 질 높은 교육을 요구하는 고학력을 가진 백인 가정에서 이루어지는 교육(48.9%), 또는 종교상의 이유로 인한 공교육 거부 가정(38.4%)의 부모가 선택하는 것(National Center for Education Statistics, 2001)으로, 이 장에서 다루는 장애아동을 위한 순회교육과는 다소 차이가 있는 개념이다. 그러나 이 제도는 질병이나 장애로 인하여 통학이 불가능한 아동을 위한 교육(9.0%) 조치 방법이기도 하므로 완전히 다른 개념이라 볼 수 없다. 따라서 우리나라에서 말하는 순회교육이란 'itinerant education(or instruction)'과 'peripatetic education'이란 말을 번역하여 사용하는 것이라 볼 수 있다. 이 순회교육(peripatetic education)은 유네스코 장애아 교육사전에 따르면, "교사가 아동이 소속하고 있는 각 학교를 방문하여 개인별 혹은 소집단으로 아동들에게 특수한 교육적 원조를 하는 것"으로 정의되지만, 여기에 부연하여 협의의 가정 방문교육(homebound education)을 포함한다고 되어 있다. 따라서 미국에서 사용되는 순회교육이란 우리나라의 「장애인 등에 대한 특수교육법」(2007)에 규정되는 순회교육과 유사한 개념이라 할 수 있으며, 가정 방문교육 등 제한적인 의미를 갖는 이러한 유형의 모든 용어가 가지는 의미를 포괄할 수 있는 광의의 개념이라 할 수 있다.

한편, 우리나라와 가장 유사한 특수교육 운영 체제를 가지는 일본에서는 순회교육이라는 용어를 사용하지 않고, 방문교육(visiting education)이라는 용어를 사용하고 있다. 일본은 1979년 이 방문교육을 제도화하면서 "심신의 장애 상태가 중도 또는 중복되어 있어서, 양호학교(지체부자유, 정신지체, 병허약아를 교육 대상자로 하는 특수학교를 말함) 등에 통학하여 교육받기 곤란한 학생에 대하여 양호학교 등의 교원이 가정, 아동 복지시설, 의료기관 등을 방문하여 행하는 교육"(일본 문부성, 1978)으로 정의하여 지금까지 사용하고 있다. 따라서 일본에서 통용되는 방문교육이란 앞에서 언급한 특수교육을 담당하는 교원이 학교를 순회하면서 행하는 순회교육을 제외한 협의의 개념이다.

> 「장애인 등에 대한 특수교육법」 제2조 제8호
> "순회교육"이란 특수교육교원 및 특수교육 관련서비스 담당 인력이 각급학교나 의료기관, 가정 또는 복지시설(장애인복지시설, 아동복지시설 등을 말한다) 등에 있는 특수교육 대상자를 직접 방문하여 실시하는 교육을 말한다.

우리나라는 이와 같은 미국과 일본에서 규정하는 순회교육에 영향을 받으면서 1994년 처음으로 순회교육에 대한 법적 근거를 갖추게 되었다. 「장애인 등에 대한 특수교육법」(2007)에 의하면 순회교육이란 "특수교육 교원 및 특수교육 관련서비스 담당 인력이 각급학교나 의료기관, 가정 도는 복지시설(장애인 복지시설, 아동복시지설) 등에 있는 특수교육 대상자를 직접 방문하여 실시하는 교육"으로 정의된다. 따라서 이 용어는 앞에서 언급한 영어 단어 모두를 포함할 수 있는 광의의 개념이며, 일본에서 말하는 방문교육과 구분된다.

지금까지 살펴본 순회교육과 관련한 용어들이 가지는 개념적 범위를 도식화해 보면 [그림 13-1]과 같다. 여기서 보면 순회교육은 통합형(일반학교 내 및 일반학교

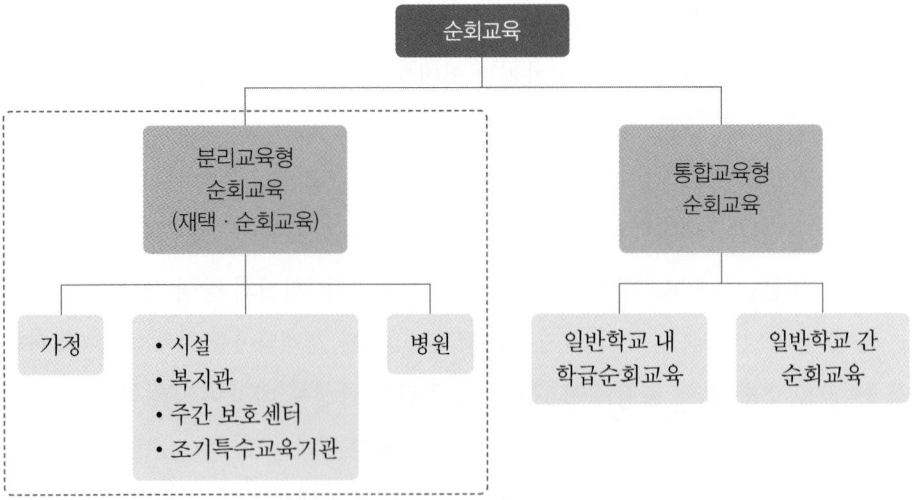


[그림 13-1] 한국 순회교육 모델과 범위

간)과 분리형(가정, 시설, 병원)으로 구분될 수 있다.

한편, 이러한 분리형 순회교육은 재택과 파견학급으로 구분되어 실시되고 있으며, 전자가 특수학교나 특수학급에 재적하는 장애학생을 주 대상으로 하고 있는 반면, 후자는 주로 복지시설에 배치되어 있는 장애아동에게 특수학교나 특수학급에서 파견된 교사들이 지도하는 순회교육 학급 형태이다. 이 재택과 파견학급은 특수학교나 특수학급의 정규 학급으로 편성된다는 점에서 서로 유사하나, 전자가 교사의 방문에 의한 일대일 개별 지도에 의한 것인 데 비하여, 후자는 시설에 설치된 학급에 교사가 방문하여 주로 집단지도를 행한다는 점에서 다소 다르다.

현재 우리나라에서 실시하고 있는 대표적인 순회교육의 모형을 제시하면 다음과 같다.

첫째, 가정 순회모형으로 통학이 어렵고, 학교에서는 의료적 시설이나 건강상의 조치가 곤란한 중도장애학생을 위하여 순회교사가 가정을 방문하여 학생에게 교육적 조치와 서비스를 제공하는 모형으로 재택 장애아 순회교육의 주 모형이라 할 수 있다.

둘째, 시설 및 병원 순회모형은 장애인 복지시설이나 장기간 병원에 입원 중인 중도장애학생을 위해 순회교사가 방문하여 교육적 조치와 서비스를 제공하는 모형이다. 최근에 건강장애가 특수교육 대상자에 포함됨으로써 장애학생이 아닌 소아암이나 장기입원 중인 일반학생을 위한 병원학교 형태의 순회지도가 이에 속한다.

셋째, 일반학교 간 순회모형은 특수학급이 설치되어 있는 학교의 특수학급 담당교사(특수교육지원센터 특수교사 포함)가 특수학급 미설치 학교를 묶어 주 2회 이상 특수교육 서비스를 제공하는 형태의 모형이다.

### (2) 순회교육의 법적 근거

「헌법」 제31조

① 모든 국민은 능력에 따라 균등하게 교육을 받을 권리를 가진다.

우리나라 순회교육의 법적 근거는 대한민국「헌법」과 2007년 발의된「장애인 등에 대한 특수교육법」에서 찾을 수 있다. 특히「장애인 등에 대한 특수교육법」에서는 특수교육지원센터의 운영 내용에서도 순회교육을 제시하고 있으며, 장애영아의 순회교육 지원에 대해서도 규정하고 있다.

「장애인 등에 대한 특수교육법」 제11조(특수교육지원센터의 설치 · 운영)
① 교육감은 특수교육 대상자의 조기발견, 특수교육 대상자의 진단 · 평가, 정보관리, 특수교육 연수, 교수-학습활동의 지원, 특수교육 관련서비스 지원, 순회교육 등을 담당하는 특수교육지원센터를 시 · 도 교육청 및 모든 하급교육행정기관에 설치 · 운영하여야 한다.

「장애인 등에 대한 특수교육법」 제18조(장애영아의 교육지원)
③ 제2항에 따라 배치된 장애영아가 의료기관, 복지시설 또는 가정 등에 있을 경우에는 특수교육교원 및 특수교육 관련서비스 담당 인력 등으로 하여금 순회교육을 제공하도록 할 수 있다.

특히「장애인 등에 대한 특수교육법」 제25조에서는 순회교육의 담당 인력, 순회교육 대상자, 행정적 · 재정적 지원, 운영 내용에 대해 제시하고 있다. 또는 같은 법 시행령 제20조에서는 순회교육 계획의 수립, 수업일수 등 운영방법에 대해 구체적으로 제시하고 있다.

「장애인 등에 대한 특수교육법」 제25조(순회교육 등)
① 교육장 또는 교육감은 일반학교에서 통합교육을 받고 있는 특수교육 대상자를 지원하기 위하여 일반학교 및 특수교육지원센터에 특수교육교원 및 특수교육 관련서비스 담당 인력을 배치하여 순회교육을 실시하여야 한다.
② 교육감은 장애 정도가 심하여 장 · 단기의 결석이 불가피한 특수교육 대상자의 교육을 위하여 필요한 경우 순회교육을 실시하여야 한다.

③ 교육감은 이동이나 운동기능의 심한 장애로 인하여 각급학교에서 교육을 받기 곤란하거나 불가능하여 복지시설·의료기관 또는 가정 등에 거주하는 특수교육 대상자의 교육을 위하여 필요한 경우 순회교육을 실시하여야 한다.
④ 교육장 또는 교육감은 제3항에 따른 순회교육의 실시를 위하여 의료기관 및 복지시설 등에 학급을 설치·운영하는 등 필요한 조치를 강구하여야 한다.
⑤ 국가 또는 지방자치단체는 제4항에 따라 학급이 설치·운영 중인 의료기관 및 복지시설 등에 대하여 국립 또는 공립 특수교육기관 수준의 교육이 이루어질 수 있도록 대통령령으로 정하는 바에 따라 행정적·재정적 지원을 할 수 있다.
⑥ 제1항부터 제4항까지의 규정에 따른 순회교육의 수업일수 등 순회교육의 운영에 필요한 사항은 대통령령으로 정한다.

「장애인 등에 대한 특수교육법 시행령」 제20조(순회교육의 운영 등)
① 교육장이나 교육감은 법 제25조 제1항에 따른 순회교육을 하기 위하여 순회교육을 받는 특수교육 대상자의 능력, 장애 정도 등을 고려하여 순회교육계획을 작성·운영하여야 한다.
② 순회교육의 수업일수는 매 학년도 150일을 기준으로 하여 각급학교의 장이 정하되, 순회교육을 받는 특수교육 대상자의 상태와 교육과정의 운영상 필요한 경우에는 지도·감독기관의 승인을 받아 30일의 범위에서 줄일 수 있다.

## 2) 순회교육의 발전

순회교사를 의미하는 'peripatetic teacher'라는 말은 기원전 342년 아리스토텔레스가 류케이온(Lyceon)이라는 소요학파의 학교를 설립하여 이 학교들을 순회하면서 제자들을 지도했다는 것에서 그 기원을 찾을 수 있다.

이러한 의미를 가진 순회교육이 우리나라에 도입되어 교육방법으로서 적용된 것은 1963년 부산광역시에서 가정방문제 특수학급을 설치·운영하면서부터이다. 그러나 그 후 지속적인 발전은 보이지 않았으며, 1994년 「특수교육진흥법」의 전면 개정을 계기로 순회교육 담당교사의 배치 및 그에 따른 대상 학생 수의 증가와 함께 관련 도서(이규식 외, 2001), 학위 논문 약 20여 편, 현장 장학자료(경상남도와 경기도 교육청에서 발행)의 개발과 보급이 급격히 증가하면서 최근 우리나라 특수교육의 중요 현안으로 자리잡게 되었다(전헌선, 2002).

여기서는 순회교육의 발전 경위와 관련한 주요 사항, 즉 순회교육의 시작, 경기도의 계통적인 발전과정 그리고 어려운 조건에도 불구하고 중복 · 지체부자유아동을 대상으로 순회교육을 꾸준히 실천해 온 삼육재활학교의 발전 과정에 대하여 알아본다.

### (1) 순회교육의 시작

교육부(1993)가 우리나라 특수교육 100년을 기념하여 국가정책 수립 및 올바른 목표 설정을 위하여 발행한 '특수교육백서'를 중심으로 순회교육의 시작을 정리하면 다음과 같다.

순회교육의 시작은 1963년 3월 부산광역시 김현옥 시장과 오복근 교육감의 협의에 따라 그 당시 취학이 곤란했던 지체장애학생 128명을 대상으로 가정방문제 특수학급을 개설하면서부터다. 같은 해 7월에는 국가재건최고회의 박정희 의장으로부터 특별보조금을 받아 1964년 3월에 입학식을 가질 수 있었다. 1965년에는 대상 학생을 236명으로 확대하여 35학급을 편성 · 운영하기도 하였으나, 1973년에는 182명 28학급으로 축소되었으며 그 후 해가 지날수록 감소하였다. 특히 1977년「특수교육진흥법」제정에 따른 공립 특수학교의 설립과 특수학급의 증설에 따라 순회교육 대상자가 특수학교나 특수학급으로 그 학적을 바꾸면서 1992년에는 18명으로 감소하기도 하였으나, 1994년에 이르러「특수교육진흥법」이 전면 개정됨에 따라 순회교육이 제도화되면서 다시 증가하는 추세이다.

### (2) 경기도 순회교육의 발전

김경남(2002)에 따르면, 경기도가 가장 계통적으로 순회교육을 발전시켜 왔으며, 현재의 실천 상황 또한 우리나라 순회교육의 발전에 많은 시사점을 제공하고 있다. 경기도의 순회교육의 발전 과정에 대하여 '특수교육백서'(1993)의 내용을 중심으로 알아보면 다음과 같다.

1979년 3월부터 인천시 1지구에는 교사 1명이 대상자 11명, 2지구에는 교사 1명이 대상자 12명, 수원시의 매산초등학교에서 교사 1명이 대상자 9명에 대하여 순회교육을 실시했다. 다음 해인 1980년에는 성남시 수진초등학교와 부천시의 부천초등학교에 순회 학급이 각각 1학급씩 신설되었고, 교사 2명이 아동 16명을 대상으로 순회교육을 실시해 왔다. 1982년에는 안양시의 만인초등학교에서도 학급을 신설하여 담당 교사 1명이 8명의 학생을 대상으로 순회교육을 실시했다. 그 후 계속하여 성남시 산원초등학교에 2학급이 신설되어 교사 2명이 학생 20명을 대상으로 순회교육을 실시하였으며, 이 학교에서는 1988년에서 1990년까지 매년 1학급을 증설하여 순회교육을 실시했다. 그 후 계속하여 구리시 토령초등학교에 1학급을 증설하여 아동 8명이, 안양시 반인초등학교에 1학급을 신설하여 8명의 아동이 교육을 받았다.

이와 같이 경기도는 지속적인 발전을 거듭하여 1992년 7월에는 수원시 1학급에 아동 6명, 성남시 2학교 6학급에 56명, 의정부시 1학급에 9명, 안양시 1학급에 10명, 부천시 1학급에 8명, 구리시 1학급에 16명, 계 7개교 12학급으로 편성되어 총 101명(남59, 여42)을 대상에게 순회교육을 확대 실시하게 되었다. 그 후 10여 년이 지난 2001년 6월에는, 15개 교육청의 31학교에서 47학급을 설치하여 운영하고 있으며, 가정 순회 19학급에 116명, 시설 파견 및 순회가 26학급에 193명, 학교 순회 2학급에 13명 등 총 242명에게 순회교육을 확대 실시하고 있는(이동원, 2001) 등 선구적인 발전을 보여 주고 있다.

이동원(2001)에 따르면 최근 들어 시설 파견 형태의 순회교육보다 조기 특수교육기관이나 주간보호센터와 같은 장애인 이용 시설에 순회학급이 설치되어 운영되고 있다는 점이 주목된다. 또한 그는 이러한 형태로의 변화에 대하여 대상 장애아동 부모의 인식 변화, 양질의 시설과 지원 서비스가 가능한 점, 풍부한 인적 자원의 확보와 활용으로 인한 팀 접근의 실천 등을 예로 들면서 앞으로 이러한 형태의 순회교육이 더욱 증가할 것으로 예상하고 있다.

이와 같이 경기도는 1979년 순회교육을 실시한 이래 지속적으로 그 대상과 범위를 확대해 왔으며, 체계적으로 순회교육을 발전시키고 있다(전헌선, 2000). 경기도교육청(1998)에서 발간된 순회교육에 관련된 세부 지침서를 토대로 교사 1인당 학생 수를 5인으로 규정한 점, 1일 순회 지도 학생 수를 2~3명으로 규정한 점, 학생 1인당 지도 시간을 1.5시간(90분)으로 규정한 점 등은 타 시 · 도 교육청과 구분되는 발전적인 특징이다(이동원, 2000).

## 3) 순회교육의 운영 현황

교육부에서 매년 발행하고 있는『특수교육 연차보고서』에 따르면, 순회교육은 특수학교, 특수학급, 특수교육지원센터에서 가정, 시설, 병원, 일반학교 등의 기관에 4,123명 지원하고 있다. 특히 특수교육지원센터에는 주로 순회교사가 배치되어 순회교육 위주의 교육과정을 제공함으로써 가장 많은 순회교육을 제공하고 있다.

학교급별로는 초등학교가 가장 많으며, 유치원, 중학교, 고등학교 순이다. 이는 특수교육에 대한 수요에 비해 특수학급이 설치가 부족하여 생기는 일반학급 배치 특수교육 대상자 순회교육의 수요가 증가했기 때문이다. 이는 많은 수의 순회교육이 통합교육을 지원하기 위한 방법의 하나로 이용되고 있는 것을 알 수 있다.

이러한 통합교육지원 강화를 위해 일반학교 특수학급 미설치 학교에 순회교육 등 지원을 위한 통합교육지원실이 설치 · 운영되고 있으며, 교육청에서 일반학교 일반학급 배치 특수교육 대상자를 위한 상담 및 정보 지원, 현장 요구와 장애 유형별 특성에 따른 신속한 지원 등을 위해 통합교육지원단을 운영하고 있다. 또한 통합교육 지원교사 배치 확대를 통해 교육과정 조정, 정기상담 등 특수교육 대상자가 필요로 하는 지원 및 개별화교육계획 작성 · 관리를 위한 컨설팅을 지원하기도 한다.

표 13-1 특수교육 대상자 순회교육 현황(특수교육 연차보고서, 2021) (단위: 명, 학급)

| 구분 | 학생 수 | | | | | | | | | | 학급 수 | 교사 수 |
|---|---|---|---|---|---|---|---|---|---|---|---|---|
| | 기관 | | | | | 학교과정 | | | | | | |
| | 가정 | 시설 | 병원 | 일반학교 | 계 | 유치원(장애영아 포함) | 초등학교 | 중학교 | 고등학교 | 계 | | |
| 특수학교에서 순회 · 파견 | 717 | 204 | 38 | – | 959 | 169 | 364 | 202 | 224 | 959 | 289 | 294 |
| 특수학급에서 순회 · 파견 겸임 | 516 | 294 | 15 | 68 | 893 | 61 | 370 | 210 | 252 | 893 | 270 | 284 |
| 특수교육 지원센터 | 330 | 75 | 19 | 2,249 | 2,673 | 806 | 1,035 | 539 | 293 | 2,673 | – | 1,346* |
| 계 | 1,563 | 573 | 72 | 2,317 | 4,525 | 1,036 | 1,769 | 951 | 769 | 4,525 | 559 | 1,924 |

* 특수교육지원센터 기간제 교사 등 104명 포함

표 13-2 일반학급 배치 특수교육 대상자 순회교육 지원(특수교육 연차보고서, 2021) (단위: 명)

| 시 · 도 | 유치원 | 초등학교 | 중학교 | 고등학교 | 계 |
|---|---|---|---|---|---|
| 서울 | 47 | 23 | 21 | 17 | 108 |
| 부산 | 89 | 17 | 15 | 3 | 124 |
| 대구 | 32 | 36 | 12 | 4 | 84 |
| 인천 | – | 1 | 3 | 2 | 6 |
| 광주 | 22 | 12 | 7 | – | 41 |
| 대전 | 14 | 2 | – | – | 16 |
| 울산 | 34 | 45 | 9 | 6 | 94 |
| 세종 | 1 | 1 | – | 1 | 3 |
| 경기 | 72 | 97 | 33 | 7 | 209 |
| 강원 | 17 | 46 | 33 | 9 | 105 |
| 충북 | 39 | 40 | 17 | 16 | 112 |
| 충남 | 44 | 71 | 22 | 5 | 142 |
| 전북 | 36 | 73 | 44 | 11 | 164 |
| 전남 | 32 | 66 | 41 | 20 | 159 |
| 경북 | 44 | 78 | 59 | 27 | 208 |
| 경남 | 96 | 109 | 62 | 23 | 290 |
| 제주 | 29 | 49 | 6 | 5 | 89 |
| 계 | 648 | 766 | 384 | 156 | 1,954 |

순회교육의 운영기관별로 살펴보면, 특수학교의 순회 · 파견학급에서 지원하고 있는 순회교육 대상자는 가정, 시설, 병원 순으로, 학교급별로는 초등학교, 고등학교, 중학교, 유치원 순으로 지원하고 있다.

일반학교 특수학급 순회 · 파견학급에서는 가정, 시설, 병원, 일반학교 순으로, 학교급별로는 유치원이 월등히 적음을 알 수 있다. 이는 유치원 특수학급의 설치율이 매우 낮고, 많은 수의 영유아를 특수교육지원센터에서 순회교육을 지원하기 때문으로 추측된다.

따라서 가정 · 병원 · 시설 내 특수교육 대상자를 위한 교육지원 및 특수교육 관련서비스의 지원 강화가 필요하며, 순회교육 내실화를 위해 순회교육 전담인력 역량강화 연수 등 전문성 신장을 위한 기회를 확대할 필요가 있다.

**표 13-3** 특수학교 순회교육 대상자 수(특수교육 연차보고서, 2021) (단위: 학급, 명)

| 구분 | 학생 수 | | | | | | | | | | 학급 수 | 교사 수 |
|---|---|---|---|---|---|---|---|---|---|---|---|---|
| | 기관 | | | | | 학교과정 | | | | | | |
| | 가정 | 시설 | 병원 | 일반학교 | 계 | 유치원(장애영아포함) | 초등학교 | 중학교 | 고등학교 | 계 | | |
| 특수학교에서 순회 · 파견 | 717 | 204 | 38 | – | 959 | 169 | 364 | 202 | 224 | 959 | 289 | 294 |

**표 13-4** 특수학급 순회교육 대상자 수(특수교육 연차보고서, 2021) (단위: 학급, 명)

| 구분 | 학생 수 | | | | | | | | | | 학급 수 | 교사 수 |
|---|---|---|---|---|---|---|---|---|---|---|---|---|
| | 기관 | | | | | 학교과정 | | | | | | |
| | 가정 | 시설 | 병원 | 일반학교 | 계 | 유치원(장애영아포함) | 초등학교 | 중학교 | 고등학교 | 계 | | |
| 특수학급에서 순회 · 파견 · 겸임 | 516 | 294 | 15 | 68 | 893 | 61 | 370 | 210 | 252 | 893 | 270 | 284 |

**표 13-5** 특수교육지원센터 순회교육 대상자 수(특수교육 연차보고서, 2019) (단위: 학급, 명)

| 구분 | 학생 수 | | | | | | | | | | 교사 수 |
|---|---|---|---|---|---|---|---|---|---|---|---|
| | 기관 | | | | | 학교과정 | | | | | |
| | 가정 | 시설 | 병원 | 일반학교 | 계 | 유치원(장애영아포함) | 초등학교 | 중학교 | 고등학교 | 계 | |
| 특수교육지원센터 | 330 | 75 | 19 | 2,249 | 2,673 | 806 | 1,035 | 539 | 293 | 2,673 | 1,346* |

* 특수교육지원센터 기간제 교사 등 104명 포함

## 4) 순회교육의 실제

"교육의 질은 교사의 자질을 넘지 못한다."라는 말이 있다. 순회교육을 생각할 때 이 말은 더욱 큰 의미를 가진다. 왜냐하면 순회교육은 중도중복장애학생을 주 대상으로 하기 때문에 대상자가 가지는 장애 상태, 능력, 요구, 발달 수준, 환경 조건 등을 충분히 고려한 다양한 교육적 접근을 요구하기 때문이다. 따라서 이를 수행하는 교사는 폭넓고 다양한 역할을 수행할 수 있어야 한다. 또한 순회교육이 교사 1~2명에 의하여 이루어지고 있는 점이나 교육과정 운영이 교사에게 대부분 위임되어 있는 점, 수업 시수가 제한되어 있는 점, 가족 또는 부모와의 대화능력을 요구하고 있는 점, 다른 교사, 전문가 등과의 연계나 협력을 중요시하고 있는 점 등을 고려하면 이를 수행하는 교사의 능력과 자질은 아무리 강조되어도 지나치지 않다.

정동영 외(1996)에 따르면, 순회교육 담당교사에게는 다음과 같은 다섯 가지 대응 자세가 요구된다. 또한 그들에 의하면 이들 다섯 가지 유형의 자세를 모두 겸비한 교사야 말로 가장 유능한 교사이며, 이 중 신뢰형 자세가 무엇보다도 중요하다.

- 애정형: 아동에 대하여 부모도 못 따를 정도로 애정을 표현한다.
- 보호형: 아동의 움직임에 맞추어서 행동한다.
- 과학형: 아동의 발달을 행동 과학적으로 파악하여 면밀한 계획에 따라 지도하고 기록하고 평가한다.
- 의학형: 유약한 아동의 심신 건강을 교육 지도의 출발점으로 하여 의학적인 지식이나 방법을 강구한다.
- 신뢰형: 교사와 아동과의 관계를 신뢰감에 의하여 그 과정으로 해석하면서 접근한다.

한편, 이규식 외(2001)는 초기의 순회교육 담당 교사의 적응을 돕기 위하여 교사들의 경험에 의한 이야기를 토대로 10가지 유의 사항을 제시하였는데 이에 몇 가지 의견을 덧붙여 제시하면 다음과 같다.

- 상호 신뢰와 협력: 가정의 비밀과 부모와의 약속은 반드시 지키며, 지도에 필요한 환경 만들기는 부모와 함께 생각하고 실행한다.
- 교육애로 밝은 생활: 아동의 성장은 작은 노력의 축적으로 이루어지므로 아동의 작은 변화에서도 교육의 즐거움을 찾는다.
- 보호자 입장 이해하기: 아동의 작은 진보에도 부모와 함께 기뻐하며, 부모의 입장에서 생각하고 순수하게 받아들여 적절한 지도가 되도록 한다.

- 가능성을 믿고 서두르지 말 것: 어떠한 중도장애아동일지라도 가능성은 있다는 신념을 가지고 아동의 반응에서 가능성을 찾으며 끈기 있게 반복 지도한다.
- 장애와 능력의 판정을 명확히 하기: 생육력이나 전문의의 진단 결과, 아동의 대화, 그림책, 장남감 등에 대한 반응 등을 지도의 단서로 활용하며, 불가능한 것보다 가능한 것에 초점을 맞춘 지도가 되도록 한다.
- 좋은 친구가 되어 주기: 가능한 한 즐겁고 밝은 화제를 제공하며, 가족을 포함시킨 놀이 등으로 좋은 친구로서의 인간관계를 가진다.
- 개인의 특성에 따른 지도: 장애나 능력 등을 고려하여 지도 계획을 수립하고 지도 효과를 위해 아동의 특성을 고려한 교재 · 교구의 이용 및 개발에 노력한다.
- 치료지원 서비스 활동 중시하기: 치료지원 서비스 활동 교육과정 내용에 대하여 충분히 이해하고 전문의나 보호자의 협력 등을 구하면서 적용한다.
- 학교 복귀에 노력하기: 순회교육에 대한 이해 및 협력을 도모하고 사회성 등에 대한 지도 효과를 높이기 위하여 집단 지도의 기회를 확보하도록 노력한다.
- 관계 기관과 협력 체제 구축하기: 병원, 교육청, 연구 기관, 복지관 등의 관계 기관에 종사하는 관계자와 긴밀한 유대 관계를 맺고 협력적 지도가 가능하도록 한다.
- 주위의 사람들도 교육 활동으로 생각할 수 있도록 복장이나 태도 등에 주의하기
- 교내 연수 등을 통하여 교육 활동에 대한 다른 교사들의 이해와 협력을 도모하기
- 기능이나 일상 생활 동작의 개선에 주력한 나머지 아동에게 지나친 훈련이나 과제를 강요함으로써 아동의 심리나 '삶의 질'이 무시되지 않도록 하기

이와 같은 모든 능력과 자질을 갖춘 교사라 할지라도 자신의 능력을 최대한 발휘할 수 있는 조건이나 상황이 주어지지 않는다면 순회교육에 있어서의 교육적 효과는 그다지 기대할 수 없다.

조순화(2002)에 따르면, 다음과 같은 문제점들이 순회교육의 효율적 수행을 저해하는 요인인데, 이러한 문제점들은 서로 영향을 주고받으면서 악순환되고 있다.

- 교육과정 수립 시 관련 프로그램의 부족

- 적합한 프로그램 구성에 시간 소모가 많음
- 대상 아동의 능력과 장애 영역이 달라 어려움
- 다양한 학습자료 제작에 어려움
- 수업 자료를 운반하는 데 어려움
- 부모의 부정적인 사고와 태도를 바꾸는 데 어려움
- 부모와의 교육에 관한 협조를 구하는 데 어려움
- 전문적인 치료지원 서비스를 하는 데 어려움

순회교육을 담당하는 교사는 특수학교(급)를 담당하는 교사의 자질과 더불어 요구되는 지식이 많다고 할 수 있다. 순회교육 대상자는 중도장애학생이며 또한 다양한 장애병력을 갖고 있어서 대처하기 위해서는 단순히 장애의 증상이나 병리를 강의로서 듣는 것만으로는 충분하지 않고 임상강의나 임상지도와 같은 실습의 경험이 필요하다. 우선 연수 내용에 중도장애 중심으로 편성하여야 하며, '재활의학' 문제나 발달심리학, '사례지도' 등을 편성한 것이 중요하다. '사례지도'와 '사례연구법'을 특별히 다루는 것은 순회교육이 가족과 한 덩어리의 교육이기 때문이다. 예를 들면, 발달학, 사례지도의 이론과 실제, 사례연구법, 재활의학, 운동기능 장애와 훈련, 아동복지학, 관계기관 견학 및 학습이 필요하다.

이와 같은 현실적 문제점은 순회교육을 담당하는 교사의 요구이자, 다음의 이야기(정동일, 2002)와 더불어 순회교육에 대한 실질적 대변으로서 시급히 해결되어야 할 과제일 것이다.

- 장시간 버스나 전철을 타고 갔으나 아동의 집에 문이 잠겨서 문 앞에서 돌아왔다.
- 전혀 반응조차 없는 아동에게 무엇을 가르쳐야 할지 고민스럽다.
- 주차 공간이 없어서 집 주변을 방황하다 겨우 주차를 하고 아동의 수업을 마친 후 돌아와 보면 빨간 주차 위반 스티커에 속이 상한다.
- 가정의 어느 공간에서 아이를 가르쳐야 할지 수업 때마다 당황한다.
- 가정 및 시설에서 교사로서의 기본적인 예우를 받지 못하고 있다.
- 학습 자료가 없어서 집에 있는 아이의 장난감 중 골라서 학생 학습 자료로 준비

했다.

- 아이의 바람직한 장애 보상 치료지원 서비스를 하고 싶어도 어떻게 하는지 몰라 부담스럽다.
- 주어진 임기 이후에는 다시는 하지 않겠다.
- 스스로가 일일 학습지를 지도하는 사람보다 못하다고 생각한다.

한편, 순회교육에 있어서 부모는 제2의 교사이며 그 역할은 교사 이상일 것이다. 대부분의 시간을 가정에서 보내는 순회교육 대상자나 학령전 순회교육 대상자에 있어서는 더욱 그러할 것이다. 그러나 일부 부모들은 교육에 대하여 관심이 없거나 심지어 거부 반응까지 보이기도 한다. 이러한 부모들에게 교육에 대한 관심을 촉구하고 동기를 유발하여 적극적인 협력자로 유도하는 것은 순회교육 담당 교사에게 주어지는 또 하나의 중요한 역할일 것이다. 따라서 교사는 부모에게 아동이 가지는 생명의 존엄성을 수용하고 과보호하지 않으며 또래와 어울릴 수 있는 기회를 가능한 많이 제공할 수 있도록 격려하여야 할 것이다.

## 5) 순회교육의 전망과 과제

### (1) 외국에서 배울 점

김효선(1997)에 따르면, 미국에서는 장애가 심하여 학교를 다니지 못하는 아동은 극소수이고, 특수교사보다는 간호사나 치료사에 의한 조기 중재가 행해지고 있으며, 통학 거리의 문제로 인한 순회교육이 주로 이루어지고 있다. 이러한 미국의 상황을 통해서, 교육권 보장을 위한 순회교육의 활성화, 치료지원 서비스 및 관련서비스의 제공, 병허약 아동에 대한 순회교육의 충실 등에 대한 시사점을 얻을 수 있다. 또한 구본권(1999)에 따르면, 미국의 순회교육 대상자는 전자 통신, 전화, 원격교육에 필요한 장비 등을 제공받아 교육에 활용하고 있으며, 이러한 미국의 상황이 우리나라의 재택 장애학생에 있어서 가정학습으로 대체되는 기본 수업 시수 확보 개선 방안에 반영되어야 한다.

일본의 경우, 미국과 같은 학교 중심의 통합형 순회교육은 거의 존재하지 않으며 1979년에 제도화된 '방문교육'이란 용어를 사용하여 특수교사가 가정, 병원, 시설 등을 직접 방문하여 지도하는 운영 형태를 지난 20여 년간 지속적으로 실천해 왔다. 전국적으로 일관된 실시 상황은 보이지 않고 있으나 1996년 이후 방문교육 전담 특수교사(약 75%)가 방문 학급당 평균 2.1명의 중도장애학생을 대상으로 주 3회(6~8시간)교육에 임하고 있다. 이에 비하여 우리나라의 순회학급 편성은 급당 4명의 특수학급 편성 기준에 따르고 있는 상황이어서 개선이 요구된다. 일본의 이러한 상황은 '중복장애학생 특례 기준(교사당 아동 수를 타 장애 영역에 비해 2분의 1로 규정하고 있음)'에 따른 것이므로 우리나라의 순회교육 구축을 위한 교사 정수 배치 개선 방안에 참고되어야 한다. 그리고 매년 전국 규모로 이루어지는 연구회를 통한 방문교육 실태 및 실천사례 보고에 관한 자료는 순회교육 지원 체제 구축 방안 및 중도장애학생을 위한 국가 수준 교육과정 구안에 중요한 시사점을 제공할 수 있을 것이다.

### (2) 국가적 차원의 중장기적인 해결과제

첫째, 학교 교육에 있어서 '중도장애' '중도중복장애'의 개념에 대한 보다 과학적인 탐구가 필요하다. 이를 위하여 교육 실천의 지침이 되는 실태 파악을 추진할 수 있는 개념이 확립되어야 할 것이며, 그 결과에 따라 중도중복장애학생에 대한 선별 기준이 확립된다면 이들 대상 아동을 담당할 전문성을 가진 교사의 양성 및 배치에 관한 제도가 구축될 수 있을 것이다.

둘째, 중도중복장애 학생에 대한 교육적 실천과 경험의 축적은 어느 정도 인정되고 있다. 그러나 시설 · 설비 등의 교육환경을 포함한 교육 내용 · 방법상의 정비는 앞으로 더욱 보완될 필요가 있다. 특히 순회교육 대상자의 이동권 등과 같은 기본권에 해당하는 시설 · 설비에 대한 국가적 차원의 정비 · 확충이나, 이들을 위한 국가 수준 교육과정의 편성과 효율적 실천을 도울 수 있는 연구는 시급히 요구되는 과제라 할 수 있다.

셋째, 교육실천의 진전과 더불어 요구되는 과제는 교육 조건의 정비이다. 이것은 중도중복장애학생에 대한 질적인 교육 보장을 위해서만이 아니라, 교사나 부모 등 관계자들의 복지를 위해서도 중요한 과제이다. 장애학생에 대한 교육 연한의 연장과 제도적 개선 등에 대한 국제적 동향을 배경으로 순회교육 대상자의 발달 보장 및 삶의 질 향상을 위한 생애 교육 제도를 구축해 나갈 필요가 있다.

넷째, 순회교육에 대한 연수 및 중도중복장애학생 교육에 대한 전문적 교육을 받은 교사의 투입이 필요하다. 모든 학생은 그들의 교육적 요구에 부합되는 적절한 교육을 받아야 한다는 '교육받을 권리'라는 입장에서, 순회교육 담당교사는 중도중복장애학생 교육에 대해 보다 많은 이해와 경험을 가지고 있어야 하며, 실제적인 지도 방법 등에 있어서도 전문적 능력을 갖추어야만 한다. 이를 위하여 교육부는 순회교육의 특수성을 감안한 담당교사의 자격 기준과 배치 기준을 마련하여 시행하여야 할 것이다.

다섯째, 다양한 순회교육 대상자를 위한 교육과정 혹은 지도 프로그램의 마련이 시급하다. 중도중복장애학생은 그 장애의 종류와 정도 및 특성이 매우 다양하기 때문에 하나의 교육과정을 적용하여 각 학생에게 맞는 개별화 교육 계획을 수립한다는 것은 사실상 어렵다. 따라서 각 중도중복장애 유형별 기본교육과정이나 지도 프로그램은 물론, 순회교육의 효율적 실천을 위한 실제적인 지침이 마련되어야 할 것이다.

여섯째, 순회교육에 대한 체계적인 발전 계획이 필요하다. 국립특수교육원에 실시한 '특수교육 요구 아동 출현율 조사'에 따르면, 장애 아동 모두(2.71%)를 수용하고 교육할 수 있는 시설과 학교는 부족한 실정이다. 따라서 비교적 쉽게 모든 장애 아동에게 교육의 기회를 제공할 수 있는 순회교육을 현상적 요구에 따라 활성화시킬 필요가 있다. 그러나 순회교육을 위한 재정적 지원은 학급 운영비와 출장비를 지급하는 수준에 머물고 있을 뿐만 아니라 담당교사 1인에게 모든 교육과정 운영을 위임하고 있는 상황이므로 이에 대한 질적인 제고가 요구된다.

일곱째, 순회교육 대상자를 위한 교육 역시 다른 장애학생과 다를 바 없이 정상화와 삶의 질을 고려한 것이어야 한다. 그러나 현실적으로 순회교육 대상자를 포함한 모든 장애인의 정상화나 삶의 질을 위한 사회 및 교육적 조건은 매우 열악하며, 이를 위하여 제거되어야 할 장벽들도 많다.

## 2. 특수교육 관련서비스

### 1) 특수교육 관련서비스의 개념과 법적 근거

「장애인 등에 대한 특수교육법」 제2조 제2호에 의하면 특수교육 관련서비스란 특수교육 대상자의 교육을 효율적으로 실시하기 위하여 필요한 인적·물적 자원을 제공하는 서비스로서, 상담지원, 가족지원, 치료지원, 지원인력 지원, 보조공학기기 지원, 학습보조기기 지원, 통학지원 및 정보접근 지원 등의 총체적 지원을 포함한다.

「장애인 등에 대한 특수교육법」 제28조(특수교육 관련서비스)

① 교육감은 특수교육 대상자와 그 가족에 대하여 가족상담, 부모교육 등 가족지원을 제공하여야 한다.

② 교육감은 특수교육 대상자가 필요로 하는 경우에는 물리치료, 작업치료 등 치료지원을 제공하여야 한다. 이 경우 특수교육 대상자의 장애 유형과 장애 정도를 고려한 맞춤형 치료지원이 제공될 수 있도록 하여야 한다.

③ 교육감은 각급학교의 장이 특수교육 대상자를 위하여 필요한 경우 지원인력을 제공할 수 있도록 지원하여야 한다.

④ 각급학교의 장은 특수교육 대상자의 교육을 위하여 필요한 장애인용 각종 교구, 각종 학습보조기, 보조공학기기 등의 설비를 제공하여야 한다.

⑤ 각급학교의 장은 특수교육 대상자의 취학 편의를 위하여 통학차량 지원, 통학비 지원, 통학 지원인력의 배치 등 통학 지원 대책을 마련하여야 한다.

⑥ 각급학교의 장은 특수교육 대상자의 생활지도 및 보호를 위하여 기숙사를 설치·운영할 수 있다. 기숙사를 설치·운영하는 특수학교에는 특수교육 대상자의 생활지도 및 보호를 위하여 교육부령으로 정하는 자격이 있는 생활지도원을 두는 외에 간호사 또는 간호조무사를 두어야 한다.

⑦ 제6항의 생활지도원과 간호사 또는 간호조무사의 배치기준은 국립학교의 경우 교육부령으로, 공립 및 사립 학교의 경우에는 시·도 교육규칙으로 각각 정한다.

⑧ 각급학교의 장은 각급학교에서 제공하는 각종 정보(교육기관에서 운영하는 인터넷 홈페이지를 포함한다)를 특수교육 대상자에게 제공하는 경우 특수교육 대상자의 장애 유형에 적합한 방식으로 제공하여야 한다.

⑨ 제1항부터 제8항까지의 규정에 따른 특수교육 관련서비스의 제공을 위하여 필요한 사항은 대통령령으로 정한다.

「장애인 등에 대한 특수교육법」 제2조 제2호에서는 특수교육 관련서비스에 대한 개념을 정의하고, 제28조에서는 특수교육 관련서비스의 종류를 제시하고 있다. 또한 특수교육 관련서비스의 구체적인 내용에 대해서는 같은 법 시행령 제23조, 제24조, 제25조, 제26조, 제27조, 제28조, 제29조에서 제시하고 있다.

## 2) 특수교육 관련서비스의 운영 현황

### (1) 가족지원

가족지원은 가족상담, 보호자 교육, 가족지원 프로그램 운영 등의 내용으로 건강가족지원센터, 장애인복지시설 등 외부 기관 연계를 통해 많이 지원하고 있다.

「장애인 등에 대한 특수교육법」 시행령 제23조(가족지원)

① 법 제28조 제1항에 따른 가족지원은 가족상담, 양육상담, 보호자 교육, 가족지원 프로그램 운영 등의 방법으로 한다.

② 제1항에 따른 가족지원은 「건강가정기본법」 제35조에 따른 건강가정지원센터, 「장애인복지법」 제58조에 따른 장애인복지시설 등과 연계하여 할 수 있다.

### (2) 치료지원

또래 아동에 비해 발달이 지체된 특수교육 대상학생들에게 가장 절실하고 필요로 하는 것이 치료지원이다. 법에서 규정한 물리치료나 작업치료 외에도 언어재활, 보행훈련, 심리·행동 적응훈련 등 다양한 분야의 치료지원에 대한 수요가 많으며, 병의원 치료비 지원, 치료사 지원 등의 형태로 가정이나 병원, 학교 등에서 직간접적으로 지원하고 있다.

「장애인 등에 대한 특수교육법」 시행령 제24조(치료지원)

① 법 제28조 제2항에 따른 치료지원에 필요한 인력은 「의료기사 등에 관한 법률」 제4조에 따른 면허 또는 「자격기본법」 제19조 제1항에 따라 주무부장관이 공인한 민간자격을 소지한 사람으로 한다.

② 교육감 또는 특수학교의 장은 특수교육지원센터 또는 특수학교에 치료실을 설치 · 운영할 수 있다.
③ 교육감은 「공공보건의료에 관한 법률」 제2조에 따른 공공보건의료기관 및 「장애인복지법」 제58조에 따른 장애인복지시설 등과 연계하여 치료지원을 할 수 있다.

표 13-6 치료지원 현황(특수교육 연차보고서, 2021) (단위: 명, 천 원)

| 시 · 도 | 지원 인원 | 지원 예산 |
|---|---|---|
| 서울 | 8,989 | 12,097,480 |
| 부산 | 3,735 | 5,362,560 |
| 대구 | 5,098 | 5,602,320 |
| 인천 | 4,513 | 6,659,295 |
| 광주 | 2,452 | 3,319,560 |
| 대전 | 1,538 | 2,079,501 |
| 울산 | 1,209 | 3,005,009 |
| 세종 | 609 | 957,040 |
| 경기 | 3,003 | 5,444,178 |
| 강원 | 2,334 | 3,817,200 |
| 충북 | 3,140 | 4,781,706 |
| 충남 | 2,970 | 3,573,785 |
| 전북 | 3,659 | 4,433,364 |
| 전남 | 1,526 | 5,437,308 |
| 경북 | 3,960 | 7,781,217 |
| 경남 | 2,109 | 5,880,365 |
| 제주 | 1,175 | 1,668,428 |
| 계 | 52,019 | 81,900,316 |

### (3) 지원인력

특수학급의 교육활동에서 중증장애학생이 많을 경우, 특수교사 1인으로 교육활동을 진행하기가 어려워 지원인력을 활용하게 된다. 특수교육 대상자의 교육활동을 지원하기 위한 지원인력으로는 국고 · 지방비지원 등 유급 특수교육 지원인력인

**표 13-7** 특수교육 보조인력 배치 현황(특수교육 연차보고서, 2021)

(단위: 명)

| 시·도 | 특수학교 | | | | | | 특수학급 | | | | | | 일반학급 | | | | | | 계 |
|---|---|---|---|---|---|---|---|---|---|---|---|---|---|---|---|---|---|---|---|
| | 유급 | | | | 사회복무 | 소계 | 유급 | | | | 사회복무 | 소계 | 유급 | | | | 사회복무 | 소계 | |
| | 국고·지방비 | 자치단체(자활후원단체) | 기타 | 소계 | | | 국고·지방비 | 자치단체(자활후원단체) | 기타 | 소계 | | | 국고·지방비 | 자치단체(자활후원단체) | 기타 | 소계 | | | |
| 서울 | 370 | 3 | – | 373 | 445 | 818 | 798 | 63 | – | 861 | 479 | 1,340 | 3 | – | – | 3 | 6 | 9 | 2,167 |
| 부산 | 308 | – | – | 308 | 59 | 367 | 301 | 17 | – | 318 | 53 | 371 | 4 | 2 | – | 6 | 1 | 7 | 745 |
| 대구 | 235 | – | – | 235 | 58 | 293 | 307 | – | – | 307 | 122 | 429 | 3 | – | – | 3 | 6 | 9 | 731 |
| 인천 | 221 | – | – | 221 | 22 | 243 | 433 | 5 | 8 | 446 | 25 | 471 | – | – | – | – | – | – | 714 |
| 광주 | 82 | – | – | 82 | 59 | 141 | 160 | 13 | – | 173 | 90 | 263 | – | 1 | – | 1 | – | 1 | 405 |
| 대전 | 182 | – | – | 182 | 63 | 245 | 319 | 3 | – | 322 | 119 | 441 | – | – | – | – | – | – | 686 |
| 울산 | 121 | – | – | 121 | 95 | 216 | 200 | – | – | 200 | 145 | 345 | 1 | – | – | 1 | 1 | 2 | 563 |
| 세종 | 33 | – | – | 33 | 4 | 37 | 88 | – | – | 88 | 7 | 95 | – | – | – | – | – | – | 132 |
| 경기 | 286 | – | – | 286 | 342 | 628 | 873 | – | 1 | 874 | 948 | 1,822 | 1 | – | – | 1 | 6 | 7 | 2,457 |
| 강원 | 60 | – | – | 60 | 55 | 115 | 233 | – | – | 233 | 5 | 238 | 24 | – | – | 24 | – | 24 | 377 |
| 충북 | 167 | – | – | 167 | 25 | 192 | 226 | – | – | 226 | 40 | 266 | 2 | – | – | 2 | 2 | 4 | 462 |
| 충남 | 132 | – | 11 | 143 | 30 | 173 | 389 | – | – | 389 | 42 | 431 | 5 | – | – | 5 | 3 | 8 | 612 |
| 전북 | 140 | – | – | 140 | 21 | 161 | 247 | – | – | 247 | 60 | 307 | 6 | – | – | 6 | 4 | 10 | 478 |
| 전남 | 65 | – | – | 65 | 96 | 161 | 200 | 3 | – | 203 | 135 | 338 | 23 | 1 | – | 24 | 3 | 27 | 526 |
| 경북 | 128 | – | – | 128 | 158 | 286 | 333 | – | – | 333 | 173 | 506 | 28 | – | – | 28 | 39 | 67 | 859 |
| 경남 | 195 | – | – | 195 | 92 | 287 | 360 | – | – | 360 | 164 | 524 | 6 | – | – | 6 | 6 | 12 | 823 |
| 제주 | 64 | – | – | 64 | 29 | 93 | 101 | – | – | 101 | 37 | 138 | 6 | – | – | 6 | 3 | 9 | 240 |
| 계 | 2,789 | 3 | 11 | 2,803 | 1,653 | 4,456 | 5,568 | 104 | 9 | 5,681 | 2,644 | 8,325 | 112 | 4 | – | 116 | 80 | 196 | 12,977 |

특수교육실무사, 무급 특수교육 지원인력인 사회복무요원 등 학교 현장에서 특수교육이 다양화됨에 따라 지원인력에 대한 수요가 증가하고 있다.

특히 중증 특수교육 대상학생의 경우 섭식이나 배변활동에서 주변의 도움이 요청되는 경우가 많아, 성별에 맞는 지원인력의 활용이 중요할 수 있다. 또한 거구의 특수교육 대상학생이나 휠체어를 이용하는 학생의 경우, 때로는 업거나 들어서 이동해야 하는 경우가 있다. 이것은 상당한 체력이 요구되는 일이어서 한 성별로 구성된 지원인력으로는 한계가 있기 때문에 다양한 지원인력을 활용하는 편이다.

「장애인 등에 대한 특수교육법 시행령」 제25조(지원인력)

① 교육감은 법 제28조 제3항에 따라 각급학교의 장이 특수교육 대상자를 위한 지원인력을 원활하게 제공할 수 있도록 지원인력 수급에 관한 계획의 수립, 지원인력의 채용 · 배치 등 지원인력의 운영에 필요한 업무를 수행한다.

② 교육감 또는 교육장은 지원인력의 자질 향상을 위하여 특수교육에 관한 연수를 실시하여야 한다.

③ 지원인력의 역할 및 자격은 교육부령으로 정하고, 그 밖에 운영 방법에 관한 세부 사항은 교육감이 정하여 고시한다.

### (4) 보조공학기기 지원

특수교육 대상자의 교육을 위하여 필요한 장애인용 각종 교구, 각종 학습보조기, 보조공학기기 등의 설비를 제공하여야 한다. 보조공학기기 지원은 장애학생을 위한 정당한 편의제공에 해당되며, 학교 및 교육청에서는 보조공학기기 지원을 위해 노력해야 한다. 필요한 경우 시도에서 운영하는 보조기기센터나 지자체, 보건소 등 유관기관과 연계하여 보조공학기기를 지원할 수 있다.

「장애인 등에 대한 특수교육법 시행령」 제26조(각종 교구 및 학습보조기 등 지원)

교육감은 법 제28조 제4항에 따라 각급학교의 장이 각종 교구 · 학습보조기 · 보조공학기기를 제공할 수 있도록 특수교육지원센터에 필요한 기구를 갖추어 두어야 한다.

표 13-8 특수교육대상자 통학비 지원 현황(특수교육 연차보고서, 2021)

(단위: 명, 백만 원)

| 시·도 | 특수학교(센터 포함) | | | | | | 일반학교 | | | | | |
|---|---|---|---|---|---|---|---|---|---|---|---|---|
| | 전체 학생 수 | 학교 통학 버스 이용 학생 수 | 교통비 지원자 수(학부모 포함) | | | 교통비 지원 예산 | 전체 학생 수 | 학교 통학 버스 이용 학생 수 | 교통비 지원자 수(학부모 포함) | | | 교통비 지원 예산 |
| | | | 유치원 | 초등학교 | 중·고등학교 | | | | 유치원 | 초등학교 | 중·고등학교 | |
| 서울 | 4,542 | 2,281 | 71 | 447 | 502 | 507 | 8,413 | – | – | – | 1,177 | 807 |
| 부산 | 1,872 | 1,209 | – | 321 | 392 | 173 | 4,512 | – | – | 727 | 512 | 305 |
| 대구 | 1,749 | 842 | – | 440 | 665 | 1,971 | 3,370 | 4 | – | 305 | 824 | 434 |
| 인천 | 1,768 | 992 | 13 | 128 | 366 | 2,350 | 4,773 | 175 | 92 | 43 | 686 | 570 |
| 광주 | 1,036 | 655 | 1 | 159 | 247 | 271 | 2,022 | 41 | 91 | 207 | 504 | 583 |
| 대전 | 1,045 | 613 | 23 | 71 | 154 | 1,061 | 2,228 | – | 125 | 137 | 424 | 499 |
| 울산 | 764 | 494 | 7 | 117 | 256 | 204 | 1,975 | – | 104 | 328 | 505 | 432 |
| 세종 | 175 | 100 | 8 | 26 | 24 | 91 | 574 | 44 | 24 | 12 | 46 | 44 |
| 경기 | 5,229 | 2,832 | 164 | 1,247 | 2,026 | 7,424 | 18,123 | – | 1,829 | 4,746 | 4,913 | 4,043 |
| 강원 | 818 | 562 | 3 | 81 | 118 | 230 | 2,137 | 236 | 114 | 850 | 663 | 864 |
| 충북 | 1,292 | 831 | 20 | 267 | 456 | 1,601 | 2,952 | 278 | 155 | 834 | 930 | 901 |
| 충남 | 1,131 | 889 | 21 | 67 | 52 | 2,522 | 3,777 | 595 | 161 | 191 | 668 | 400 |
| 전북 | 1,085 | 832 | 2 | 38 | 80 | 125 | 2,774 | 553 | 46 | 432 | 634 | 398 |
| 전남 | 1,123 | 712 | 2 | 75 | 228 | 879 | 2,884 | 393 | 88 | 530 | 945 | 986 |
| 경북 | 1,451 | 812 | 17 | 191 | 344 | 730 | 3,788 | 366 | 122 | 838 | 1,057 | 1,152 |
| 경남 | 1,684 | 977 | 16 | 394 | 764 | 1,162 | 5,355 | 535 | 166 | 725 | 991 | 1,195 |
| 제주 | 524 | 263 | 12 | 102 | 87 | 269 | 1,209 | 22 | 54 | 490 | 216 | 714 |
| 계 | 27,288 | 15,896 | 380 | 4,171 | 6,761 | 21,570 | 70,866 | 3,242 | 3,171 | 11,395 | 15,695 | 14,327 |

### (5) 통학 지원

특수교육 대상자의 등하교를 지원하기 위해 통학버스 운행, 교통비 지급 등의 형태로 통학을 지원하고 있다. 특수학교의 경우, 통학버스 운영으로 특수교육 대상학생의 등하교를 지원하는 경우가 많으나, 자가통학을 하는 경우는 학생, 보호자에 대하여 대중교통에 해당하는 교통비를 지급하게 된다.

그 외에도 체험활동이나 수련활동 등의 교외 체험활동 시에도 통학이 원활하게 이루어질 수 있도록 교통비를 지급하도록 하고 있다. 통학버스의 운행 시에는 버스 기사뿐만 아니라, 차 안에서 특수교육 대상자를 지원하기 위한 통학실무사가 동승하여 학생들의 안전을 책임지고 있다.

**표 13-9** 특수학교 통학버스 이용률(특수교육 연차보고서, 2021) (단위: 명, 대, %)

| 시·도 | 전체 학생 수 | | | 통학 버스 수 | 이용 학생 수 | 이용 비율 |
|---|---|---|---|---|---|---|
| | 전체학생 수 (A) | 순회교육 학생 수(B) | 계(A-B) | | | |
| 서울 | 4,473 | 220 | 4,253 | 110 | 2,281 | 53.6 |
| 부산 | 1,872 | 59 | 1,813 | 53 | 1,209 | 66.7 |
| 대구 | 1,738 | 68 | 1,670 | 45 | 842 | 50.4 |
| 인천 | 1,765 | 101 | 1,664 | 41 | 992 | 59.6 |
| 광주 | 1,036 | 54 | 982 | 37 | 655 | 66.7 |
| 대전 | 1,039 | 17 | 1,022 | 29 | 613 | 60.0 |
| 울산 | 759 | 60 | 699 | 26 | 494 | 70.7 |
| 세종 | 175 | 4 | 171 | 5 | 100 | 58.5 |
| 경기 | 5,153 | 43 | 5,110 | 148 | 2,832 | 55.4 |
| 강원 | 812 | 12 | 800 | 31 | 562 | 70.3 |
| 충북 | 1,286 | 76 | 1,210 | 55 | 831 | 68.7 |
| 충남 | 1,129 | 33 | 1,096 | 42 | 889 | 81.1 |
| 전북 | 1,085 | 19 | 1,066 | 46 | 832 | 78.0 |
| 전남 | 1,122 | 55 | 1,067 | 26 | 712 | 66.7 |
| 경북 | 1,433 | 3 | 1,430 | 38 | 812 | 56.8 |
| 경남 | 1,670 | 109 | 1,561 | 37 | 977 | 62.6 |
| 제주 | 480 | 26 | 454 | 11 | 263 | 57.9 |
| 계 | 27,027 | 959 | 26,068 | 780 | 15,896 | 61.0 |

「장애인 등에 대한 특수교육법 시행령」 제27조(통학 지원)

① 교육감은 각급학교의 장이 법 제28조 제5항에 따른 통학 지원을 원활하게 할 수 있도록 통학차량을 각급학교에 제공하거나 통학 지원이 필요한 특수교육 대상자 및 보호자에게 통학비를 지급하여야 한다.

② 각급학교의 장은 특수교육 대상자가 현장체험학습, 수련회 등 학교밖 활동에 참여할 수 있도록 조치를 취하여야 한다.

(6) 기숙사의 설치 · 운영

중도의 특수교육 대상학생을 위해 일부 특수학교에서는 기숙사를 설치 · 운영하고 있으며, 특수교육 대상자의 생활지도 및 보호를 위하여 교육부령으로 정하는 자격이 있는 생활지도원을 두어야 한다. 또한 특수교육 대상자의 건강을 보전하기 위하여 간호사 또는 간호조무사를 두어 운영하고 있다. 그러나 최근 기숙사 중심의 특수학교 운영이 힘들어져 점차 축소되고 있는 추세다.

「장애인 등에 대한 특수교육법 시행령」 제28조(기숙사의 설치 · 운영)

① 교육감은 법 제28조 제6항에 따른 기숙사의 운영에 필요한 경비를 예산의 범위에서 부담하거나 보조할 수 있다.

② 공립학교 및 사립학교의 기숙사 시설 · 설비 기준은 시 · 도 교육규칙으로 정한다.

(7) 기타 서비스 제공

특수교육 대상학생을 지원하기 위해 다양한 정보(인터넷 홈페이지 포함)의 제공이 필요하며, 특수교육 대상자에게 제공하는 경우 각 특수교육 대상자의 장애 유형(시각, 청각 등)에 적합한 방식으로 제공하여야 한다.

그 외에도 급식 지원, 보행훈련, 심리상담 지원, 긍정적 행동 지원 등 특수교육 대상학생의 교육활동에 필요한 다양한 형태의 관련서비스를 제공하고 있다.

「장애인 등에 대한 특수교육법 시행령」 제29조(기타 특수교육 관련서비스의 제공)
① 교육부장관 또는 교육감은 제23조부터 제28조까지의 규정에서 정한 특수교육 관련서비스 외에 보행훈련, 심리 · 행동 적응훈련 등 특정한 장애 유형의 특수교육 대상자에게 필요한 특수교육 관련서비스를 제공하여야 한다.
② 제1항의 특수교육 관련서비스 제공에 필요한 인력은 국가자격 또는 「자격기본법」 제19조 제1항에 따라 주무부장관이 공인한 민간자격을 소지한 사람으로 한다.

### 3) 특수교육 관련서비스의 전망과 과제

특수교육 관련서비스를 지원하기 위한 정부기관이 교육부, 보건복지부, 지방자치단체 등에서 중복사업으로 운영되는 경우가 많아, 서비스의 중복 지급과 사각지대의 양면성을 가지고 있는 것이 현실이다. 일부 중도장애학생의 경우 다양한 기관에서 동일하거나 유사한 서비스를 제공받고 있으며, 일부 경도장애학생의 경우 단 하나의 서비스도 지원받지 못하는 경우도 있기에, 치료지원 및 기타 특수교육 관련서비스 대상자 선정, 대상자별 적합한 지원 영역, 치료지원 적정단가 산출 등 효율적 제공 방법이 강구되어야 할 것이다.

특수교육 지원인력의 경우 수업지원, 생활지원, 통학지원, 돌봄지원, 재활지원 등 활동이 다양화되고, 교육활동에 맞는 지원인력을 운영함에 따라 역량강화를 위한 효율적 연수 지원이 필요하다.

특수교육 대상자의 교육을 효율적으로 실시하기 위해 가족지원, 치료지원, 학습보조기기 및 보조공학기기 지원, 통학 지원 등 기타 특수교육 관련서비스의 지원을 강화할 필요가 있다.

# 참고문헌

강수균, 구향숙, 권도하, 김동연, 석동일, 이규식, 전헌선, 최경희(1996). 뇌성마비 언어치료. 대구: 한국언어치료학회.

강수균, 이규식, 전헌선, 최영하(1999). 감각 · 운동 · 지각훈련. 대구: 대구대학교출판부.

강은영, 박경옥(2019). 일반교육과정을 적용받는 특수교육대상학생의 정당한 평가를 실현하기 위한 평가 방법 탐색. 특수교육교과교육연구, 12(1), 63-85.

강은영, 박윤정, 서효정, 박경옥(2019). 공통교육과정을 적용받는 특수교육대상학생의 맞춤형 수업 구현을 위한 기본 교육과정 교과서 교육내용 및 활동 연계 활동 방안 탐색. 통합교육연구, 14(1), 29-55.

강정희(2005). 특수교육학. 서울: 희소출판사.

고보경(2009). 뇌성마비 장애인의 자아존중감 증진 방안. 단국대학교 대학원 석사학위논문.

고현석(2021). 메타버스(metaverse)의 교육적 활용, 그 가능성과 한계는 무엇인가? 대학지성(http://www.unipress.co.kr).

공진용, 김경양, 안나연, 김동규(2020). 장애학생 교육용 보조공학 진단평가 방안연구. 충남: 국립특수교육원.

곽승철, 김삼섭, 박화문, 안병즙, 전헌선, 정재권, 정진자(2002). 지체부자유아교육. 대구: 대구대학교출판부.

곽승철, 전헌선, 김영한, 김정희, 김창평, 김하경, 도성화, 민강기, 박순길, 박정식, 조홍중, 구현숙, 한경임(2011). 지체부자유아교육. 대구: 대구대학교출판부.

교육부(1997). 초 · 중등학교 교육과정. 교육부 고시 제1997-15호. 서울: 교육부.

교육부(2015). 기본 교육과정 총론 별책 3. 세종: 교육부.

교육부(2016). 2015 개정 특수교육 교육과정 길라잡이. 세종: 교육부.

교육부(2017). 2015 개정 특수교육 교육과정 총론 해설서. 세종: 교육부.

교육부(2021). 2021 특수교육 연차보고서. 세종: 교육부 특수교육정책과

교육부, 교육통계서비스(2021). 2021년 교육통계주요지표 포켓북. 세종: 교육부

구본권, 김동연, 김영욱, 김원경, 박화문, 석동일, 윤점룡, 정재권, 정정진, 조인수(2001). 특수

**교육학**. 서울: 교육과학사.

국가인권위원회(2018). 중증중복장애학생 교육권 실태조사. 국가인권위원회.

국립특수교육원(1995). 중도・중복장애 학생지도의 실제. 안산: 국립특수교육원.

국립특수교육원(1995). 중도・중복장애 학생지도의 실제. 안산: 국립특수교육원.

국립특수교육원(1998). 특수학교 교육과정 국제비교. 안산: 국립특수교육원.

국립특수교육원(2014). 2015 교육과정 개정을 위한 특수교육 교육과정 총론 개정 연구. 아산: 국립특수교육원.

국립특수교육원(2016). 2015 개정 특수교육 교육과정의 총론과 교과 연계방안 연구. 충남: 국립특수교육원.

국립특수교육원(2016). 2015 특수교육 교육과정 현장 안착 방안 연구. 아산: 국립특수교육원.

국립특수교육원(2018). 2015 개정 특수교육 교육과정 활용 실태 분석 연구. 아산: 국립특수교육원.

국립특수교육원(2018). 2015 특수교육 교육과정 활용 실태 분석 연구. 충남: 국립특수교육원.

국립특수교육원(2018). 발달장애인의 의사소통 보조기기 개발 기초연구. 국립특수교육원.

국립특수교육원(2019). 2015 개정 특수교육 기본 교육과정 평가 방안(1/2년) 1부. 충남: 국립특수교육원.

국립특수교육원(2020). 2015 개정 특수교육 기본교육과정 평가방안. 아산: 국립특수교육원.

권도하, 신후남, 이무경, 전희숙, 김시영(2001). **언어치료학개론**. 대구: 한국언어치료연구소.

권요한, 윤광보, 이만영, 정희섭, 김원경(2011). **특수교육 교육과정론**. 서울: 학지사.

김경화(2014). 장애신입대학생들의 고등학교에서 제공받았던 대학 진학 관련 전환교육 및 서비스에 대한 인식 조사. **특수교육학연구**, 48(4), 299-315.

김경화(2015). 특수교육대상자 특별전형으로 입학한 장애신입생들의 대학생활 적응에 관한 인식 조사. **특수교육학연구**, 50(1), 193-210.

김기장(2002). 뇌성마비학생의 자아존중감 특성. 우석대학교 교육대학원 석사학위논문.

김남진, 김용욱(2017) **특수교육공학(2판)**. 서울: 학지사.

김동일, 송승현, 전병운, 한경근(2013). **특수교육학 개론: 장애・영재아동의 이해**. 서울: 학지사.

김동일, 이대식, 신종호(2016). **학습장애아동의이해와 교육**. 서울: 학지사.

김라경, 강종구(2011). 중도 지적장애학생을 위한 교육과정 모형 변화 및 지침서에 대한 소고. **특수교육재활과학연구**, 50(3), 171-186.

김병하(2006). 특수교육에서 교과교육론의 정립. **특수교육저널: 이론과 실천**, 7(4), 43-62.

김삼섭 역(1996). **중증장애인의 교육과 재활**. 서울: 이화여자대학교출판부.

김상균(2021). 메타버스(metaverse)는 HRD에 날개를 달다. 동아비지니스리뷰, 314호(2021. 2.).

김선희, 강현숙, 구소령, 김선미, 김선철, 김수정, 김종실, 김현순, 김현정, 김효숙, 박시균, 박혜성, 성철재, 신지영, 이숙향, 이순향, 이은영, 이호영, 전은, 한정임 역(2002). 의사소통 장애. 서울: 학지사.
김성희(1999). 장애발생 시기와 귀인 양식이 장애수용과 우울 반응에 미치는 영향. 중앙대학교 대학원 박사학위논문.
김순덕(2004). 원예활동이 지체부자유아동의 자아개념, 대인관계, 언어능력에 미치는 영향. 조선대학교 대학원 석사학위논문.
김승연, 김정연, 하우성(2020). 2015 개정 특수교육 교육과정에 따른 중등학교 특수학급의 교육과정 운영 실태 분석. 한국특수교육교과연구, 13(3), 127-149.
김영미, 김혜리, 한경화, 김정미, 김아영(2019). 특수교육 교육과정 재구성. 서울: 교육과학사.
김영욱, 김원경, 박화문, 석동일, 윤점룡, 정재권, 정정진, 조인수(2006). 특수교육학(제3개정판). 서울: 교육과학사.
김영채(1990). 학습과 사고의 전략. 서울: 교육과학사.
김영태(2014). 아동언어장애의 진단과 치료(2판). 서울: 학지사.
김영태, 신문자(2004). 그림 자음검사.
김영한(2008). 지체부자유 학교 교사의 전문성 인식과 직무만족도, 의욕소진과의 관계. 특수교육저널: 이론과 실천, 9(4), 1-15.
김용욱(2002). 특수교육 현장에서의 ICT 활용교육. ICT활용교육 연수회, 경남은광학교.
김용욱, 강성종(2010). 특수학교 교육과정과 일반학교 교육과정의 동행 제안. 특수교육저널, 11(3), 253-278.
김용욱, 김남진(2002). 통합교육에서의 교육공학적 수업설계 방안. 특수교육저널: 이론과 실천, 3(4), 135-154.
김윤옥, 김진희, 박희찬, 정대영, 김숙경, 안성우, 오세철, 이해균, 최성규, 최중옥(2005). 특수아동 교육의 실제. 서울: 교육과학사.
김윤옥(2001). 학습장애 아동을 위한 교수-학습 전략. 서울: 교육과학사.
김윤혜(2001). 뇌성마비 학생의 교우관계가 자아존중감에 미치는 영향. 대구대학교 대학원 박사학위논문.
김은실, 이미경, 박경옥, 한경근(2009). 중도·중복장애 학생의 성공적인 통합교육을 위한 협력적 지원에 대한 초등학교 교사들의 인식. 특수교육저널: 이론과 실천, 10(2), 33-56.
김정연, 박은혜(2003). 중도 뇌성마비아동의 의사소통 기술 증진을 위한 AAC 대화상대자 훈련. 특수교육, 2(1), 37-58.
김하경(2002). 지체부자유학생의 장애수용도와 자아존중감에 관한 연구. 중복·지체부자유아교육, 40, 23-38.
김현자, 조증열(2001). 학령전 아동에서 음운인식, 시각지각 밀 한글 읽기와의 관계. 한국심리

학회지: 발달, 14, 15-28.

김홍준(2003). 전환상담에 대한 지체장애아동 부모의 욕구조사. 서강대학교 공공정책대학원 석사학위청구논문.

김효선(2001). 전환교육 강화를 위한 실천방안 모색. 한국전환교육연구회 학술발표회 강의자료. 서울: 한국전환교육연구회.

김희정(2003). 뇌성마비 아동의 사회성 발달을 위한 미술치료 사례. 영남대학교 대학원 석사학위논문.

노명완, 이차숙(1994). 유아 언어교육론. 서울: 동문사.

노선옥(1998a). 의성어-의태어 가창 훈련을 통한 뇌성마비 아동의 초성-대치 개선 효과. 대구대학교 교육대학원 석사학위논문.

노선옥(1998b). 가창 훈련을 통한 뇌성마비 아동의 초성-대치 개선 효과. 중복 · 지체부자유아교육, 32, 71-86.

노선옥(2001a). 뇌성마비 아동의 문식성 발달 특성 연구. 대구대학교 대학원 박사학위논문.

노선옥(2001b). 비언어 뇌성마비 아동의 문식 특성 연구. 중복 · 지체부자유아교육, 37, 179-197.

노선옥(2004). 통합학교 일반학생의 중증 지체부자유 학생에 대한 태도. 중복지체부자유아교육, 43, 87-105.

노선옥, 전헌선(2002). 비언어성 뇌성마비 아동의 효과적인 읽기 전략 연구. 중복 · 지체부자유아교육, 40, 143-158.

대한특수교육학회(1993). 특수교육 용어사전. 대구: 대구대학교출판부.

문예숙(1983). 정상과 지체부자유 학생의 성격 특성에 대한 비교고찰. 영남대학교 교육대학원 석사학위논문.

박경숙, 윤점룡, 박효정(2001). 기초학습기능검사(실시요강). 서울: 한국교육개발원.

박경옥(2006). 어머니에 의한 중도 뇌성마비 유아의비상징적 의사소통 중재 효과. 특수교육학연구, 41(2), 241-266.

박경옥(2011). 중도 지체장애학생의 학교교육과정 편성 · 운영에 대한 특수교사 인식. 초등특수교육연구, 13(1), 43-68.

박경옥(2012). 지체 및 뇌성마비학생의 비상징적 의사소통행동 평가문항(AINC-PD)에 대한 요인 구조 확인. 지체 · 중복 · 건강장애연구, 55(4), 1-21.

박경옥(2021). 중도중복장애학생의 의사소통 지원 방안. 발달장애 평생교육 교강사 연수자료집, 충남: 국립특수교육원.

박경옥(2022). 보완 · 대체의사소통체계로 소통 증진 및 중도중복장애 현장 연구. 중부대학교 1급 정교사과정 연수자료집.

박경옥, 김경양, 채수정, 연석정, 안나연(2018). 발달장애인 의사소통 보조기기 개발 기초연구. 국립특수교육원.

박경옥, 박은송, 박희찬(2010). 최중도 지체장애학생의 진로교육에 대한 학부모의 인식. **지체·중복·건강장애연구, 53**(4), 167-190.

박경옥, 박은송, 박희찬(2011). 최중도 지체장애 학생의 진로교육에 대한 학부모 인식. **중복지체부자유아교육연구, 53**(4), 167-190.

박경옥, 백종남, 서선진, 이양원(2016). 증강현실(Augmented Reality)의 특수교육 적용 기대감과 현존감(Presence) 요인에 대한 연구: 예비특수교사 대상으로. **특수교육저널: 이론과 실천, 17**(1), 189-207.

박경옥, 오정숙(2021). 온라인 수업설계 · 운영시 특수교사의 역할과 고려사항에 대한 요구분석. **지체·중복·건강장애연구, 64**(3), 143-165.

박경희(1998). 뇌성마비아의 자유화에 나타난 심리적 특성. 우석대학교 교육대학원 석사학위논문.

박성익, 임철일, 이재경, 최정임(2015). **교육방법의 교육공학적 이해**. 서울: 교육과학사.

박순길(2005). 뇌성마비아의 인지적 특성과 언어학습기능과의 관계 분석. 대구대학교 대학원 박사학위논문.

박순길(2006). 뇌성마비아의 시지각 능력과 언어학습기능과의 관계 연구. **특수아동교육연구, 8**(1), 45-64.

박순길(2007). 지체부자유학교 초등부 뇌성마비 아동의 읽기를 예측하는 인지-언어적 변인 연구. **중복·지체부자유연구, 50**(2), 1-20.

박순길(2019). 뇌성마비 유아의 문식성과 인지언어적 변인과의 관계. **예술인문사회융합멀티미디어 논문지, 9**(2), 141-152.

박순길, 전헌선, 조증열(2005). 뇌성마비아의 음운처리능력과 읽기, 쓰기와의 관계 연구. **특수교육학연구, 40**(3), 145-169.

박순길, 조증열(2007). 지체부자유학교 초등부 뇌성마비 아동의 읽기와 음운인식과의 관계 연구. **특수아동교육연구, 9**(3), 171-190.

박영균, 이근매(2009). 통합교육의 성공적 이행을 위한 교사의 역할. **특수아동교육연구, 11**(2), 277-295.

박영선(2006). 초등학생의 인지적 능력, 영어 알파벳 지식 및 한글. 영어 읽기와의 관계. 경남대학교 교육대학원 석사학위논문.

박영자(1987). 뇌성마비아동의 시각-운동능력특성. 대구대학교 대학원 석사학위논문.

박은송(2010). 중도 지체장애학생의 교육과정 개발을 위한 생태학적 목록의 영역화 및 우선순위. **중복지체부자유아교육연구, 53**(2), 23-41.

박은송, 박경옥, 박희찬(2011). 최중도 지체장애학생의 진로 · 직업교육에 대한 특수교사들의 인식. 중복지체부자유아교육연구, 54(1), 165-184.

박은혜(2007). 한국 지체 및 중복장애아 교육의 현재와 미래. 한국지체부자유아교육학회 제55회 국제학술발표대회 자료집, 65-73.

박은혜, 김영태(2003). 보완 · 대체의사소통판에서의 핵심어후와 상황어휘 적정비율에 관한 연구. 언어청각장애연구, 8(2), 111-126.

박은혜, 김정연, 김주혜(2005). 중도장애 아동을 위한 보완 · 대체 의사소통 도구 개발 및 교사 지원에 관한 교사 요구 조사. 언어청각장애연구, 10(1), 97-115.

박은혜, 김정연, 표윤희(2018). 함께하는 지체장애학생 교육. 서울: 학지사.

박지연, 김은숙, 김정연, 김주혜, 나수현, 윤선아, 이금진, 이명희, 전혜인 공역(2006). 장애인 가족지원. 서울: 학지사.

박향아(2000). 아동의 음운인식 발달. 아동학회지, 20(1), 35-44.

박혜숙, 나은우(2001). 뇌성마비 언어치료-Bobath 치료법의 개요. 서울: 연세대학교 출판부.

박화문(1990). 특수교육 방법의 문제와 그 개선방법. 한국특수교육학회 제5회 심포지엄.

박화문(1994). 지체부자유 재활훈련. 서울: 민지사.

박화문(2000). 장애아 발달학. 대구: 대구대학교출판부.

박화문(2001). 지체부자유아 심리. 대구: 대구대학교출판부.

박화문, 전헌선, 김영한, 김정희, 김창평, 김하경, 도성화, 민강기, 박순길, 박정식, 조홍중, 주현숙, 한경임(2011). 지체부자유아 교육. 대구: 대구대학교 출판부.

박희찬(2016). 장애학생 진로, 직업교육 정책의 변천. 지체 · 중복 · 건강장애연구, 59(2), 59-81.

백선영(1992). 뇌성마비학생의 자아개념 특성. 대구대학교 대학원 석사학위논문.

백은희, 김삼섭, 구본권(1994). 중복장애아동교육. 서울: 양서원.

변관석(2016). 기능적 의사소통 훈련이 최중도 지적장애학생의 문제행동과 독립적 의사소통 행동에 미치는 영향: 단일대상연구를 중심으로. 특수교육재활과학연구, 55(3), 109-134.

보건복지부(2018). 2017년 장애인실태조사. 세종: 보건복지부, 한국보건사회연구원

석동일(1998). 조음조절 프로그램의 구안과 적용. 언어치료연구, 7(2), 81-98.

손영화(2012). 통합교육 문제점에 대한 질적 연구. 특수아동교육연구, 14(2), 91-113.

송승민, 한경근(2015). 특수교육 기본 교육과정의 학교 수준 교육과정 편성, 운영 자율성에 관한 실태 분석. 지적장애연구, 17(3), 25-50.

신수정, 한경임(2009). 쓰기 중재 프로그램이 뇌성마비 아동의 초기쓰기 기술에 미치는 효과. 중복 · 지체부자유아연구, 52(3), 209-229.

신현기(2004). 통합교육 교수적합화. 서울: 학지사.

안병즙(1978). 지체부자유아교육. 대구: 대구대학교출판부.

안병즙, 곽승철, 김삼섭, 박화문, 전헌선, 정재권, 정진자(1995). **지체부자유아교육**. 대구: 대구대학교출판부.

안종복(2012). 피질 뇌손상 집단과 피질하 뇌손상 집단 간 비유창성 발생에 관한 비교 연구. **언어치료 연구**, 21(3), 85-100.

오세웅(2011). 특수학교 교육과정 변천에 따른 기본교육과정의 체제 특성분석. **지적장애연구**, 13(1), 101-122.

오정희, 강세윤(1990). **뇌성마비아 가정치료**. 서울: 사단법인 한국뇌성마비복지회.

옥민욱, 박경옥, 김지연(2021). 장애학생 교육용 보조공학 적용 수업사례 연구. 충남: 국립특수교육원.

유영대(2006). 읽기부진아의 음운처리능력 및 시지각 능력 연구. 경남대학교 교육대학원 석사학위논문.

유재원(2001). 자기성장프로그램이 지체부자유학생의 정서지능에 미치는 효과. 대구대학교 교육대학원 석사학위논문.

윤광보, 김용욱, 최병옥(2008). **교육방법과 교육공학의 이해(2판)**. 경기: 양서원.

윤병완(1990). 뇌성마비 아동의 호흡 및 조음기관 기능 훈련 효과. 대구대학교 대학원 석사학위논문.

윤병완(1995). **뇌성마비 언어장애와 치료**. 대구: 요한바오로2세 어린이집.

윤병완(1997). **섭식기능의 장애**. 대구: 요한바오로2세 어린이집.

윤혜경(1997). 아동의 한글 읽기 발달에 관한 연구: 자소-음소 대응규칙의 터득을 중심으로. 부산대학교 대학원 박사학위논문.

이규식, 강수균, 국미경, 변찬석, 석동일, 이상복, 전헌선(1996). **특수아 치료교육 원론**. 대구: 대구대학교출판부.

이동렬, 박성희(2000). **새내기 상담자를 위한 상담과 심리치료**. 서울: 교육과학사.

이미숙, 박순경, 백경선, 김진숙, 민용성, 이근호, 이승미, 김사훈, 박명옥, 민부자, 박현정(2013). 2009 개정 교육과정에 따른 초·중·고등학교 교육과정 해설 연구. 서울: 한국교육과정평가원.

이소현, 박은혜(2006). **특수아동교육**. 서울: 학지사.

이승환(2021). 로그인(Log in) 메타버스: 인간x공간x시간의 혁명. 소프트웨어 정책연구소, IS-115

이승희(2006). **특수교육평가**. 서울: 학지사.

이영호, 김혜숙(2015). **장애아동 부모교육의 실제**. 경기: 공동체.

이유정(2007). 국어 학습부진아와 일반아동의 인지-언어적 능력, 주의집중, 한자 및 영어 읽기 능력 비교. 경남대학교 교육대학원 석사학위논문.

이은정, 이소현(2004). 통합된 중도장애학생을 위한 기능중심 진단-책무성 체계의 실행: 대체 진단을 중심으로. **정서 · 행동장애연구**, 20(2), 69-95.

이지영(2005). 초등학생의 언지-언어적 처리능력이 한글, 한자, 영어의 읽기와 쓰기에 미치는 영향. 경남대학교 교육대학원 석사학위논문.

이차숙(1992). 유아의 그림이야기책 읽기 활동에서 어머니의 매개적 역할이 아동의 문식성 발달에 미치는 효과. 고려대학교 대학원 박사학위논문.

이차숙(1999). 유아의 음운인식과 읽기 능력과의 관계에 관한 연구. **교육학연구**, 37(1), 389-406.

이차숙, 노명완(2003). 읽기 행동에서 어휘 처리 과정과 눈동자의 움직임. **유아교육연구**, 23(3), 219-239.

이창미, 장혜성, 김수진(2003). **장애아 통합보육론**. 서울: 교육과학사.

이해란, 박창언, 이나영(2020). 코로나 19 상황에서 지적장애 특수학교 초등특수교사의 온라인수업경험에 관한 사례연구. **교육문화연구**, 26(5), 589-612.

이현경(1985). 뇌성마비아의 경험과 개념사고의 특성. 대구대학교 대학원 석사학위논문.

이효정(2003). 뇌성마비아의 시지각에 관한 연구. **대한물리치료학회지**, 15(3), 433-446.

임소희(2008). 장애청소년의 장애수용 경험에 관한 연구. 전북대학교 대학원 석사학위논문.

전헌선(1991). 생활 필수 어휘 정보처리에 따른 뇌성마비아의 단기기억 효과, 대구대학교 대학원 박사학위 논문.

전헌선(1993). 뇌성마비아 언어치료를 위한 호흡훈련 프로그램. **난청과 언어장애**, 16(2), 152-159.

전헌선(1999). 뇌성마비아 운동 기능 진단의 과정 중심 접근 연구. **중복 · 지체부자유아연구**, 33, 29-42.

전헌선(2001). 뇌성마비에 관한 초기의 심리학적 연구 동향 고찰. **중복 · 지체부자유아연구**, 38, 89-102.

전헌선, 곽승철, 김하경, 노선옥, 박석돈, 박재국, 박화문, 안병즙, 오세철, 정재건, 정진자, 조홍준, 한경임(2003). **중복 · 지체부자유아교육**. 대구: 대구대학교출판부.

전헌선, 오세철, 박재국, 한경임, 노선옥(2002). **중복 · 지체부자유아치료교육**. 대구: 대구대학교 출판부.

정대영(2003). 장애학생의 기능평가와 특수교육 의사결정. **특수아동교육연구**, 5(1), 91-108.

정동빈(1995). **언어발달지도**. 서울: 한국문화사.

정동영(2010). 2010 개정 특수교육 교육과정 개정 방향 및 내용. 충남: 국립특수교육원.

정동훈, 윤지훈, 이재욱, 최재석(2017). 특수교육 정보화 현황 및 개선방안. **특수교육 테크놀로지 이슈페이퍼**(1). 아산: 국립특수교육원.

정미영, 이혜숙, 정재권(2007). 자유화에 나타난 뇌성마비아의 정서적 특징. 특수교육저널: 이론과 실천, 8(2), 475-492.

정영림(2007). 초등학생의 인지적 능력과 주의집중이 한글 및 영어 읽기에 미치는 영향. 경남대학교 교육대학원 석사학위논문.

정재권(1987). 통학제 학교와 복지시설에 수용된 지체부자유 학생의 성격특성. 특수교육학연구, 8, 43-57.

정재권(1991). 뇌성마비아의 문자와 배경색상 역전에 따른 단어습득과 파지. 대구대학교 대학원 박사학위논문.

정재권, 안병즙(2001). 지체부자유아 심리이해. 서울: 학지사.

정재권, 정진자(1994). 뇌성마비아의 자기개념 안정성 연구. 특수교육학연구, 15(2). 167-185.

정진자(1995). 지체부자유아의 언어적인 문제와 지도.

정해동(2001). 뇌성마비 아동의 쓰기 동작 특성에 관한 연구. 단국대학교 대학원 박사학위논문.

정해동, 김주영, 박은혜, 박숙자(1999). 장애학생을 위한 보완 · 대체 의사소통 지도, 경기: 국립특수교육원.

정현숙(1991). 뇌성마비 나무 그림에 나타난 심리적 특성. 대구대학교 대학원 석사학위논문.

조경덕(2004). 언어획득과정에 있는 아동들의 단어쓰기 오류. 정서 · 행동장애연구, 20(2), 309-326.

조선하, 우남희(2004). 한국 유아의 창안적 글자쓰기 발달 과정 분석. 아동교육연구, 24(1), 315-339.

조성재(2007). 장애인의 심리 사회적응을 위한 재활상담 기법 및 중재방안. 특수교육저널: 이론과 실천, 8(2), 493-508.

조원일(2004). 20세기 전환기 미국의 지체부자유아 자활에 대한 사회적 요구의 발생에 관한 일 고찰. 특수교육저널: 이론과 실천, 5(1), 453-470.

조윤경(2003). 중도장애학생의 성인기로의 성공적인 전환을 위한 계획과 실행 과정 및 과제. 직업재활연구, 13(1), 235-260.

조인수, 전보성 (2007). 국내 전환교육에 관한 문헌연구 고찰: 1998년~2007년의 대학원, 교육대학원, 특수교육대학원을 중심으로. 정신지체연구, 9(3), 157-176.

주현숙(2002). 지체부자유 학생의 자아존중감 특성연구. 중복 · 지체부자유아연구, 40, 159-175.

주현숙(2003). 뇌성마비 아동의 학습지도 사례연구. 문자지도 · 쓰기지도를 중심으로. 중복 · 지체부자유아연구, 42, 51-63.

최성규(1996). 한국표준어음 검사. 서울: 도서출판 특수교육.

최성규(2001). **장애아동 언어지도**. 대구: 한국언어치료학회.

최은주(1992). 경직성 뇌성마비아동의 도형-배경 색상역전과 시지각 및 시각-운동 수행능력. 대구대학교 대학원 석사학위논문.

최진혁, 김대용(2020). 코로나19로 인한 특수교육 온라인 학습 실태 및 온라인 학습 인식조사. **특수교육학연구**, 55(2), 85-108.

한경근(2007). 중등기 이후 중증장애학생을 위한 전환교육 모형 연구. **중복지체부자유아교육**, 50(1), 21-45.

한경임(1993). 블리스심볼의 사용이 중증 뇌성마비 아동의 의사소통에 미치는 효과. 대구대학교 대학원 석사학위논문.

한경임(1997). 보완 · 대체 의사소통 체계 사용자의 삶의 질에 관한 논의. **중복 · 지체부자유아교육**, 29, 83-101.

한경임(1998a). 중증 뇌성마비 아동을 위한 보완 · 대체 의사소통 체계. **영유아보육연구**, 4, 103-123.

한경임(1998b). 중증 뇌성마비 아동의 보완 · 대체 의사소통 중재의 효과. 대구대학교 대학원 박사학위논문.

한경임(1999). 보완 · 대체 의사소통 사용 중증 뇌성마비 아동의 의사소통 기능 증진 방안. **난청과 언어 장애 연구**, 22(1), 145-158.

한경임(2001a). 보완 · 대체 의사소통 사용 중증 뇌성마비 유아의 형제에 대한 의사소통 상대방 훈련 효과. **중복 · 지체부자유아교육**, 37, 121-138.

한경임(2001b). 보완 · 대체 의사소통 체계 사용 지체부자유 학생의 현황 및 중재 방안 연구. **정서 · 학습장애 연구**, 17(2). 285-320.

한경임(2002). 보완 · 대체 의사소통 중재에 의한 중복 지체부자유아 문제 행동 지도. **중복 · 지체부자유아교육**, 39, 267-284.

한경임, 김수진(2003). 중복 · 지체부자유 아동의 읽기 중재 전략. **중복 · 지체부자유아연구**, 41, 121-140.

한경화, 김새봄, 정명철, 정혜원, 김영미, 김혜리(2019). **특수교육 과정중심평가**. 서울: 교육과학사.

한국교육학술정보원(2001). ICT 활용교육 장학지원 요원 연수교재 · 교육자료 TM 2001-4. 서울: 한국교육학술정보원.

한국교육학술정보원(2021). 메타버스의 교육적 활용: 가능성과 한계. 서울: 한국교육학술정보원.

함미애(2020). 원격수업에 대한 지적장애 특수학교 교사들의 경험과 요구 탐색. **특수교육연구**, 278(2), 1-43.

홍경자(2001). 상담의 과정. 서울: 학지사.
황성수(1987). 뇌성마비아동의 쓰기장애 특성과 그 교정에 관한 연구. 단국대학교 대학원 석사학위논문.

昇地三郎(1976). 脳性まひ兒の 視運動機能に 關する 硏究－脳性ヌヒのタイプと 認知. 構成. 日本特殊教育學會 第12回 大會 發表論文集.

Acceleration Studies foundation (2006). Metaverse Roadmap Pathways to the 3D web. Assistive Technology Act of 1998 재인용
Alper, B. S., & Manno, C. (1996). Dysphangia in infants and chi ldren with oral-motor deficits: Assessment and management. In J. Arvedson & Lefton-Greif (Eds.), Pediatric dysphagia: Complex medical, health, and developmental issues. *Seminars in Speech and Language, 17*, 283-310.
Arvedson, J., & Lefton-Grief, M. (1998). *Pediatric videofluoroscopic swallow studies: A professional manual with caregiver guideline*. San Antonio, TX: Communication Skill Builders.
Ayres, J. (1985). *Sensory Intergration and the Child*. Western Psychological Services.
Bakwin, H. (1949). Cerebral damage and behaviar disorder in chi ldren. J. Pediat., 34. Discrimination of Lexigrams and traditional orthog raphy by nonspeaking severely mentally retarded persons, *Journal of Speech and Hearing Cisorders, 50*(1), 185-189. counseling association. Counseling Bulletin Volume 42. 3: Journal of the american regabilitation.
Bates, E. (2014). *The emergence of symbols: Cognition and communication in infancy*. Academic Press.
Bender, L. (1956). *Psychopathology of children with organic brain disorders*. Springfield, IL.: Thomas.
Bender, P., Havlicek, Z., Lohr, V., & Havranek, M. (2011). ICT helps to overcome disabilities. *Agris On-line Papers in Economics and Informatic, 3*(4), 63-69.
Benjamin, C. (1996). *Problem solving in school*. Upper Saddle River, NJ: Merrill Prentice Hall.
Bensberg, G. J. (1950). *A test for differentiating endogenous and exogenous mental defectives*. Amer. J. ment. Defic., 54.
Beringer, V., & Gans, B. M. (1986). Language profiles in nonspe aking individuals

of normal intelligence with severe cerebral palsy. *Augmentative and Alternative Communication, 2*, 45-50.

Beringer, V., & Gans, B. M. (1986). Language profiles in nonspe aking individuals of normal intelligence with severe cerebral palsy. *Augmentative and Alternative Communication, 2*, 45-50.

Beukelman, D. R., & Mirenda, P. (1992). *Augmentative and alternative communication: Management of severe communication disorders in children and adults*. Baltimore, MD: Paul H. Brookes Publishing Co.

Beukelman, D. R., & Mirenda, P. (2005). *Augmentative and alternative communication: Management of severe communication disorders in children and adults*. Baltimore, MD: Paul H. Brooks Publishing Co.

Beukelman, D. R., & Mirenda, P. (2012). *Augmentative and Alternative Communication: Supporting children and adults with complex communication needs*. Baltimore, MD: Paul H. Brookes Publishing Co, Inc.

Bezrukikh, M. M., & Kre shchenko, O. Yu. ( 2004). Psychophysiological correlates of writing and reading difficulties in children of elementary s chool age. *Human Psychology, 30*(5), 521-525.

Bigge, J. L., Best, S. J., & Heller, K. W. (2001). *Teaching Individuals with Physical, Health, or Multiple Disabilities*. NJ: Merrill Prentice-Hall.

Bigge, L. J. (1991). *Teaching individuals with Physical and Multiple Disabilities*. New York: Maxwell Macmilian International Publishing Group, 175-198.

Bishop, D. V. M., Brown. B., & Robson, J. (1990). The relations hip between phoneme discrimination, speech production and language comprehension in cerebral-palsied individuals. *Journal of Speech and Hearing Research, 33*, 210-219.

Blackhurst, A. E., Lahm, E. A., Harrison, E. M., & Chandler, W. G. (1999). A framework for aligning technology with transition competencies. *Career Development for Exceptional Individuals, 22*, 153-183. Brinckerhoff, L. C. Shaw, S. F., & McGuire, J. M. (2002). Promoting postsecondary education for students with learning disabilities(2nd ed.). Austin, TX: Pro-Ed.

Blackstone, S. (1986). *Augmentative communication: An introduction*. Rockville, MD: American Speech-Language Hearing Association.

Bouck, E. C. (2016). *Assistive technology*. Thousand Oaks, CA: SAGE.

Bowen, S. K., & Rude, H. A. (2006). Assessment and students with disabilities: Issues and challenges with educational reform. *Aural Special Education Quarterly, 25*(3), 24-30.

Bradley, L. (1988). Making connections in learning to read and spell. *Applied Cogruitive Psychlolgy, 2*, 3-18.

Browder, D. M., Fallin, K., Davis, S., & Karvonen, M. (2003a). Consideration of what may influence student outcomes on alternate assessment. *Education and Training in Developmental Disabilities, 38*(3), 255-270.

Browder, D. M., Spooner, F., Algozzine, R., Ahlgrim-Delzell, L., Flowers, C., & Karvonen, M. (2003b). What we know and need to know about alternate assessment. *Exceptional Children, 70*(1), 45-61.

Brown, L. J., Black, D. D., & Downs, J. C. (1984). *School Social Skills (S3) Rating Scale*. New York: Slosson Educational Publications.

Bryant, B. R., & Seok, S. (2017). Introduction to the special series: Technology and disabilities in education. *Assistive Technology, 29*(3), 121-122.

Bryen, N. D., Slesaransky, G., & Baker, D. B. (1995). Augmentative and Alternative Communication and empowerment supports: A look at outcomes. *Augmentative and Alternative Communication, 11*, 79-88.

Cathy, B. (2003). *What is Assisstive Techology? Excepts Parant*

Chall, J. S. (1983). *Stages of reading development*. NY: McGraw-Hill.

Cogher, L., Savage, E., & Smith, M. F. (1992). *Cerebral palsy: The child and young person*. London: Chapman & Hall Medical.

Cruickshank, W. M., Bentzen, F. A., Ratzevurg, F. H., & Tannhau ser, M. T. (1961). *A teaching method for brain-injured and hyperactive children*. Syracuse Univer. Press.

Cushing, L., & Kennedy, C. (1997). Academic effects of providing peer support in general education classroom on students without disabilities. *Journal of Applied Behavior Analysis, 30*, 139-151.

DeCoste, D. C. (1997). AAC and individuals with physical disabilities. In S. L. Glennen & D. C. DeCoste (Eds.), *Handbook of augmentative and alternative communication* (pp. 363-389). Sandiego: Singular.

deFur, S. H., Getzel, E. E., & Trossi, K. (1996). Making the po stsecondary education match: A role for transition planning. *Journal of Vocational Rehabilitation, 6*, 231-240.

Delgado, M. R., & Combes, M. ((2001). *Management of Motor Impairment-Approaches for children with cerebral palsy*. NJ: Exceptional Parent Magagazine.

Dell, A. G., Newton, D. A., & Petroff, J. G. (2016). *Assistive technology in the classroom:*

*Enhancing the school experiences of students with disabilities* (3rd ed.). Boston: Pearson.

Downing, J. E. (2005). *Teaching literacy to students with significant disabilities*. Thousand Oaks: Corwin Press.

Downing, J., E., & Peckingham-Hardin, K. D. (2007). Inclusive education: What makes it a good education for students with moderate to severe disabilities? *Research & Practice for Persons with Severe Disabilities, 32*, 16-30.

Fisher, M., & Meyer, L. H. (2002). Development and social competence after two years for students enrolled in inclusive and self-contained educational programs. *Research and Practice for the Persons With Severe Disabilities, 27*, 165-174.

Foley, B. E. (1993). The development of literacy in individuals with severe congenital speech and motor impairments. *Topics in Language Disorders, 13*, 16-32.

Frostig, M. (1963). *The marianne frostig development test of visual perception. 1963 standardigation*. Palo Alto, CA: Consulting Psychologists Press.

Garet, M., Rickles, J., Bowdon, J., & Heppen, J. (2020). *First look brief: National Survey on Public Education's Coronavirus Pandemic Response*. American Institutes for Research. Retrieved from https://tinyurl.com/enk53a85

Gathercole, S. E., & Baddeley, A. (1990). Phonological memory deficits in language disordered children: Is there a casual connection?. *Journal of Memory and Language, 29*, 336-359.

Getzel, E. E., & Briel, L. W. (2006). Pursuing postsecondary education opportunities for individuals with disabilities. In P. Wehman (Eds.) *Life beyond the classroom* (4th ed.), (pp. 355-368). Baltimore: Paul Brookes

Getzel, E. E., Briel, L. W., & Kregel, J. (2000). Comprehensive career planning: The VCU career connections program. *Journal of Work, 14*, 41-49.

Getzel, E. E., McManus, S., & Briel, L. W. (2004). *An effective model for college students with learning disabilities and attention deficit hyperactivity disorders*. Retrieved from www.ncsert.org/publications/researchtopractice/NCSETReserchBrief_3.1.pdf

Glennen, S. L., & DeCoste, D. C. (1997). *Handbook of augmentative and alternative communication*. Sandiego: Singular.

Gould, J. H., & Glencross, D. J. (1990). Do children with a specific reading disability have a general serial-ordering deficit?. *Neuropsychologia, 28*, 271-278.

Halpern, A. S. (1994). The transition of youth with disabilitie s to adult life: A position statement of the Division on Career Development and Transition, The Council for Exceptional Children. *Career Development for Exceptional Individuals, 17*(2), 115-124.

Hansen, J., & Bowey, J. A. (1994). Phonological analysis skills, verbal working memory, and reading ability in second-grade children. *Child Development, 65*, 938-950.

Hanzlik, J. R. (1990). Nonverbal interaction patterns of mother s and their infants with cerebral palsy. *Education Training in Mental Retardation, December*, 333-343.

Hardy, J. C. (1983). *Cerebral palsy*. Englewood Cliffs, NJ: Printice-Hall.

Harrison, E. M. (1970). The brain-damaged child and writing programs. I. J. Arena(Ed.), *Building handwriting skills in dyslexic children*. San Rafael, CA: Academic Theraphy Publications.

Harste, J., Burke, C., & Woodward, V. (1994). Children's language and World: Initial encounters with print. In R. Ruddell & H. Singer(Eds.), *Metacognition, cognition, and Human performance*. Academic Press, Inc.

Hunt, P., Staub, D., Alwell, M., & Goetz, L. (1994). Achievement by all students within the context of cooperative learning groups. *Journal of the Association for Persons with Severe Handicaps, 19*, 200-214.

Individuals with Disabilities Education Improvement Act 20 U.S.C § 602 (2004).

Johnson, D. R. (2005). Key provisions on transition: A comparison of IDEA 1997 and IDEA 2004. *Career Development for Exceptional Individuals, 28*, 60-63.

Johnson, J. (1997). Technology in education: A case for change. Macomb: Western Illinois University (ERIC Document Reproduction Service No. ED410740).

Kauffman, J. M., & Hailahan, D. P. (1976). *Teaching children with Learning and behavior problems*. Columbia: Charles E. Merrill Publishing Co.

Kirk, S. A., & Chalfant, J. C. (1984). *Academic and developmental learning disabilities*. London: Love Publishing.

Kohler, P. (1996). *Taxonomy for transition programming: Linking research and practice*. Champaign, IL: Transition Research Institute, University of Illinois at Champaign-Urbana.

Koke, S., & Neilson, J. (1987). *The effect of Auditory Feedback on the Spelling of nonspeaking Physically Disabled Patients*. Unpublished Masters thesis. Toronto: University of Toronto.

Koppenhaver, D., Evans, D., & Yoder, D. (1991). Childhood reading and writing experiences of literate adults with severe speech and motor impairments. *Augmentative* and *Alternative Communication, 7*, 20-33.

Kubler-Ross, E. (1969). *Locus of Control: Current trends in theory and rescarch*. Hilsdale, NJ: Earlbaum.

Kübler-Ross, E. (1969). *On death and dying*. New York, NY: Macmillan Publishing.

Landmark, L. J., Ju, S., & Zhang, D. (2010). Substantiated Best Practices in Transition: Fifteen Plus Years Later. *Career Development for Exceptional Individuals, 33*(3), 165-176.

Li, L., & Moore, D. (1998). Acceptance of Disbility and Its Cor relates. *The Journal of Special Psychology, 138*(1), 13-25.

Light, J. (1988). Interaction involving individuals using augme ntative and alternative communication systems: State of the art and future directions for research. *Augmentative and Alternative Communication, 4*, 66-82.

Light, J. (1989). Toward a definition of communicative componance for individuals using augmantative and alternative communication system. *Augmentative And Alternative Communication, 5*, 137-144.

Lombardino, L. J., Bedford, T., Fortier, C., & Carter, J. (1999 ). Invented spelling: Development patterns in kindergarten children and guidelines fo rearly literacy intervention. *Language, Speech, and hearing Services in Schools, 28*(4), 333-343.

Mank, D., & Horner, R (1987). Self -recruited feedback: A cost-dffective procedure for maintaining behavior. *Research in Developmental Disavilities, 8*, 91-112.

McCurtin, A. (1997). *The manual of paediatric feeding practice*. Bicester, Oton, United Kingdom: Winslow.

McDonald, E. T., & Schultz A. R. (1973). Communication boards fo r cerebral palsied children. *Journal of Speech and Hearing Disorders, 38*(1), 73-88.

McGinnis, J. S., & Beukelman. D. (2009). Vocabulary requirements for writing activities for the academically mainstreamed student with disabilities. *Augmentative and Alternative Communication, 5*, 183-191.

McLeod, P. H. (1967). *The Undeveloped Learner*. Springfield: Charler C. Thomas Publisher.

Mithaug, D. E., Wehmeyer, M. L., Agran, M. Martin, J. E. & Palmer, S. (1998). The Selfdetermined learning model of instruction. In M. L. Wehmeyer & D. J. Sands (Eds.), *Making it happen: Student involvement in education planning, decision making, and instruction* (pp.299-328). Baltimore: Paul H. Brookes.

Montague, M. (1997). Student perception, mathemetical problem s olving, and learning disabilities. *Remedial and Special Education, 18*(1), 46-53.

Morrison, G. S. (1978). *Parents Involvement in the home, school and community*. Columbus, OH: Charles E. Merrill.

Newman, S. P., Fields, H., & Wright, S. (1993). A development study of specific spelling disability. *British Journal of Educational Psychology, 63*, 287-296.

Nielsen, H. H. (1966). *A Psychological Study of Cerebral Palsied Children*. Copenhagen.

Ok, M. W. (2018). Use of iPads as assistive technology. *TechTrends, 62*(4), 1-8.

Rapala, M. M., & Brady, S. (1990). Reading ability and short -term memory: The role of phonological processing. *Reading and Writing: An Interdisciplinary Journal, 2*, 1-25.

Reid, D. H., Parsons, M. B., & Green, C. W. (2001). Evaluating the functional utility of congregate day treatment activities for adults with severe disabilities. *American Journal on Mental Retardation, 106*, 460-469.

Sandberg, A. D., & Hjelmquist, E. (1996a). Phonologic awareness and literacy in non-speaking preschool children w ith cerebral palsy. *Augmentative and Alternative Communication, 12*, 138-153.

Sandberg, A. D., & Hjelmquist, E. (1996b). A comparative, descriptive study of reading and writing skills among nonspeaking children - A preliminary study. *European Journal of Disorders of Communication, 31*, 289-308.

Schlosser, Ann E. (2003). Experiencing Products in a Virtual World: The Role of Goals and Imagery in Influencing Attitudes Versus Intentions. *Journal of Consumer Research, 30*(3), 184-198.

Seligman, R. (1985). Handicapped children and their families. *Journal of Counseling and Development*, 274-277.

Shames, G. H., & Anderson, N. B. (2002). *Human communication disorders*. MA: Allyn and Bacon.

Siegel, L. S., & Ryan, E. B. (1988). Development of grammatical-sensitivity, phonological, and short-term memory skills in normally achieving and learning disabled children. *Developmental Psychology, 24*, 28-37.

Sitlington, P. L., & Clark, G. M. (2005). *Transition education and services for students with disabilities* (4th ed.). Boston: Allyn and Bacon.

Sitlington, P. L., Neubert, D. A., & Leconte, P. J. (1995). Transition assessment: The position of the division on career development and transition. *Career Development for*

*Exceptional Individuals, 20*(1), 69-79.

Smith, M. M. (1994). Speech by any other name: The role of comm unication aids in interaction. *European Journal of Disorders of Communication, 29*, 225-240.

Smith, R. M. (1968). *Clinical Teaching method Instruction for the Retarded*. New York: McGraw Hill.

Snell, M. E., & Brown, F. (2006). Instruction of students with severe disabilities. Upper Saddle River, NJ: Merrill Prentice-Hall.

Staub, D., Schwartz, I, S., Gallucci, C., & Peck, C. A. (1994). Four portraits of friendships at an inclusive school. *The Journal of Association for the person with Severe Handicaps, 19*, 314-325.

Strauss, A. A., & Lehtinen, L. E. (1947). *Psychopathology and education of the braininjured child*. New York: Grune & Stratton.

Svensson, I., Lundberg, I., & Jacobson, C. (2001). The prevalence of reading and spelling difficulties among inmates of institutions for compulsory care of juvenile delinquents. *Dyslexia, 7*, 62-76.

Szymanski, E. M. (1994). Transition: Life - span, life - space considerations for empowerment. *Exceptional Children, 60*, 402-410.

Targett, P., Wehman, P., West, M., Dillard, C. & Cifu, G. (2013). Promoting transition to adulthood for youth with physical disabilities and health impairments. *Journal of Vocational Rehasbilitation, 39*, 229-239.

Test, D. W., Mazzotti, V. L., Mustian, A. L., Fowler, C. H., Kortering, L., & Kohler, P. (2009). Evidence-based secondary transition predictors for improving postschool outcomes for students with disabilities. *Career Development for Exceptional Individuals, 32*(3), 160-181.

Turnbull, A. P., & Turnbull, H. R. (1997). *Families, professionals, and exceptionality: A special partnership*. Upper Saddle River, NJ: Prentice Hall/Merrill.

Turnbull, A. P., & Turnbull, H. R. (2001). *Families, Professionals, and exceptionality: Collaborating for empowerment* (4th ed.). Upper Saddle River, NJ: Merrill/Prentice Hall.

Tuttle, D. W., & Tuttle, N. (2006). *Self esteem and adjusting with blindness: the process of responding to life's demands*. Springfield, IL., U. S. A.: C. C. Thomas.

Wagner, M., Newman, L., Cameto, R., & Levine, P. (2005). Changes over time in the early postschool outcomes of youth with disabilities. A report of findings from the

National Longitudinal Transition Study (NLTS) and the National Longitudinal Transition Study-2 (NLTS2). Menlo Park, CA: SRI International. Available at www. nlts2.org/reports/2005_06/nlts2_report_2005_06_complete.pdf.

Waldron, N. L., & McLeskey, J. (1998). The effects of an inclus ive school program on students with mild and severe learning disabilities. *Exceptional Children, 64*, 395-405.

Wehman, P. (2011). Essentials of transition planning. Baltimore: Brookes [김경화, 김수현, 2013 역, 전환계획, 시그마프레스]

Wehman, P., Sima, A. P., Ketchum, J., West, M., Chan, F., & L uecking, R. (2015). Predictors of successful transition from school to employment for youth with disabilities. *Journal of Occupational Rehabilitation, 25*(2), 323-334.

Wehmeyer, M. L. (1996). Self-determination as an educational outcome: How does it relate to the educational needs of our children and youth? In D. J. Sands & M. L. Wehmeyer (Eds.) *Self -determination across the life span: Independence and choice for people with disabilities* (pp. 17-36). Baltimore: Brookes.

Wehmeyer, M. L., & Schwartz, M. (1997). Self-determination and positive adult outcomes: A follow-up study of youth with mental retardation or learning disabilities. *Exceptional Children, 63*, 245-255.

Wehmeyer, M. L., & Schwartz, M. (1998). The self-determination focus of transition goals for students with mental retardation. *Career Development of Exceptional Individuals, 21*, 75-86.

Weiner, H. M. (2003). Effective inclusion: Professional develop ment in the context of classroom. *Teaching Exceptional Children, 35*(6), 12-18.

Werner, H., & Strauss, A. A. (1941). Pathology of figure-background relation in the child. *J. abnorm. soc. Psycho., 36*, 236-248.

Wojasinski, A. M., & Smith, D. M. (2002). *What writing strategy process, free or informal, is the most effective for students with learning disabilities?*

Wright, B. A. (1983). *Physical disability: A psychological approach* (2nd ed.). New York: Haper & Row.

Zigler, E., & Anderson, K. (1979). An idea whose time had come: The intellectual and political climate for Head Start. In E. Zigler & J. Valentine (Eds.), *Project Head Start: A legacy of the war on poverty* (pp. 3-19). New York: Free Press.

# 찾아보기

# 저자 소개

**김영한**(Kim, Younghan)
대구대학교 문학박사
전 울산 메아리학교 교사
유원대학교 교수
대구 장애우권익문제연구소 이사
현 대구대학교 초등특수교육과 교수

〈주요 저서〉

지체장애아를 위한 교수-학습론(해동, 2015)
지체부자유아 교육(공저, 대구대학교출판부, 2011)
특수아동의 시각-운동기능 향상을 위한 자기교시훈련(태영출판사, 2009)

**박경옥**(Park, Kyoungock)
단국대학교 교육학박사
전 한국우진학교 및 주몽학교 교사
현 대구대학교 초등특수교육과 교수
한국보완대체의사소통학회 부회장

〈주요 저서 및 역서〉

중도장애 및 최중도중복장애 학생 교육과정(공역, 학지사, 2022)
중등도 및 중도장애 학생을 위한 체계적 교수(공역, 시그마프레스, 2019)
개별화교육계획의 모든 것: 개발부터 실행까지(공역, 학지사, 2019)
뇌성마비 학생을 위한 컴퓨터 접근의 실제(공저, 학지사, 2012)

**박순길**(Park, Soongil)
대구대학교 문학박사
현 남부대학교 초등특수교육과 교수
남부대학교 교양교육원 원장

〈주요 저서〉

특수아동의 이해와 교육: 예비교사를 위한 개론서(공저, 학지사, 2014)
중도·중복장애학생 교육(공저, 학지사, 2013)
지체부자유아 교육(공저, 대구대학교출판부, 2011)

**김경화**(Kim, Kyeonghwa)
The University of Kansas 철학박사
전 The University of the Cumberlands 조교수
현 건국대학교 글로컬캠퍼스 유아교육과 교수
Career Development and Transition for Exceptional Individuals(CDTEI) 편집위원
한국지체중복건강장애교육학회 이사

〈주요 저서 및 역서〉
최신 특수교육학개론(4판, 공저, 양성원, 2021)
전환계획(공역, 시그마프레스, 2013)

**김성범**(Kim, Sungbum)
경북대학교 철학박사
전 대구대학교 유아특수교육과 연구교수
독일 프리츠펄스연구소(EAG FPI) 통합슈퍼비전 Supervisor
현 대전대학교 HRC 교수

**김하경**(Kim, Hakyung)
대구대학교 문학박사
전 경상북도교육청 장학사
경주경희학교 특수교사
현 계림중학교 교감

〈주요 저서〉
건강장애아동 교육(공저, 학지사, 2012)
지체부자유아 교육(공저, 대구대학교출판부, 2011)

**이현희**(Lee, Hyeonhui)
대구대학교 박사과정(수료)
전 양산희망학교 교사
현 울산혜인학교 교사

〈주요 저서〉
특수교사, 수업을 요리하다! 매체편(공저, 교육과학사, 2022)

**최용재**(Choi, Yongjae)
대구대학교 문학박사
전 울산혜인학교 교감
현 울산광역시교육청 장학관

# 지체장애학생 교육

Teaching Students with Physical disablilities

2022년 9월 10일 1판 1쇄 인쇄
2022년 9월 20일 1판 1쇄 발행

지은이 • 김영한 · 박경옥 · 박순길 · 김경화 · 김성범 · 김하경 · 이현희 · 최용재
펴낸이 • 김진환
펴낸곳 • ㈜학지사
04031 서울특별시 마포구 양화로 15길 20 마인드월드빌딩
대표전화 • 02-330-5114 팩스 • 02-324-2345
등록번호 • 제313-2006-000265호

홈페이지 • http://www.hakjisa.co.kr
페이스북 • https://www.facebook.com/hakjisabook

ISBN 978-89-997-2742-9 93370

정가 22,000원

저자와의 협약으로 인지는 생략합니다.
파본은 구입처에서 교환해 드립니다.